Kurt Wick/Rainer Wick

Form und Farbe

Kurt Wick / Rainer Wick

FORM und FARBE

Lehr- und Arbeitsbuch für angewandtes Gestalten

Fünfte Auflage
Mit 538 Abbildungen auf 8 vierfarbigen und 78 zweifarbigen Tafeln
Dümmlerbuch 5559

FERD. DÜMMLER^s VERLAG · BONN

ISBN 3 - 427 - **55595** - X

Printed in Germany by Oscar Brandstetter Druckerei KG, Wiesbaden.
Zeichnungen: Kurt Wick, 5300 Bonn 1; Rainer Wick, 5303 Bornheim-Sechtem. Titelgrafik: Horst Pitzen, 5300 Bonn 1.

Vorbemerkung zur fünften Auflage

Angewandtes Gestalten mit Form und Farbe setzt eine Vielzahl grundlegender Fähigkeiten und Fertigkeiten voraus, die durch ein einziges Buch kaum vermittelt werden können.
Ziel dieses Werkes ist es, den jungen Menschen, die sich von berufswegen mit Form und Farbe beschäftigen, Hilfestellung beim Erwerb des notwendigen beruflichen Grundlagenwissens zu geben.
Diese Gestaltungslehre wendet sich vor allem an die Schüler an berufsbildenden Schulen des Berufsfeldes Farb- und Raumgestaltung, also vor allem an Maler und Lackierer, Schilder- und Lichtreklamehersteller, Schauwerbegestalter, Bau- und Kunstglaser, sowie an die Schüler der Berufsfachschulen mit gestalterischem Schwerpunkt.
FORM und FARBE hat seit seiner ersten Auflage zudem bei der Lehrerschaft der allgemeinbildenden Schulen, insbesondere an Haupt- und Realschulen, großen Anklang gefunden.

Hingewiesen sei darauf, daß die Stoffgebiete nicht unter dem Gesichtspunkt der Alters- bzw. Schwierigkeitsstufung, sondern nach Sachgruppen angeordnet wurden.
Die in dem Werk enthaltenen Gestaltungsbeispiele sollten als Wegweiser und Anregungen für eigenes gestaltendes Tun verstanden werden.
Da beim Gestalten mit Form und Farbe vielfach kunstgeschichtliche Bezüge zu berücksichtigen sind, wurde eine abrißhafte Darstellung der europäischen Stilepochen aufgenommen.
Der Stoffauswahl liegen die Bildungsinhalte und -ziele zugrunde, die bei Konzipierung der ersten Auflage (1968) vorlagen. Da aber bereits damals der breit angelegte Rahmen dieses Werkes in den wenigen zur Verfügung stehenden Unterrichtsstunden nicht annähernd ausgeschöpft werden konnten, behält das Werk trotz inzwischen eingetretener Änderungen (Erweiterungen, Kürzungen, Schwerpunktverlagerungen) auch heute

noch seinen aktuellen Wert. Denn die behandelten Themen sind erprobte Unterrichtseinheiten, die didaktisch auf die Bedürfnisse der berufsbildenden Schulen abgestellt sind.
Das begründet auch die langanhaltende, überaus rege Nachfrage nach diesem Werk, so daß nunmehr auch die vierte Auflage schneller als erwartet zur Neige gegangen ist.
So haben sich die Verfasser auf Vorschlag des Verlages zu einem unveränderten Nachdruck entschlossen, obwohl sie das Werk gerne in einigen Punkten verändert hätten. Das aber hätte zu längeren Lieferhindernissen geführt; da das Buch aber in vielen Schulen und Kursen fest eingeführt ist und dort ständig in Klassensätzen neu angeschafft wird, hat der unveränderte Nachdruck den Vorzug erhalten.

Der Verlag Frühjahr 1987

Inhalt

Abbildungsverweise: Ziffern in Klammern, z. B. (3.2)
Kapitelverweise: z. B. (Kap. 1.19), also mit Zusatz „Kap."

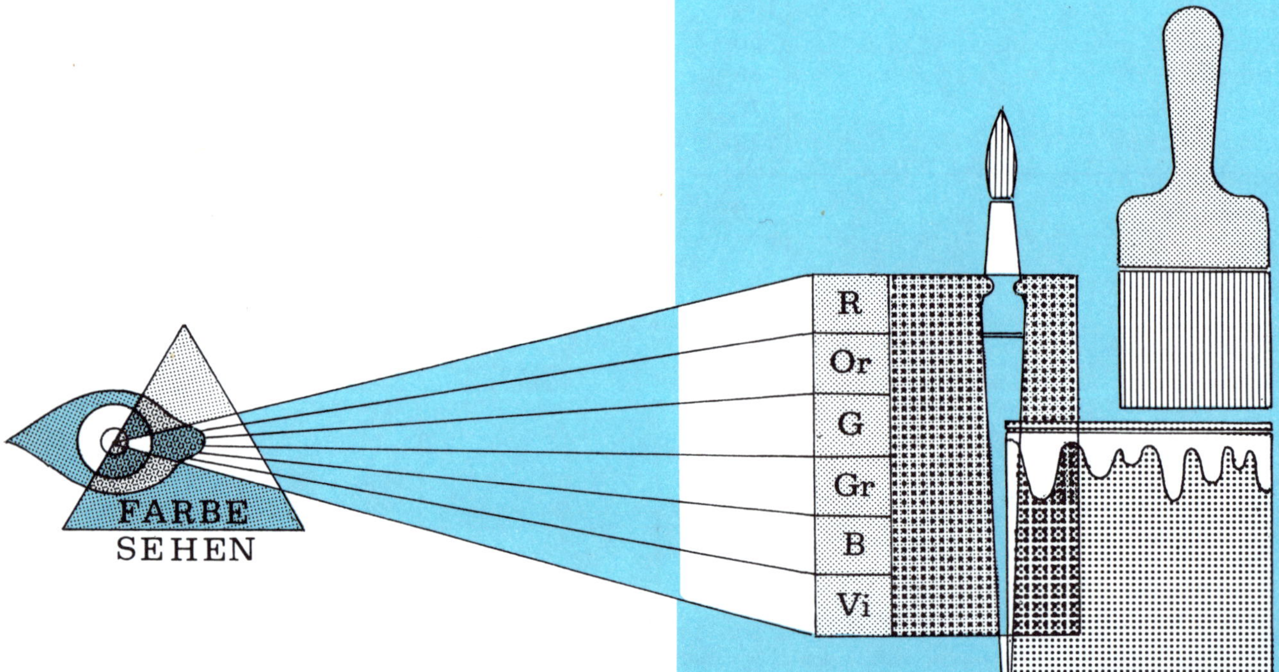
FARBE
SEHEN
R
Or
G
Gr
B
Vi
ANWENDEN

FARBE

Der Begriff Farbe ist vielschichtig. Farbe wird nicht nur als ein durch das Auge vermittelter Sinneseindruck (DIN), sondern auch als Werkstoff (Farbkörper, Farbstoff, Anstrich- bzw. Malfarbe) verstanden. Der Werkstoff Farbe dient unter anderem der materiellen Verwirklichung gestalterischer Absichten.

Das Gestalten mit Farbe ist ein schöpferischer Prozeß, der ebenso das Wissen um die Physik der Farbe (Farbe als Folge optischer Lichtbrechungen) wie die Kenntnis der Physiologie und Psychologie der Farbe (Farbe und ihre Wirkung auf Körperverfassung und Verhaltensweise des Menschen) bedingt.

Besonders wichtig ist es, die Farben harmonisch aufeinander abzustimmen. Das bedeutet, daß beim Umgang mit Farbe gewisse Regeln der Ästhetik berücksichtigt werden müssen.

1.1 Licht und Farbe

Licht und Farbe stehen in enger Beziehung zueinander. Licht ist nur ein winziger Ausschnitt aus dem sogenannten Spektrum der elektromagnetischen Wellen. Innerhalb dieser Skala (1) elektromagnetischer Schwingungen, die von den Wechselströmen mit extrem langen Wellenlängen bis hin zu den Gammastrahlen mit außerordentlich kurzen Wellenlängen reicht, liegt bei etwa 400 bis 750 Nanometer (1 Nanometer = 10^{-9} Meter = $^1/_{1\,000\,000\,000}$ m = 1 nm. n = Nano, m = Meter) der Spielraum der für das menschliche Auge sichtbaren Wellenlängen (früher wurden die Wellenlängen in mµ = Millimikron angegeben). An das sichtbare Licht schließen sich zu beiden Seiten die nicht mehr sichtbaren Bereiche der infraroten und der ultravioletten Strahlen an.

Das weiße Sonnenlicht setzt sich aus einem Gemisch von Strahlen verschiedener Wellenlängen zusammen, die sich beim Durchgang durch ein Prisma voneinander trennen lassen (1672 experimentell und theoretisch von Newton nachgewiesen). Dabei ergibt sich ein Farbband (2), das kontinuierlich, d. h. mit fließenden Übergängen von Rot (Wellenlänge etwa 750 nm) über Orange, Gelb, Grün und Blau nach Violett (Wellenlänge etwa 400 nm) verläuft. Es wird als das Spektrum der Regenbogenfarben bezeichnet, und die in ihm enthaltenen Farben heißen Spektralfarben. Die Zerlegung des weißen Lichts in seine Spektralfarben wird Farbenzerstreuung genannt. Werden alle Farben des Spektrums durch eine Sammellinse geleitet, so entsteht wieder weißes Licht; eine schnell rotierende Scheibe mit Kreisausschnitten in den Spektralfarben erscheint dem Auge in einem dem Weiß nahen Grauton. Diese Erscheinungen der additiven Farbenmischung (die Spektralfarben ‚addieren' sich zu weiß; lat. addere = hinzufügen) zeigen: Weißes Licht ist aus farbigen Bestandteilen zusammengesetztes Licht.

Wichtiger als die körperlosen optischen Spektralfarben sind für den Gestaltenden die körperhaften Farben, die Pigmente. Für ihre farbige Erscheinung ist das molekulare Gefüge ihrer Körperoberflächen maßgebend. Sie absorbieren (aufsaugen) – Filtern vergleichbar – einen mehr oder weniger großen Teil des auffallenden Lichts und reflektieren (zurückwerfen) nur einen gewissen Rest. Dieser reflektierte Lichtanteil ergibt das Aussehen des Körpers: bei einer totalen Reflexion weiß, bei einer vollständigen Absorption schwarz. Werden z. B. alle Farbanteile des weißen Mischlichtes außer Rot verschluckt, werden also nur die Rotstrahlen reflektiert, so wirkt der Körper rotfarbig.

Bei Dunkelheit wirken die Gegenstände unfarbig. Das zeigt, daß die Wahrnehmung der Farben das Vorhandensein von Licht voraussetzt. Als ideale Lichtart gilt das Tageslicht, das den Farben ein ‚natürliches' Aussehen gibt. Sind beim Gestalten mit Farben künstliche Lichtquellen vorhanden, so ist zu berücksichtigen, daß diese – wie die folgende Tabelle zeigt – die Tageslichtwirkung wesentlich beeinflussen können.

Verknüpfung von Licht und Farbe

Tageslicht	Glühlampe	NL ‚Warmton'	NL ‚Weiß'	NL ‚Tageslicht'
Rot	betont leuchtend	leuchtend	leuchtend	natürlich stumpf
Orange	betont leuchtend	leuchtend	leuchtend	natürlich stumpf
Gelb	betont leuchtend	natürlich leuchtend	natürlich	natürlich leuchtend
Grün	olivstichig	olivstichig	olivstichig	natürlich
Blau	vergraut rotstichig	lilagrau	vergraut	natürlich frisch
Violett	stark vergraut	vergraut rötlich	leicht vergraut	natürlich frisch

Anmerkung: NL = Niederspannungs-Leuchtstofflampe

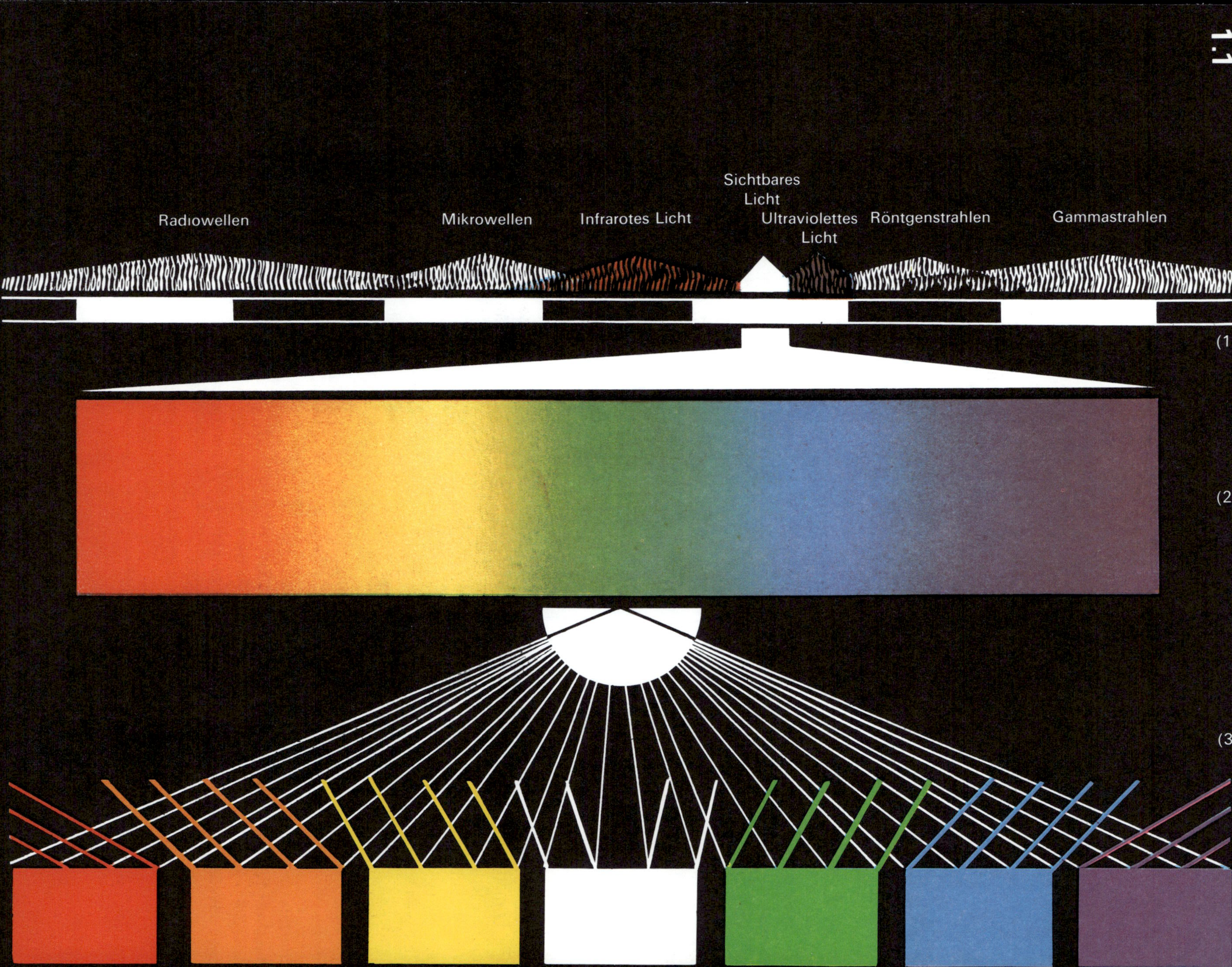
1.1
Radiowellen
Mikrowellen
Infrarotes Licht
Sichtbares Licht
Ultraviolettes Licht
Röntgenstrahlen
Gammastrahlen
(1
(2
(3

1.2 Primär- und Sekundärfarben

Bei der prismatischen Farbenzerstreuung (1) entstehen durch die unmerklichen Übergänge von Rot über Orange, Gelb, Grün und Blau nach Violett unendlich viele einzelne, für das menschliche Auge nur begrenzt wahrnehmbare Spektralfarben, die alle verschiedene Wellenlängen besitzen. Ebenso erscheint der Farbenreichtum der Natur und die Mannigfaltigkeit der Pigmente und ihrer Mischungen unerschöpflich. Diese unübersehbare und oft ungeordnete Fülle der Farben erfordert eine vereinfachende Betrachtungsweise, die die Vielfalt der farbigen Erscheinungen auf unkomplizierte Gesetzmäßigkeiten zurückführt und in Systemen erfaßt. Außer in Farbendreiecken und -kugeln werden seit Newton (1643–1727) die Farben und ihre Beziehungen zueinander üblicherweise in Farbenkreisen systematisch dargestellt.

Farben, die sich nicht durch Mischung herstellen lassen, heißen Grund- oder Primärfarben, auch Farben erster Ordnung. Es sind Rot, Blau und Gelb. Sie werden in drei gleichgroßen Sektoren in den Farbenkreis erster Ordnung (2) eingesetzt. Die Auswahl dieser drei Primärfarben erfordert insofern besondere Sorgfalt, als jede Grundfarbe frei von Farbtendenzen der Nachbarfarben sein muß. Rot darf weder gelb- noch blaustichig, Blau weder rot- noch gelbstichig und Gelb weder blau- noch rotstichig sein. Wegen schwankender und unterschiedlicher Qualitäten der Pigmente kann daher die Verwendung von ‚Zinnoberrot', ‚Ultramarinblau' und ‚Kadmiumgelb' für den Primärfarbenkreis nicht verbindlich empfohlen werden.

Die aus den Primärfarben Rot, Blau und Gelb gemischten Farben Violett, Grün und Orange sind Zweit- oder Sekundärfarben. Bei ihrer Anordnung im Farbenkreis zweiter Ordnung (3) entstehen sechs gleichgroße Kreissektoren mit den Hauptfarben des Spektralbandes (1) Rot, Orange, Gelb, Grün, Blau und Violett. Beim Ausmischen der Sekundärfarben müssen stets die beiden angrenzenden Primärfarben berücksichtigt werden, um die notwendige gleichmäßige Farbstufung zu erreichen. So ist beispielsweise zu beachten, daß Orange genau in der Mitte zwischen Rot und Gelb liegt, also keiner der beiden Farben stärker angenähert ist. Die einander gegenüberliegenden Farben des sechsteiligen Farbenkreises lassen sich entsprechend der Farbenlehre Goethes zu drei Paaren zusammenfassen:

Rot und Grün,
Orange und Blau,
Gelb und Violett.

Ausmischungen dieser sechs Farben mit den unbunten ‚Farben' Schwarz und Weiß ergeben bereits eine umfangreiche Palette fein abgestufter Farbtöne.

Durch Mischung der Primär- und Sekundärfarben miteinander ergeben sich im zwölfteiligen Farbenkreis die Tertiärfarben.

Übungen:

1. Male auf feinem Rauhfaserpapier mit Temperafarbe drei-, sechs- und zwölfteilige Farbenkreise. Beachte, daß ein gleichmäßiger Farbauftrag ohne Schattierungen erzielt wird und daß die Farben jeweils exakt ohne Trennlinien aneinandergrenzen.
2. Teile den sechsteiligen Farbenkreis in gleichgroße Ringe auf (Beispiel: Bei einem Radius von 10 cm sind 5 Ringe zu je 2 cm zu bilden). Ausgehend von dem mittleren Ring, der die Primär- und Sekundärfarben aufnimmt, ist nach Innen mit Weiß in gleichmäßiger Stufenfolge aufzuhellen und nach Außen mit Schwarz abzudunkeln.

1.2

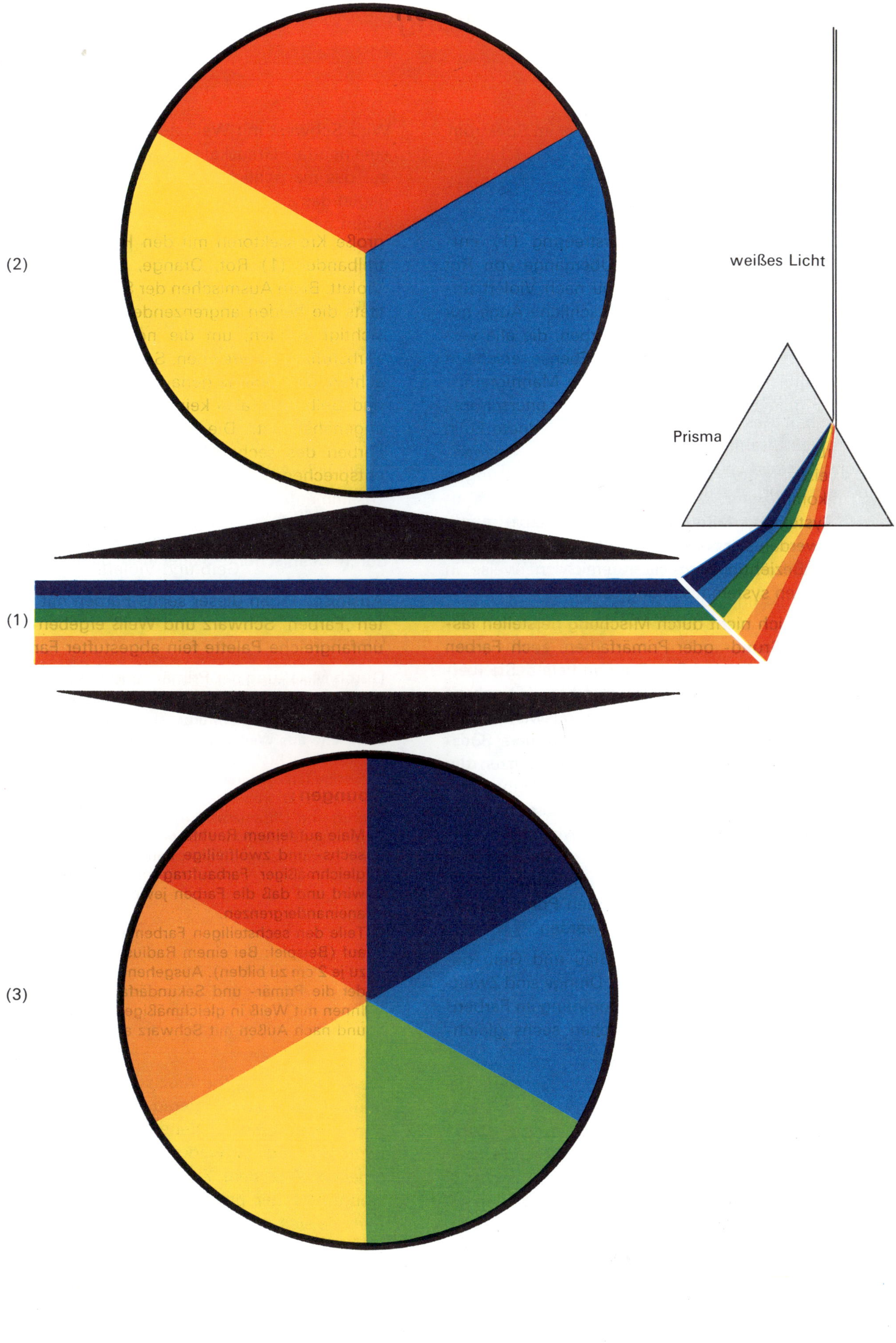

1.3 Subtraktive Farbenmischung

Das Resultat der additiven Mischung der im Spektrum vorkommenden Farben ist Weiß (vgl. Kap. 1.1).

Überlagert man teilweise drei durchscheinende Glas- oder Kunststoff-Scheiben, die mit Rot, Blau und Gelb eingefärbt sind, auf weißen Grund (1), dann mischen sich die Primärfarben in den Überschneidungsfeldern optisch zu den Sekundärfarben Orange, Violett und Grün. Im Zentrum, wo alle drei Grundfarben gleichzeitig zur Deckung gelangen, erscheint Schwarz. Bei diesem Vorgang wird zunehmend Licht subtrahiert (lat. subtrahere = entziehen, entfernen). Im Kern ist die Farbensubtraktion zu Schwarz der vollständigen Abwesenheit des Lichts gleichbedeutend. Weil das aus farbigen Strahlen bestehende Licht durch die gefärbten Scheiben verschluckt wird, gelangt von daher kein Licht mehr ins Auge.

Dieses bei Überlagerung durchsichtiger Farbenscheiben entstandene Schwarz läßt sich durch Mischung der körperhaften Pigmente nicht erreichen.

Bei Überschichtung von Lasuren (Aquarell, Öl, Lack) ergibt sich im Kern nicht Schwarz, sondern ein Schwarz angenäherter Braunton. Diese Erscheinung hängt vor allem mit der geringen Farbtiefe der gelben Partikel zusammen. Werden Deckfarben (Tempera- und Dispersionsfarben) gemischt, so entsteht als Summe der Primärfarben Rot, Blau und Gelb ebenfalls ein dunkles Braun. Da Schwarz aus den Farben erster Ordnung nicht mischbar ist, werden marktfertige Produkte wie z. B. Rußschwarz, Rebschwarz, Knochenschwarz und Eisenoxidschwarz benutzt.

Wird Schwarz mit Weiß ausgemischt (3), ergibt sich eine neutrale Grauskala, die keine farbige Reizwirkung auf das menschliche Auge ausübt. Mischt man hingegen das aus den Grundfarben gewonnene Dunkelbraun mit Weiß aus, so entsteht eine Stufung braungrauer Töne (2), die die Vielfarbigkeit ihrer Komponenten (Rot, Blau, Gelb) noch durchklingen lassen.

Beim Gestalten mit Farbe hat Grau die Aufgabe, Farbkontraste zu mildern. Sollen sich die Grautöne harmonisch in das Gesamtbild einpassen, so lassen sie sich durch geringe Buntfarbenzusätze zu farbigem Grau abwandeln. Es wäre allerdings nicht praxisnah, etwa ein warmes Braungrau auf dem Weg der subtraktiven Farbenmischung zu erstellen. Vielmehr wird man von einem neutralen, aus Weiß und Schwarz bestehenden Grau ausgehen, dem in angemessener Menge Pigmente, wie z. B. Englischrot und Umbra, zugegeben werden. Ausgesprochen kalte Grautöne lassen sich durch Beimischung blauer und blauverwandter Pigmente erzielen.

Übungen:

1. Lege die Kreisüberlagerung mit den Primär- und Sekundärfarben an. Bilde aus Weiß unter steter Zugabe der dunkelbraunen Kernfarbe eine achtstufige Farbtonleiter.
2. Mische aus Weiß unter steter Zugabe von Schwarz eine neutrale achtstufige Farbtonleiter.
3. Fertige farbige Graustufungen aus Weiß und Schwarz mit Zusatz z. B. von Ocker, Englischrot, Umbra, Chromoxidgrün und Ultramarinblau an. Gib vor Beginn der Ausmischung dem Schwarz die entsprechende Buntfarbe zu, um ein gleichmäßiges Farbtongefälle zu erzielen.

1.4 Komplementärfarben

Weißes Licht entsteht nicht nur beim Durchgang der Spektralfarben durch eine Sammellinse oder bei Rotation einer mit den Hauptfarben des Spektrums versehenen Scheibe, sondern auch bei der optischen Mischung bestimmter Farbenpaare. Bringt man z. B. das Farbenpaar Rot und Blaugrün in Kreissektoren auf eine runde Scheibe, so erscheint diese bei schneller Umdrehung ebenfalls in einem sich Weiß annähernden hellen Grauton. Dagegen mischen sich beispielsweise rote und gelbe Kreisausschnitte bei Scheibendrehung zu Orange. Hieraus folgt, daß optische Farbenvereinigungen, in denen nicht alle Spektralfarben vertreten sind, entweder farbige oder weiße Bilder ergeben. Aus dem Experiment leitet sich einer der Hauptsätze der physikalischen Farbenlehre ab: Farben, die sich durch additive Farbenmischung zu Weiß ergänzen, heißen Ergänzungs- oder Komplementärfarben (lat. complementum = Ergänzung).

1.3

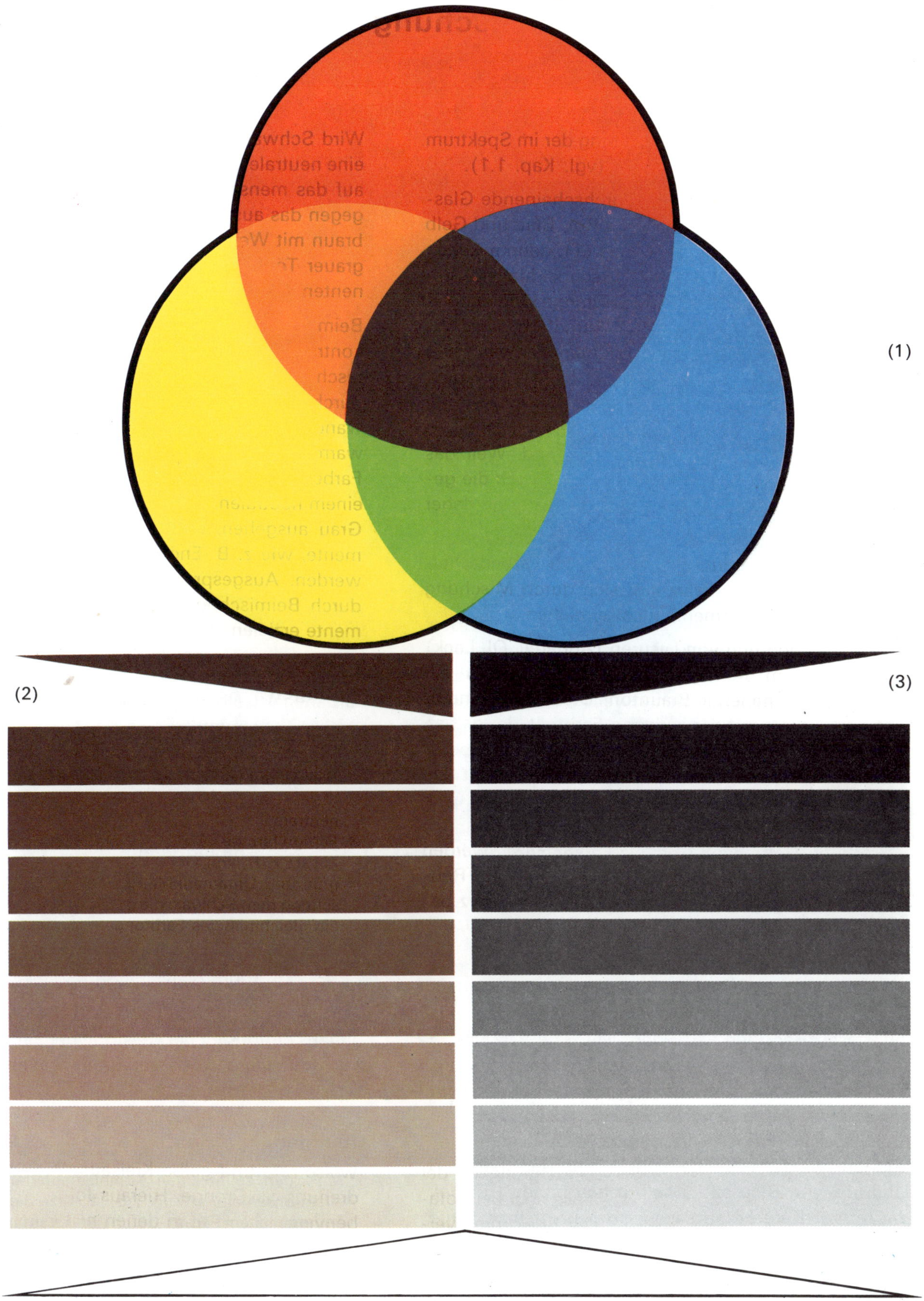

(1.4 Komplementärfarben)

Solche Farbenmischungen zu Weiß lassen sich jedoch durch Mischen komplementärer Körperfarben oder Pigmente nicht verwirklichen. Hierbei entstehen vielmehr vorwiegend stumpfe grün- und braunverwandte Farbtöne. Bei der Mischung von Pigmenten handelt es sich nämlich, chemisch gesehen, nicht um Verbindungen, sondern um Gemenge. Man kann sich daher vorstellen, daß bei einer Mischfarbe die winzigen, für das Auge nicht wahrnehmbaren Farbkörperchen wie ein Mosaik einzeln nebeneinander liegen. Werden nun die Komplementärfarben Rot und Blaugrün gemischt (1.1), so wird das auffallende Licht doppelt absorbiert: durch die roten und durch die blaugrünen Farbpartikel. Dabei ergibt sich aus der Absorption fast aller im weißen Licht vorkommenden Farben eine stumpfbraune ‚unbunte' Mischfarbe. Dies gilt grundsätzlich ebenfalls für die sog. Werkstattfarben (1.2).

Die sich zu Weiß ergänzenden Farbenpaare werden im Komplementärfarbenkreis einander gegenüberliegend (2) angeordnet. Den beiden Hälften dieses zehnteiligen Kreises werden jeweils charakteristische Farbeigenschaften zugeordnet. So werden die der linken Zone angehörenden Farben Grün, Gelbgrün, Gelb, Orange, Rot als warm, aktiv und hell, die auf der rechten Seite befindlichen Farben Purpur, Violett, Blau, Eisblau, Blaugrün als kalt, passiv und dunkel bezeichnet. Gelb, nach Goethes Farbenlehre die dem Licht nächste Farbe, gilt als Vertreter der ‚Tagseite', während das gegenüberliegende Blau als dunkelster Ton die ‚Nachtseite' vertritt.

Die Bezeichnungen warm und kalt, aktiv und passiv beziehen sich nicht auf physikalische Eigenschaften, sondern auf Eindrücke und Empfindungen, die sich mit diesen Begriffen verbinden. Mit Blau verknüpfen sich Vorstellungen an Wasser, Schnee und Eis, während Gelb an Licht und Sonne, Rot an Feuer und Glut erinnert. Auch die Unterscheidung zwischen aktiven und passiven Farben gibt menschliche Farbempfindungen wieder. Goethe begründete den passiven Eindruck von Blau so: „Wie wir den hohen Himmel, die fernen Berge blau sehen, so scheint eine blaue Fläche auch vor uns zurückzuweichen". Im Gegensatz zu den fliehenden, kalten und passiven Farben wirken die warmen Farben aktiv und agressiv, allen voran Rot. Aufgrund dieser spezifischen Eigenschaften finden heute Gelb, Orange und Rot als genormte Sicherheits- und Warnfarben Verwendung.

Bei richtigem Gebrauch besitzen die aus dem Spektrum abgeleiteten leuchtenden und ungebrochenen Farben in der Anzeigen-, Plakat-, Schaufenster- und Produktgestaltung zweifellos eine hohe Werbewirksamkeit. In der farbigen Raumgestaltung vermögen sie bei sparsamer Anwendung dynamische Akzente zu setzen. Soll der Farbcharakter eines Raumes z. B. auf dem einfachen komplementären Zweiklang Rot – Blaugrün (1.1) (1.2) beruhen, so ist die für große Flächen vorgesehene Farbe im Tonwert hell, die die kleine Fläche einnehmende Farbe relativ dunkel zu halten. Wird dieses Grundprinzip der Farbenharmonielehre berücksichtigt, so ist die erträgliche Kombination nahezu aller Farben möglich.

Da von den intensiven, dem Spektralband entnommenen Farben starke Reize ausgehen, die das Auge fortwährend beanspruchen, empfiehlt es sich, bei der farblichen Gestaltung von Aufenthalts- und Wohnräumen allgemein die stumpfere und gedämpftere Palette der sog. Werkstattfarben zu benutzen. Dabei werden ersetzt:

Farbenpaar Gelb und Blau durch Ocker hell und Ultramarinblau,

Farbenpaar Orange und Eisblau durch Terra di Siena gebrannt und Ultramarinblau + Chromoxidgrün,

Farbenpaar Rot und Blaugrün durch Englischrot und Chromoxidgrün,

Farbenpaar Purpur und Grün durch Caput mortuum rotstichig und Chromoxidgrün + etwas Ocker hell,

Farbenpaar Violett und Gelbgrün durch Caput mortuum blaustichig und Ocker hell + etwas Chromoxidgrün.

Hieraus ergibt sich bei kreisförmiger Farbenanordnung der zehnteilige ‚Werkstatt-Komplementärfarbenkreis' (3).

Übungen:

1. Male den zehnteiligen Komplementärfarbenkreis (Konstruktionsanleitung Kap. 2.3). Ersetze die dem Spektrum entnommenen Farben durch Werkstattfarben. Achte auf fleckenlose Farbanlage.
2. Stelle Komplementärfarbenpaare zu Farbzweiklängen zusammen. Vermeide das durch Paarung von Farben gleicher Tonwerte (z. B. Rot und Blaugrün mit gleichen Helligkeitsgraden) entstehende ‚Flimmern'. Schaffe harmonische Helligkeitskontraste durch Aufhellen einer der beiden Farben mit Weiß.

1.4

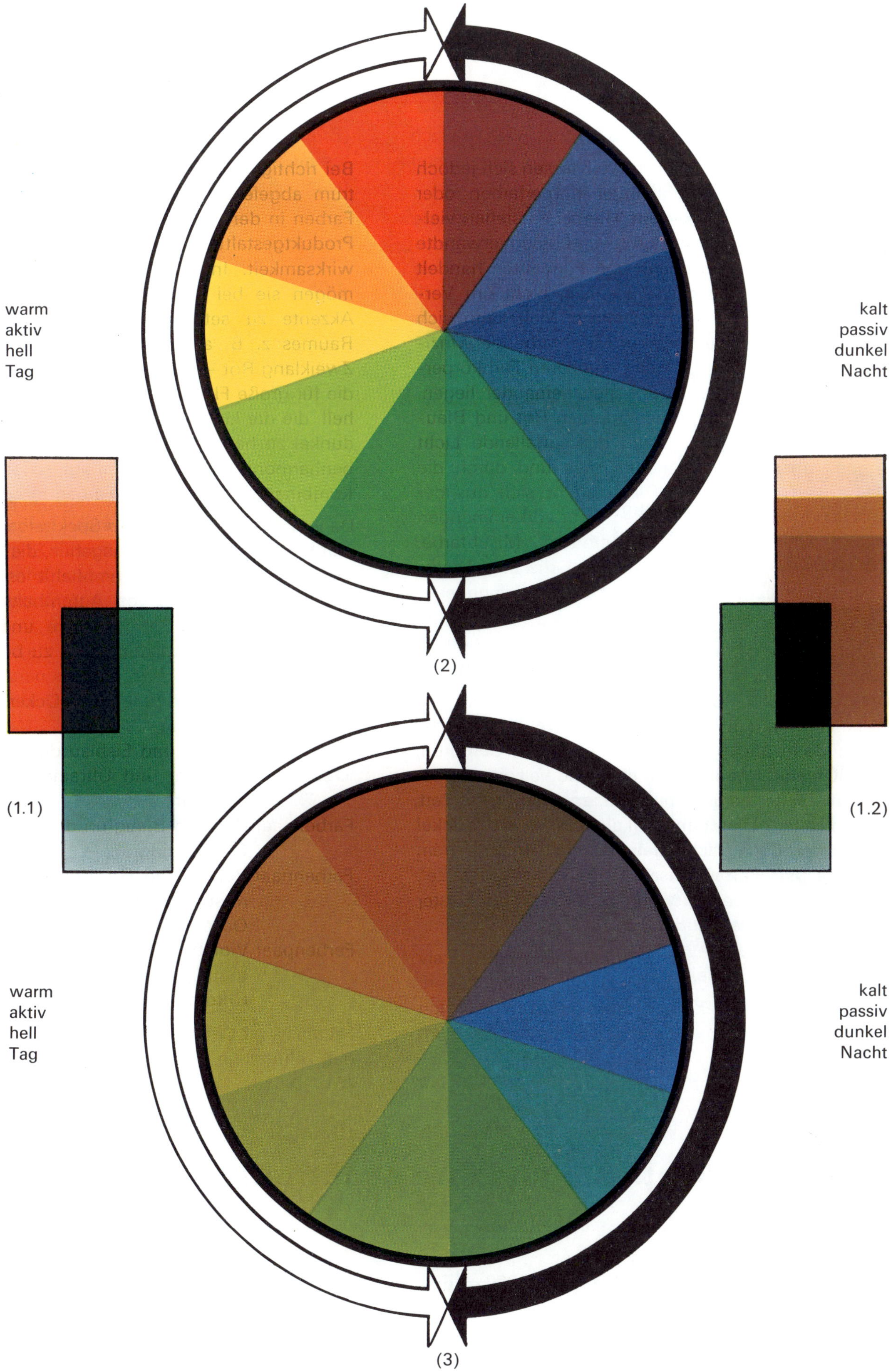
warm
aktiv
hell
Tag
kalt
passiv
dunkel
Nacht
(2)
(1.1)
(1.2)
warm
aktiv
hell
Tag
kalt
passiv
dunkel
Nacht
(3)

1.5 Farbenpyramide

Aus den unbunten Farben Weiß und Schwarz läßt sich durch Mischung eine vielstufige Skala heller, mittlerer und dunkler Grautöne herstellen.

Eine solche Hell-Dunkel-Stufung wird Tonwertskala genannt. Der Tonwert kennzeichnet den Ausmischungsgrad zwischen Weiß und Schwarz oder einer Buntfarbe. Je mehr eine Farbe mit Weiß aufgehellt wird, um so heller ist ihr Tonwert; je geringer ihr Weißzusatz, um so dunkler ihr Tonwert.

Werden Buntfarben nicht oder nicht nur mit Weiß, sondern auch mit anderen Farben gemischt, so verändert die zuvor ungemischte Farbe zuweilen erheblich ihren Farbcharakter, und es entsteht ein neuer Farbwert.

So ist beim Gestalten mit Buntfarben zu berücksichtigen, ob zwischen Tonwert und Farbwert eine Harmonie besteht.

Das menschliche Auge verlangt zu einer gegebenen Farbe gleichzeitig deren Gegenfarbe (Simultankontrast, s. Kap. 1.6). Dieses ‚komplementäre Sehen' ist eine Parallele zur komplementären Farbenanordnung im Farbenkreis. Farbige Harmonie läßt sich also am besten durch komplementäre Farbzusammenstellungen erreichen.

Die Buntfarben Orange und Eisblau – als komplementäres Farbenpaar dem zehnteiligen Farbenkreis entnommen – stehen einander in der Farbenpyramide (1) gegenüber. Eine Weiß-Grau-Schwarz-Stufung markiert die Mittelachse zwischen den komplementärfarbigen Ausmischungen und kennzeichnet zugleich die Basis der orangen und der blauen Farbenpyramide. Die außen angeordneten Komplementärfarben werden stufenweise nach Weiß zum Pastellton aufgehellt und nach Schwarz zu gebrochenen Tönen abgedunkelt. Während diese Mischungen nur mit zwei Farben (Buntfarbe + Weiß oder Schwarz) erfolgten, enthalten die auf beiden Seiten der Achse liegenden Mittelfelder einen Farbton, der aus dem darüber befindlichen Pastellton und dem darunter erscheinenden geschwärzten Ton gemischt ist. Es entsteht ein vergrauter Farbton (Buntfarbe + Weiß + Schwarz = Buntfarbe + Grau).

Aufgehellte Pastelltöne weichen in ihrem Ausdruckswert wesentlich von den mit Schwarz abgedunkelten Farbtönen ab. Das hat Bedeutung für die Farbgestaltung: So vermittelt eine in Pastelltönen farbig gestaltete Wand (2) eine helle, beschwingte und erfrischende Raumatmosphäre.

Beim ausschließlichen Verwenden reiner Pastelltöne besteht allerdings die Gefahr einer unerträglich ‚süßen' Farbgebung, besonders wenn Rot zu Rosa aufgehellt wird. Der in den nach Schwarz gebrochenen Farben gehaltene Wandausschnitt (3) erscheint dunkel, schwer und lastend. Vergraute Mitteltöne können hier die düstere Stimmung wirksam mildern; sie können aber auch bei pastellfarbiger Gestaltung – dabei die angestrebte Grundtendenz wahrend – die übertriebene ‚Süße' verhindern.

Übungen:

1. Wähle andere komplementäre Farbenpaare und mische sie in Form der Farbenpyramide aus. Erweitere die Farbenpyramide durch eine sechsstufige Grauskala als Mittelachse und Basis.
2. Wende die in der Farbenpyramide gewonnenen Farbtöne für einen Wandausschnitt oder einen Plakatentwurf an. Vermeide, daß die Farben ‚schwimmen' oder ‚flimmern'. Auch bei feinen Farbunterschieden soll eine klar wahrnehmbare Trennung vorhanden sein. Lege die größte Fläche im hellsten, die kleinste Fläche im dunkelsten Farbton an.

1.6 Farbenkontraste und ihre quantitative Verteilung

„Subjektives Erleben und objektives Erkennen" (Itten) sind Wege zum Gestalten mit Farbe.

Objektive Farbgesetze, in den Naturwissenschaften exakt formulierbar, besitzen im Bereich der Gestaltung keine Gültigkeit. Doch kann das Wissen um die Farbenkontraste als Orientierungshilfe und Basis dienen.

Bestehen zwischen zwei Farben auffallende Unterschiede, so handelt es sich um einen Farbenkontrast.

1.5

(1)

(2)

(3)

Bei maximaler Steigerung wird er zum polaren Farbenkontrast. Kontraste erzeugen im vielfältigen Beziehungsfeld der Farben die notwendigen Spannungen.

Der einfachste Farbenkontrast ist nach Itten der Farbe-an-sich-Kontrast. Er offenbart sich besonders ausgeprägt in dem Dreiklang Rot-Blau-Gelb der Farben erster Ordnung (vgl. Kap. 1.2). Seine Stärke nimmt in dem Maße ab, wie sich die verwendeten Farben von den drei ungebrochenen und leuchtenden Primärfarben entfernen.

Neben dem Komplementärkontrast, dem Warm-Kalt-Kontrast und dem Simultankontrast (vgl. Kap. 1.5) spielt der Hell-Dunkel-Kontrast eine wesentliche Rolle. Tag und Nacht, Licht und Finsternis sind für den Menschen wie für die gesamte Natur kennzeichnende Gegensätzlichkeiten. In der Farbgestaltung sind Schwarz und Weiß äußerste Gegensätze. Ostwald, der Begründer der messenden Farbenlehre, definiert in seiner ‚Farbenfibel' Schwarz und Weiß so: „Ein Schwarz, welches kein Licht zurückwirft, kann man herstellen, wenn man aus mattschwarz angestrichener Pappe ein würfelförmiges Kästchen von 10 cm Seite klebt (wobei die schwarze Seite nach innen kommt) und in der Mitte einer Wand eine Öffnung von 2 cm Seite macht. Diese Öffnung ist viel schwärzer als irgendein schwarzer Anstrich. Dieser erscheint grau, wenn man ihn neben die Öffnung hält... Als beste Annäherung an das vollkommene Weiß gilt ein matter Aufstrich von reinem Barytweiß (Bariumsulfat). Wir setzen seine Helligkeit gleich 100... Kreide hat nur die Helligkeit 80 und ist außerdem gelblich, also bunt."

Zwischen Schwarz und Weiß liegt die Vielzahl der Grautöne und Buntfarben. Gelb, die dem Licht nächste Farbe, nähert sich Weiß, Blau in seinem Helligkeitsgrad dagegen Schwarz. Doch läßt sich auch ein tiefes Blau durch Mischung mit Weiß zu Weißblau aufhellen und somit von seinem ursprünglichen Standort im polaren Beziehungsnetz der Farben verschieben.

Für das Gestalten mit Farbe hat der Hell-Dunkel-Kontrast in Verbindung mit dem Quantitäts- oder Proportionskontrast (Gegensatz Groß-Klein, Viel-Wenig) besondere Bedeutung. Werden zwei gleichgroße Flächen mit zwei Farben äußerst heller und dunkler Tonwerte angelegt, so ist das formale und farbliche Gleichgewicht empfindlich gestört. Zur Wiederherstellung der Harmonie brauchen helle und dunkle Farben verschiedene Flächengrößen. Für die richtige mengenmäßige Flächenverteilung ist zu berücksichtigen, daß helle Farben leicht, dunkle schwer wirken. Dieses Problem läßt sich am einfachen Beispiel einer gleicharmigen Waage illustrieren. Werden die beiden Waagschalen mit zwei Quadraten gleicher Größe, aber verschiedener Tonwertigkeit belastet, so zieht die massiv erscheinende dunkle Fläche den Waagebalken nach unten (1). Die Waage befindet sich erst dann im Gleichgewicht, wenn entweder die helle Fläche in einem angemessenen Verhältnis vergrößert oder die dunkle Fläche entsprechend verkleinert wird (2). Hieraus ergibt sich für die Farbgestaltung die wichtige Regel: Große Flächen verlangen helle, kleine Flächen dunkle Farbtöne. Wird beispielsweise das im Werkstatt-Farbenkreis komplementäre Farbenpaar Englischrot-Chromoxidgrün unter dem Gesichtspunkt der mengenmäßigen Verteilung von Hell und Dunkel nach Weiß einerseits und Schwarz andererseits ausgemischt, so verändern sich die Ausmaße der einzelnen Farbstufen gemäß ihrem Helligkeitsgrad (größer werdend nach Weiß, kleiner werdend nach Schwarz) (3). Dabei sollen die Größenverhältnisse möglichst nicht nach mathematischen Proportionsgesetzen wie dem Goldenen Schnitt, sondern gefühlsmäßig bestimmt werden. Das Gefühl für die Harmonie von Farbe und Fläche läßt sich nur durch Schulung erwerben.

In der Praxis empfiehlt es sich, einer Hauptfarbe, der sich die übrigen Farben unterordnen, das mengenmäßige Übergewicht zu geben. Der Wandausschnitt (4) mit Decken- und Fußbodenansatz weist so in den in (3) ausgemischten Farben als Grundton ein stumpfes Grün auf. Der Gesamtcharakter ‚Grün' wird durch Englischrot komplementär ergänzt. Dem hellsten Tonwert gehört die größte Fläche, die Wandfläche. Mittel- bis dunkelgrüne Töne nehmen die kleineren Flächen wie Tür, Bekleidung und Fußleiste ein. Entsprechend wird auch Rot mengenmäßig verteilt.

Übungen:

1. Fertige maßstabgerechte Ansichtsskizzen von Wänden mit Tür und Möbel einschließlich Decken- und Fußbodenansatz an. Lege die Zeichnung unter Berücksichtigung des Hell-Dunkel-Kontrastes und des Quantitäts- bzw. Proportionskontrastes in Werkstattkomplementärfarben an.
2. Teile ein Plakatformat in unterschiedlich große Flächen auf. Lege sie unter Berücksichtigung des Hell-Dunkel-Kontrastes und des Quantitäts- bzw. Proportionskontrastes in Komplementärfarben an. Komponiere in die größte und somit zugleich hellste Fläche einen dunkel kontrastierenden Schriftzug.

1.6

(1)

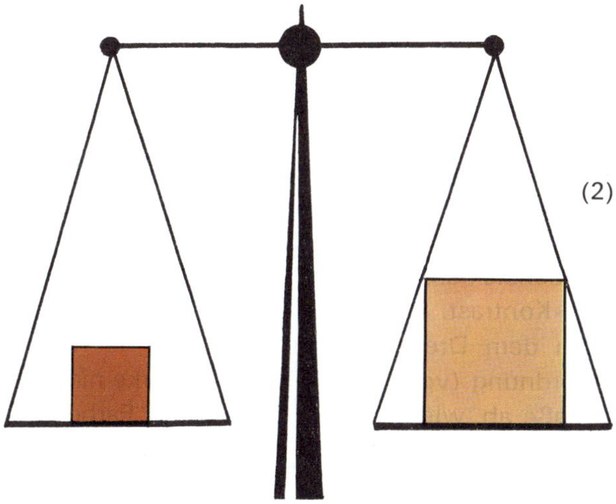

(2)

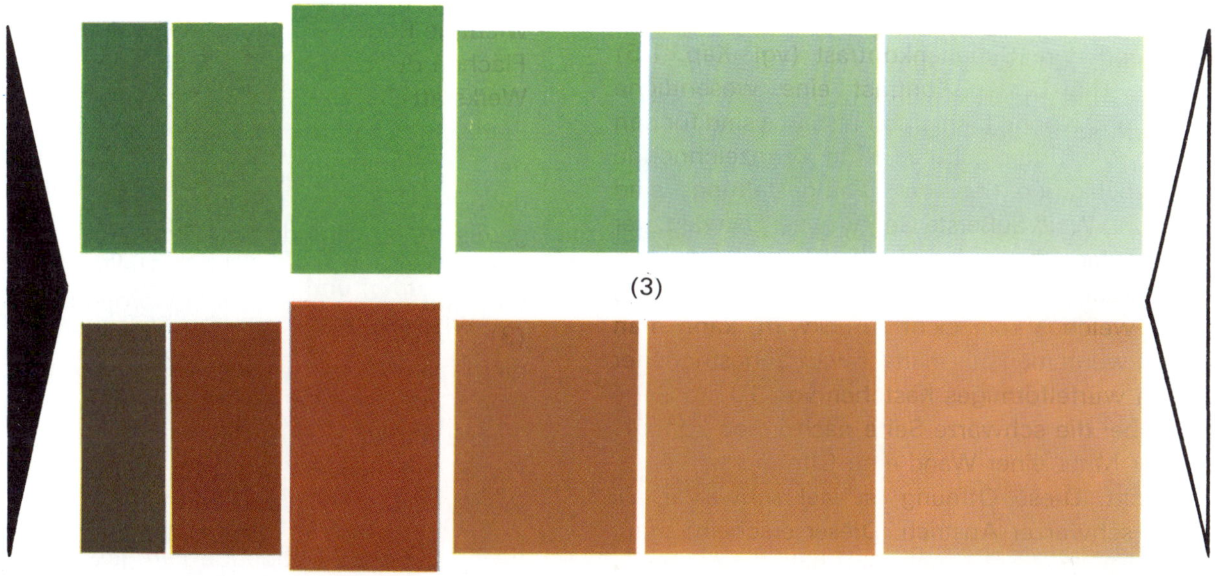

(3)

(4)

1.7 Farbenkontraste und ihr qualitativer Ausgleich

Die Farbenkontraste sind Grundlage einer lebendigen Farbgestaltung. Sie müssen sorgfältig verteilt und aufeinander abgestimmt werden, damit farbliche Disharmonien vermieden werden.

Entscheidend ist, daß ausreichende Hell-Dunkel-Kontraste geschaffen werden, die das ‚Flimmern' der Farben ausschließen. Flimmerwirkungen entstehen immer dann, wenn Farben annähernder oder gleicher Tonhöhen aneinandergrenzen. Diese Erscheinung beruht auf einem gleichartigen Reaktionsverhalten der im Zentralbereich der Netzhaut befindlichen Zäpfchen (Tagessehen) auf Farben derselben Helligkeitsgrade. Berühren Grün und Rot einander in ungebrochener Leuchtkraft, so ist das ‚Flimmern' oder ‚Schwimmen' der Farben (1) unverkennbar. Zwar ist der Farbe-an-sich-Kontrast sehr groß. Dennoch besteht kein harmonischer Farbenzweiklang, sondern eine farbliche Dissonanz, die sich besonders in der stark herabgesetzten Lesbarkeit des roten Schriftzuges auf grünem Grund auswirkt.

Soll mit der Rot-Grün-Spannung ein befriedigendes Resultat erzielt werden, so bieten sich hierzu zahlreiche gestalterische Möglichkeiten an:

1. Trennung der Farben durch weiße oder schwarze Linien. Die vermittelnden Konturen heben die Flimmerwirkung im Bereich der aneinandergrenzenden leuchtend ‚bunten' Farben auf. So kann auch bei ausschließlicher Verwendung reiner und gesättigter Farben der ohne vermittelnde Konturen unerträglich ‚bunte' Eindruck durch einen ‚farbigen' ersetzt werden.
   Das Problem ‚bunt' oder ‚farbig' illustrieren sinnfällig die vielfarbig strahlenden Glasfenster gotischer Gotteshäuser. Durch die Transparenz des Werkstoffes in ihrem magischen Glühen noch gesteigert, erscheinen die in leuchtenden Farben komponierten Glasmalereien durch das dunkle Gitternetz der Bleisprossen nicht ‚bunt', sondern ‚farbig'.
2. Austausch der grünen Grundfläche durch neutrales Grau (2). Als Basis zur Bestimmung eines geeigneten Grautons dient eine achtstufige Grauskala. Um eine Flimmerwirkung zu vermeiden, soll das gewählte Grau einen deutlichen Helligkeitsunterschied zu dem gesättigten Rot haben. Infolge des Simultankontrastes, bei dem das menschliche Auge zu jeder gegebenen Farbe gleichzeitig (simultan) die Komplementärfarbe ergänzt, wirkt das neutrale Grau in der Nachbarschaft des intensiven Rot leicht grünlich.
3. Schaffung des Qualitätskontrastes. Als Farbqualität wird der Reinheits- oder Sättigungsgrad der Farben bezeichnet. Der Qualitätskontrast beruht auf dem Gegensatz zwischen reinen, gesättigten Farben und getrübten und gebrochenen Farben. Reine Farben lassen sich auf vier verschiedene Arten brechen:
   3.1 mit Weiß. Dabei werden die Farben heller und lassen sich dem Weiß bis zu zartesten Pastelltönen annähern.
   3.2 mit Schwarz. Die Farben verlieren ihre Reinheit und Strahlkraft. Goethe bemerkt in seiner ‚Farbenlehre', die Farbe Gelb habe „eine sehr unangenehme Wirkung, wenn sie beschmutzt oder einigermaßen ins Minus gezogen wird" (d. h. mit Schwarz gedunkelt wird). So habe „die Farbe des Schwefels, die ins Grüne fällt, etwas Unangenehmes".
   3.3 mit Grau. Wird eine gesättigte Farbe durch Beimischung von Schwarz und Weiß vergraut, so wird sie stumpf und wirkt neutralisierend.
   Unter Beibehaltung des Zweiklanges Rot-Grün ermöglicht der Qualitätskontrast durch den Gegensatz leuchtend-stumpf eine harmonische Farbgestaltung (3). Auch hier ist aus der Ausmischungstonleiter ein vergrauter Grünton zu wählen, der sich in seiner Tonwertigkeit vom reinen Rot genügend abhebt und nicht ‚schwimmt'. Auf diese Weise läßt sich eine befriedigende Farbgestaltung mit gleichzeitiger guter Lesbarkeit des Schriftzuges erzielen.
   3.4 mit der Komplementärfarbe. Wird dem gesättigten Grün das komplementäre Rot beigemischt, trübt sich die Ausgangsfarbe bei entsprechender Dosierung bis zur Bräunung.

Übungen:

1. Lege drei Schachbrettmuster mit den gesättigten Primär- und Sekundärfarben bei harmonischer Farbverteilung an, wobei in der ersten Ausführung die leuchtenden Farbflächen unmittelbar aneinandergrenzen, in der zweiten durch weiße und in der dritten durch schwarze Konturen getrennt werden. Vergleiche die unterschiedlichen Wirkungen. Erkenntnis: ohne Trennung = ‚bunt'; mit weißer Trennung = ‚farbig', aber zerfallend; mit schwarzer Trennung = ‚farbig' und bindend. Führe hierzu weitere Übungen mit gegenständlichen Motiven, z. B. Gläserstilleben (vgl. Kap. 3.13) oder Städtebild (vgl. Kap. 3.17) durch.
2. Hebe die Flimmerwirkung zwischen einer leuchtend roten geometrischen Form bzw. einem Schriftzug auf, indem der Grünton durch ein mittleres Grau neutralisiert wird. Erziele ähnliche Wirkungen durch Brechung des Grüntones mit Weiß, Schwarz, Grau oder der Komplementärfarbe.

1.7

1.8 Farben-Mischungssysteme

Werden die Farben des Sekundärfarbenkreises mit Weiß, Schwarz oder Grau gemischt, ergibt sich bereits eine große Fülle neuer Farbtöne. Darüber hinaus läßt sich jede Buntfarbe beliebig mit einer anderen Buntfarbe mischen. Hieraus ergibt sich ein Farbenreichtum, der beim Gestalten vielfältige farbliche Möglichkeiten bietet.

Ebenso wie die Farben in Kreisen unter vereinfachenden Gesichtspunkten angeordnet werden können, werden auch die Buntfarben untereinander in Systemen gemischt. Hierzu eignen sich die Mischungsgerade (1), das Mischungsdreieck (2) und das Mischungsquadrat (3).

Die einfachste Form systematischen Farbenmischens ist die Mischungsgerade (1). An ihren Endpunkten werden zwei Farben eingesetzt, die miteinander in stetiger Stufenfolge gemischt werden. Dabei kann es sich bei den Ausgangsfarben um Farbenpaare oder ungepaarte Farben, um reine oder unreine Farben handeln. Aus der Vielzahl der Zwischentöne, die sich unbegrenzt erweitern läßt, können durch Aufhellen, Abdunkeln, Vergrauen oder Mischen mit einer anderen Buntfarbe wiederum neue nuancenreiche Mischtöne gewonnen werden.

Die Basis für das Mischungsdreieck (2.1) bilden die in die drei Eckdreiecke eingetragenen Primärfarben Rot, Blau und Gelb. Sie mischen sich in den Zwischendreiecken zu den Sekundärfarben Violett, Grün und Orange. Die mit der Spitze nach unten weisenden Dreiecke nehmen die Mischtöne aus den sie jeweils umgebenden Farben auf. So stellt das oberste dieser Dreiecke das Mischprodukt aus den angrenzenden Farben Rot, Violett und Orange dar. Im Mischungsdreieck (2.2) werden als Ausgangsfarben die dem rechten Teil des Dreiecks (2.1) entnommenen Farben Violett, Blau und Grün verwendet. Es entstehen Zwischentöne, die wegen ihrer engen Verwandtschaft eine harmonische Ganzheit bieten.

Ein zweckmäßiges Mischungsschema stellt auch das Farbenquadrat (3) dar. Als Grundlage für das Mischen dienen in (3.1) die beiden unbunten Farben Schwarz und Weiß und zwei beliebige Buntfarben, die sich in den Eckpunkten diagonal gegenüberstehen. Die Buntfarben werden nach Weiß aufgehellt und nach Schwarz abgedunkelt.

Eine diagonal verlaufende neutrale Graureihe trennt die buntfarbigen Ausmischungen voneinander. Im Quadrat (3.2) befinden sich in den Eckquadraten Weiß und drei Buntfarben, Violett, Blau und Grün. Die diagonale Blauausmischung mit Weiß wirkt nicht, wie die Graureihe in (3.1), isolierend, sondern schafft den farblich organischen Übergang von Violett zu Grün.

Wird das weiße Quadrat durch eine weitere Buntfarbe ersetzt, so entsteht durch die Mischungen eine große, aus vier Buntfarben gebildete Farbenfamilie.

Übungen:

1. Mische beliebig gewählte Farben miteinander in Farbgeraden aus. Verwende hierzu sowohl reine Buntfarben als auch gedämpfte Werkstattfarben.
2. Konstruiere gleichseitige Dreiecke mit drei- und vierfachen Seitenteilungen. Verbinde die Teilungspunkte entsprechend Schema (2) miteinander. Setze in die Eckdreiecke die Primärfarben oder beliebig gewählte Farben ein und mische sie nach Schema (2) aus.
3. Konstruiere Quadrate mit 16 oder 25 Teilquadraten. Setze in die Eckquadrate bei diagonaler Anordnung die unbunten Farben Schwarz und Weiß und die Buntfarben Rot und Grün. Mische diese Farben nach Schema (3) untereinander aus. Ersetze Weiß und/oder Schwarz durch Buntfarben.
4. Mische Farbtöne nach gegebenen Tapeten- bzw. Stoffmustern oder Bildvorlagen.
5. Übertrage die in den Mischungssystemen ermittelten Farbklänge in einen Raum-, Plakat- oder dekorativen Flächenentwurf. Verwende z. B. die Farben aus dem Quadrat (3.2). Steigere die farbige Wirkung durch sparsamen Einsatz einer aktiven Farbe wie etwa Orange.

1.8

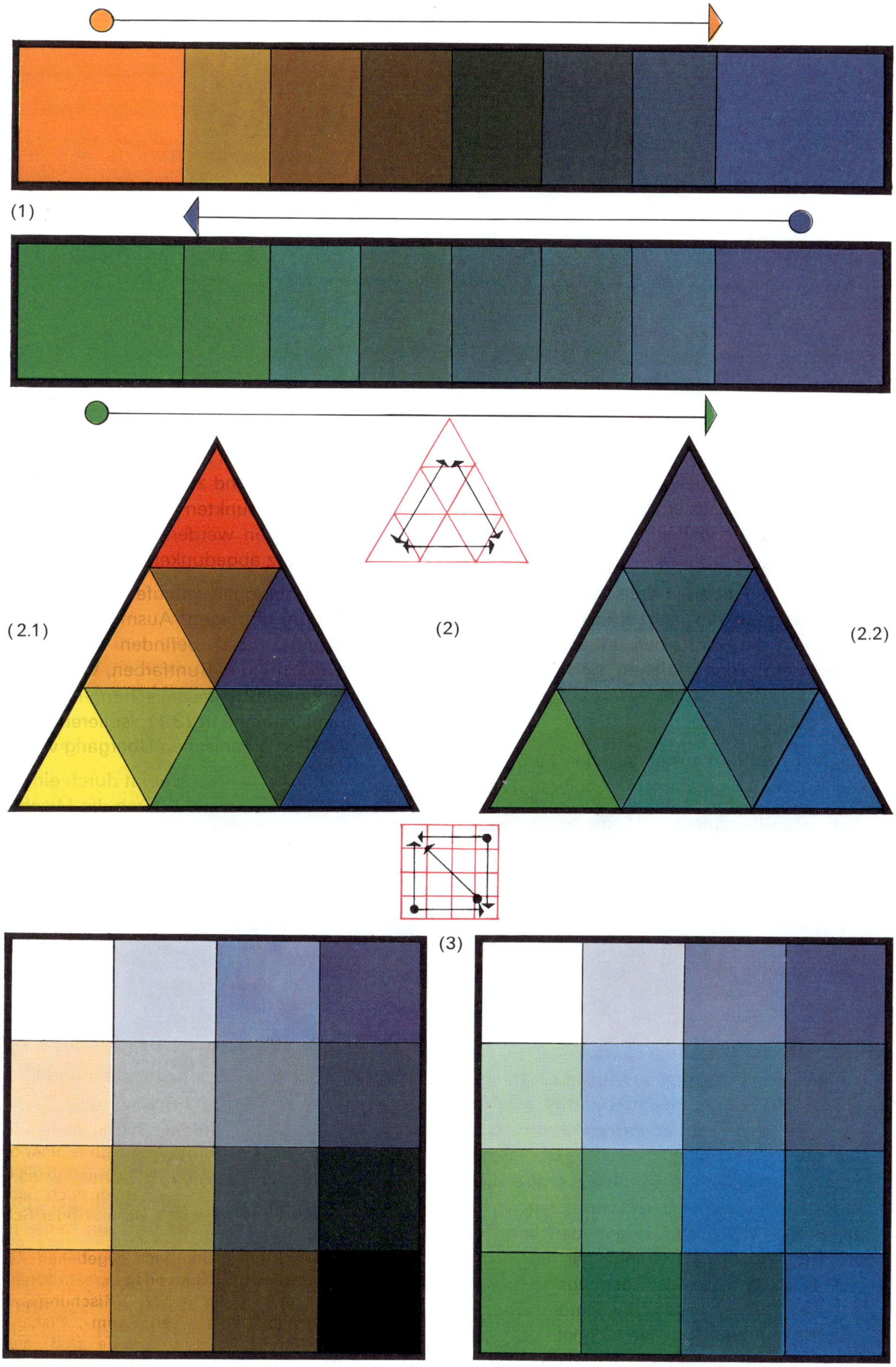

(3.1)

(3.2)

1.9 Farbe und Außenarchitektur

Für das Gesamtbild eines Bauwerkes ist die Einheit von architektonischer Form und farbiger Gestalt von entscheidender Bedeutung. Diese wechselseitigen Beziehungen von Form und Farbe sind immer dann gefährdet, wenn sich die Farbe verselbständigt und neben der Architektur gleichsam ein Eigenleben zu führen beginnt. Eine harmonische Ganzheit aus Form und Farbe erfordert eine sorgfältige architekturbezogene Farbauswahl und -anordnung. Dabei sind nicht nur rein ästhetische Aspekte, sondern auch folgende grundsätzliche Gesichtspunkte zu berücksichtigen:

Stilgeschichtliche Herkunft des Bauwerks

Historische Bauwerke sind untrennbar mit den Farben ihrer Zeit verbunden. Die gründliche Kenntnis der in der Vergangenheit üblichen farbigen Fassadengestaltungen ist für die praktische Denkmalpflege besonders wichtig. Moderne Architekturen sind in ihrer farbigen Fassadengestaltung allgemein frei von traditionellen Bezügen, es sei denn, sie sind in einen historischen Gesamtrahmen eingeordnet.

Standort des Bauwerks

Die verschiedensten Faktoren (Klima, Tradition, Mentalität) führen zu unterschiedlicher Farbgebung am Bauwerk. Sie ist beispielsweise in Mitteleuropa grundsätzlich anders geprägt als in Mittelmeerländern. Selbst innerhalb eines Landes wechselt sie von Landschaft zu Landschaft, von Ort zu Ort. Die Außenarchitektur in Industriezentren muß farblich anders gestaltet werden als in Agrargebieten. Ein freistehendes Gebäude erlaubt eine auffälligere Farb-Konzeption als ein Bauwerk, das Teil eines Straßenzuges oder einer Platzanlage ist.

Art des Bauwerks

Für die farbige Gestaltung der Außenarchitektur ist die Art des Bauwerks entscheidend. So erfordern Wohnhäuser im Bungalowstil einen intimeren Farbcharakter als Wohnhochhäuser. Schulen setzen eine andere Farbgebung voraus als Bürohäuser. Theater unterscheiden sich in ihrer farbigen Gestalt von Warenhäusern, Kirchen von Ausstellungshallen, landwirtschaftliche Gehöfte von Industriebauten.

Architektonische Gliederung des Bauwerks

Wesentlich für die treffende Auswahl der Farbe ist die architektonische Gliederung der Fassade. Glatte Flächen fordern eine andere Farbgestaltung als vielfältig durch Gesimse, Gefache und Fenster gegliederte Fassaden. Die in der Außenarchitektur enthaltenen Werkstoffe mit jeweils eigenem Charakter wie Naturstein, Naturholz, Metall müssen weitgehend in die Farbplanung einbezogen werden.

Wirkung der Farbe am Bauwerk

Für die Farbwahl sind aber nicht nur diese Faktoren entscheidend, auch die elementare Wirkung der Farbe an sich darf nicht vernachlässigt werden. So kann das Bild einer Außenarchitektur durch entsprechende Farbgestaltung malerisch (Verzicht auf starke Hell-Dunkel-Kontraste) oder graphisch (Betonung starker Hell-Dunkel-Kontraste) sein. Durch die Ausdruckswerte der Farbe und die Quantitäts- und Qualitätskontraste vermag ein Bauwerk dynamisch oder statisch, hell oder dunkel, leicht oder schwer, sauber oder schmutzig, freundlich oder bedrückend, lastend oder schwebend, kompakt oder transparent zu erscheinen. Ferner gestattet die Farbgestaltung ein Zergliedern oder Zusammenfassen, ein Akzentuieren oder Zurückdrängen der Außenarchitektur. Handelt es sich um gute Architektur, so läßt sie sich zusätzlich durch Farbe steigern, ist die Architektur mangelhaft, so kann sie durch Farbe scheinbar korrigiert werden. Türen, Fensterrahmen, Rolladen, Gitter, Dachrinnen, Abfallrohre u. a. werden entsprechend der Gesamtkonzeption entweder farbig hervorgehoben oder untergeordnet. Im allgemeinen empfiehlt es sich, diese architektonischen Sekundärelemente farblich zurückhaltend zu gestalten, um die Einheit zusammengehörender Mauerflächen nicht zu zerstören.

Farbige Teilungen und ornamentale bzw. dekorative Gliederungen des Bauwerks

Flächenaufteilungen müssen sich nach den architektonischen Gegebenheiten richten, wobei eventuelle Mängel der Architektur optisch retuschiert werden können. Einzelne Bauten lassen sich durch ornamentale und dekorative Fassadengestaltungen aus einem uniformen architektonischen Gesamtverband (z. B. Siedlung) wirkungsvoll abheben. Dabei ist zu beachten, daß die Teilflächen ein harmonisches Verhältnis zueinander aufweisen. Schräge und diagonale Teilungen verlangen besonderes gestalterisches Einfühlungsvermögen, da das optische Gleichgewicht der Fassade leicht verlorengeht. Werden ornamentale oder dekorative Schmuckformen angewandt, so ist zu prüfen, ob sie architektonisch bereichernd, indifferent oder schäd-

1.9

(1)

(2)

(3)

lich wirken. Lassen sich bei stark gegliederten Fassaden keine ruhigen Umflächen schaffen, so sollte auf ornamentale und dekorative Malereien am Außenbau verzichtet werden.

Als Reklameträger besitzen Giebelflächen vielfach eine erhebliche Werbewirksamkeit. Dabei darf allerdings das wohlproportionierte Bild der Architektur ebensowenig wie das Bild ihrer Umgebung (Stadt, Landschaft) durch allzu aufdringliche Akzente gestört werden.

Die von historischen Überlieferungen freie und somit traditionslose neuere Architektur wird beherrscht von den modernen Baustoffen Stahl, Beton und Glas. Sie ermöglichen die charakteristische Skelettbauweise. Das rasterartig konstruierte Bauskelett gliedert das Bauwerk durch horizontal-vertikale Linienelemente. Die von dem Gerippe umschlossenen Öffnungen nehmen Fenster und Gefach auf. Die Gefache bilden in ihrer Aufreihung ein waagerecht gelagertes Band, das der Außenarchitektur einen Zug in die Breite verleiht.

Die Darstellungen (1) bis (3) veranschaulichen beispielhaft einige Möglichkeiten der farbigen Gestaltung eines Betonskelettbaues:

(1) Die neutrale und kontrastarme Farbgebung führt die Flächen einheitlich zusammen. Eine Strukturgebung erfolgt lediglich durch Licht und Schatten.
(2) Bei vollfarbiger bis dunkler Fassung des Skeletts und heller Anlage der Gefache nimmt die Architektur einen stark zergliederten Charakter an. Optisch dominiert das Skelett, das die horizontal aufgereihten Gefache zurückdrängt.
(3) Werden das Skelett farbig hell gehalten und die Gefache vollfarbig bzw. dunkel betont, so ist die horizontale Schichtung eindeutig hervorgehoben. Die Gefache schließen sich scheinbar zu einem durchlaufenden Band zusammen.

Übungen:

1. Vergrößere den abgebildeten Skelettbetonbau und lege ihn unter Berücksichtigung der architektonischen Gegebenheiten mit Farbe an.
2. Setze auf die geschlossene rechte Mauerfläche Zeichen und Schriftzug einer Firma oder Gesellschaft. Beachte hierbei das Größenverhältnis von Schrift und Zeichen zur Fläche.

1.10 Farbe und Innenarchitektur

Die Innenarchitektur umfaßt alle vom Menschen bewohnten und benutzten Räume eines Bauwerkes. Diesen Räumen, gleich ob z. B. Wohnräumen, Arbeitsstätten oder Verkaufslokalen, sind bestimmte Funktionen zugedacht. Daher müssen Farbe, Form und Einrichtung sinnvoll und zweckmäßig aufeinander abgestimmt werden.

Das Gestalten mit Farbe in der Innenarchitektur folgt neben dem Nützlichkeitsgesichtspunkt (Sachwerterhaltung, Hygiene) vorwiegend ästhetischen, psychologischen und dynamischen Aspekten. Während für die ästhetische Farbgebung die Harmoniegesetze gelten, geht die psychologische auf den Bewohner des jeweiligen Raumes ein. Die dynamische Farbgebung bezieht die Licht- und Leuchtwerte des Raumes in die Gestaltung ein und verbindet sie mit seiner architektonischen Konstruktion. Soll die Farbgestaltung ästhetisch befriedigen, so sind die Farbträger (Raumflächen, Hölzer, Textilien) durch eine geeignete Farbzusammenstellung harmonisch aufeinander abzustimmen. Ausgehend von dem für den Raum passenden Grundfarbton ist beispielsweise durch den Einsatz einer Gegenfarbe in gradueller Abstufung (hell-mittel-dunkel) ein farbharmonischer Klang zu erzeugen. Hierbei muß beachtet werden, daß die gesättigte Hauptfarbe bei großflächiger Anwendung entsprechend den Raum- und Lichtverhältnissen aufzuhellen ist. Je nach Wahl und Zusammenstellung der Farben vermittelt ein Raum einen lustig-fröhlichen, heiter-gelassenen, ernst-gedämpften, behaglich-ruhigen oder festlich-feierlichen Eindruck.

Die Verwirklichung solcher farbiger Raumstimmungen setzt das Wissen um die inhaltliche Bedeutung und die „sinnlich-sittliche Wirkung" der Farbe voraus. Die Ausführungen Goethes, des Klassikers der psychologischen Farbenlehre, über das Wesen der Farben und ihre Reizwirkungen auf Körper (sinnlich) und Seele (sittlich) besitzen noch heute unverändert Aktualität. Eine Übersicht mit den komplementären Farbenpaaren Rot-Grün, Orange-Blau, Gelb-Violett dient der vergleichenden Charakterisierung der sechs Grundfarben Goethes. (Vgl. Tabelle auf S. 32.)

Um die im Raum angestrebte Farbwirkung zu erzielen, sind die gegebenenfalls mit Weiß aufgehellten bzw. mit Schwarz abgedunkelten Farben miteinander zu kombinieren.

Besonders wichtig für eine harmonische Farbgestaltung ist die Einbeziehung der verschiedenen Farbkontraste. Ein unter dem Aspekt des Quantitätskontrastes farbig gestalteter Raum wird z. B. durch einen kleineren roten Farbfleck auf einer großen grünen Fläche wirkungsvoll belebt. Das bei gesättigtem Rot und Grün durch die Ähnlichkeit der Tonhöhen unvermeidliche ‚Flimmern' ist durch den Hell-Dunkel-Kontrast zu beheben.

Die ästhetischen, psychologischen und dynamischen Grundlagen farbiger Innenraumgestaltung müssen sorgfältig mit der architektonischen Gliederung des Raumes abgestimmt werden. Der aus vertikalen (Wände) und horizontalen (Decke, Boden) Flächen gebildete Raum besteht aus tragenden und lastenden Elementen. Die Wände, die neben der Raumabgrenzung die statische Funktion des Auffangens und Abführens der Last übernehmen, stoßen mit der Decke rechtwinkelig hart zusammen (1). Durch Einschalten einer Hohlkehle zwischen Wand (Stütze) und Decke (Last) entsteht eine organisch wirkende Kräfteableitung (2).

Da Farben den Raum optisch weiten oder verengen, ist bei der Farbplanung zu prüfen, ob die Decke oder die Wände einen hellen oder dunklen Tonwert erhalten sollen. Ist ein Raum durch Hohlkehlen gegliedert, so erhalten diese als vorspringende Teile den hellsten Farbton. Der Helligkeitswert richtet sich nach der Durchbildung der Profile. Die Schattenbildung feinster Profile wird durch hellste Farbtöne gefördert.

Wie stark Innenarchitekturen durch Farben optisch verändert werden, veranschaulichen die Darstellungen (3) bis (5):

(3) Elemente im hellen Farbton vor dunkler Wand und Decke wirken leicht und gebunden.

(4) Elemente im dunklen Farbton vor heller Wand und Decke wirken schwer und trennend.

(5) Elemente mit farbiger Aufteilung vor heller Wand und Decke wirken architekturzerreißend. Farbige Gestaltung und statische Funktion bilden keine Einheit.

Zusammenfassend lassen sich die folgenden Gesichtspunkte aufzählen, die bei der Innenraumgestaltung durch Farbe zu berücksichtigen sind:

- Art des Raumes (Wohnraum, Nutzraum, privater oder öffentlicher Raum)
- Aufgabe des Raumes unter Beachtung der in ihm stattfindenden Tätigkeiten (Ruhen, körperliche oder geistige Tätigkeit, Unterhaltung, Erbauung)

- Abmessung des Raumes (groß, klein, eng, weit, hoch, niedrig)
- Architektonische Gliederung des Raumes (Fenster, Türen, Erker, Schrägen)
- Belichtung des Raumes (natürliches und künstliches Licht, Lichtstärke, Licht-Schattenverteilung)
- Schwerpunkt des Raumes (Mittel- oder Seitenanordnung der Sitzgelegenheiten)
- Farbcharakter des in dem Raum wohnenden Menschen (Melancholiker = Blau-Typ, Choleriker = Rot-Typ, Sanguiniker = Gelb-Typ, Phlegmatiker = Grün-Typ)

Übungen:

1. Konstruiere einen beliebigen Raum mit Tür und Fenster aus dem Grundriß von Kap. 2.5 in Frontperspektive. Bestimme für diesen Raum, der beispielsweise als behagliches Wohnzimmer mit hellen sonnigen Tönen vorgesehen ist, die Farben. Lege hierfür einen Farb- und Werkstoffplan (vgl. Kap. 7.1) an. Beachte bei der Farbanlage die Stufung der Wände, wobei die Fensterwand den dunkelsten, die gegenüberliegende den hellsten und die dazwischenliegende Wand einen mittleren Tonwert aus der gleichen Farbtonreihe erhält.
2. Führe die Farbgestaltung für ein Schlafzimmer mit kleinen Abmessungen durch. Denke daran, daß weitende und luftige Farbtöne zu wählen sind.

Komplementäre Farbenpaare[1])

ROT	GRÜN	ORANGE	BLAU	GELB	VIOLETT
trocken	feucht	warm	kalt	hell	dunkel
erregend	beruhigend	erwärmend	erkältend	lockernd	sentimental
stark	schwach	weich	fest	gelöst	gespannt
Wille	Gemüt	Gefühl	Verstand	Wahrnehmung	Vernunft
Tatkraft	Empfänglichkeit	Empfindung	Denken	Vorstellung	Glaube
Bewegung	Ruhe	Weltoffenheit	Vertiefung	Bewußtheit	Entrückung
Begehren	Hingabe	Lebenslust	Betrachtung	Aufmerksamkeit	Phantasie
Leidenschaft	Gleichgültigkeit	Ausdrucksfreude	Selbstbehauptung	Vermittlung	Entkörperung
laut	still	nah	fern	froh	dumpf
rührig	gelassen	heiter	ernst	klar	unklar
schweifend	bleibend	strahlend	saugend	sachlich	einseitig
brennend	neutral	leuchtend	schattend	aufhellend	verdüsternd
aktiv	passiv	regsam	langsam	offen	verschlossen
männlich	weiblich	schmiegsam	starr	leicht	schwer
triebhaft	indifferent	lebenszugewandt	lebensabgewandt	frisch	matt
heftig	mild	reizend	besänftigend	anregend	hemmend
begehrlich	satt	belebend	erstarrend	freischwebend	gehemmt
energisch	gehalten	hemmungslos	verhalten	munter	gedrückt
kraftvoll	kraftlos	feurig	kühl	beweglich	lahm
betriebsam	beschaulich	verströmend	vereinzelnd	vordergründig	hintersinnig

[1]) aus: Walter A. Koch, Mensch und Farbe, in: Das Deutsche Malerblatt, 25. Jg., Stuttgart 1954, S. 369.

1.10

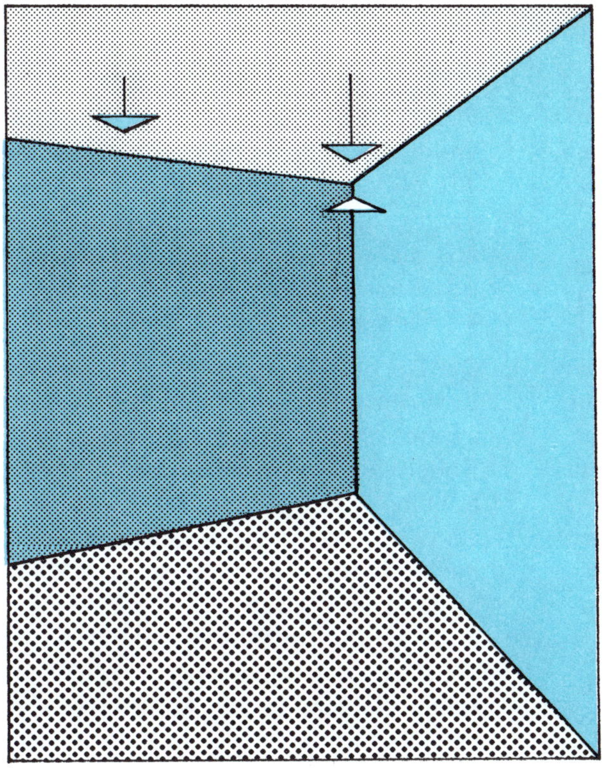

(1)

(2)

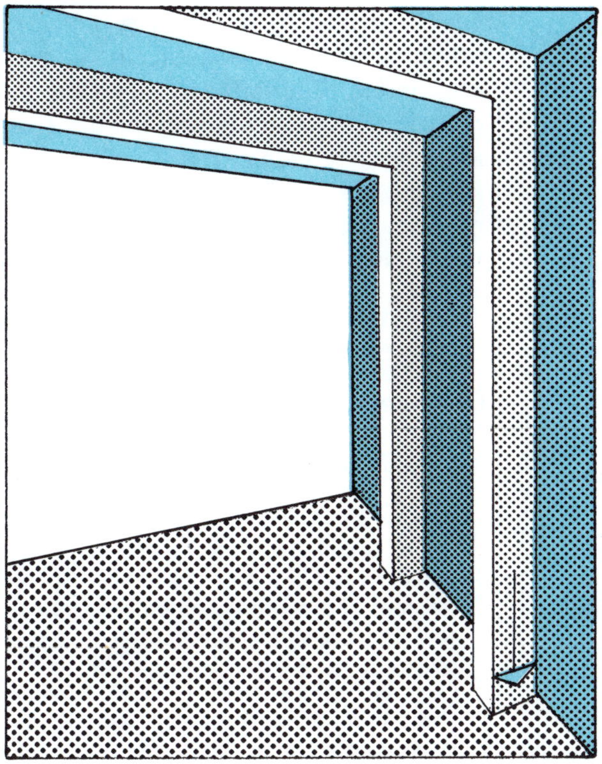

(3)

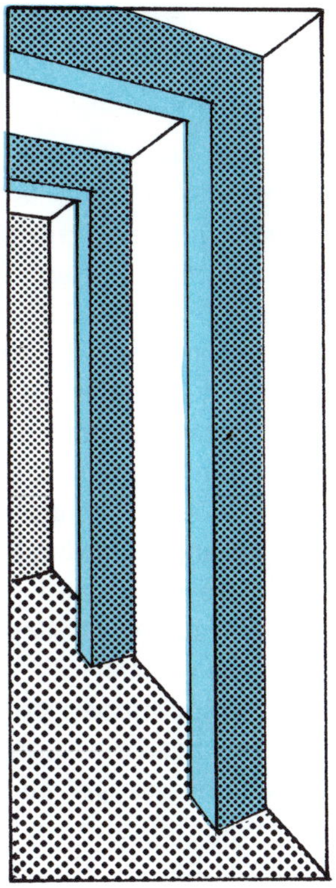

(4)

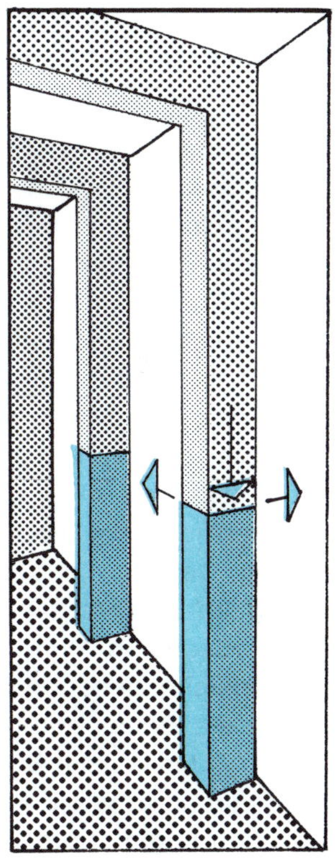

(5)

1.11 Licht und Farbe in der Innenarchitektur

Bei jeder farbigen Innenraumgestaltung sind Lichtmenge (abhängig von den Fenstermaßen, der Raumlage und der Tageszeit) und Lichtart (natürlich oder künstlich) zu berücksichtigen.

Ein Raum, der bei Tageslicht in den Farben harmonisch wirkt, kann durch eine ungeeignete künstliche Lichtquelle (vgl. Kap. 1.1) unangenehm verändert werden. Um die Harmonie der Farben zu erhalten, sind daher Glüh- oder Leuchtstofflampen zu wählen, die die Farbwirkung positiv beeinflussen. Das heute in vielfältigen Formen und Arten verfügbare künstliche Licht erfordert die sorgfältige Farbabstimmung beim Anstrich, beim Mobiliar und den Textilien, wobei neben der Wirkung dieser Elemente aufeinander auch die Farbwirkungen der verschiedenen Lichtquellen erwogen werden müssen.

Von besonderer Bedeutung ist der Einfluß von Lichtstärke, -richtung und -farbe auf Wände und Gegenstände von Geschäftslokalen oder Schaufenstern. So wird beispielsweise das Aussehen von Schmuck durch indirektes Licht (Glanzverlust) negativ und durch direktes Licht (Glanzsteigerung) positiv beeinflußt.

Neuere Untersuchungen verdeutlichen den Einfluß des Lichtes auf das vegetative Nervensystem. Sie ergaben, daß helles, weißes Licht bei der Arbeit als zweckmäßig, leistungssteigernd und sogar angenehm empfunden wird. Dagegen bevorzugt der Mensch zur Entspannung Lichtquellen mit größerem Rotanteil, die eine behagliche Raumstimmung erzeugen. Arbeits-, Wohn-, Fest- und Ladenräume müssen also ein unterschiedliches Licht-Farbe-Verhältnis aufweisen.

Nimmt man mittleres Tageslicht an, so ist für die farbliche Gestaltung von Räumen das Verhältnis von Raumgröße und Fensterfläche sowie die Lichtdurchlässigkeit des Glases ausschlaggebend. Je nach Güte läßt Fensterglas (Klarglas) 65 bis 95% Licht durch. Bei Matt-, Opal- und Ornamentglas nimmt die Lichtdurchlässigkeit ab. Die ‚Lichtleistung' des Fensters ist von der Größe der Maueröffnung, der Aufteilung (ohne Sprossen oder mit mehrfacher Sprossenteilung), der Lage (schmale oder breite Straße, Geschoßhöhe, Himmelsrichtung) und dem Behang (Gardine) abhängig. Da sich nicht alle Einflüsse zahlenmäßig eindeutig erfassen lassen, gilt die Faustregel, daß die Fensterfläche in Wohnräumen mindestens $^1/_{10}$ der Bodenfläche betragen soll. Untersuchungen zufolge nimmt die Beleuchtung im Raum bei Fenstergrößen über $^1/_{10}$ bis $^1/_8$ der Bodenfläche nicht mehr im gleichen Verhältnis wie die Fenstervergrößerung zu. Nach der oben angeführten Faustformel hat ein Raum von 20 m^2 Bodenfläche eine ausreichende Fensterfläche, wenn die Scheibenlichte 2 m^2 beträgt. Da aber aus Gründen der architektonischen Konstruktion (z. B. Fachwerkhaus) oder der baukünstlerischen Gestaltung von dieser Regel abgewichen wird, muß bei der farbigen Raumgestaltung die Tonwertigkeit der Farbe den Verhältnissen angepaßt werden.

Die Darstellungen (1) bis (3) weisen auf das Licht-Farbe-Problem im Raum hin. Ein Raum mit einer Länge von 4,50 m und einer Breite von 3,20 m hat eine Bodenfläche von 14,40 m^2. Der Flächeninhalt der Scheibenlichte müßte $^1/_{10}$ von 14,40 m^2 = 1,44 m^2 sein. Würde dieser Raum nach den Rohbaurichtmaßen für Wohnungsfenster DIN 18050 eine Fensteröffnung von 0,625 × 1,375 m haben, so würde die lichte Öffnungsfläche nur etwa $^1/_{20}$ der Bodenfläche betragen; der Raum wäre unterbelichtet (1). Solche Räume verlangen zur Aufhellung und Weitung sehr helle Farbtöne mit hohem Reflexionsvermögen.

Durch Verbreiterung des Fensters auf 1,125 m bei gleicher Höhe ergibt sich ein Flächeninhalt ungefähr in Größe von $^1/_{10}$ der Bodenfläche (2). Die hierdurch erhöhte Raumhelligkeit läßt Farbzusammenstellungen mit hellen bis mittleren Tonwerten zu.

Die Verdoppelung der Fensterbreite auf 2,25 m unter Beibehaltung der Höhe führt mit 2,80 m^2 Öffnungsfläche ($^1/_5$ der Bodenfläche) zu einer ‚Überbelichtung' des Raumes (3). Mit der großen Helligkeit, die allerdings über die $^1/_8$-Grenze hinaus nicht mehr proportional zunimmt, ist auch ein vorteilhaftes Raumbild entstanden. Zur farbigen Gestaltung können neben mittleren Tonwerten gesättigte bis dunkle Farben herangezogen werden. Die Darstellung (4) zeigt, wie sich der gleiche Raum bei Verwendung dunkler und mittlerer Farbtöne optisch verändert. Während die linke Raumhälfte eng und drückend erscheint, weitet sich die rechte durch die hellere Farbanlage.

Übungen:

1. Zeichne Räume mit unterschiedlichen Fenstergrößen in Frontperspektive. Bei der Farbplanung und -anlage ist das Farbe-Licht-Verhältnis zu berücksichtigen. Beachte hierbei, daß im Entwurf bei einfarbiger Wandgestaltung die Fensterwand den dunkelsten, die gegenüberliegende den hellsten und die dazwischenliegende den mittleren Farbton erhält. Würden alle Wände im gleichen Farbton angelegt, so ginge der Eindruck der Räumlichkeit verloren.
2. Lege den gleichen Raum mit hellen, mittleren und dunklen Farbtönen an. Beobachte die erweiternde und verengende Wirkung der Farbe.

1.11

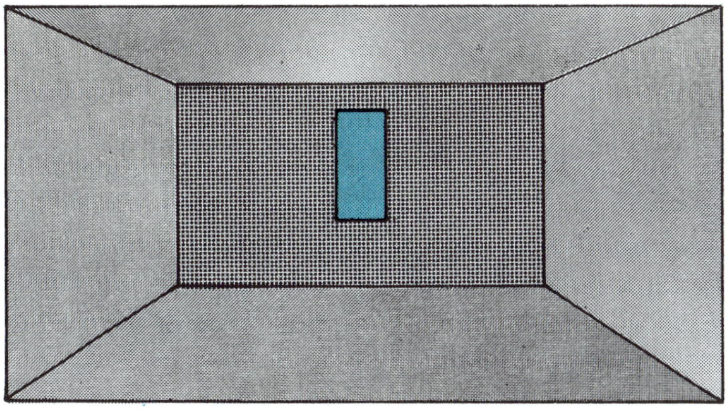

(1)

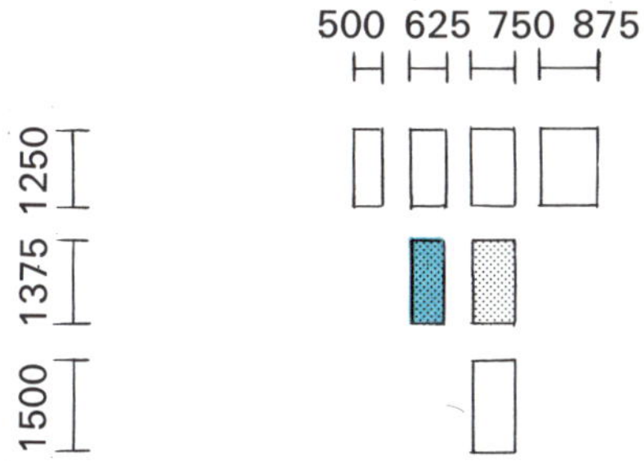

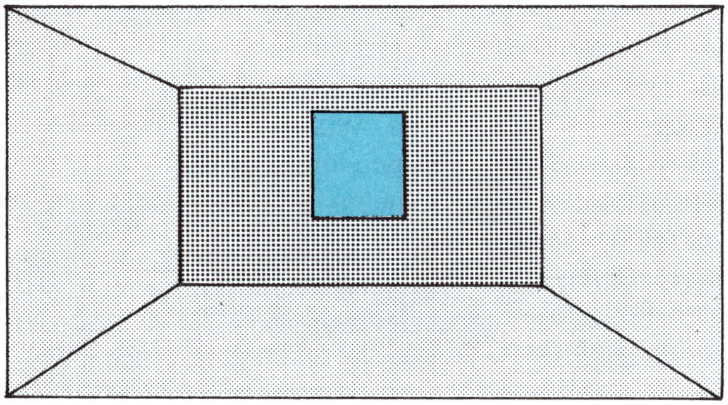

(2)

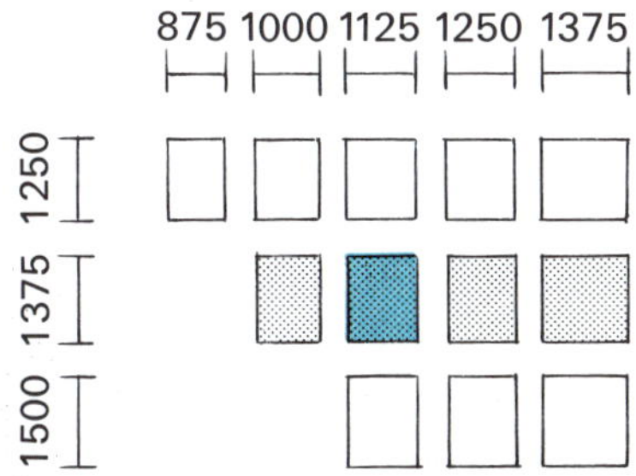

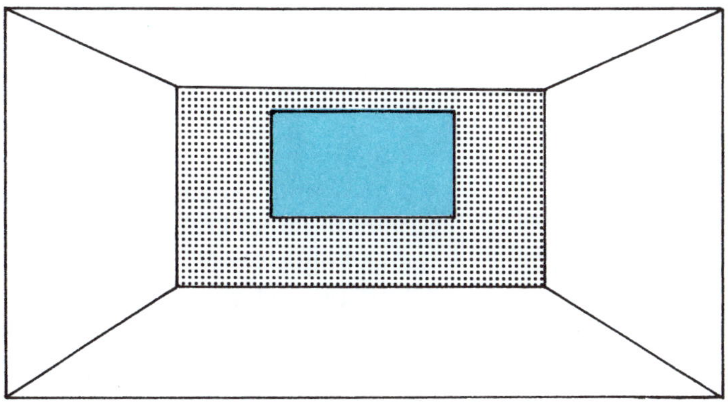

(3)

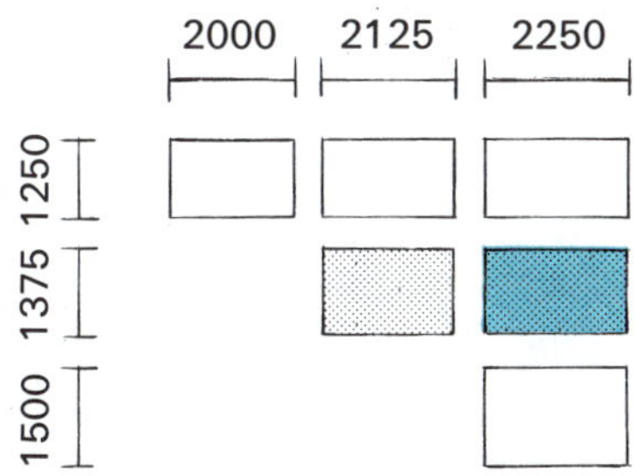

Rohbaurichtmaße für Fensteröffnungen in mm. (Gerastert: Vorzugsmaße für Vorzugsgeschoßhöhe = 2750 mm.)

(4)

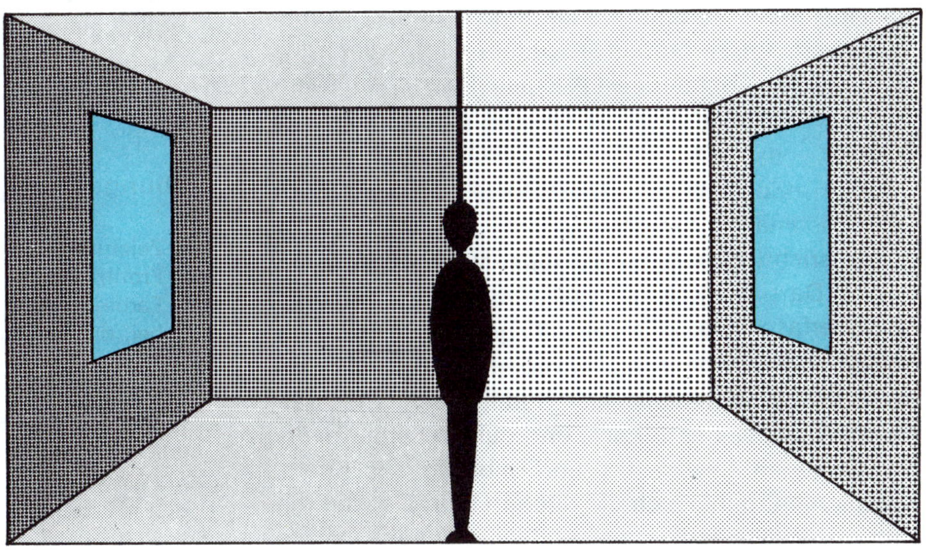

1.12 Farbe und Himmelsrichtung in der Innenarchitektur

Die Farbauswahl in der Raumgestaltung richtet sich nicht nur nach Aufgabe und Zweck des Raumes, sondern auch nach seiner Lage im Gebäude im Hinblick auf die Himmelsrichtung. Entscheidend ist der Sonneneinfall in die Räume während ihrer Hauptbenutzungszeiten. So sollten beispielsweise die Wohnräume zur Sonnenseite hingerichtet sein.

Durch die tägliche Umdrehung der Erde um ihre eigene Achse beschreibt die Sonne scheinbar eine Bahn von Ost nach West. Zur Frühjahrs-Tagundnachtgleiche (etwa 21. März) und zur Herbst-Tagundnachtgleiche (etwa 23. September) entspricht der zeitliche Verlauf der Sonnenbahn einem Halbkreis. Während an diesen Tagen die Sonne um 6 Uhr auf- und um 18 Uhr untergeht, beträgt die Tagzeit am 21. Juni 16,5 und am 21. Dezember nur 7,5 Stunden.

Wegen der steilen Mittagssonne im Sommer und der tiefen Durchsonnung im Winter gelten Räume mit Südlage als besonders wertvoll. Im Idealplan eines Einfamilienhauses liegt das Wohnzimmer (4) nach der von der Straßenseite abgekehrten südlichen Gartenseite. Dieser maximal wärme- und lichtdurchflutete Raum verlangt Farbtöne mit kühler und dunkler Tendenz, die den notwendigen Ausgleich zwischen Warm und Kalt herstellen. Für die Farbgestaltung des nach Westen gerichteten und somit nachmittags durchsonnten Schlafzimmers (3) empfehlen sich ebenfalls kühle, aber helle Farben.

Durch das große Fenster des nach Norden liegenden Arbeitszimmers strömt ein gleichmäßig diffuses, vom Sonnenstand unbeeinflußtes Tageslicht. Hier sind warme und helle Farbtöne erforderlich, die den lagebedingten Schattencharakter durch einen sonnigen Eindruck ausgleichen. Kühle und dunkle Farben würden hingegen eine frostige und unbehagliche Atmosphäre vermitteln. Auch die Küche (1) in Ostlage mit verhältnismäßig kurzer morgendlicher Durchsonnung benötigt warme Farbtöne, die dem Arbeitsraum eine freundliche Farbstimmung geben.

In unmittelbar aufeinanderfolgenden Räumen sind extreme Warm-Kalt- und Hell-Dunkel-Kontraste zu vermeiden. Vielmehr ist eine harmonische farbige Beziehung von Raum zu Raum herzustellen. Sind farbige Übergangstöne nicht möglich, so sollten vermittelnde Farben aus der neutralen Reihe eingeschaltet werden. Also wird die Verteilungsdiele (5), an die sich die Räume (1), (2) und (4) anschließen, zweckmäßig in farbigen Grautönen gestaltet.

Für die Räume (1) und (2) eignen sich Farben aus der warmen und aktiven ‚Tagseite' des ‚Werkstatt-Komplementärfarbenkreises' (vorwiegend Ocker, Terra di Siena, Englischrot). Sie werden entsprechend der Lage (Nord oder Ost) mehr oder weniger aufgehellt. Die Räume (3) und (4) erhalten – nach der Himmelsrichtung abgestuft – Farben aus der kalten ‚Nachtseite' des Farbenkreises.

Die Rasterungen der Ansichtsskizzen entsprechen den Rasterungen im Grundriß. Ihre Dichte bezeichnet die Helligkeitsgrade der Farben. Sie sind in den Räumen (1) und (4) dunkler als in den Räumen (2) und (3). Die farbig unterlegten Flächen erhalten warme, die übrigen Flächen kalte Farben. Grundlage der Farb- und Tonwertbestimmung der Farben für die einzelnen Räume ist die Ausmischung mit Weiß (6).

Übungen:

Zeichne aus dem Grundriß entwickelte maßstäbliche Wandansichten aller Räume mit Türen und eventuell Möbeln (Raummaße vgl. Kap. 2.5). Fertige Weißausmischungen mit warmen und kalten Farben des Werkstatt-Komplementärfarbenkreises an. Lege die Ansichtsskizzen entsprechend der Raumlage in geeigneten, den Ausmischungen entnommenen Farben an. Beachte hierbei, daß die größte Fläche den hellsten, die kleinste Fläche den dunkelsten Farbton erfordert.

1.12

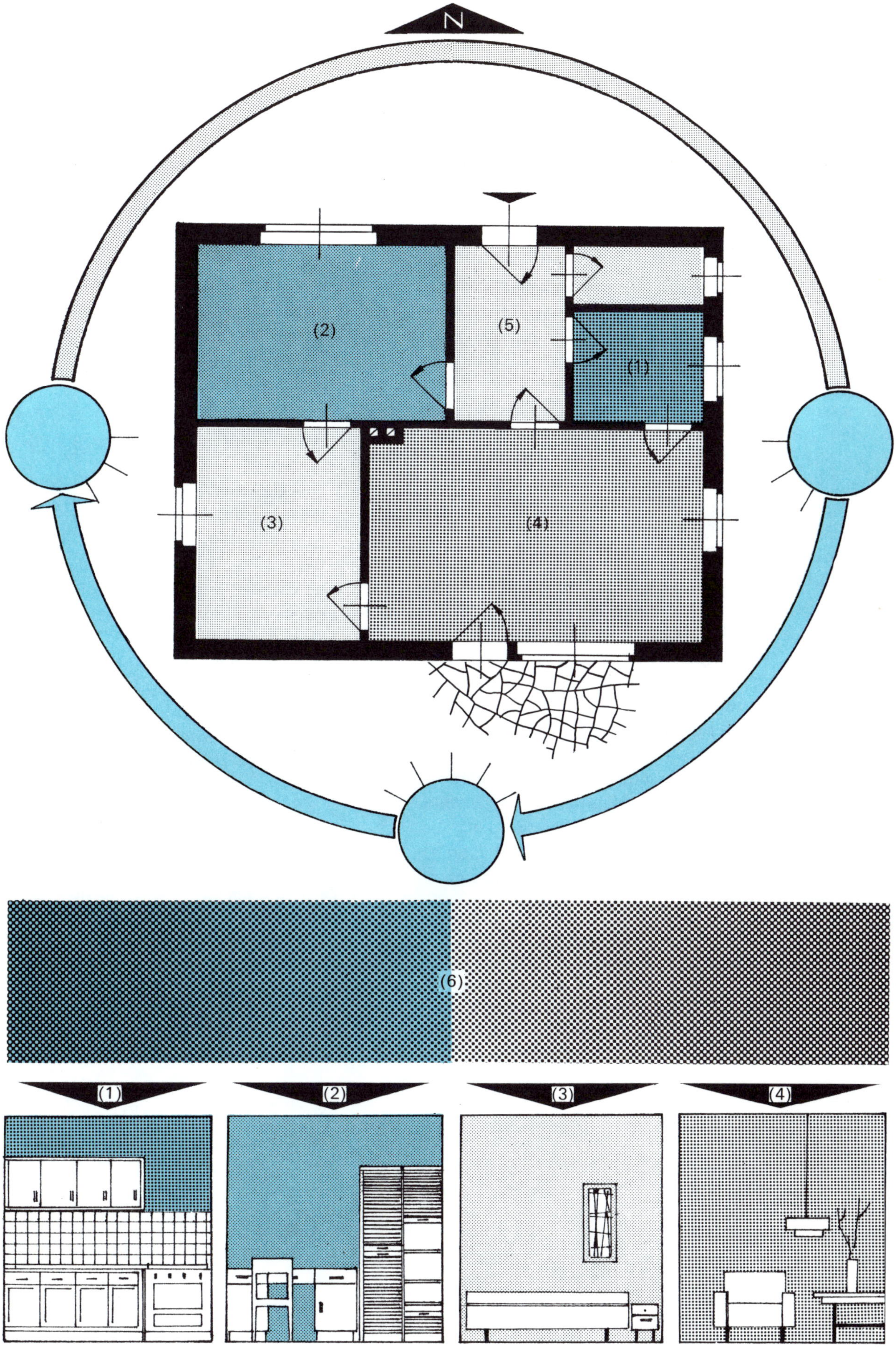

1.13 Farbe und Maßverhältnisse in der Innenarchitektur

Die von Menschen bewohnten und benutzten Innenräume unterscheiden sich nicht nur hinsichtlich ihrer Anzahl (von der Einraumwohnung mit Herd-, Schlaf-, Eß- und Waschecke über die Mehrraumwohnung bis hin zum Schloß), sondern auch im Hinblick auf ihre Abmessungen (Länge, Breite, Höhe) und ihre Grundformen (rechtwinklig, schiefwinklig, geschwungen; Erker, Nischen, Schrägen). Das Auge, das die unterschiedlich großen und geformten Räume optisch aufzunehmen hat, erfaßt allgemein kleine Räume ‚auf einen Blick' und große durch ‚Abtasten'. Daher wird in der Regel zwischen dem Ruhebild (ruhendes Auge bei normaler Kopfhaltung) und dem Tastbild (bewegtes Auge bei unveränderter Kopfhaltung) unterschieden. Ein Raum, dessen Decke im Ruhebild des Betrachters sichtbar ist, wirkt durch seine Überschaubarkeit geschlossen. Dagegen ist bei einem Raum mit hoher Decke und ungenügender Tiefe der Abstand des Betrachters zu gering, um die Decke im Ruhebild wahrzunehmen. Der ganze Raum einschließlich Decke kann nur durch Abtasten mit dem Auge erfaßt werden. Bei dieser ausschnitthaften Wahrnehmung entsteht ein uneinheitlicher Raumeindruck. Hieraus folgt: Die Raumwirkung – ob positiv (geschlossen, einheitlich) oder negativ (uneinheitlich) – hängt von den Proportionen des Raumes ab.

Bei Kenntnis dieser Gegebenheiten besteht für den Gestalter die Möglichkeit, Räume mit unharmonischen Proportionen durch Farbe optisch zu korrigieren. Es ist bekannt, daß warme und dunkle Farben von oben abschließend und von den Seiten begrenzend oder kalte und helle Farben von oben auflichtend und von der Seite öffnend wirken. Voraussetzung für eine befriedigende Raumgestaltung ist das richtige Einschätzen dieser raumerweiternden oder raumverengenden Wirkkräfte der Farbe und ihr Abstimmen auf die gegebenen Abmessungen des Raumes.

Die Darstellungen (1) bis (4) zeigen Möglichkeiten, einen Raum durch die Tonwertigkeit der Farbe optisch zu verändern.

(1) Dunkle Farbe an der Decke bei heller Farbe an den Wänden läßt den Raum niedriger und weiter erscheinen.

(2) Gesättigte Farbe oder Farbe im mittleren Tonwert an Decke und Fries und helle Farbe an den Wänden vermindert scheinbar die Raumhöhe.

(3) Gesättigte oder dunkle Farbe an den Seitenwänden und helle Farbe an der Rückwand läßt den schmalen Raum enger und tiefer erscheinen.

(4) Dunkle oder gesättigte Farbe an der Rückwand und helle Farbe an den Seitenwänden führt zur optischen Verkürzung des tiefen Raumes.

Übungen:

1. Zeichne weite und niedrige sowie enge und hohe Räume in Frontperspektive. Lege die niedrigen Räume mit hellen warmen und kalten Farbtönen und die hohen mit dunklen warmen und kalten Farbtönen an. Vergleiche die Wirkung (hebend, befreiend, abschließend, bedrückend).
2. Zeichne ein Schaufenster in Frontperspektive. Lege einmal die Rückwand in dunkler und einmal die Seitenwände in heller Farbe an. Vergleiche die verengende und erweiternde Wirkung durch die Farbe.

1.13

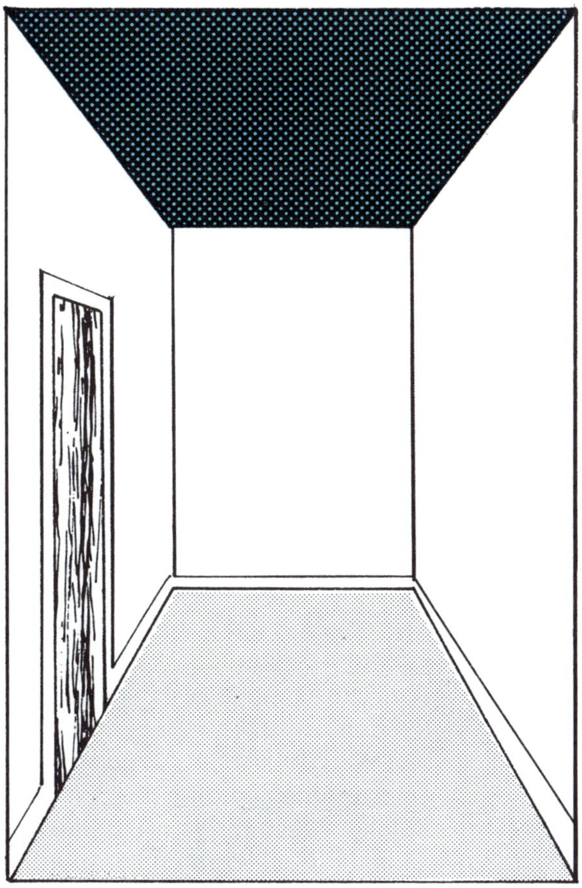

(1)

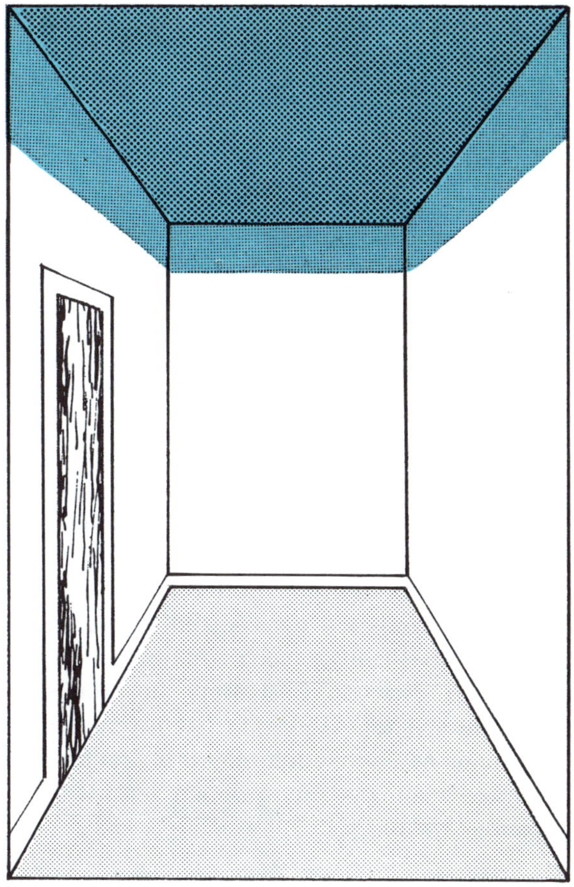

(2)

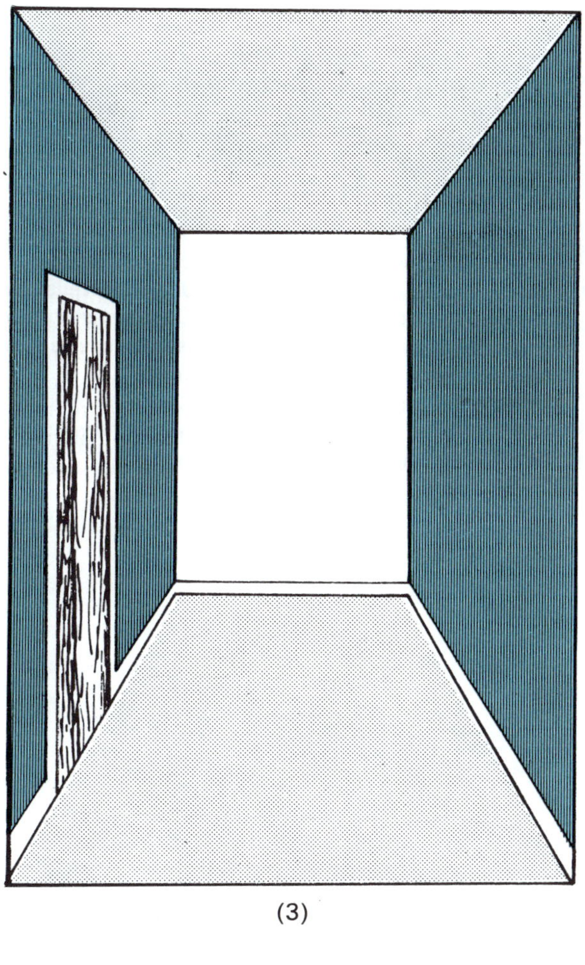

(3)

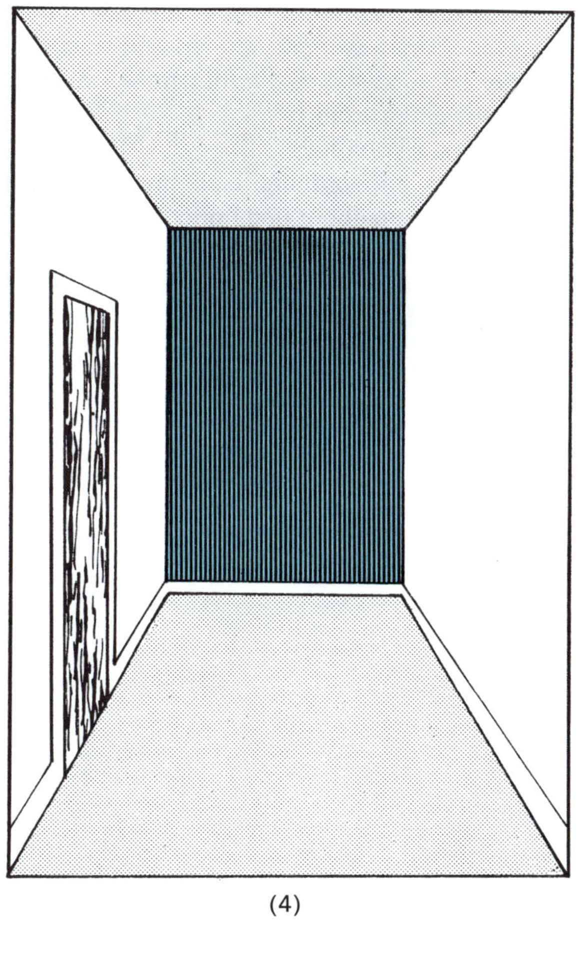

(4)

1.14 Farbige Teilungen in der Innenarchitektur

Neben der scheinbaren Veränderung des Raumes durch kontrastierende Farben an Decke (dunkel = tiefer, hell = höher) und Wänden (dunkel = verengend, hell = erweiternd) ist es möglich, die Farbe als raumgliederndes Mittel in Form von Linien-, Strich-, Streifen- und Bändermustern einzusetzen. Diese Gestaltungselemente besitzen je nach senkrechter oder waagerechter Anordnung bestimmte Ausdruckswerte, die einen Raum in der Höhe oder Breite optisch verändern. Bei nur einseitig diagonal angeordneter Musterung der Wände verliert der Raum seinen vertikal-horizontalen Grundcharakter.

Die raumverändernde Wirkung von Linienmusterungen veranschaulichen die Darstellungen (1) und (2).

(1) Linke Bildhälfte:
Horizontal angeordnete Linienmusterungen lassen einen Raum weiter und niedriger erscheinen. Daher ist es zweckmäßig, nur hohe Räume waagerecht aufzuteilen.
Rechte Bildhälfte:
Vertikal angeordnete Linienmusterungen lassen einen Raum enger und höher erscheinen. Sie sollten nur bei weiten und niedrigen Räumen angewandt werden, da die senkrechte Linienaufteilung die Strebewirkung eines hohen Raumes noch steigert.

(2) Linke Bildhälfte:
Schräge oder diagonale Linienmusterungen bei einseitiger Anordnung heben den statischen Raumcharakter scheinbar auf. Der Raum erhält eine optische Drehbewegung, die dem Gefühl der Ausgeglichenheit und Stabilität widerspricht. Erfolgt die Linienmusterung zusätzlich in der Gegenrichtung, so ist das notwendige Gleichgewicht im Raum wieder hergestellt.
Rechte Bildhälfte:
Wird ein diagonales Linienmuster (Strich, Band, Streifen) unterbrochen, so entstehen je nach Lage und Wechsel der Schnittpunkte verschieden breite Flächenornamente in Quadrat- oder Rautenform. Solche Musterungen unterliegen den gestaltgebenden Gesetzen von Reihung und Rhythmus. Durch Anpassen an den Grundton der Wand und Vermeiden starker Farbkontraste entstehen wirkungsvolle dekorative Belebungen.

Übungen:

Zeichne einen Raum oder ein Schaufenster in Frontperspektive. Gliedere das gleiche Objekt jeweils durch waagerechte, senkrechte und diagonale Linienmusterungen. Lege die Aufteilungen einmal in Kontrastfarben und einmal in Farbtönen verwandter Helligkeitsgrade an.
Vergleiche die farbige Wirkung:
Hell – Dunkel = Zaun- oder Gitterwirkung,
Ton-in-Ton = Flächenwirkung.

1.14

(1)

(2)

1.15 Farbige Fries- und Sockelteilungen in der Innenarchitektur

Decke, Wand und Fußboden stehen als raumbildende Elemente in enger Beziehung zueinander. Ihre Aufgabe, den Raum nach oben, den Seiten und nach unten zu begrenzen, bleibt auch dann bestehen, wenn die Flächen als geschlossene Farbträger dienen oder wenn farbige Teilungen vorgenommen werden. Der Raum mit seinen unterschiedlichen, nicht immer im guten Verhältnis zueinander stehenden Abmessungen (Länge, Breite, Höhe) verlangt sinnvolle farbige Gliederungen. Diese können durch Betonen der geschlossenen Flächen in kontrastierenden Farben, Einbeziehen angrenzender Flächen – beispielsweise Deckenfries in Wandflächen oder Wandfries in Deckenfläche – und Sockelteilungen erfolgen. Die letztere Möglichkeit wird wegen ihrer Zweckmäßigkeit (Anstrichstoffe, die nicht allzu schnell verschmutzen und leicht zu reinigen sind) am meisten angewandt.

Wenn Teilungen im Raum erforderlich sind, sollte grundsätzlich auf ein gutes Verhältnis zwischen den Maßen der gegliederten Fläche und der Sichthöhe des Bewohners geachtet werden; auch die Abmessungen von Türen und Fenstern müssen berücksichtigt werden.

Die raumgliedernde Wirkung der Farbe wird an den Beispielen (1) bis (3) veranschaulicht:

(1) Weite Räume lassen sich nicht nur durch helle Farbtöne an der Decke und dunkle Farbtöne an den Wänden optisch verengen. Auch durch Einbeziehen der dunkleren Wandfarbe in die hellere Deckenfläche wird der Eindruck der Raumweite gemindert. Diese optische Verengung wird durch den scheinbar verkleinerten Deckenspiegel verursacht. Eine farbige Gliederung der gesamten Deckenfläche ist bei niedrigen Räumen nicht ratsam, da der geringe Abstand vom Betrachter keine zusammenhängende Übersicht gestattet.

(2) Zur optischen Verringerung der Raumhöhe wird oft der Farbton der Deckenfläche in die Wandfläche hineingenommen. Es entsteht ein waagerecht verlaufender Flächenstreifen, der als Fries bezeichnet wird. Seine Breite wird in der Praxis vielfach vom Zufall und nicht von architektonischen Gegebenheiten bestimmt. Von der Raumarchitektur her gesehen haben friesartige Flächenstreifen im allgemeinen keine Berechtigung. Ist aber bei zu hohen Decken eine Gliederung der Wände notwendig, so sollte diese immer die innenarchitektonischen Gegebenheiten berücksichtigen. Während die zufällige Fries-Wand-Teilung (linke Bildhälfte) ungünstig erscheint, wird durch die Gliederung in Höhe der Oberkante des Fensters (rechte Bildhälfte) auf die Raumarchitektur eingegangen. Der Vergleich beider Raumhälften zeigt außerdem deutlich, daß der linke Friesstreifen zu breit, der rechte hingegen vertretbar ist. Zu breite Flächenstreifen heben scheinbar die Einheit der Wand auf. Der überbreite Fries vermittelt den Eindruck einer oberen Wandfläche und eines darunterliegenden hochgezogenen Sockels.

(3) Wird die Teilung der Wand noch tiefer gelegt, so entsteht der normale Sockel. Er ist notwendiger Behelf, um untere Wandteile bei großer Beanspruchung mit geeigneten Anstrichstoffen zu schützen. Die trennende Wirkung zwischen Wand und Sockel kann durch angleichende Farbtöne gemildert werden. Wie beim Fries berücksichtige man auch beim Sockel die architektonischen Gegebenheiten (Unterkante des Fensters). Tief angelegte Sockel stehen zum Betrachter in einem guten Verhältnis.

Übungen:

1. Zeichne Räume in Frontperspektive. Beziehe bei der Farbanlage den Wandton in die Deckenfläche und umgekehrt den Deckenton in die Wandfläche ein. Vergleiche danach die raumgliedernde Wirkung der Farbe.
2. Stelle Küchen und Flure im Aufriß und in Frontperspektive dar. Beachte bei der Farbanlage günstige Sockelteilungen.

1.15

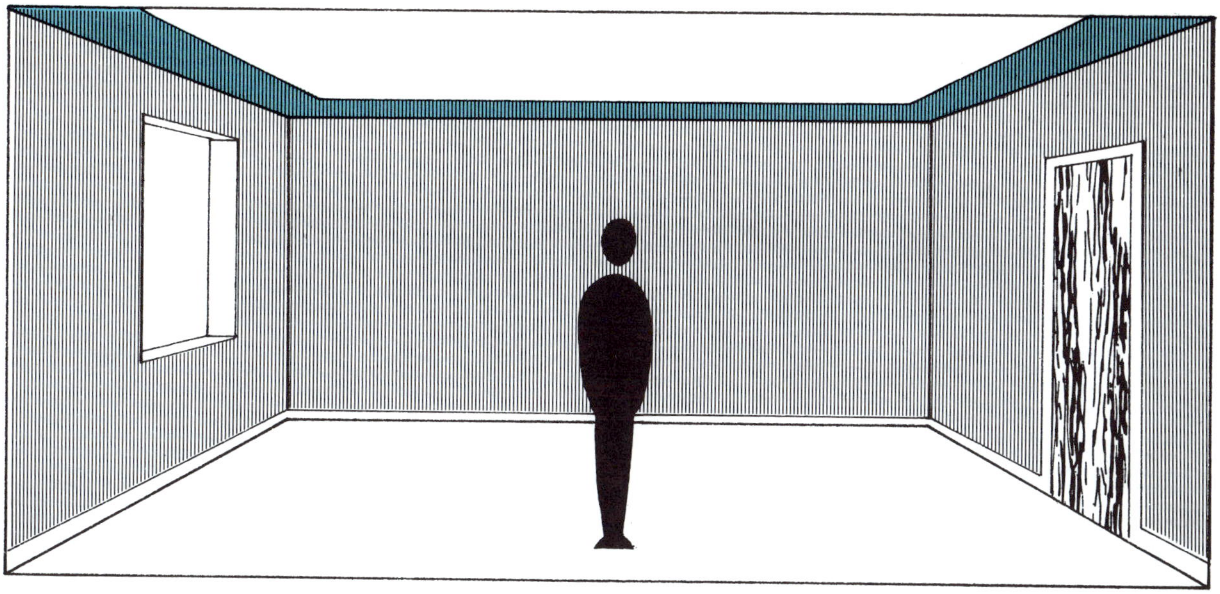

(1)

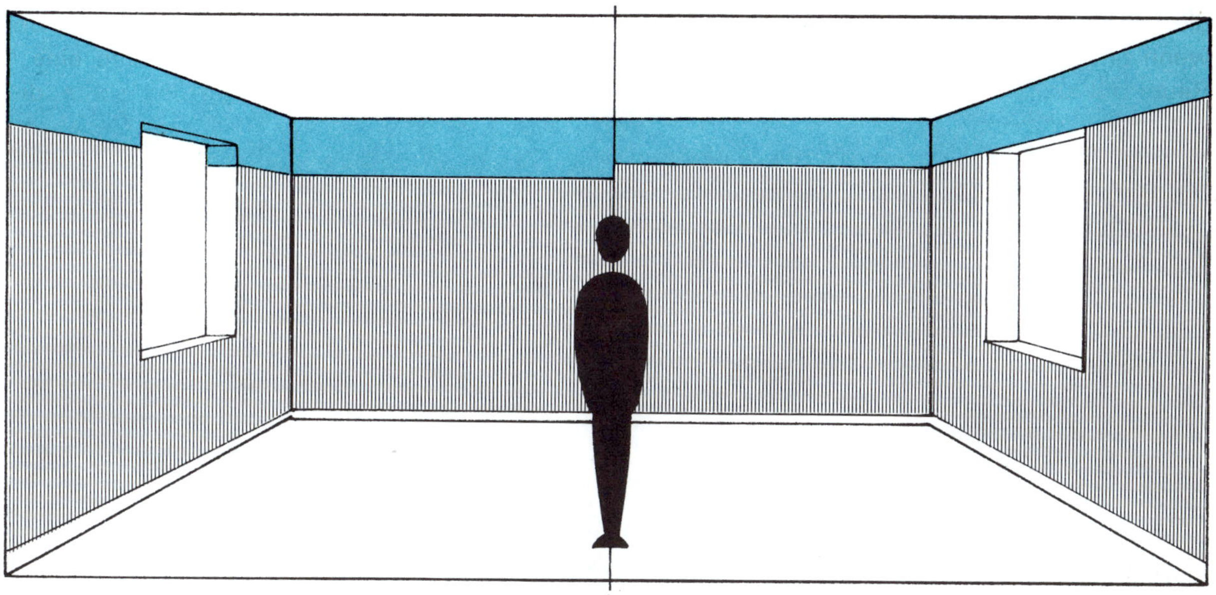

(2)

(3)

1.16 Farbige Sockel und Wandbelebungen in der Innenarchitektur

Architektonische Berechtigung und Zweckmäßigkeit entscheiden über die Anlage eines Sockels in stark benutzten Räumen (Treppenhaus, Flur, Küche, Bad oder Arbeitsraum). Wenn also ein Sockel notwendig ist, so ist auf ein harmonisches Verhältnis der geteilten Wand zu achten. Stark kontrastierende Farben zwischen oberer Wandfläche und Sockel sind zu vermeiden, da durch die betonte Trennung der Raum in zwei Hälften zerlegt wird. Soweit geometrische Teilungen oder dekorative Malereien für Decken- und obere Wandfläche vorgesehen sind, sollten diese die gegebenen Raumelemente berücksichtigen.

Die Darstellungen (1) bis (3) weisen in der Gegenüberstellung auf schlechte und gute Sockel-Wand-Teilungen hin. Wenn auch schon auf den ersten Blick ‚Falsch' und ‚Richtig' erkannt wird, ist es doch empfehlenswert, jeweils eine Hälfte mit weißem Karton abzudecken, damit eine objektive Beurteilung möglich ist.

(1) Linke Raumhälfte:
Die Sockelteilung des Eingangflures erfolgte, ohne die Treppensteigung zu berücksichtigen. Die zu große Sockelfläche – besonders im vorderen, tieferliegenden Raumteil – konkurriert größenmäßig mit der oberen Wandfläche. Neben dem unharmonischen Flächenverhältnis liegt die Teilungsgrenze in Augenhöhe des Betrachters. Da aber Teilungen in Höhe der Horizontlinie negativ auf den Beschauer wirken (sein freier Blick scheint gleichsam von einem unüberschaubaren Hindernis beeinträchtigt), sind Sockelabgrenzungen unter der Augenlinie zu halten.
Rechte Bildhälfte:
Die Treppensteigung ist bei der Anlage des Sockels berücksichtigt. Zwischen tieferliegendem Sockel, oberer Wandfläche und Betrachter besteht ein befriedigendes Verhältnis.

(2) Linke Raumhälfte:
Bei ungünstiger Sockelteilung und starkfarbiger Rautenaufteilung von Decke und oberer Wandfläche besteht optisch ein starker Druck auf den unteren Teil des Raumes. Falsche Teilungen und geometrische Gliederungen führen zur scheinbaren Zerstörung des Raumgefüges.
Rechte Bildhälfte:
Günstige Sockelteilung, glatte obere Wandfläche und gegliederte Decke vermitteln eine ruhige und ausgeglichene Raumwirkung.

(3) Treppenhaussockel verlangen in der Teilung ein Mitgehen mit den Steigungen. Allerdings ist bei der Festlegung der oberen Sockelbegrenzung nicht das Steigen der einzelnen Stufen zugrunde zu legen, da die ständige Wiederholung von senkrecht und waagerecht einen verwirrenden Eindruck beim Betrachter hervorruft. Die Folge ist beim Beschreiten der Treppe ein Gefühl der Unsicherheit.

Übungen:

Zeichne eine Flur- oder Treppenhauswand im Aufriß. Bestimme die Sockelhöhe unter Berücksichtigung der Augenhöhe des Betrachters, des Verhältnisses von oberer Wand- und Sockelfläche und der Treppensteigung.

1.16

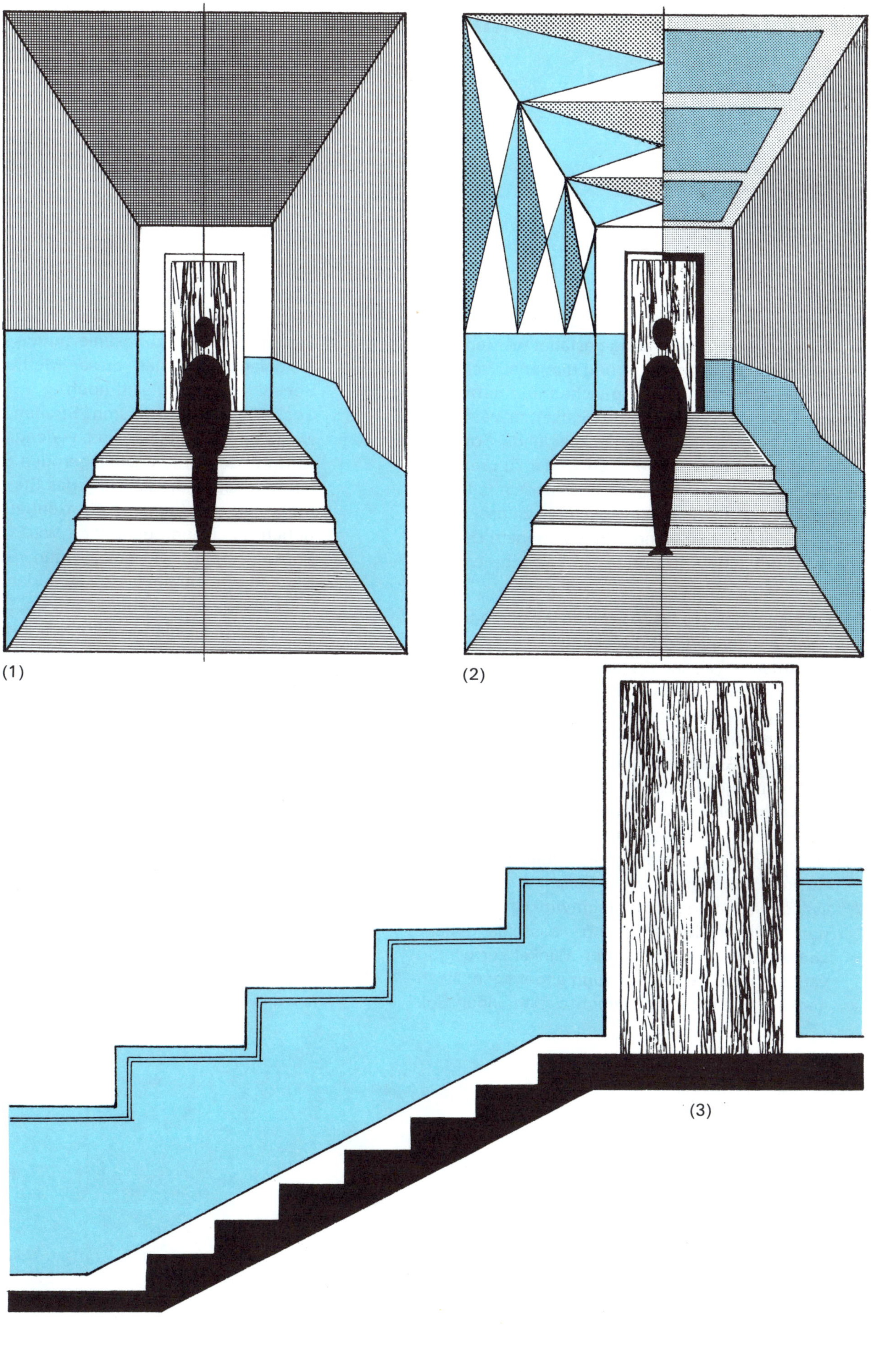

(1) (2) (3)

1.17 Farbe und Treppenhaussockel

Soll im Treppenhaus aus Gründen der Zweckmäßigkeit ein Sockel angelegt und farbig gestaltet werden, so ist formal zwischen waagerecht und diagonal verlaufender Sockelbegrenzung auszugleichen und farbig zwischen oberer Wandfläche und Sockel zu vermitteln. Dabei ist zu beachten, daß der steigende Sockelteil im Verhältnis zum waagerechten weder zu breit noch zu schmal erscheint und daß die Wandeinheit durch kontrastierende Farben nicht scheinbar zerrissen wird. Im Helligkeitsgrad verwandte Farben nähern dagegen obere Wandfläche und untere Sockelfläche einander an.

Die Darstellungen (1) bis (5) zeigen die durch Sockelteilungen entstehenden Probleme:

(1) Im unteren Teil ist die schrägverlaufende Höhe durch Messen im rechten Winkel ermittelt. Hierdurch erscheint der Sockel in horizontaler Lage niedriger und im Verlauf der Treppenschräge höher. Im Gegensatz hierzu wirkt der Sockel bei rechtwinkliger Messung über dem Podestansatz in waagerechter Lage höher und im Verlauf der Treppenschräge niedriger.

(2) Da die Messungen nach (1) zu unausgeglichenen Sockelhöhen führen, ist als Sockelhöhe das Mittel zwischen dem Punkte A (rechtwinklige Messung) und B (lotrechte Messung) ausschlaggebend. Dieses Maß wird im rechten Winkel zur schrägverlaufenden Treppensteigung angetragen. Nachdem die Höhe der waagerecht verlaufenden Sockelpartie im rechten Winkel angetragen ist, wird die obere Begrenzungslinie mittels Schnürkordel festgelegt. Der nach dieser Methode angelegte Sockel erscheint gleich hoch.

(3) Sockelflächen, die durch Streifen oder Bänder waagerecht gegliedert sind, verlängern optisch die Auftritte der Stufen. Die lagernden Streifenanordnungen heben die Wirkung des Steigens auf, wodurch die erforderliche Konzentration beim Begehen der Treppe gemindert wird.

(4) Sockelflächen mit senkrechten Streifen- oder Bänderaufteilungen lassen zwar den Sockel höher erscheinen, wirken aber zaunartig. Da oftmals die Sprossen des Geländers ähnlich angeordnet sind, wird beim Treppensteigen das durch die senkrechte Streifenaufreihung hervorgerufene Gefühl des Unbehagens zusätzlich gesteigert.

(5) Mit dem Sockel gleichlaufende Streifen- oder Bänderaufteilungen steigern optisch den Neigungswinkel der Treppe. Dabei verändert sich die waagerechte bzw. schräge Streifen- oder Bänderbreite durch das nach (2) errechnete Mittel der Sockelhöhe.

Übungen:

Nimm Sockelteilungen unter Berücksichtigung des nach (2) errechneten Mittels der Sockelhöhe vor. Gliedere Sockelflächen durch Streifen, Bänder und Streifenbündel.

1.17

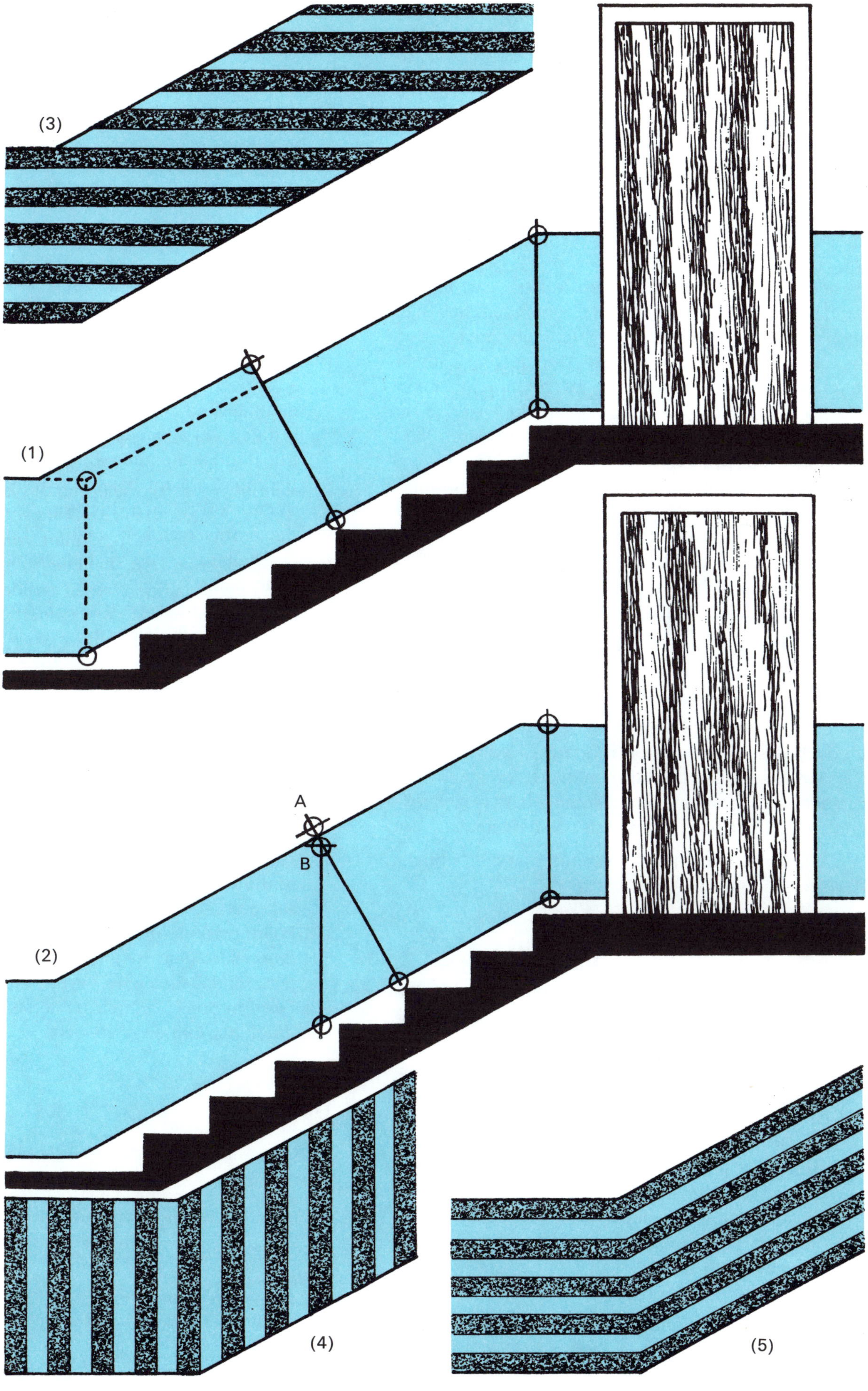

1.18 Farbe und Tür

Türen als Bindeglieder zwischen Außen- und Innenraum sowie zwischen Innen- und Innenraum haben je nach der Art des Bauwerks (öffentlich, privat) den Zweck, den Menschen mehr oder weniger bewußt von Raumeinheit zu Raumeinheit zu führen. Während Türen mit ausgeprägten Leitungsfunktionen (z. B. in Industrie- und Verwaltungsgebäuden) oft durch Farben, die sich von der Umgebung abheben, betont werden, passen sich Türen ohne besondere Führungsaufgaben (z. B. in Wohngebäuden) der Farbe der Wände an. Naturholztüren, die ihren Farbton und ihre Struktur beibehalten, entsprechen in der Regel dem Aussehen des Mobiliars.

Die Tür besteht aus Rahmen, Bekleidung und Blatt. Dieses kann glatt oder profiliert sein. Profilierte Türblätter weisen mehrere von Profilleisten eingefaßte Füllungen auf. Hier sind mannigfache Varianten in der farbigen Gestaltung der Tür möglich.

Vielfach besitzen Türblätter runde oder winklige, mit Glasscheiben (durchsichtig, mattiert, ornamentiert) versehene Öffnungen. Ihre Größen richten sich allgemein nach dem Lichtbedarf des Nebenraumes.

Wichtig für die Innenraumgestaltung ist die farbliche Abstimmung von Tür und Wand.

Die Darstellungen (1) bis (8) geben Hinweise für mögliche Einzellösungen:

(1) Hellfarbige Türen in gleichfarbigen Wänden wirken nur durch die Licht- und Schattenkanten. Sie erscheinen wie in die Wand eingebunden und sind deshalb überall da anzuwenden, wo Farbkontraste als störend (kleine Räume) oder ablenkend (Räume mit dekorativen Akzenten) empfunden werden.

(2) Hellfarbige Türen mit dunkelfarbiger Betonung der Bekleidung in ebenfalls hellfarbigen Wänden erscheinen gerahmt. Da starke Kontraste trennend wirken, ist eine Angleichung des Farbtones der Bekleidung an Tür und Wand anzustreben.

(3) Dunkelfarbige Türen in hellfarbigen Wänden wirken gleichsam als Blickfang. Während starke Kontraste zwischen Tür und Wand in kleinen Räumen stören, sind sie in normalen und größeren Aufenthaltsräumen (Wohn-, Speise- und Arbeitsräume) bedingt möglich. Um ihrer Leitungsfunktion von Raum zu Raum zu entsprechen, verlangen Türen in Durchgangsräumen dunkle Farben.

(4) Hellfarbige Türen in dunkelfarbigen Wänden erscheinen, obwohl sie die umgebende Fläche überstrahlen und dadurch größer wirken, stark eingebunden. Im allgemeinen erlauben helle Türen mit dunkler Flächenumgebung eine schnelle Orientierung. So zieht beispielsweise eine helle Tür in der dunkelfarbigen Rückwand eines langen Flures die Aufmerksamkeit stark auf sich.

(5) Dunkelfarbige Türen in mitteltonigen Wänden gleichen beide Architekturelemente einander an. Die im Farbton heller gehaltene Bekleidung steigert als dritte Farbe die Wirkung.

(6) Mittelfarbige Türen werden von dunkeltonigen Wänden gleichsam eingefaßt. Obwohl die Tür klar hervortritt, wirkt sie keineswegs aufdringlich.

(7) Füllungstüren mit dunkelfarbigen Füllungen und hellem Rahmenwerk trennen optisch zusammengehörende Elemente. Durch Annäherung der Farbkontraste kann die Einheit erhalten bleiben. Die architektonische Zugehörigkeit der Bekleidung zur Tür wird durch die Verwandtschaft der Farbtonhöhe mit dem Wandton erheblich eingeschränkt.

(8) Füllungstüren mit mitteltonigen Füllungen und dunkelfarbigem Rahmenwerk binden zusammengehörende Elemente. Wird die Bekleidung im Farbton der Füllungen gehalten, so wird der Eindruck der Einheit gesteigert.

Übungen:

1. Zeichne maßstäblich Wände mit Tür und Bekleidung in sechsfacher Ausfertigung. Lege jeweils zwei Wände im hellen, mittleren und dunklen Farbton an. Bei drei im unterschiedlichen Farbton gehaltenen Wänden sind die Türen im dunklen und bei den restlichen drei Wänden im hellen Farbton anzulegen. Untersuche die veränderten Wirkungen.
2. Zeichne maßstäblich Wände mit Füllungstüren. Lege das Rahmenwerk in heller und die Füllungen in dunkler Farbe und umgekehrt an.

1.18

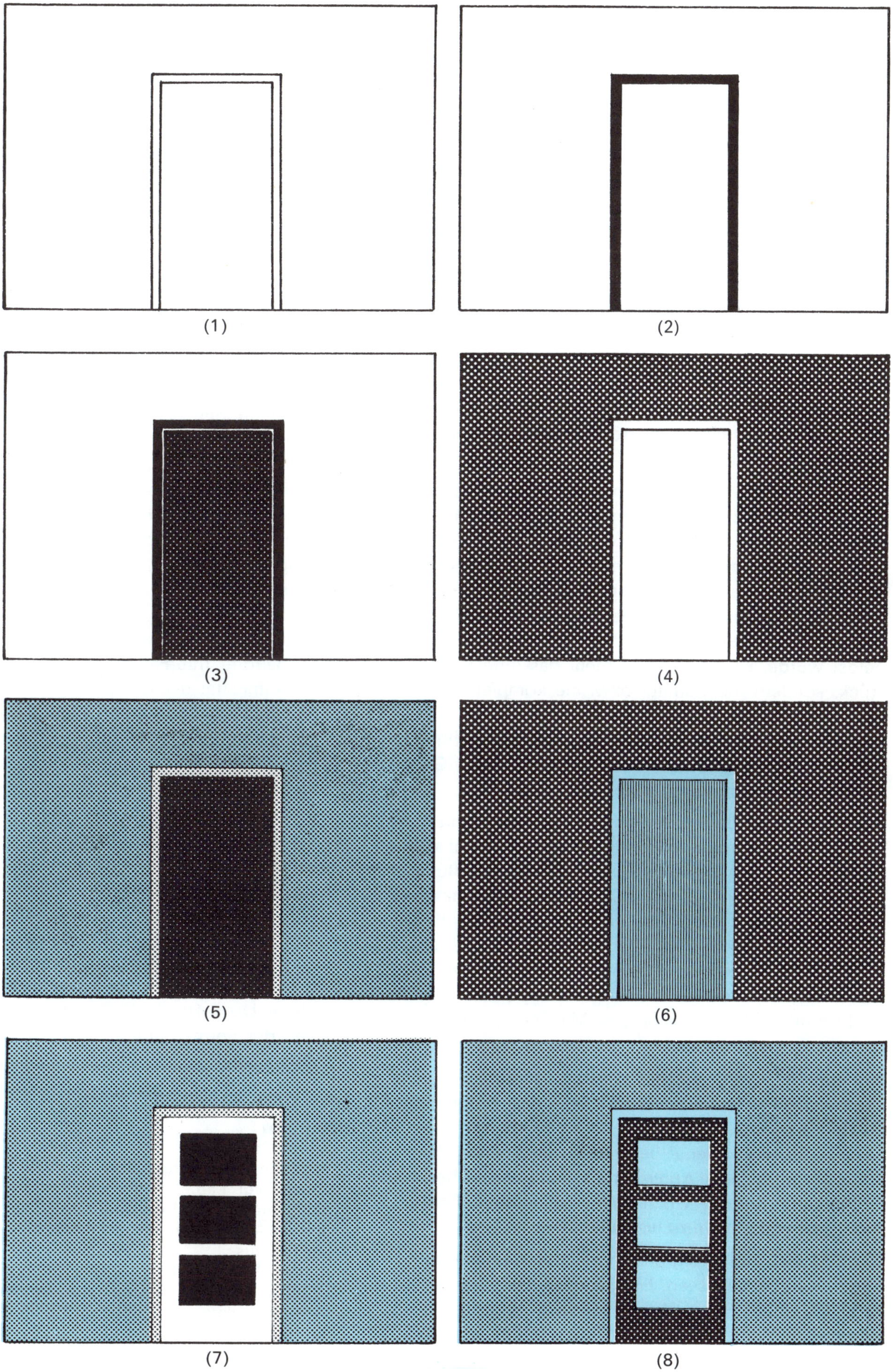

1.19 Farbe und Möbel

Zur Einrichtung des Innenraumes gehört das Mobiliar. Zwar haben die Möbel im Verlauf der Geschichte ihre eigentlichen Funktionen beibehalten. Ihre Formen hingegen haben sich teilweise stark verändert.

Neben dem aus wertvollen Hölzern gefertigten und manchmal mit Intarsien verzierten Prachtmöbel des Adels und der Reichen im 16., 17. und 18. Jahrhundert entstand damals auf dem Lande das anspruchslose Bauernmöbel aus einfachen Hölzern und mit schlichter Malerei versehen.

Diese heute kostbaren, aus einer feudalen sowie aus einer volkstümlichen Tradition erwachsenen Möbel wurden um die Jahrhundertwende durch Serienerzeugnisse verdrängt. Sie entsprachen in Form, Größe und Oberflächenbehandlung dem Wunsch nach ‚Mehrscheinenwollen', der durch die allgemeine soziale Angleichung der Gesellschaftsschichten ausgelöst wurde. Es wurde nicht mehr das gute Einzelstück, sondern die Garnitur bzw. die komplette Einrichtung angeschafft. Falsche Ansprüche an das Möbel stehen auch heute noch seiner Versachlichung – vom protzigen Scheinmöbel zum schlichten Gebrauchsmöbel – in vielen Fällen entgegen.

Zur Herstellung der Möbel wird neben dem Vollholz vorwiegend Sperrholz verwendet. Während Möbel aus Edelfurnier eine transparente Oberflächenbehandlung (Beizen, Lasieren, Mattieren, matte, seidenmatte, seidenglänzende und glänzende Naturlackierung, Polieren) verlangen, sind Möbel aus Hölzern mit unscheinbaren Strukturen deckend zu streichen bzw. zu lackieren oder mit Schmucktechniken (Kammzug, Lackschnitt, flächige oder pastose Malerei) zu beleben.

Wenn Möbel farbig oder mit schmückenden Techniken und Motiven gestaltet werden, ist auf die Art (Truhe, Schrank, Tisch, Stuhl) und das Aussehen (glatt, profiliert) sowie auf den Raum (Wohn-, Schlaf-, Speise- oder Arbeitsraum) einzugehen. Historische Möbel sind unter Berücksichtigung früherer Techniken (Kasein, Öl) sowie überlieferter Farbtönungen und Motive zu restaurieren.

Neue Möbel sind farbig und formal den heutigen Erfordernissen anzupassen. Ein gut gestalteter Schrank kann so einem Raum den besonderen Akzent verleihen. Die Wahl dekorativer Motive hängt von der Form des Möbels und dem jeweiligen Raum ab. Der Gestalter hat von Fall zu Fall zwischen streng geometrischen Flächenaufteilungen und freier Bemalung zu entscheiden.

Um Disharmonien im Raum zu vermeiden, muß das Möbelstück mit der dahinterliegenden Wand in Einklang gebracht sein.

Die Darstellungen (1) bis (6) weisen auf grundsätzliche Erfordernisse bei der Möbelgestaltung hin:

(1) Auf einer ungemusterten, hellen Wand wirken farbige und bemusterte oder bemalte Möbel besonders gut. Die Frontansicht des rechteckigen Schrankkorpus ist durch eine Linienaufteilung gegliedert. Füße und Querholz verlangen aus statischen Gründen einen dunklen, optisch tragenden Farbton.

(2) Eine leicht gemusterte, dunkle Wand bedingt helle Möbeltöne. Ihre Farbigkeit hängt weitgehend von der Intensität der Hintergrundfarbe ab. Die Form des Möbels wird durch die dunkle Umgebung konzentriert und betont.

(3) Starkfarbig gemusterte Wände beeinträchtigen die Form des Möbels auch bei hellem, einfarbigem Anstrich. Hingegen vermögen gut gestaltete Wandbelebungen die Mängel schlecht geformter Möbelstücke optisch weitgehend auszugleichen.

(4) bis (6) Drei verschiedene Beispiele zeigen mehrfarbige geometrische Flächenmuster auf der Frontansicht eines Schrankes. Hierbei ist zu beachten, daß durch die in einheitlicher Farbe gehaltene Randleiste die Form des Schrankes erhalten bleibt. Die Farbe der Flächenmuster darf aus Gründen der Formerhaltung nicht zu große Kontraste aufweisen.

Übungen:

1. Vergrößere den dargestellten Schrank. Entwirf Flächenmuster (vgl. Kap. 3.7) und passe diese der Frontansicht des Schrankes an. Bestimme für den Entwurf die Farben und male die Formen des aufgezeichneten Flächenmusters aus.
2. Bereite Holzspanplatten durch Grundieren, Schleifen, Spachteln und Vorlackieren für Kammzugtechnik und Lacklasurmalerei vor. Führe ein Detail des Entwurfes in der gewählten Technik aus.

1.19

(1)

(2)

(3)

(4)

(5)

(6)

1.20 Farbe in der Kraftfahrzeug-Werbegestaltung

Nicht nur Bautyp, technische Daten und Karosserieform, sondern auch die Farbe beeinflussen beim Kauf eines Kraftfahrzeuges den Kunden. Der Hersteller, der von Statistiken her die Farbwünsche der Kunden kennt, berücksichtigt bei der Auswahl der Farbpalette in erster Linie verkaufstechnische Erwägungen. Der Käufer wiederum läßt sich außer von rein praktischen Überlegungen (staubempfindliche Farben) von seinen persönlichen Farbneigungen (auffällige oder zurückhaltende Farben) leiten.

Diese Einstellung berührt meistens nicht das Problem ‚Sicherheit durch Farben im Straßenverkehr'. Wie aus Untersuchungen hervorgeht, ist die Anzahl der von Unfällen betroffenen Fahrzeuge in dunklen Farben wesentlich größer als bei denen, die in leuchtenden Farben gehalten sind. Dabei hat sich gezeigt, daß bei entgegenkommenden dunkel lackierten Fahrzeugen Geschwindigkeit und Entfernung schwerer abzuschätzen sind als bei hellen Autofarben. Helle und leuchtende Farben sind deshalb aus Sicherheitsgründen im Straßenverkehr zu bevorzugen. So sind auch Feuerwehrautos in roten und Straßenbaufahrzeuge in gelben Farben gehalten. Gewisse Nachteile haben allerdings weißlackierte Fahrzeuge, da sie bei Schnee und Nebel schwerer erkennbar sind.

Für die Farbgebung von Fahrzeugen, die geschäftlichen Zwecken dienen, gelten andere Gesichtspunkte, da hier das Auto gleichzeitig Transportmittel und Werbeträger ist. Um beim Passanten einen nachhaltigen Eindruck zu erzielen, können dabei plakative Effekte die Werbewirksamkeit erheblich steigern. Im allgemeinen ist jedoch nach dem Grundsatz ‚farbig, aber nicht bunt' auf Farbzusammenstellungen zu achten, die wohl auffallen, aber trotzdem als angenehm empfunden werden. Ein mehr oder weniger starkes Trüben der reinen Farben mit Schwarz, Grau oder Braun ermöglicht gute Ergebnisse.

Um das einheitliche, geschlossene und konstruktive Bild des Fahrzeuges zu erhalten, sind stark kontrastierende Farben mit Vorsicht anzuwenden. Das gilt besonders für das ‚Absetzen', da beispielsweise durchgehende Leisten mit großen Helligkeitsunterschieden zusammengehörende Teile optisch zerreißen. Auch eine willkürliche, nicht der Konstruktion entsprechende flächige Aufteilung der Karosserie durch Farben zerstört meistens die äußere Form.

Zusammenfassend ergeben sich für die farbige Gestaltung eines Fahrzeuges folgende Aspekte:

- Gestaltung nach ästhetischen, zweckmäßigen oder werblichen Gesichtspunkten.
- Gestaltung unter Sicherheitserwägungen.
- Gestaltung nach der Konstruktion.

Da im allgemeinen Geschäftsfahrzeuge mit Schrift und Zeichen versehen werden, müssen diese Elemente mit der Farbe des Hintergrundes und der Umgebung abgestimmt werden. Die angewandte Schrift soll einen Bezug zur Art des Unternehmens herstellen (z. B. Kursiv für Modehäuser, Grotesk für Baufirmen, Antiqua für Buchhandlungen). Unwichtigere Beschriftungen sollten kleiner gehalten und im Farbton dem Hintergrund angeglichen werden.

Die Größe und Anordnung des Firmenzeichens ist von den gestalterischen Möglichkeiten am Fahrzeug abhängig.

Die Darstellungen veranschaulichen verschiedene Flächengliederungen und Anordnungen von Schrift und Zeichen am gleichen Fahrzeugtyp:

(1) Die einheitliche Farbe betont die Flächenform des Fahrzeuges. Der farbige Akzent liegt auf dem Mittelstreifen, wodurch das Fahrzeug gleichzeitig optisch verlängert ist. Schrift und Zeichen im hellen Farbton auf mitteltonigem Grund sind auf dem Kastenteil symmetrisch untereinander geordnet.

(2) Der helle, waagerechte Streifen trennt klar den oberen vom unteren Farbton. Durch diese horizontale Gliederung wird das Fahrzeug ebenfalls scheinbar gestreckt. Die Anordnung von Zeichen und Schrift in gleicher Höhe betont diesen Eindruck.

(3) Durch das Herausheben eines geschlossenen, in einem Farbton angelegten Rechtecks bleibt die konstruktionsbedingte Gliederung des Fahrzeuges unberücksichtigt. Solche Lösungen sind dann nicht vermeidbar, wenn es gestalterisch nötig ist, Schrift und Zeichen auf einem geschlossenen Grund zu vereinigen. Auf dieser hellen Fläche sind Schrift und Zeichen in kontrastierenden Farben asymmetrisch angeordnet.

Übungen:

1. Vergrößere das dargestellte Fahrzeug. Lege die Zeichnungen ein- und mehrfarbig an. Berücksichtige die konstruktionsbedingten Formelemente.
2. Beschrifte das Fahrzeug mit einem Namenszug und Firmenzeichen. Beachte die Größenverhältnisse. Stimme Schrift- und Hintergrundfarbe aufeinander ab.
3. Beschaffe Seitenansichten (Photos bzw. Zeichnungen) von Personen- und Lastkraftwagen. Lege die vergrößerten Zeichnungen farbig an.

1.20

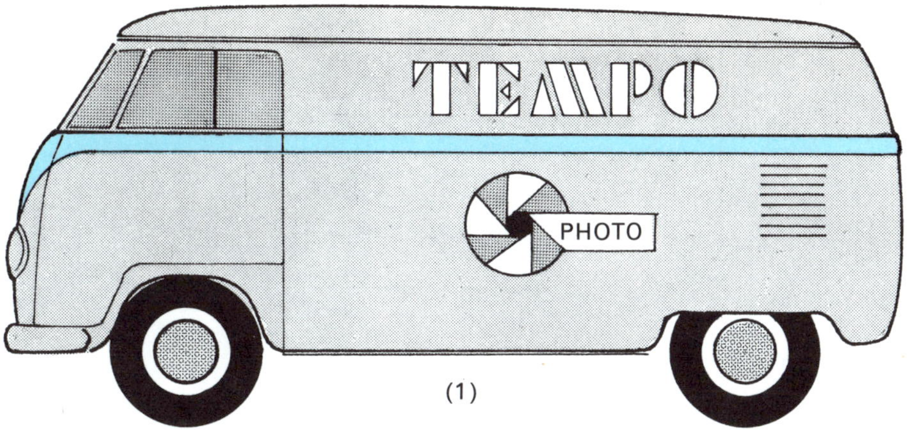

(1)

(2)

(3)

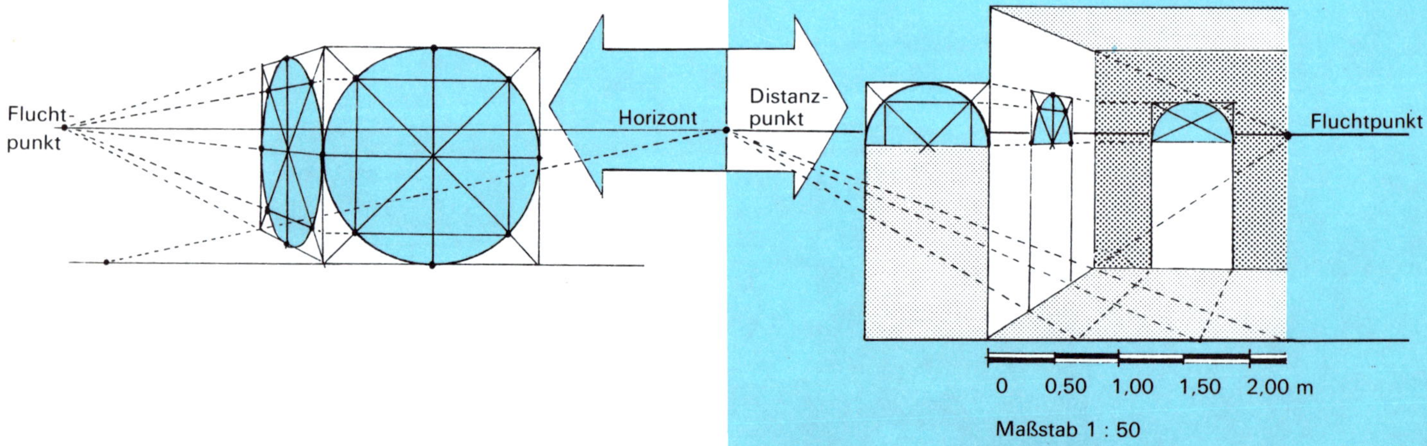
Flucht-
punkt
Horizont
Distanz-
punkt
Fluchtpunkt
0
0,50
1,00
1,50
2,00 m
Maßstab 1 : 50

ZEICHNEN

technisch-konstruktiv

Das technisch-konstruktive Zeichnen hat die Aufgabe, räumliche Objekte form- und maßgerecht darzustellen. Das bedeutet, daß es nicht um die künstlerisch freie, subjektive Gestaltung, sondern um die sachlich gebundene, objektive zeichnerische Wiedergabe eines Gegenstandes geht.

Hierzu dienen verschiedene Zeichenverfahren, wie z. B. Parallelprojektion, Isometrie und Perspektive. Die nach diesen Verfahren angefertigten Zeichnungen sollen dazu beitragen, Entwurfsideen im Detail sichtbar werden zu lassen und ihre Verwirklichung in der Praxis möglich zu machen.

Voraussetzungen für das technisch-konstruktive Zeichnen mit Schiene, Dreieck, Lineal und Zirkel sind äußerste Maß- und Winkelgenauigkeit, damit ein getreues, von Verzerrungen freies Abbild des gesehenen oder gedachten Gegenstandes entsteht.

2.1 Zeichengeräte und ihre Handhabung

Voraussetzung für einwandfreie Zeichnungen sind gute Zeichengeräte und ihre richtige Handhabung.

Das Reiß- oder Zeichenbrett (1) dient als Träger des Zeichenpapiers bzw. -kartons und aufgrund seiner Winkelgenauigkeit zugleich als Hilfsmittel zum konstruierenden Zeichnen. Es besteht aus gleichmäßigem, trockenem Pappelholz, das besonders weich ist und daher ein leichtes Eindrücken von Reißzwecken oder Nadeln gestattet. Die unter dem Brett angebrachten Einschubleisten verhindern das Arbeiten des Holzes und dienen dadurch der Stabilisierung. Die in die Einschubleisten eingelassenen profilierten Gummischienen halten das Brett gleichmäßig und rutschfest auf dem Tisch. Die Reißbretter sind in ihrer Größe auf die nach DIN genormten Formate der Zeichenpapiere abgestimmt. Für Entwurfarbeiten empfehlen sich die Formate 0,47 × 0,65 Meter und 0,50 × 0,70 Meter. Das Zeichenbrett braucht eine sorgfältige Pflege; Vertiefungen der Oberfläche und Einkerbungen der Kanten beeinträchtigen erheblich die Präzision der Zeichnung. Zum Schneiden von Papier, Passepartouts und Schablonen ist ausschließlich die Rückseite des Brettes zu verwenden.

Die Reißschiene (2), ebenfalls nach DIN genormt, soll nicht kürzer sein als die größere Reißbrettseite, damit man durchlaufende Linien ansatzfrei ziehen kann. Die traditionelle Buchen- oder Birnbaum-Holzschiene wird heute weitgehend von Kunststofferzeugnissen (Plexiglas, Astralon) abgelöst. Durch unsachgemäße Behandlung verwinkelte und an der Ziehkante beschädigte Schienen mindern die Zeichengenauigkeit beträchtlich.

Zeichendreiecke ergänzen das Arbeiten mit Reißbrett und Schiene. Auch hier nehmen farbige oder glasklare Kunststoffdreiecke die Stelle des herkömmlichen Holzdreiecks ein. Mit dem gleichschenkligen Zeichendreieck (3) lassen sich 45°- und 90°-Winkel anschlagen, während sich beim ungleichschenkligen Dreieck (4) die Winkel von 90°, 60° und 30° zu 180° ergänzen. Das Dreieck wird grundsätzlich auf der Reißschiene von links nach rechts geführt, wobei die Linien an der linken Gerätekante gezogen werden (5). Dadurch wird vermieden, daß bereits ausgeführte Linien bei der Arbeit von dem Zeichengerät verdeckt und eventuell bei Verwendung flüssiger Substanzen (Tinte, Tusche, Farbe) verschmiert werden.

Grundsätzlich werden biegsame und unbiegsame Kurvenlineale (6) unterschieden. Während sich das biegsame Lineal der gewünschten Krümmung flexibel anpaßt, lassen sich mit dem starren Lineal nur die den Formen des Gerätes entsprechenden Kurven ausführen. Beim Arbeiten mit Kurvenlinealen ist zu beachten, daß der Linienzug immer von links nach rechts erfolgt (7).

Für das entwerfende Zeichnen jeder Art sind gut gespitzte Bleistifte (8) unentbehrlich. Für die unterschiedlichen Verwendungszwecke sind sie in eine Härteskala von 8B (extrem weich) über F (mittel) bis 10H (extrem hart) klassifiziert. Das konstruierende Zeichnen verlangt Stifte der Härtegrade HB bis etwa 3H, während für das skizzierende und Freihandzeichnen weichere Sorten wie B bis 4B empfehlenswert sind. Dabei ist zu berücksichtigen, daß sich die Wahl des Härtegrades auch nach der Art und Beschaffenheit des Papieres richtet. So verlangen saugende, faserige Papiere weichere Bleistiftsorten, feste, stark geleimte Papiere härtere. Beim Bleistiftzeichnen mit Schiene und Winkel ist auf richtige Führung des Stiftes zu achten (8.1).

Ebenfalls für das skizzierende und freihändige Zeichnen geeignet ist die in einem runden, konisch geformten Halter befestigte Zeichenfeder (9). Die in zahlreichen Härtegraden erhältlichen Stahlfedern ermöglichen vielfältige Variationen des Linienausdrucks. Weiche Federn erzeugen einen dynamisch an- und abschwellenden Strich, während harte Federn Striche gleichmäßiger Stärke ergeben.

Beim technischen und graphischen Zeichnen lassen sich gleichstarke Schnurzüge mit Hilfe des Tuschefüllers (10) herstellen. Er besteht aus einem Halteschaft und Zeichenelementen für verschiedene Liniendicken. Dieses Gerät ist für den praktischen Gebrauch deshalb besonders wertvoll, weil das lästige Nachfüllen der Zeichenfeder durch den gleichmäßigen Zufluß der Spezialtusche aus einer Patrone ersetzt wird.

Der vielseitige Tuschefüllhalter (11) mit Ziehfeder erlaubt durch das mühelose Auswechseln der Federn technisches sowie freies Zeichnen, Skizzieren sowie Schriftschreiben.

Gleichmäßig breite Striche lassen sich auch mit der Reiß- oder Ziehfeder (12) erzielen. Die Möglichkeit der individuellen Einstellung der Strichbreite macht dieses Instrument zu einem unentbehrlichen Hilfsmittel beim konstruierenden Zeichnen. Das Füllen der Ziehfeder erfolgt zweckmäßig mit der Tuschepatrone. Das Eintauchen der Feder in das mit Tusche gefüllte Glas ist zu vermeiden. Beim Zeichnen ist die Feder wie in Abb. (12.1) zu halten. Die Strichstärke ist vor Beginn auf einem Stück Papier zu kontrollieren. Will die

2.1

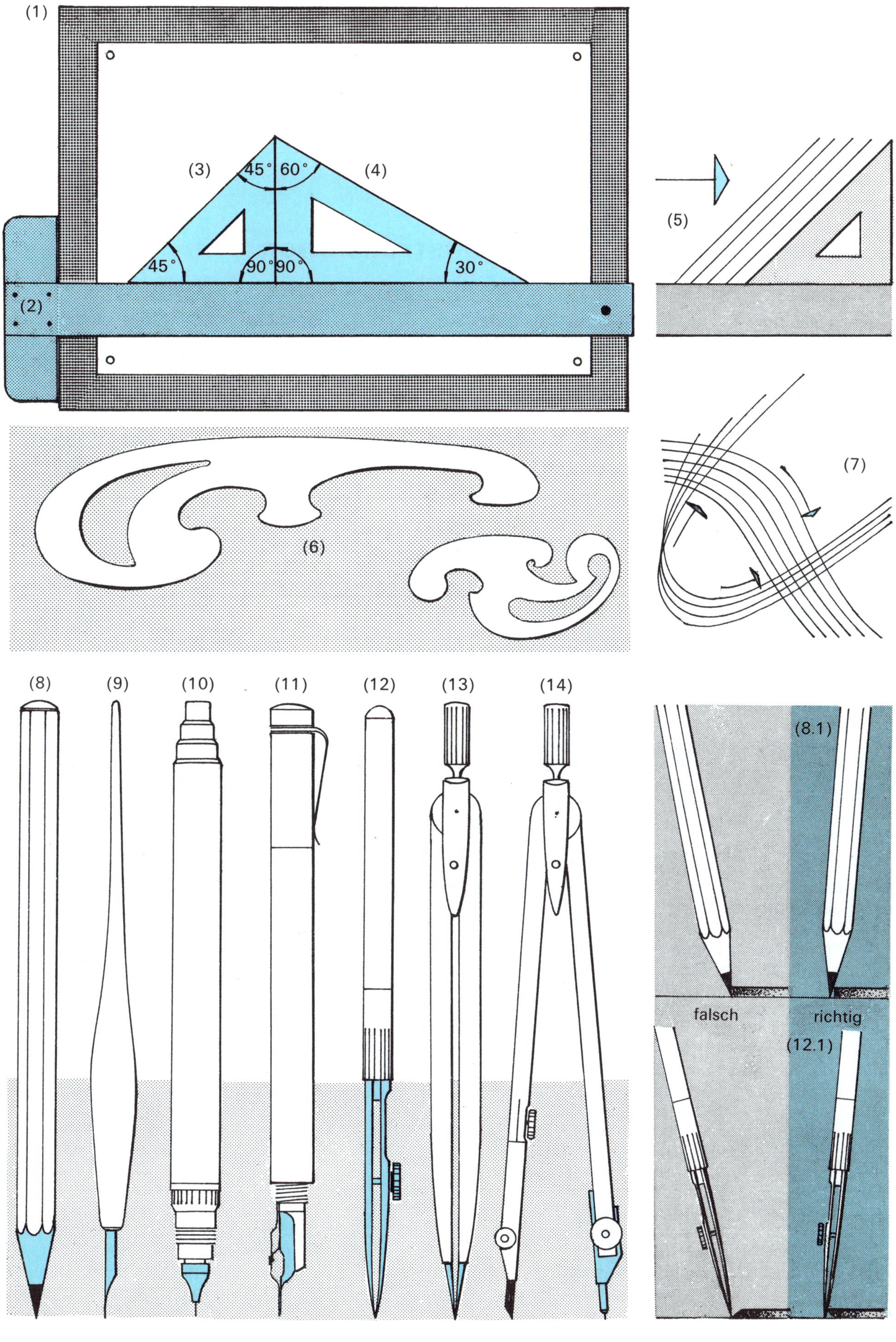

mit Tusche gefüllte Feder nicht ziehen, so streicht man mit ihr leicht über die Haut des Fingers. Nach dem Gebrauch ist die Ziehfeder gründlich mit Wasser auszuwaschen und abzutrocknen, damit die Rostgefahr vermindert wird.
Die Ziehfeder ist Bestandteil des aus dem Stechzirkel, dem Nullenzirkel und dem Zirkel mit auswechselbarer Bleimine und Ziehfedereinsatz bestehenden Reißzeuges. Der Stechzirkel (13) dient zur Einstellung und zum Abtragen häufig sich wiederholender Maße, während mit dem Zirkel (14) Kreise und Bögen in Blei, Tusche oder Farbe geschlagen werden.

2.2 Geometrische Grundkonstruktionen

Beim Gestalten reicht oftmals eine flüchtige Eindrucksskizze nicht aus. Vielmehr ist meistens äußerste Genauigkeit der Zeichnung erforderlich, die sich nur mit Hilfe von Zirkel und Lineal, Schiene und Winkel erreichen läßt. Deshalb sind für den Gestalter die Kenntnis der Grundlagen des geometrischen Zeichnens sowie eine exakte Zeichentechnik unentbehrlich.

Die Konstruktion geometrischer Figuren dient vor allem als Basis für Flächenteilungen und für Raumdarstellungen in verschiedenen Verfahren, wie z. B. Parallelprojektion, Isometrie und Perspektive.

Die folgenden einfachen geometrischen Konstruktionen sind nur mit Zirkel und Lineal (Maßeinteilung nicht benutzen) durchzuführen. Die farbigen Punkte markieren jeweils Zirkeleinsätze.

(1) Bestimmung einer Waagerechten
Gegeben: Senkrechte *AB*
Verfahren: Zirkelschlag um einen beliebigen Punkt *M* auf der Geraden *AB*. In *C* und *D* Schnittpunkte mit *AB*. Aus *C* und *D* Kreisbögen mit gleichem Radius nach *E* und *F*. Verbinden von *E* und *F*.
Ergebnis: *EF* Waagerechte zur Senkrechten *AB*.

(2) Fällen des Lotes auf eine Gerade von einem außerhalb der Gerade liegenden Punkt aus.
Gegeben: Gerade *AB*, Punkt *P*
Verfahren: Um *P* beliebiger, die Gerade *AB* in *C* und *D* schneidender Kreisbogen. Aus *C* und *D* Kreisbögen mit gleichem Radius nach *E*. Verbinden von *P* und *E*.
Ergebnis: *PM* Lot auf *AB* in *P*

(3) Errichten der Senkrechten auf einer Geraden in einem auf der Gerade liegenden Punkt.
Gegeben: Gerade *AB*, Punkt *M*
Verfahren: Zirkelschlag um *M*. In *C* und *D* Schnittpunkte mit *AB*. Aus *C* und *D* Kreisbögen mit gleichem Radius nach *E*. Verbinden von *E* und *M*.
Ergebnis: *EM* Senkrechte auf *AB* in *M*

(4) Errichten der Mittelsenkrechten
Gegeben: Strecke *AB*
Verfahren: Aus *A* und *B* Kreisbögen mit gleichem Radius nach *C* und *D*. Verbinden von *C* und *D*.
Ergebnis: *CM* Mittelsenkrechte und *CD* zugleich Halbierende von *AB*

(5) Teilen einer Strecke in gleichgroße Abschnitte
Gegeben: Strecke *AB*
Verfahren: Von *A* beliebiger Strahl nach *C*. Auf *AC* Antragen gleichgroßer Abschnitte (mit Zirkel). Verbinden des letzten Teilpunktes *C* mit *B*. Durch die Teilpunkte $C_1 \ldots C_5$ Parallelen zu *CB*.
Ergebnis: *AB* geteilt in sechs gleichgroße Abschnitte

(6) Eckbildung paralleler Linien
Gegeben: Rechter Winkel (90°) *CAB*
Verfahren: Zeichnen der Winkelhalbierenden *AW* (vgl. (7)). Teilen der Strecke *AW* in gleichgroße Abschnitte (mit Zirkel). In $A_1 \ldots A_4$ Bildung zu *CAB* parallellaufender rechter Winkel.
Ergebnis: $C_1A_1B_1 \ldots C_4A_4B_4$ parallele Winkel zu *CAB*

(7) Bestimmung der Winkelhalbierenden
Gegeben: Winkel *CAB*
Verfahren: Zirkelschlag um *A* mit den Schnittpunkten *D* und *E*. Aus *D* und *E* Kreisbögen mit gleichem Radius nach *W*. Verbinden von *A* und *W*.
Ergebnis: *AW* Winkelhalbierende

(8) Teilen eines Winkels in drei gleichgroße Winkel
Gegeben: Winkel *CAB*
Verfahren: Zirkelschlag um *A* mit den Schnittpunkten *D* und *E*. Aus *D* und *E* Kreisbögen mit dem Radius *DA* bzw. *AE*. Schnittpunkte mit dem Kreisbogen *DE* in W_1 und W_2. Verbinden von W_1 wie W_2 mit *A*.
Ergebnis: Durch AW_1 und AW_2 Teilung des Winkels *CAB* in drei gleichgroße Winkel.

(9) Bestimmung des Kreismittelpunktes
Gegeben: Beliebiger Kreis
Verfahren: Errichten der Mittelsenkrechten (vgl. (4)) auf zwei beliebigen Kreissehnen *AB* und *CD*. Schnittpunkt der Mittelsenkrechten in *M*.
Ergebnis: *M* Kreismittelpunkt

(10) Zeichnen eines Ovals
Gegeben: *AB* als kleine Achse
Verfahren: Teilen der kleinen Halbachse *AM* in drei gleichgroße Teile. Mit zwei Teilen als Radius Halbkreis um *M*. Von *A*

2.2

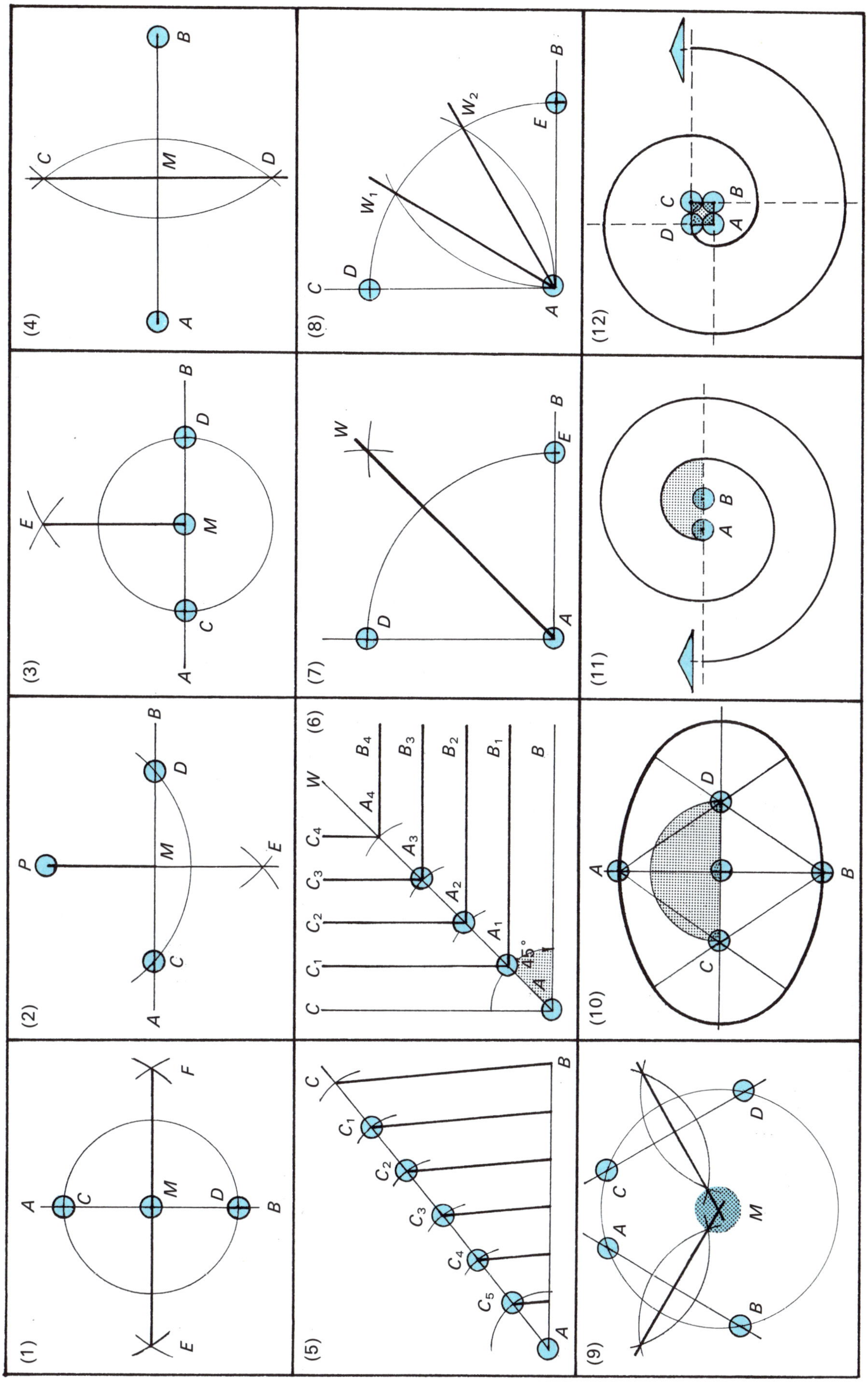

und *B* Strahlen durch *C* und *D*. Um *A* und *B* mit Radius *AB* Kreisbögen bis an die Strahlen. Um *C* und *D* Verbindungsbögen.

Ergebnis: Oval

(11) Zeichnen einer Spirale mit zwei Einsatzpunkten

Gegeben: Auf einer Hilfsgeraden die Punkte *A* und *B*

Verfahren: Schlagen von Halbkreisen abwechselnd um *B* und *A* jeweils bis an die Hilfsgerade.

Ergebnis: Spirale mit zwei Einsatzpunkten

(12) Zeichnen einer Spirale mit vier Einsatzpunkten

Gegeben: Vier Eckpunkte *A, B, C, D* eines Quadrates als Einsatzpunkte.

Verfahren: Um *A* mit dem Radius *AD* Viertelkreisbogen. Hiervon ausgehend Viertelbögen um *B, C* und *D* usw. Führen der Viertelbögen bis an die durch Verlängerung der Quadratseiten entstandenen Hilfslinien.

Ergebnis: Spirale mit vier Einsatzpunkten

Übungen:

Führe folgende Übungen nur mit Zirkel und Lineal (ohne Benutzung der Maßeinteilung) durch:

1. Zeichne zur Wiederholung in zwei- bis zweieinhalbfacher Vergrößerung die geometrischen Konstruktionen (1) bis (12).
2. Teile eine Strecke *AB* = 16 cm in 2, 4, 8 gleiche Teile.
3. Teile einen spitzen Winkel von 60° in 4 gleiche Teile.
4. Teile einen stumpfen Winkel von 120° in 3 gleiche Teile.
5. Zeichne Winkel von 45°, 22,5°, 67,5°, 135°. (Gehe dabei vom rechten Winkel = 90° aus!)

2.3 Vieleckkonstruktionen

(1) Einschreiben eines gleichseitigen Achtecks in ein Quadrat

Gegeben: Quadrat mit den Eckpunkten *A, B, C, D*

Verfahren: Um die Eckpunkte des Quadrates *A, B, C, D* Kreisbögen mit dem Radius *AM*. Verbinden der durch Schneiden der Kreisbögen mit den Seitenkanten des Quadrates gebildeten Eckpunkte.

Ergebnis: Gleichseitiges Achteck

(2) Einbeschreiben eines gleichseitigen Sechsecks in einen Kreis

Gegeben: Kreis mit dem Durchmesser *AB* und dem Radius *AM*

Verfahren: Um *A* und *B* Kreisbögen mit dem Radius *AM*. Verbinden der beiden gegebenen Fixpunkte *A* und *B* und der vier ermittelten Eckpunkte *C, D, E* und *F*.

Ergebnis: Gleichseitiges Sechseck

(3) Einbeschreiben eines gleichseitigen Zwölfecks in einen Kreis

Gegeben: Kreis mit den Achsen *AB* und *CD*

Verfahren: Um *A, B, C, D* Kreisbögen mit dem Radius *AM*. Verbinden der vier gegebenen Fixpunkte *A, B, C, D* und der dazwischenliegenden durch die Kreisbögenkonstruktionen gebildeten übrigen Eckpunkte.

Ergebnis: Gleichseitiges Zwölfeck

(4) Einbeschreiben eines gleichseitigen Fünfecks in einen Kreis

Gegeben: Kreis mit den Achsen *AB* und *CD*

Verfahren: Um *B* Kreisbogen mit dem Radius *BM*. In *E* (Schnittpunkt des Kreisbogens mit dem Kreis) Fällen des Lotes auf die Achse *AB*. Um *F* Kreisbogen mit dem Radius *FC* nach *G*. Um *C* mit *CG* (Länge einer Fünfeckseite) Kreisbogen nach *H*. Durch Zirkelschläge mit der Spanne *CH* Teilen des Kreises in gleichgroße Abschnitte. Verbinden der Schnittpunkte.

Ergebnis: Gleichseitiges Fünfeck. Hieraus durch Halbieren der fünf Bogenabschnitte Ermittlung des gleichseitigen Zehnecks (vgl. Punktraster).

(5) Generalkonstruktion für alle gleichseitigen Vielecke

Gegeben: Seitenlänge *s*

Verfahren: Über *s* Konstruktion eines gleichseitigen Dreiecks *ABC*. Um *A* und *B* Halbkreise mit *AB* = *s* als Radius. Verbinden des Schnittpunktes *C* mit *A* und *B*. Um die Spitze *C* des Dreiecks Schlagen eines Kreises mit dem Radius der Dreieckseite *s*. Teilen des senkrechten Durchmessers in 12 gleiche Abschnitte. Jeder Teilpunkt 5...12 ist Mittelpunkt des zugehörenden Umkreises eines gleichseitigen Vielecks mit der Seitenlänge *s*. Durch Abtragen von *s* auf den Umkreisen ergeben sich die Eckpunkte der zu den Kreisen gehörenden Vielecke.

Ergebnis: Generalkonstruktion für alle gleichseitigen Vielecke bei gegebener Seitenlänge *s*.

Übungen:

1. Zeichne in vergrößertem Maßstab die Vieleckkonstruktionen (1) bis (4).
2. Zeichne die Generalkonstruktion für alle gleichseitigen Vielecke bei *s* = 10 cm. Beachte, daß sich nur bei größter Zeichengenauigkeit ein einwandfreies Ergebnis erzielen läßt.
3. Bilde durch Aneinandersetzen von Achtecken ein sich allseitig fortsetzendes Flächenmuster. Setze die Achtecke und die entstehenden auf die Spitze gestellten Quadrate durch Farbanlagen voneinander ab.
4. Durch Aneinandersetzen von Sechsecken entsteht ein flächenhaftes Wabenmuster. Entwirf damit ein Plakat für Bienenhonig.

2.3

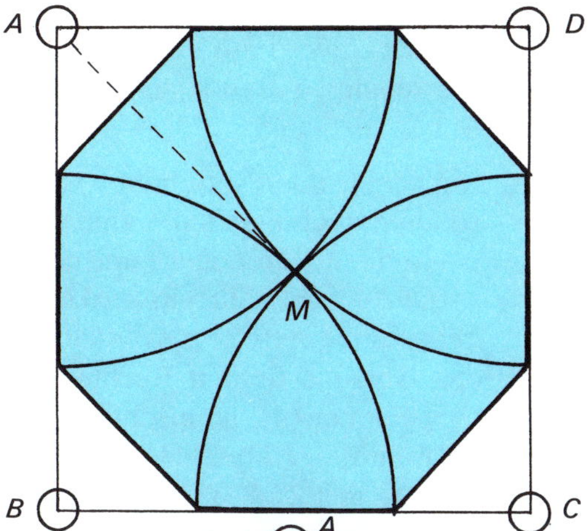

(1)

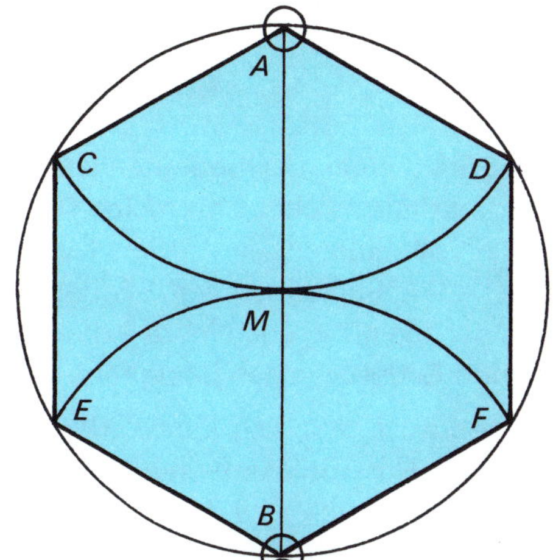

(2)

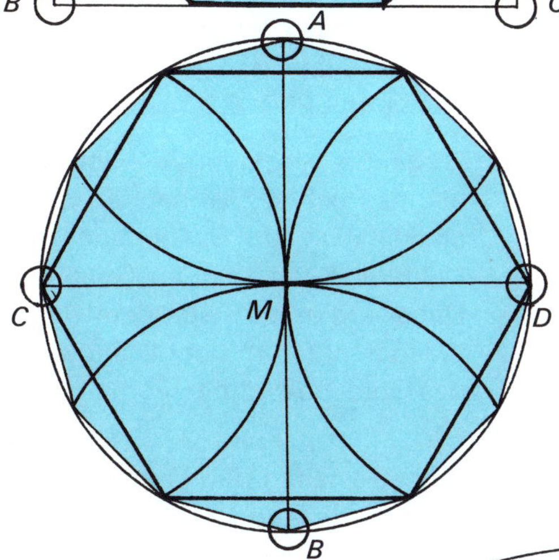

(3)

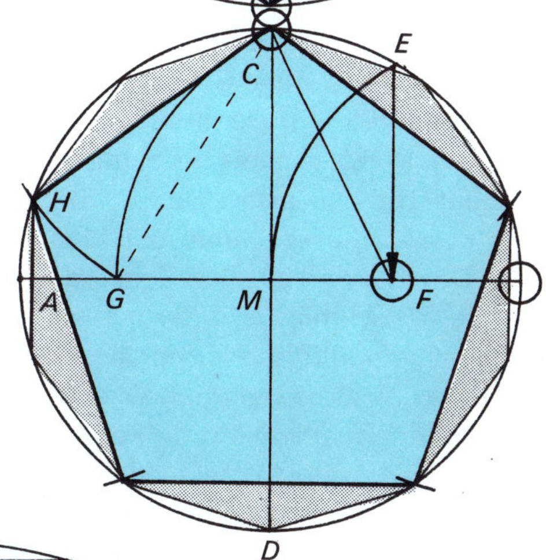

(4)

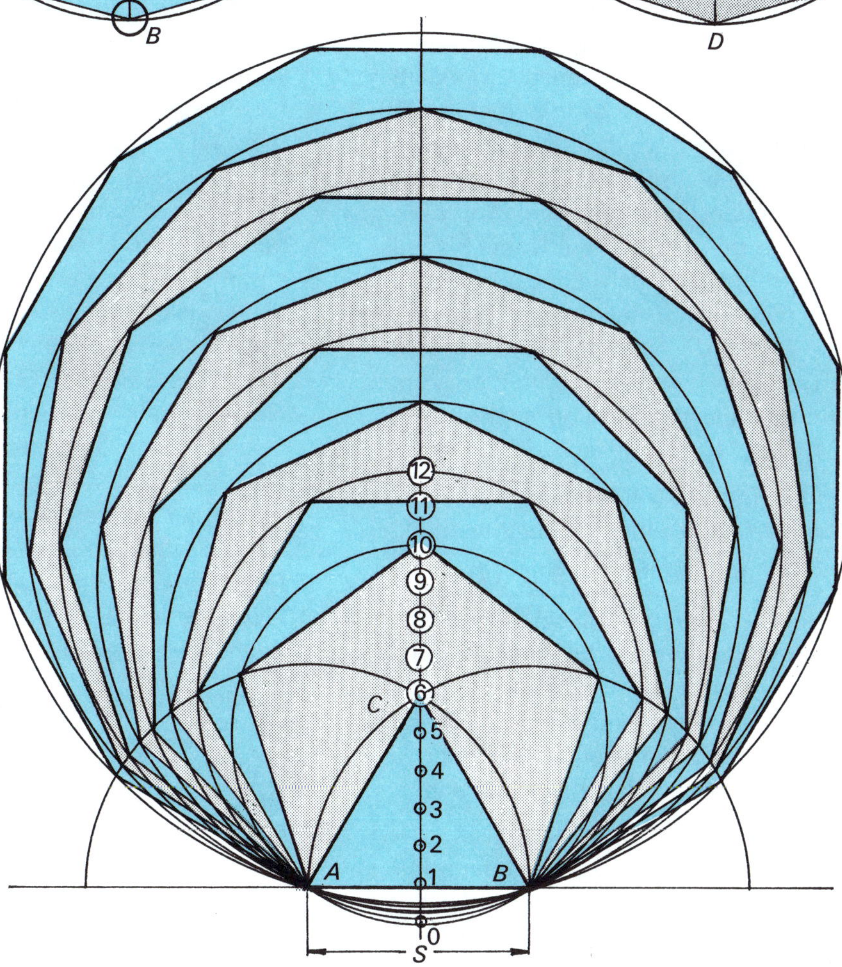

(5)

2.4 Goldener Schnitt

Albrecht Dürer, einer der bedeutendsten deutschen Maler, vertrat die Ansicht, „ohn rechte Proportion kan ye kein Bild vollkommen seyn". Viele Künstler vor und nach Dürer – Architekten, Maler, Bildhauer – stimmen mit ihm in der Meinung überein, daß die Harmonie der Proportionen Grundlage des Gestaltens ist.

Was Harmonie ist, läßt sich kaum erklären; die Auffassungen von Harmonie unterliegen Schwankungen, die vor allem in Zeit- und Umwelteinflüssen ihren Grund haben. Allgemein versteht man unter Harmonie Wohlgeordnetheit und Ebenmaß der Form, doch besaßen beispielsweise die Griechen der Klassik ein anderes Verständnis für Harmonie als die Menschen der Gotik. Als Maßverhältnis für harmonische Proportionen dient oft der menschliche Körper. Bei den Griechen galt in diesem Sinne der Mensch als „das Maß aller Dinge", und zu allen Zeiten gab es das Bestreben, die Maßverhältnisse der menschlichen Figur auf ein allgemeingültiges Harmoniegesetz zurückzuführen. Hierzu dient die von den Griechen entdeckte, bis heute gültige mathematische Formel vom Goldenen Schnitt. Sie lautet: Wird eine Strecke *AB* nach dem Goldenen Schnitt in zwei ungleiche Abschnitte geteilt, so verhält sich die kürzere Strecke *AE* zur längeren *EB* wie die längere *EB* zur ganzen ungeteilten Strecke *AB* (1). Durch Zahlen ausgedrückt, ergibt sich annähernd die Gleichung $3:5 = 5:8$. Hieraus entwickelte sich in der griechischen Klassik der Idealkanon der menschlichen Figur von acht Kopfhöhen (Scheitel bis Nabel = drei Kopfhöhen, Nabel bis Fußsohle = fünf Kopfhöhen). Auch Le Corbusier, ein Bahnbrecher der modernen Baukunst, verwendet in seiner Proportionslehre (‚Der Modulor') den Goldenen Schnitt als Grundlage für alle architektonischen, städtebaulichen und bildnerischen Vorhaben.

Die Teilung der Strecke *AB* nach dem Goldenen Schnitt erfolgt durch eine einfache geometrische Konstruktion (1). Im Punkt *A* wird eine Senkrechte mit der Höhe $\frac{AB}{2} = AC$ errichtet. Die Punkte *C* und *B* werden miteinander verbunden. Der um *C* geschlagene Kreisbogen mit *AC* als Radius schneidet die Strecke *CB* in *D*. Um *B* wird mit dem Radius *DB* ein Kreis geschlagen, der die Strecke *AB* in *E* schneidet und nach dem Goldenen Schnitt in einen kleineren (lat. minor) Abschnitt *AE* und einen größeren (lat. major) *EB* teilt.

Teilungen nach dem Goldenen Schnitt lassen sich unter Verzicht auf diese geometrische Konstruktion leicht mit dem sog. Goldenen Zirkel erstellen. Die älteste Form des Goldenen Zirkels stellt der schon den Römern bekannte Reduktionszirkel (2) dar. Mit diesem Gerät wird auf der größeren Seite der Major, auf der kleineren Seite gleichzeitig der dazugehörende Minor bestimmt.

Mit dem Goldenen Schnitt werden nicht nur Strecken, sondern auch Flächen harmonisch aufgeteilt. Werden der Minor als Grundseite und der Major als Höhe angetragen, so entsteht ein senkrechtes Rechteckformat mit einem guten Seitenverhältnis (3). Vergleicht man das Goldene-Schnitt-Rechteck mit dem genormten DIN-Format (4), so erscheint jenes schlanker als das Normformat. Während in der Vergangenheit das Folioformat – mit 21 × 33 cm annähernd nach dem Goldenen Schnitt proportioniert – gebräuchlich war, entspricht dem heutigen Formgefühl mehr das DIN-Format mit 21 × 29,7 cm.

Ist bereits ein nach dem Goldenen Schnitt proportioniertes Rechteck vorhanden, so dient seine Diagonale als Hilfslinie zur Bestimmung beliebig größerer oder kleinerer Rechtecke im Goldenen-Schnitt-Verhältnis. Dabei ergibt sich aus dem Schnittpunkt einer jeden Waagerechten mit der Diagonalen die entsprechende, das Goldene-Schnitt-Format begrenzende Senkrechte (5).

Beim Gestalten sind harmonische Maßverhältnisse der Flächen zueinander erforderlich. Hierzu dient als Wegweiser der Goldene Schnitt. Auch wenn seine Anwendung bei einem gut entwickelten Formgefühl überflüssig wird, ist er dennoch als Kontrollinstrument wichtig. An zahllosen Kunstwerken läßt sich das Gestaltungsprinzip des Goldenen Schnittes nachweisen. Zwar wird der Künstler allgemein sein Werk nicht mit Zirkel und Lineal nach dem Goldenen Schnitt konstruieren, doch spricht ein intuitives Gestalten nach diesem Harmoniegesetz um so mehr für dessen Gültigkeit. Beliebige Formate können ein- oder mehrfach nach dem Goldenen Schnitt geteilt werden, wobei der Reichtum an Variationsmöglichkeiten unerschöpflich erscheint. Le Corbusier gibt hierzu in seinem Buch ‚Der Modulor' vielfältige Anregungen. Das ‚Spiel der Füllungen', konstruktiv durch die Formel des Goldenen Schnittes ermittelt, ist beispielsweise Basis für die farbige Gestaltung ornamentaler Flächenmuster, für Aufteilungen bei der Beschriftung von Fassadenflächen, für das Entwerfen von Plakaten und Schildern.

Bei den Beispielen (6) bis (8) und (10) wurden Flächenteilungen nach dem Goldenen Schnitt einfach, beim Beispiel (9) zweifach angewandt. Sie dienen als Grundlage für die Gestaltung eines Schildes und eines Ladenschaufensters einer Buchhandlung mit dem Schriftzug „Bücher" und dem Eigenzeichen des Geschäftsinhabers, einem aufgeklappten Buch mit dem Initial „K":

2.4

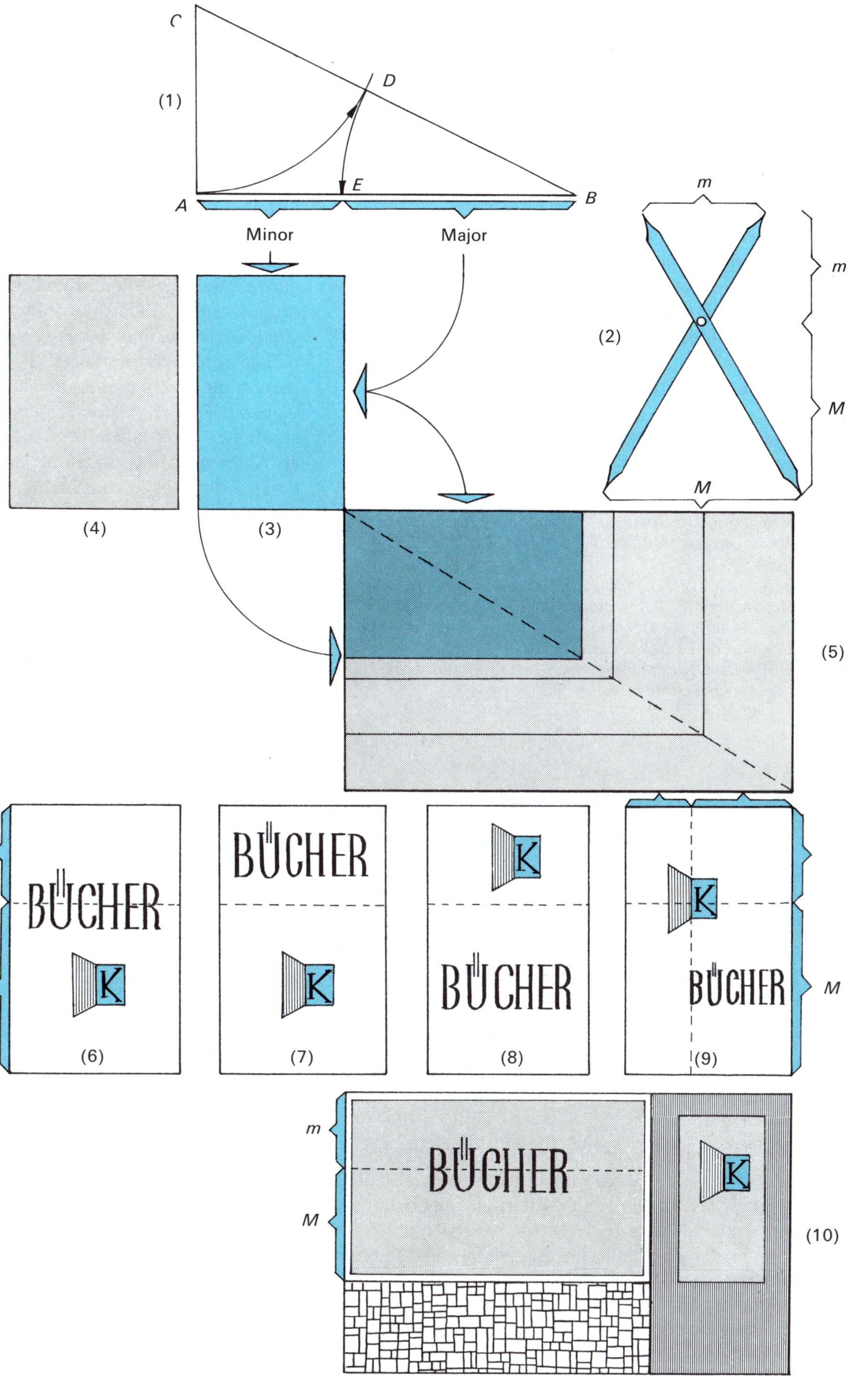

C
D
(1)
E
A
B
Minor
Major
m
m
(2)
M
M
(4)
(3)
(5)
m
BÜCHER
M
K
(6)
BÜCHER
K
(7)
K
BÜCHER
(8)
K
BÜCHER
M
(9)
m
BÜCHER
M
K
(10)

(6) Die durch die Major-Minor-Teilung gebildete Hilfslinie ist Mittelachse des Schriftzuges. Das Eigenzeichen ist symmetrisch in den unteren freien Raum gesetzt.
(7) Der Schriftzug nimmt die durch Teilung entstandene obere Fläche ein. Das Eigenzeichen ist wie in (6) angebracht.
(8) Die umgekehrte Anordnung von Schriftzug und Eigenzeichen hebt das labile Gleichgewicht der Komposition in Beispiel (7) auf.
(9) Dem im Schnittpunkt der Teilungslinien befindlichen Eigenzeichen ist der Schriftzug in der Teilfläche unten rechts symmetrisch gegengeordnet.
(10) Die Teilungslinie dient als Mittelachse für den Schriftzug auf dem Schaufenster. Analog dazu ist auf der Ladentür das Eigenzeichen angebracht.

Übungen:

1. Teile die Strecken AB = 10, 20, 30 cm nach dem Goldenen Schnitt.
2. Bilde nach dem Goldenen Schnitt verschieden große Rechteckformate. Verfahre dabei, wie in Beispiel (5) beschrieben.
3. Teile beliebige Flächen ein- oder mehrfach nach dem Goldenen Schnitt. Führe die Teilungen weiter fort. Bilde hieraus ein farbiges Flächenmuster und beachte dazu die Regeln von den Farbkontrasten.
4. Entwirf ein Schild oder Plakat nach dem Proportionsgesetz des Goldenen Schnittes.

2.5 Risse und Sinnbilder in der Bauzeichnung

Zwar kann die freihändig ausgeführte Objektskizze wesentliche Aufschlüsse über den Gesamteindruck einer Architektur geben, der innere Zusammenhang des Gebäudes läßt sich jedoch nicht erkennen. Hierzu dienen genaue, mit Sinnbildern und Maßen ausgestattete Rißzeichnungen, die den Baukörper schematisch darstellen und die gewünschten Details wie Raumgrößen, Mauerstärken, Lage der Fenster und Türen aufzeigen.

Besonders aufschlußreich ist der Grundriß (2), weil er die Ganzheit eines Gebäudes in einer bestimmten Ebene erfaßt. Er ist die Projektion eines durch das Bauwerk (oder dessen Teil) gelegten waagerechten Schnittes in die Zeichenfläche. Es werden alle Teile dargestellt, die sich unterhalb der gedachten Schnittlinie befinden. Im allgemeinen wird der horizontale Schnitt etwa in 1,00 m bis 1,50 m Höhe über dem Fußboden angesetzt, um die wichtigen Fenster- und Türöffnungen in den Grundriß einzubeziehen. Besitzt ein Haus mehrere Geschosse, so erhält jedes einzelne Geschoß seinen eigenen Grundriß.
Der Grundriß ist in einem bestimmten, den Maßen der Wirklichkeit entsprechenden Verhältnis abzubilden. Dieses maßstäbliche Verhältnis bedeutet bei größeren Objekten wie Grundrissen eine Verkleinerung in der Zeichnung. Zuweilen ist die Zeichnung aber auch die gleichgroße oder vergrößerte Wiedergabe der Wirklichkeit. Vergrößerte Maßstäbe wie etwa 2:1, 5:1 oder 10:1 werden meistens nur bei Detailzeichnungen angewandt. Hierbei wird die Vergrößerungszahl grundsätzlich zuerst genannt. Bei der Darstellung eines Gegenstandes in seiner natürlichen Größe handelt es sich um den Maßstab 1:1. Beträgt die Verkleinerung die Hälfte der natürlichen Größe, so lautet der Maßstab 1:2. Bei einer zehnmaligen Verkleinerung erhält man den Maßstab 1:10. Eine Objektdarstellung im Maßstab 1:50 bedeutet, daß 1 m in der Natur durch eine Strecke von 2 cm Länge in der Zeichnung wiedergegeben wird.

Zu den gebräuchlichsten Maßstäben gehören:

1:5 = 1 m in der Natur = 0,20 m in der Zeichnung
1:10 = 1 m in der Natur = 0,10 m in der Zeichnung
1:50 = 1 m in der Natur = 0,02 m in der Zeichnung
1:100 = 1 m in der Natur = 0,01 m in der Zeichnung.

Maßstäbe mit noch größeren Verkleinerungen kommen bei Lageplänen, Stadtplänen und Landkarten vor.
Der Maßstab ist auf der Zeichnung immer anzugeben. Soll ein Rechteck von 50 mm Länge und 40 mm Breite beispielsweise im Maßstab 1:2 gezeichnet, also verkleinert werden, so sind beide Maße durch 2 zu dividieren:

$$\text{Länge} = \frac{50}{2} = 25 \text{ mm}$$

$$\text{Breite} = \frac{40}{2} = 20 \text{ mm.}$$

Soll das gleiche Rechteck im Maßstab 2:1 gezeichnet, also vergrößert werden, so sind die beiden Maße mit 2 zu multiplizieren:
Länge = $50 \cdot 2 = 100$ mm
Breite = $40 \cdot 2 = 80$ mm (1).

Die Maßeintragung ist nach DIN 406 genormt. Die eingetragenen Maße sind Fertigmaße, d.h., sie geben nicht die Größe in der Zeichnung, sondern die Größe in der Wirklichkeit an. Deshalb ist in die Zeichnung auch immer der Maßstab einzutragen.
Während in der rechtwinkligen Parallelprojektion (vgl. Kap. 2.7) die Bemaßung ohne Angabe der Maßeinheit in mm erfolgt, werden in Bauzeichnungen im allge-

2.5

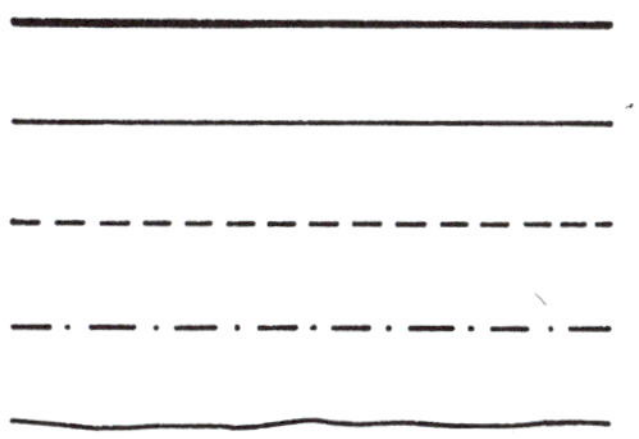

LINIENARTEN

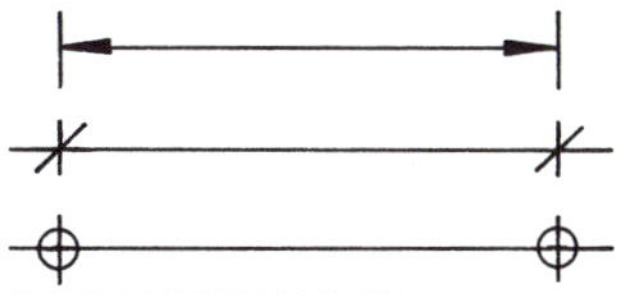

BEGRENZUNGEN

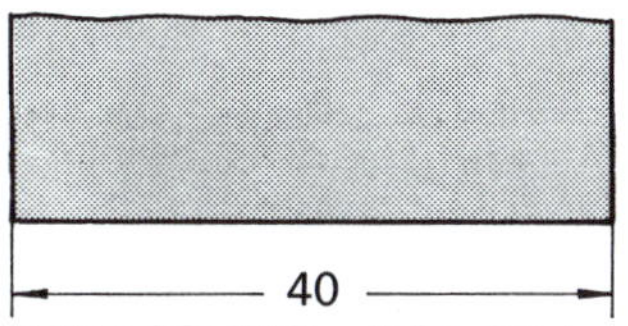

BEMASSUNG mit Maßlinie, Maßpfeilen, Maßhilfslinien und Maßzahl

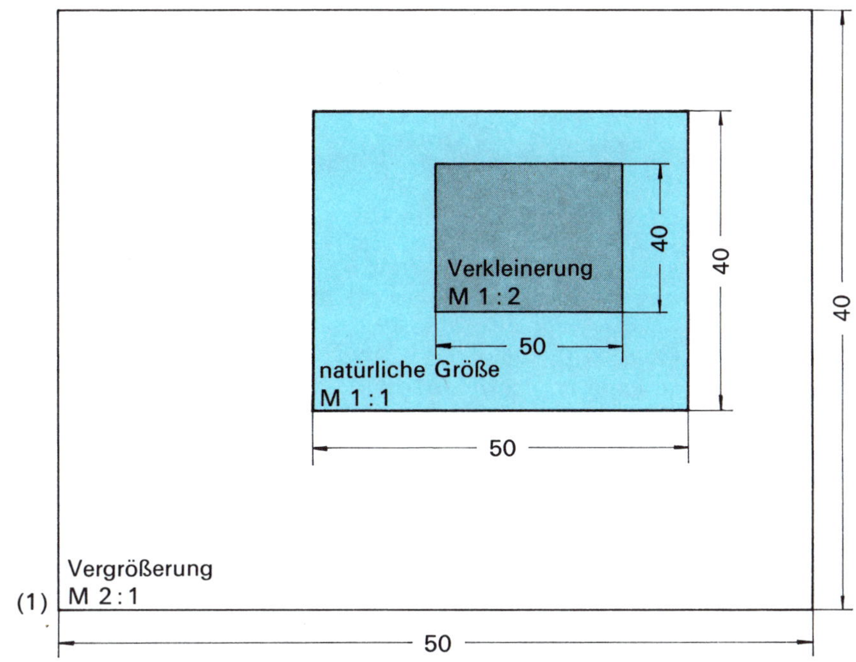

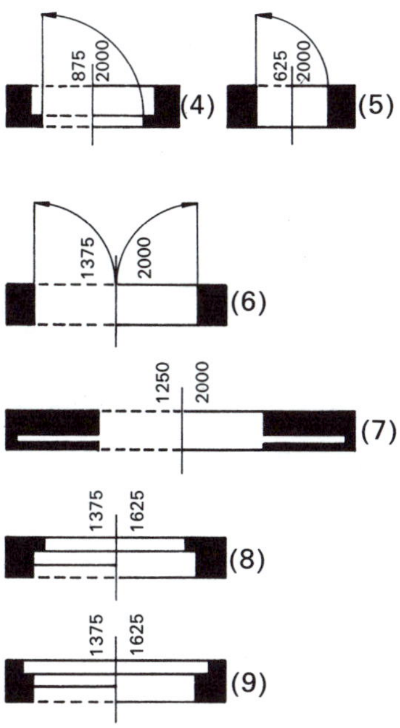

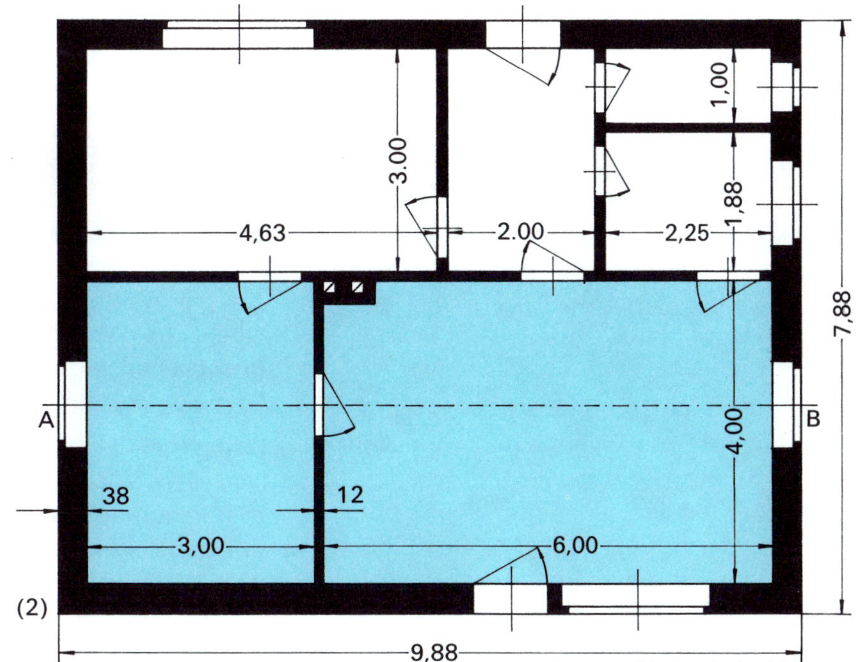

Grundriß Maßstab 1 : 100

SINNBILDER für Fenster und Türen

(4) Tür mit Anschlag für Blendrahmen
(5) Tür ohne Anschlag
(6) Zweiflügeltür ohne Anschlag
(7) Schiebetür
(8) Blendrahmenfenster mit innerem Anschlag
(9) Blendrahmenfenster mit äußerem Anschlag

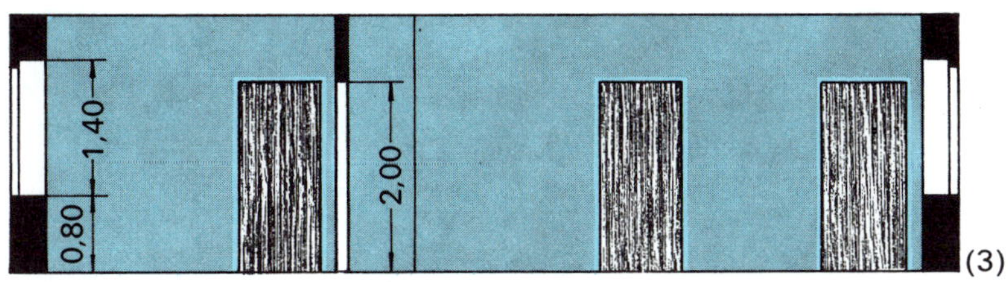

Schnitt AB

meinen Maße über 1,00 m in m, Maße unter 1,00 m in cm angegeben. So erscheinen die Raummaße in m und die Mauerstärken in cm (2). Allerdings können neuerdings auch in Bauzeichnungen alle Maße durchgehend in mm angegeben werden.
Die Maßzahlen – in Groteskschrift oder schräger Normschrift ausgeführt – stehen in der Regel waagerecht in der Mitte der dünnen Maßlinien. Alle Zahlen sind so in den Grundriß einzutragen, daß sie ohne Drehen der Zeichnung leicht lesbar sind. Die in der Vertikalen liegenden Maßzahlen sollen von rechts lesbar sein.
Die Maßlinien können durch Pfeile, Kreise oder Schrägstriche begrenzt werden. Um die Einheit der Zeichnung nicht zu beeinträchtigen, darf innerhalb einer Zeichnung grundsätzlich nur eine einzige Form der Endpunktmarkierung benutzt werden. Die gebräuchlichste Begrenzungsform ist der genormte schlanke Maßpfeil.
Wie in jeder technischen Zeichnung, so werden auch in der Bauzeichnung nach DIN genormte Linienarten benutzt. Die Vollinie in unterschiedlichen Dicken wird für sichtbare Kanten und Umrisse, die Strichlinie für unsichtbare Kanten und Umrisse und die Strichpunktlinie für Mittellinien und Angaben von Schnittebenen eingesetzt. Freihandlinien werden als Bruchlinien verwandt, um längere Gegenstände (Werkstücke) verkürzt (abgebrochen) darzustellen.
Um sich in der Bauzeichnung unmißverständlich mitzuteilen, bedient man sich allgemein verbindlicher, nach DIN genormter Sinnbilder. Die auf Seite 65 abgebildeten Sinnbilder für Tür- und Fensteröffnungen weisen über der feinliniierten Mittelachse das Maß der Weite, unter der Mittelachse das Maß der lichten Höhe in mm auf. Bei den Fenstern ist die linke Seite ohne, die rechte mit Nische, bei den Türen die linke Seite ohne, die rechte mit Schwelle eingezeichnet.
Die die Punkte *A* und *B* im Grundriß (2) verbindende Strichpunktlinie markiert die Schnittebene für den Längsschnitt *AB* (3) durch die beiden farbig angelegten Räume. Dabei werden nicht nur die Mauerstärken sowie die Fenster- und Türlagen abgebildet, gleichzeitig wird auch die der Schnittebene nächstliegende Wandseite im Aufriß dargestellt. Die Längenmaße lassen sich aus dem Grundriß übernehmen, die Höhenmaße hingegen werden im Aufriß besonders aufgeführt.

Übungen:

1. Lege einen Längsschnitt durch die oberen Räume des Grundrisses (2). Zeichne in einem auf das Zeichenpapierformat abgestimmten Maßstab die dazugehörenden Wandaufrisse der Räume. Entnimm alle Höhenmaße aus der Schnittzeichnung (3).
2. Ermittle durch Aufmessen die Maße eines Wohnraumes oder Schaufensters. Entwirf aus den ermessenen Zahlen jeweils Grund-, Auf- und Seitenriß.

2.6 Raumabwicklungen

Um einen Eindruck von der farbigen und formalen Gestaltung eines Raumes zu erhalten, bedient man sich vielfach des Wandaufrisses, an den oben und unten zur Ergänzung Decke und Fußboden andeutungsweise in Streifenform angesetzt werden (vgl. Kap. 1.6). Das hierbei vermittelte Bild gibt jedoch die Ganzheit des Raumes nur ausschnitthaft und damit immer unzureichend wieder. Soll in einer Zeichnung mit den aus dem Grundriß entnommenen Maßen der gesamte Raum erfaßt werden, so empfiehlt es sich, eine Raumabwicklung vorzunehmen.

Als Basis für die Abwicklung ist der Grundriß (1) (Maße vgl. Kap. 2.5) unentbehrlich. Aus ihm lassen sich, die Höhenmaße ausgenommen, sämtliche für die Abwicklung erforderlichen Maße ablesen. Die Raumabwicklung ermöglicht eine schematische Objektdarstellung, in die sich ohne Schwierigkeit innenarchitektonische Details wie Mobiliar durch Projektion auf die angrenzenden Wandflächen einbeziehen lassen.

Grundsätzlich sind die Abwicklungssysteme (2) und (3) anwendbar. Durch Umklappen der Raumwände im Winkel von 90° um den Fußboden wird in der Abwicklung (2) die dritte Dimension (Räumlichkeit) in die zweidimensionale Fläche einbezogen. An die nach oben abgewickelte Wand schließt sich die in ihren Ausmaßen dem Fußboden identische Decke an. Diese Art der Abwicklung hat den Nachteil mangelhafter Übersichtlichkeit, da die seitlich und nach unten abgewickelten Wände vom Beschauer ein mehrfaches Drehen der Zeichnung verlangen.

Demgegenüber beansprucht die Abwicklung (3) für sich den Vorzug klarer Überschaubarkeit, weil alle Wände aufrecht abgebildet sind und nicht wie bei (2) auf der Seite liegen oder auf dem Kopf stehen. Ausgehend vom Grundriß sind die Wandflächen hierbei so aufgeklappt, daß sie nebeneinander aufgereiht werden. Die Deckenfläche wird über, der Fußboden unter der zweiten Wand von links angeordnet.

Die flächigen Raumabwicklungen lassen sich durch Zusammenklappen der Wand-, Boden- und Deckenelemente in dreidimensionale Raumkörper verwandeln. Damit stellen die Abwicklungssysteme (2) und (3) die Grundlage zur Anfertigung von Pappmodellen dar, die einen wirklichkeitsnahen Raumeindruck vermitteln.

2.6

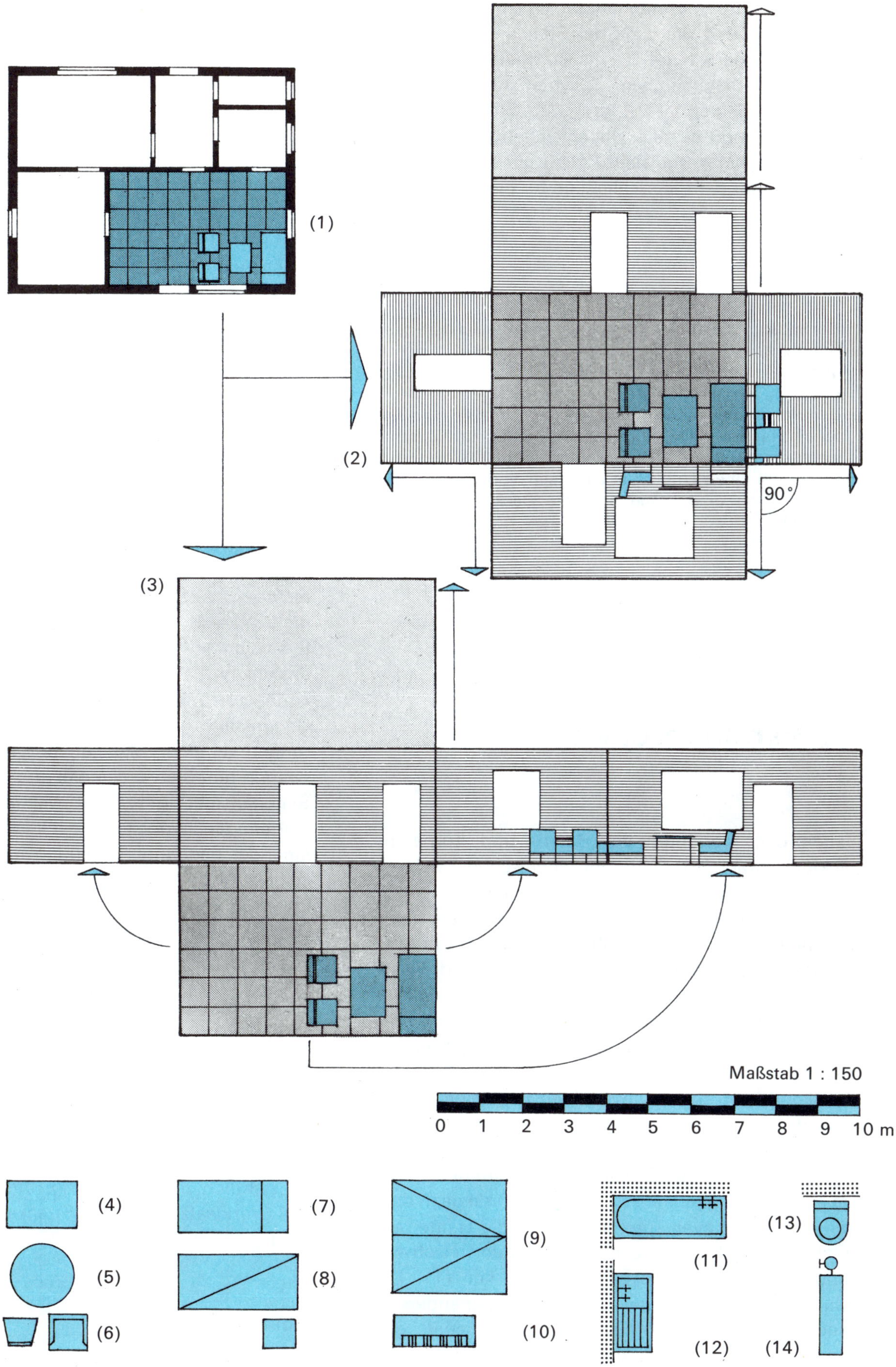

Bei der Gestaltung von Innenräumen ist nicht nur auf die Funktion und die Lage der Räume Rücksicht zu nehmen, sondern auch auf die in ihnen enthaltenen Möbel und Installationen. Zu ihrer zeichnerischen Darstellung dienen nach DIN genormte Sinnbilder, die in die Grundrisse maßstäblich eingetragen werden. (Der angegebene Maßstab 1 : 150 gilt nicht für die Sinnbilder, sondern ausschließlich für die beiden Abwicklungen.)

Übungen:

1. Der im Grundriß oben links befindliche Raum ist maßstäblich auf zwei Arten abzuwickeln und unter Berücksichtigung seiner Funktion (Arbeitsraum) und seiner Lage (Nord) in Farbe anzulegen.
2. Benutze die Raumabwicklung (2) bzw. (3) als Grundlage für ein Raummodell. Vor dem Ausschneiden und Zusammenkleben ist die Abwicklung (ohne Möbel) farbig anzulegen. Um einen Einblick in das Raummodell zu ermöglichen, kann eine Wand oder die Decke aufklappbar bleiben.

2.7 Parallelprojektion

Neben dem Verfahren der Raum- und Körperabwicklung (Kap. 2.6) findet im technischen Zeichnen häufig auch die rechtwinklige Parallelprojektion Anwendung, ein Verfahren, bei dem die wahren Maße des Raumes oder Körpers ähnlich leicht wie bei der Abwicklung aus der Zeichnung ablesbar sind. Während aber in der Abwicklung sämtliche Seiten des Gegenstandes erfaßt werden, kommen bei der rechtwinkligen Parallelprojektion immer nur drei Seiten zur Ansicht.
Um das Prinzip der rechtwinkligen Parallelprojektion zu verdeutlichen, gehen wir von einem einfachen Körper mit der Form und den Maßen einer Streichholzschachtel aus. (In der Zeichnung erscheint der Körper um ein Drittel verkleinert. Seine Tiefe wurde nach dem Verfahren der Kavalierperspektive um die Hälfte verkürzt). Diesen Körper stellen wir uns nun freischwebend in einer Raumecke angeordnet vor (1). Die Raumecke wird aus drei senkrecht aufeinanderstehenden Zeichenebenen, den Projektionsebenen, gebildet. Es handelt sich dabei um die Aufriß-, die Grundriß- und die Seitenrißebene.

Die rechtwinklige Parallelprojektion beruht auf der Vorstellung, daß der von einer Lichtquelle angestrahlte Körper einen Schatten auf die jeweils dahinter befindliche Ebene wirft. Die dabei rechtwinklig auf den Gegenstand fallenden Lichtstrahlen heißen Projektionsstrahlen. Projiziert man das Bild des Körpers von vorn auf die Aufrißbildebene, so erhält man die Vorderansicht (V), erfolgt die Projektion von oben, so erhält man auf der Grundrißbildebene die Draufsicht (D), und erfolgt sie auf der linken Seite, so erhält man auf der Seitenrißebene die Seitenansicht (S) (nach DIN 6).
Die in der Zeichnung (1) noch räumlich (dreidimensional) wiedergegebenen Ansichten müssen nun flächig (zweidimensional) in einer Ebene dargestellt werden. Das setzt voraus, daß zwei Ebenen, und zwar die Grundrißebene und die Seitenrißebene, um die Projektionsachsen gedreht werden. Während die Aufrißebene unverändert bleibt, denkt man sich die Seitenrißebene um 90° um die senkrechte Projektionsachse und die Grundrißebene ebenfalls um 90° um die waagerechte Projektionsachse geklappt. Nun befindet sich die Grundrißebene unter und die Seitenrißebene rechts von der Aufrißebene. Entsprechend erscheint die Draufsicht genau unter der Vorderansicht, die Seitenansicht auf gleicher Höhe rechts neben der Vorderansicht (vgl. Pfeilverlauf) (2).
In den Zeichnungen (3) und (4) ist der darzustellende Gegenstand (Streichholzschachtel) durch Aussparungen verändert. Ausgehend von dem Achsenkreuz werden nun die Vorderansicht, die Draufsicht und die Seitenansicht in wahren Maßen in die Zeichnung eingetragen, wobei zu beachten ist, daß die jeweils einander gegenüberliegenden Körperkanten der einzelnen Ansichten immer gleiche Abstände zu den Projektionsachsen aufweisen müssen (hier 1 cm). Damit die Zeichnung möglichst viel aussagt, werden die Körperkanten, die durch die Aussparungen entstehen, entweder als Vollinie wiedergegeben, sofern sie sichtbar sind (3), oder als Strichlinie, sofern sie unsichtbar, d. h. verdeckt sind (4). Die Verbindung zwischen Draufsicht und Seitenansicht kann in verschiedener Weise durch dünne Hilfslinien erfolgen, und zwar durch Spiegeln an der Winkelhalbierenden (2), durch Verbindungslinien im Winkel von 45° (3) und durch Viertelkreislinien (4).
Hinsichtlich der Bemaßung, die in mm erfolgt, gilt der Grundsatz, daß jede Strecke nur einmal bemaßt wird.

Übungen:

Stelle einfache prismatische Körper ohne und mit Aussparungen in rechtwinkliger Parallelprojektion dar.

2.7

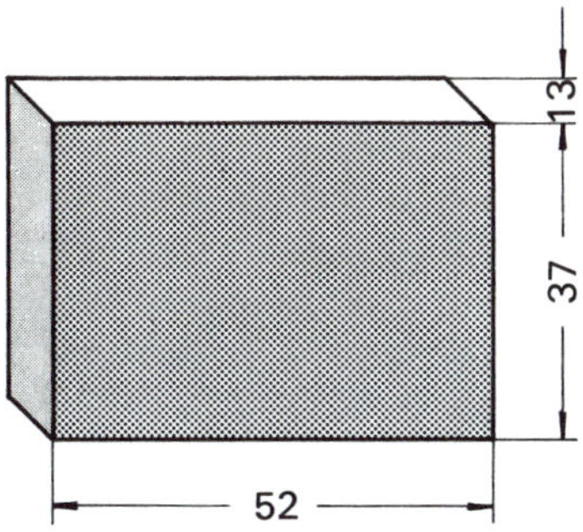
13
37
52

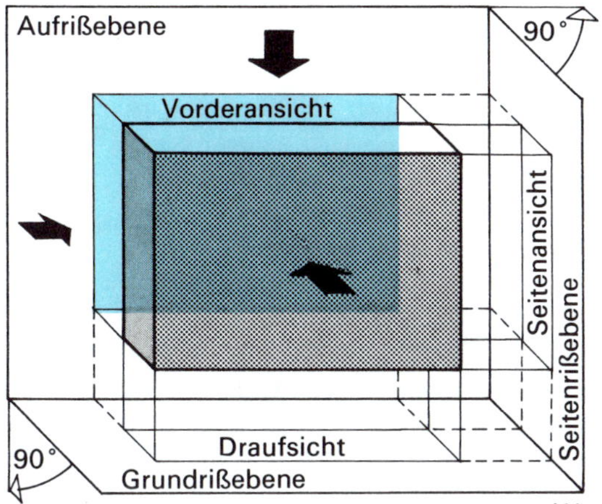
Aufrißebene
90°
Vorderansicht
Seitenansicht
Seitenrißebene
Draufsicht
90°
Grundrißebene

(1)

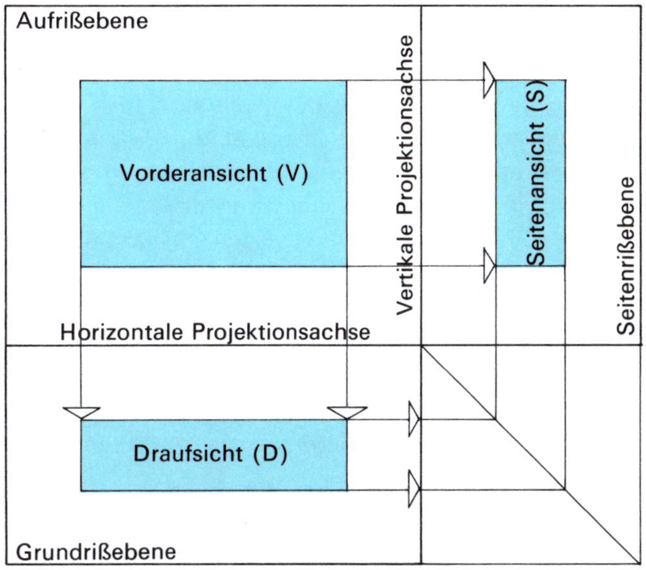
Aufrißebene
Vertikale Projektionsachse
Seitenansicht (S)
Vorderansicht (V)
Seitenrißebene
Horizontale Projektionsachse
Draufsicht (D)
Grundrißebene

(2)

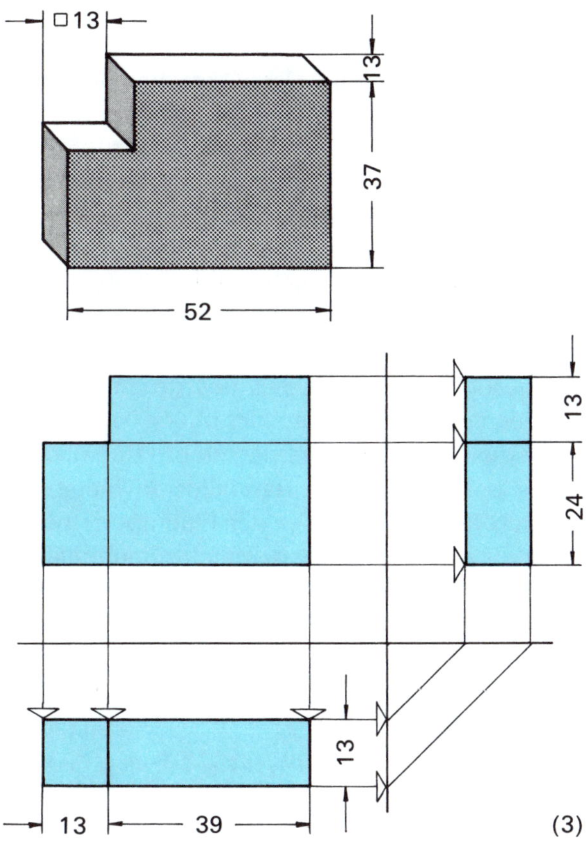
□13
13
37
52
13
24
13
13
39

(3)

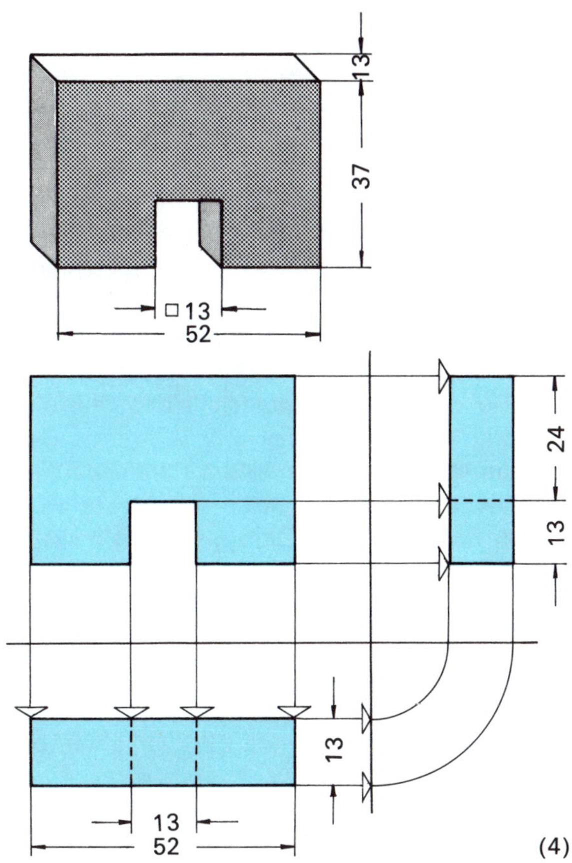
13
37
□13
52
24
13
13
13
52

(4)

2.8 Parallelperspektive

Körper- und Raumabwicklungen wie auch rechtwinklige Parallelprojektionen von Körpern und Räumen haben bei allen Vorzügen den Mangel, wenig anschaulich zu sein. Soll ein Gegenstand in räumlicher Anschaulichkeit wiedergegeben werden, so kann man sich eines der Zeichenverfahren, die unter dem Sammelbegriff „Parallelperspektive" bekannt sind, bedienen. Die Parallelperspektive ergibt zwar weniger „richtige", d.h. den eingeübten Sehgewohnheiten entsprechende, dafür aber leichter herstellbare und technisch aufschlußreichere Bilder als die Fluchtpunktperspektive.

Zur Parallelperspektive gehören die Kavalierperspekspektive, die isometrische und die dimetrische Projektion (letztere sei hier nur erwähnt, jedoch nicht weiter behandelt). Charakteristisch für diese drei Verfahren ist die Tatsache, daß in der Wirklichkeit parallel verlaufende Körperkanten auch in der Zeichnung parallel wiedergegeben werden.

Kavalierperspektive

Die Kavalierperspektive gilt als die einfachste Art der räumlichen Darstellung. Auf eine Normung dieses Verfahrens hat man verzichtet, so daß über die Tiefe, in der der Körper zu zeichnen ist, keine verbindliche Vereinbarungen bestehen.

Der Körper wird so gezeichnet, daß die Vorderansicht in ihrer wahren Form und in wahren Maßen erscheint. So wird die Vorderansicht des Würfels (1) als Quadrat dargestellt (hier 27 · 27 mm). Die im Winkel von 45° nach hinten in die Tiefe verlaufenden Kanten werden in der Regel um die Hälfte verkürzt (hier 13,5 mm). Grundsätzlich gilt bei der Kavalierperspektive also:

1) Parallele Körperkanten werden auch parallel gezeichnet.
2) Höhe und Breite erscheinen in wahrer Größe.
3) Die Tiefe wird um die Hälfte verkürzt.
4) Die in die Tiefe verlaufenden Körperkanten bilden zur Waagerechten einen Winkel von 45°.

Wie das Erdgeschoß des in Kap. 2.5 als Grundriß gezeigten Baukörpers in Kavalierperspektive aussieht, geht aus der nebenstehenden Bauzeichnung (2) hervor.

Isometrische Projektion

Die isometrische Projektion, kurz auch Isometrie genannt, wurde nach DIN 5 genormt. Im Unterschied zur Kavalierperspektive steht der Körper auf einer Ecke, von der aus die Körperkanten im Winkel von 30° zur Waagerechten verlaufen. Während also die quadratischen Seiten des Würfels (3) zu Rhomben (Rauten) verschoben sind, werden die Kanten des Würfels in ihren wahren Größen wiedergegeben (hier 27 mm). Es wird deutlich, daß alle sichtbaren drei Seiten des Würfels gleich groß erscheinen.

Zusammenfassend läßt sich zur Isometrie folgendes bemerken:

1) Parallele Körperkanten werden auch parallel gezeichnet.
2) Höhe, Breite und Tiefe erscheinen in wahrer Größe.
3) Der Körper steht auf einer Ecke; die Körperkanten bilden zur Waagerechten einen Winkel von je 30°.

Im Gegensatz zur Zeichnung (2) erlaubt das nach dem gleichen Grundriß isometrisch dargestellte Erdgeschoß (4) eine wesentlich aufschlußreichere Einsicht in die Räumlichkeiten. Hieraus ergibt sich beispielsweise für innenarchitektonische Entwurfszeichnungen der besondere Vorteil, daß das gesamte Zueinander der benachbarten Räume klar überschaubar wird.

Wenngleich die Isometrie nicht Räumlichkeit im Sinne perspektivischer Raumillusion bietet, zeichnet sie sich doch gegenüber der Fluchtpunktperspektive dadurch aus, daß an ihr sämtliche Raummaße mühelos ablesbar sind. Somit besitzt sie als Veranschaulichungsmittel besonderen Wert.

Übungen:

1. Stelle nach dem Grundriß (Kap. 2.5) den Raumkomplex isometrisch dar.
2. Stelle nach dem Grumdriß (Kap. 2.12) das Schaufenster einschließlich Pfeiler und Podium isometrisch dar.

2.8

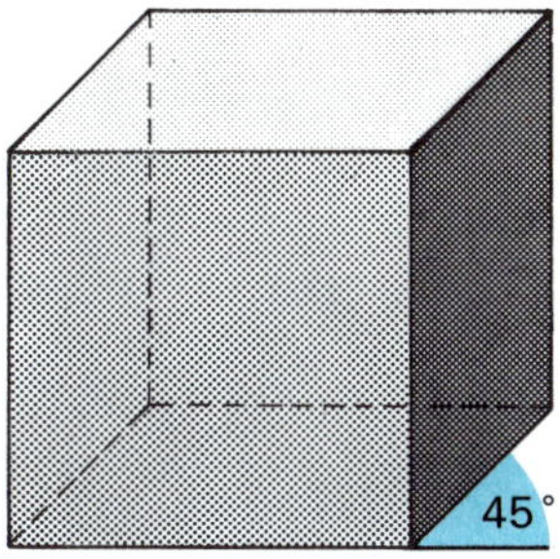

(1)

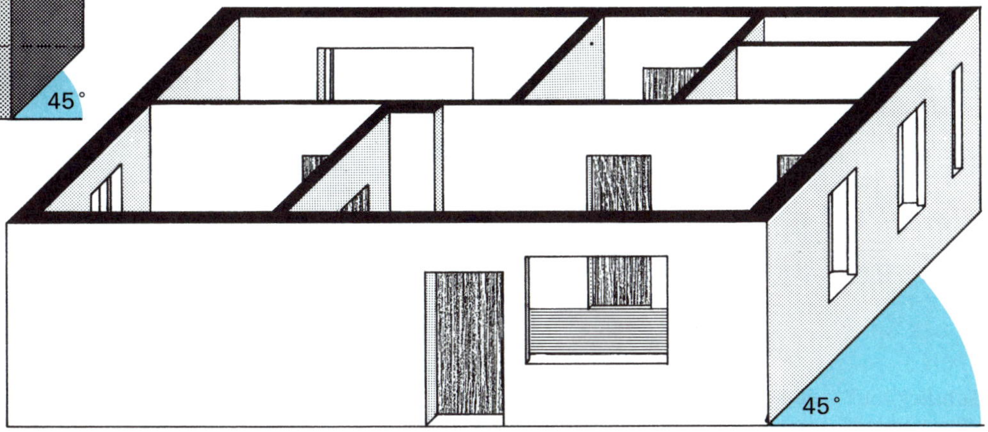

(2)

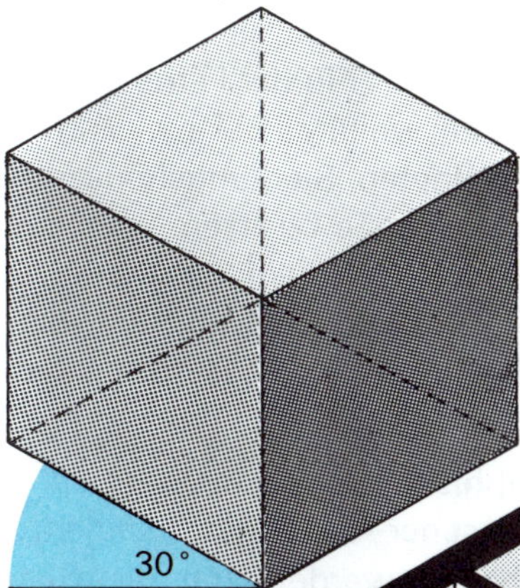

(3)

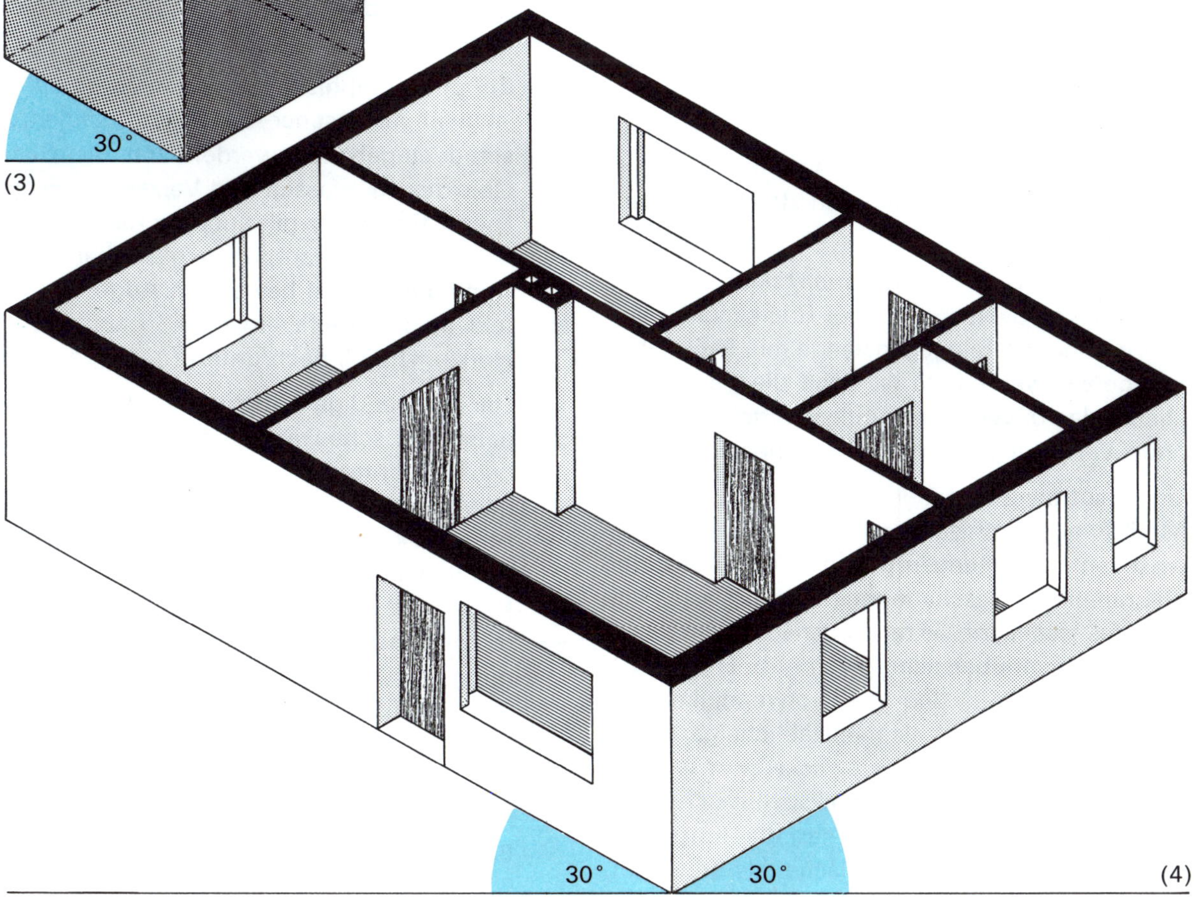

(4)

2.9 Perspektivische Grundlagen I

„Der Schüler muß zuerst die Perspektive lernen, damit er jedem Gegenstand das richtige Maß zuerteilen kann . . .“
Leonardo da Vinci

Die Perspektive (lat. perspicere = deutlich, richtig sehen) ist ein Abbildungsverfahren, das dreidimensionale Gegenstände in einer den Sehbedingungen des menschlichen Auges entsprechenden Weise darstellt. Bei der zeichnerischen Wiedergabe täglicher Seherfahrungen müssen geometrische Grundgesetze berücksichtigt werden.

Die Antike kannte zwar bereits mit der ‚Parallel-Perspektive', bei der die Fluchtlinien parallel zueinander verlaufen, eine Darstellungsart mit raumillusionistischen Wirkungen. Erst kurz nach 1400 jedoch erfand der italienische Renaissance-Architekt Brunelleschi die Zentralperspektive, die den Raum organisch und systematisch aufbaut.

Wenngleich teilweise in der modernen bildenden Kunst und in der dekorativen Malerei auf Räumlichkeit verzichtet wird und die Bildgegenstände rein flächenhaft wiedergegeben werden, so ist doch die Perspektive auch heute das unverändert gültige Mittel zur zeichnerischen Verwirklichung des räumlichen Sehens.

Abb. (1) zeigt die zweidimensionalen Ansichten plastischer Körper verschiedener Größen. Diese unperspektivischen Darstellungen geben keinen Aufschluß über die räumliche Beschaffenheit der Körper. Es läßt sich nicht feststellen, ob sie rund oder eckig, flach oder tief sind. Die Gegenüberstellung von Abb. (1) und (2) verdeutlicht den Wert und die Notwendigkeit der Perspektive. Während (1) als maßstäbliche geometrische Zeichnung für technische Zwecke zwar wertvoll ist, entsteht doch erst durch das perspektivische Darstellen ein bildhafter Eindruck, der die Körper als Prisma mit quadratischer Grundfläche, als Kreiszylinder und als Prisma mit dreieckiger Grundfläche sichtbar macht (2).

Grundlage für das perspektivische Zeichnen ist die scheinbare Veränderung der Größen. Dies verdeutlicht die alltägliche Beobachtung, daß ein Kraftwagen um so kleiner zu werden scheint, je weiter er sich vom Betrachter entfernt, bis er in der Ferne als winziger Punkt verschwindet. Ein weiteres Beispiel sind die im rechten Winkel angeordneten Siedlungshäuser (3). Obwohl alle die gleichen Maße besitzen, erscheinen sie doch verschieden groß. Das dem Beschauer am nächsten liegende Gebäude wirkt am größten, die weiter entfernt liegenden gleichgroßen Häuser sehen wesentlich kleiner aus.

Bei photographischen Aufnahmen muß ein dem Objektiv angemessener Abstand der Kamera zum Gegenstand eingehalten werden, um die Gesamtheit des Objektes zu erfassen und Verzerrungen zu vermeiden. Dieser Grundsatz gilt auch für das menschliche Auge, dem die Kameraoptik vergleichbar ist. Bei ruhiger Kopfhaltung und bewegtem Auge beträgt das Blickfeld in der Breite etwa 54°, nach oben (über dem Horizont) 27°, nach unten (unter dem Horizont) 10°.

Der notwendige Überblick – Voraussetzung für das perspektivische Darstellen – geht dann verloren, wenn der Betrachter so nahe steht, daß er nur durch Kopfbewegung den abzubildenden Gegenstand voll überschauen kann. Um dabei entstehende Verzerrungen zu vermeiden, gilt für das perspektivische Zeichnen die Regel, daß der Abstand des Standpunktes vom Objekt mindestens so groß sein soll wie die größte Ausdehnung des Objektes *AB* (4). Eine bessere, weil weniger stark verkürzte Darstellung entsteht, wenn der Abstand zwei- bis dreimal so groß ist wie die Querlinie *AB* (5).

Übungen:

Betrachte zur Schulung des perspektivischen Sehens eine mit Bäumen eingefaßte Landstraße oder einen Eisenbahndamm. Beobachte das typische Zusammenlaufen der Linien in einem Punkt.

2.9

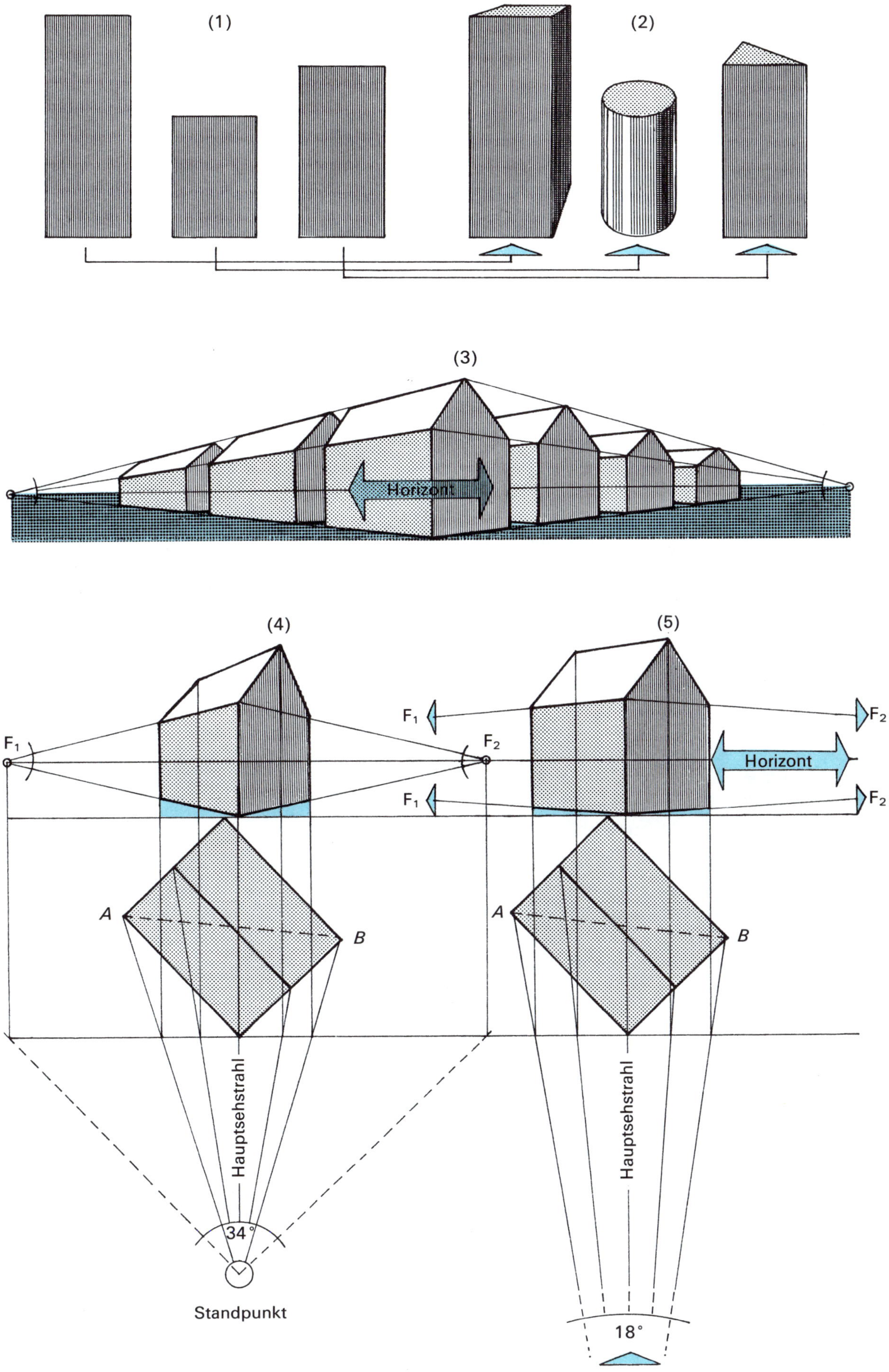
(1)
(2)
(3)
Horizont
(4)
(5)
F_1
F_2
F_1
F_2
F_1
F_2
Horizont
A
B
A
B
Hauptsehstrahl
Hauptsehstrahl
34°
Standpunkt
18°

2.10 Perspektivische Grundlagen II

Neben der Wahl des richtigen Abstandes setzt eine perspektivische Darstellung die Kenntnis von Horizont und Fluchtpunkt voraus.

Im täglichen Sprachgebrauch versteht man unter dem Horizont (griech. horizein = begrenzen) die Linie, die Himmel und Erde scheinbar voneinander trennt. Das läßt sich besonders deutlich am Meer oder im Flachland beobachten. Auch wenn der Horizont unsichtbar ist – sei er durch Berge, Häuser oder andere Gegenstände verdeckt – ist er im perspektivischen Sinne dennoch vorhanden. Als der perspektivische Horizont wird die waagerechte Linie bezeichnet, die genau in Augenhöhe liegt. Er liegt also um so höher, je höher der Standpunkt des Betrachters gewählt ist. Im Normalfall entspricht die Horizonthöhe in der Zeichnung (Höhe des Horizontes über der Grundlinie) maßstäblich der Augenhöhe von etwa 1,65 m in der Natur.

In Abb. (1) ist ein Regal perspektivisch dargestellt. Der Horizont deckt sich mit der mittleren Brettlage und trennt das Regal in eine unter und eine über der Augenhöhe befindliche Hälfte. Vom mittleren Brett genau in Horizonthöhe erscheint lediglich ein schmaler Streifen, der keinen Aufschluß über die Tiefe des Brettes gibt. Je weiter sich jedoch die Brettlagen nach unten und oben vom Horizont entfernen, um so stärker werden ihre Auf- und Untersichten.

Beim Betrachten senkrechter Stellwände (2) läßt sich Ähnliches feststellen. Dabei wirken die Wandflächen um so größer, je weiter sie links und rechts vom Horizont entfernt sind. Analog zum waagerechten Horizont kann die mittlere Trennwand als Vertizont (vertikal = lotrecht) aufgefaßt werden, der das Blickfeld in eine linke und eine rechte Hälfte teilt.

Horizont und Vertizont schneiden einander rechtwinklig in einem für das perspektivische Zeichnen unentbehrlichen Punkt, dem Fluchtpunkt. Zu ihm ‚fliehen' alle steigenden und fallenden Linien, um sich in ihm zu vereinigen. Da der Fluchtpunkt dem Auge gegenüberliegt, wird er auch als Augenpunkt definiert.

Beim technischen Zeichnen wird zur Darstellung räumlicher Gegenstände die Parallel-Perspektive (3) angewandt. Dabei verlaufen die Linien der verschiedenen Körperebenen zueinander parallel (Kap. 2.7), ohne sich in einem Fluchtpunkt zu schneiden. Das Fehlen jeder Linienverkürzung ergibt einen ‚unrichtigen' Eindruck.

Die Zentralperspektive mit der Vereinigung aller Linien im Fluchtpunkt ermöglicht hingegen ein den Sehbedingungen entsprechendes Abbild. Je nach der Wahl des Standpunktes und der damit verbundenen Horizonthöhe lassen sich drei Arten der Zentralperspektive unterscheiden, die nur geringfügig voneinander abweichen:

(4) Froschperspektive. Der Horizont liegt so tief, daß er sich mit der Grundlinie deckt. Die Froschperspektive ermöglicht starke Untersichten.

(5) Normalperspektive. Der Horizont liegt in der mit 1,65 m angenommenen Augenhöhe.

(6) Vogelperspektive. Der Horizont befindet sich bei hoch gewähltem Standpunkt über der normalen Augenhöhe. Die Vogelperspektive eignet sich mit starken Aufsichten besonders für Übersichtsskizzen.

Übungen:

Betrachte zur Schulung des perspektivischen Sehens den gleichen Gegenstand mit veränderter Höhe des Standpunktes. Bestimme, wann Unter- und Aufsichten am stärksten sind.

2.10

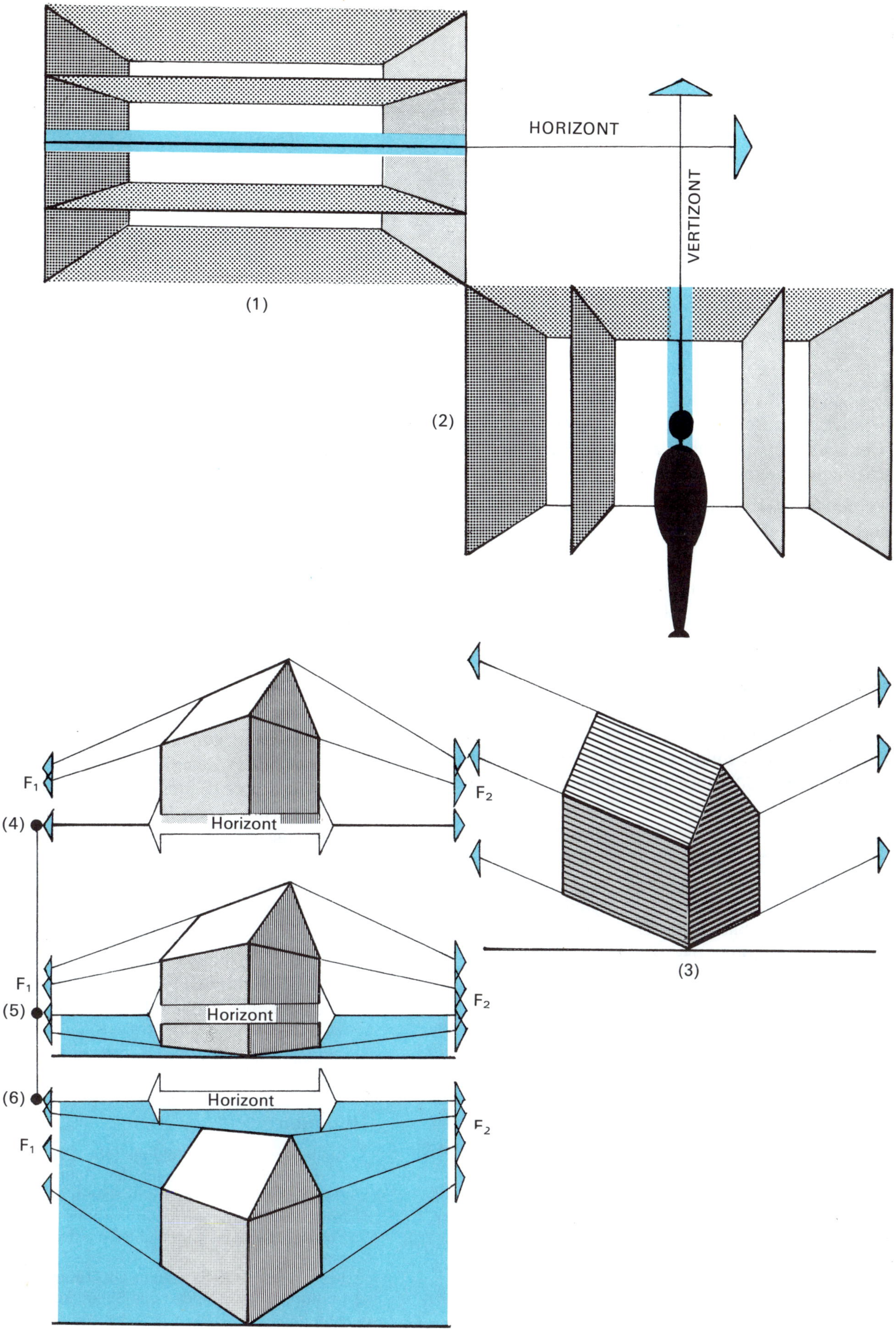
HORIZONT
VERTIZONT
(1)
(2)
(3)
F$_1$
F$_2$
(4)
Horizont
(5)
Horizont
(6)
Horizont

2.11 Frontperspektive aus dem Grundriß

Je nach der Stellung des Betrachters wird beim perspektivischen Zeichnen rechtwinkliger Gegenstände (Gebäude, Räume, Möbel) zwischen Front- und Übereckperspektive unterschieden.

Werden Innenräume in Frontperspektive dargestellt, so sind Decke, Fußboden und drei Wände sichtbar.

Abb. (1) und (2) zeigen den gleichen Raum (vgl. Grundriß Kap. 2,5, Raum links unten) auf diese Art im Maßstab 1 : 50 gezeichnet. In (1) schneidet der Hauptsehstrahl die Mitte der Bildebene; in (2) ist der Standpunkt des Betrachters nach rechts verschoben, wodurch die linke Seitenwand größer erscheint.

Konstruktion der Frontperspektive:

- Zeichnen des Grundrisses im entsprechenden Maßstab (hier 1 : 50) einschließlich Angabe von Mauerstärken und -öffnungen.
- Bestimmen der waagerechten Grundrißbildebene *GB* (hier deckungsgleich mit der vorderen Raumwand).
- Festlegen des Standpunktes. Mindestabstand von der Grundrißbildebene *GB* gleich der größten Querausdehnung des Raumes (hier $1^1/_2$fache Querausdehnung).
- Einzeichnen des Raumaufrisses über dem Grundriß einschließlich Angabe von Mauerstärken und -öffnungen. Die Grundrißbildebene *GB* entspricht im Aufriß der Grundlinie oder Aufrißbildebene *AB*.
- Bestimmen des Horizontes (hier 1,60 m).
- Festlegen des Fluchtpunktes *F* im Schnittpunkt des vom Standpunkt ausgehenden senkrechten Hauptsehstrahls mit dem Horizont.
- Verbinden der hinteren Raumecken im Grundriß durch Sehstrahlen mit dem Standpunkt (vgl. Pfeilrichtung).
- Errichten senkrechter Konstruktionslinien in den Schnittpunkten der Sehstrahlen mit der Grundrißbildebene *GB* (vgl. Pfeilrichtung).
- Verbinden der Raumecken im Aufriß mit dem Fluchtpunkt *F* (vgl. Pfeilrichtung).
- Bestimmen der Schnittpunkte von senkrechten Konstruktionslinien und Fluchtlinien. Festlegen der hinteren und seitlichen Raumgrenzen durch Verbinden dieser Punkte.
- Verbinden von Tür- und Fensterbegrenzungen im Grundriß durch Sehstrahlen mit dem Standpunkt und im Aufriß durch Fluchtlinien mit dem Fluchtpunkt *F*. Aufsuchen der Schnittpunkte der von der Grundrißbildebene *GB* ausgehenden senkrechten Konstruktionslinien mit den Fluchtlinien im Aufriß. Festlegen der Maueröffnungen durch Verbinden dieser Punkte.
- Konstruktion von Einrichtungsgegenständen (hier Schrank) (2). Zeichnen des Grund-, Auf- und Seitenrisses des Schrankes. Eintragen des Möbelgrundrisses in den Raumgrundriß und des Möbelseitenrisses in den Raumaufriß (gestrichelte Linie). Verbinden der Schrankbegrenzungen im Grundriß durch Sehstrahlen mit dem Standpunkt und im Aufriß durch Fluchtlinien mit dem Fluchtpunkt *F*. Aufsuchen der Schnittpunkte der von der Grundrißbildebene *GB* ausgehenden senkrechten Konstruktionslinien mit den Fluchtlinien im Aufriß. Festlegen des perspektivischen Bildes des Schrankes durch Verbinden dieser Punkte. Konstruktion der Balkendecke nur aus dem Aufriß ohne Benutzung des Grundrisses.

Übungen:

1. Stelle verschiedene Räume (vgl. Grundriß Kap. 2.5) in Frontperspektive dar. Lege den Hauptsehstrahl durch die Raummitte. Verschiebe den Standpunkt nach links oder rechts. Variiere die Horizonthöhe zur Frosch- bzw. Vogelperspektive, vergleiche die unterschiedlichen Raumwirkungen.
2. Stelle verschiedene Räume in Frontperspektive mit Einrichtungsgegenständen wie Schränken, Tischen und Sesseln dar.

2.11

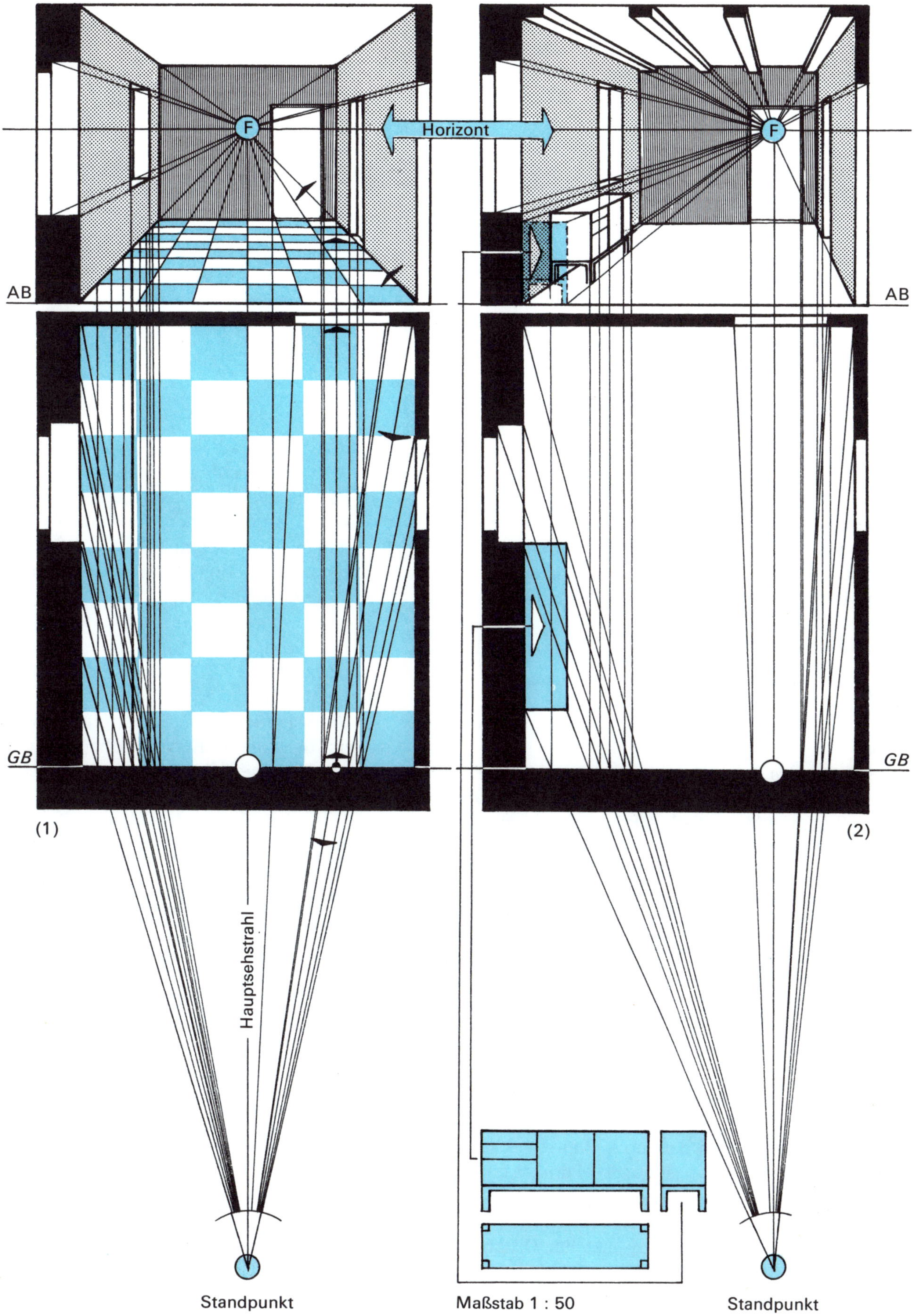
F
Horizont
F
AB
AB
GB
GB
(1)
(2)
Hauptsehstrahl
Standpunkt
Maßstab 1 : 50
Standpunkt

2.12 Frontperspektive nach dem Distanzpunkt

Soll ein Raum in Frontperspektive dargestellt, dabei aber nicht noch einmal der Grundriß aufgezeichnet werden, so kann die Frontperspektive mit Hilfe eines Distanzpunktes konstruiert werden. Dabei werden nur die Grundriß-Maße, nicht der Grundriß selbst benötigt. Die Maße des Raumes (1) lassen sich aus dem Grundriß Kap. 2.5, Raum rechts unten, die Maße des Schaufensters (2) aus der Grundrißzeichnung (3) im Maßstab 1 : 100 ablesen.

Konstruktion der Frontperspektive nach dem Distanzpunkt:

- Zeichnen des Raum- bzw. Schaufensteraufrisses im entsprechenden Maßstab (hier 1 : 50), beim Raumaufriß (1) mit Mauerstärken und -öffnungen.
- Festlegen des Horizontes in Höhe von 1,60 m (1) bzw. 1,65 m (2).
- Bestimmen eines beliebigen Fluchtpunktes *F* auf dem Horizont.
- Antragen des Abstandes des Betrachters vom Augen- oder Fluchtpunkt *F* auf der nach rechts bzw. links verlängerten Horizontlinie und damit Festlegen des Distanzpunktes *D*.
- Verbinden der Raumecken im Aufriß mit dem Fluchtpunkt *F* (vgl. Pfeilrichtung).
- Antragen einer Maßleiste an der Aufrißbildebene *AB* mit der ganzen Raumtiefe.
- Verbinden des durch die ganze Raumtiefe auf der Aufrißbildebene *AB* angegebenen Punktes mit dem Distanzpunkt *D* (vgl. Pfeilrichtung).
- Festlegen einer hinteren Raumecke durch Errichten der Senkrechten im Schnittpunkt der Distanzlinie mit der Fluchtlinie. Hieraus Bestimmung der Rückwand des Raumes bzw. Schaufensters.
- Bestimmen der auf den Seitenwänden befindlichen Maueröffnungen (Türen, Fenster) durch Anmessen ihrer Lage auf der Maßleiste. Verbinden dieser Punkte mit dem Distanzpunkt *D*. Verbinden der im Aufriß angegebenen Tür- und Fensterbegrenzungen mit dem Fluchtpunkt *F*. Errichten der Senkrechten in den Schnittpunkten der Distanzlinien mit den Fluchtlinien.
- Bestimmen der Maueröffnungen (Türen) auf der Rückwand durch Anmessen ihrer Lage auf der Aufrißbildebene *AB*. Verbinden dieser Punkte mit dem Fluchtpunkt (vgl. Pfeilrichtung). Errichten der Senkrechten in den Schnittpunkten der Fluchtlinien mit der unteren Rückwandbegrenzung. Bestimmen der Türhöhe durch Ziehen einer waagerechten (gestrichelten) Linie aus dem Schnittpunkt der Fluchtlinie mit der hinteren Raumecke (vgl. Pfeilrichtung).
- Bestimmen der im Raum befindlichen Elemente (z. B. Säule, Podest) (2) durch Anmessen ihrer Lage im Raum auf der Maßlinie. Verbinden dieser Punkte mit dem Distanzpunkt *D* (vgl. Pfeilrichtung) und mit dem Fluchtpunkt *F* (vgl. Pfeilrichtung). Ziehen einer Waagerechten im Schnittpunkt der Distanzlinie mit der zum Fluchtpunkt verlaufenden unteren Seitenwandbegrenzung (vgl. Pfeilrichtung). Errichten der Pfeiler- bzw. Podestsenkrechten im Schnittpunkt dieser waagerechten Linie mit den Fluchtlinien.

Übungen:

1. Stelle verschiedene Räume (vgl. Grundriß Kap. 2.5) in Frontperspektive mit Hilfe des Distanzpunktes dar. Konstruiere Einrichtungsgegenstände ein.
2. Stelle ein Schaufenster (Länge 6,00 m, Tiefe 3,00 m, Höhe 2,80 m) in Frontperspektive mit Hilfe des Distanzpunktes dar. Konstruiere Regale, Pfeiler, Podeste und Blickfänge wie Würfel oder Prismen mit verschiedenen Grundflächen ein.

2.12

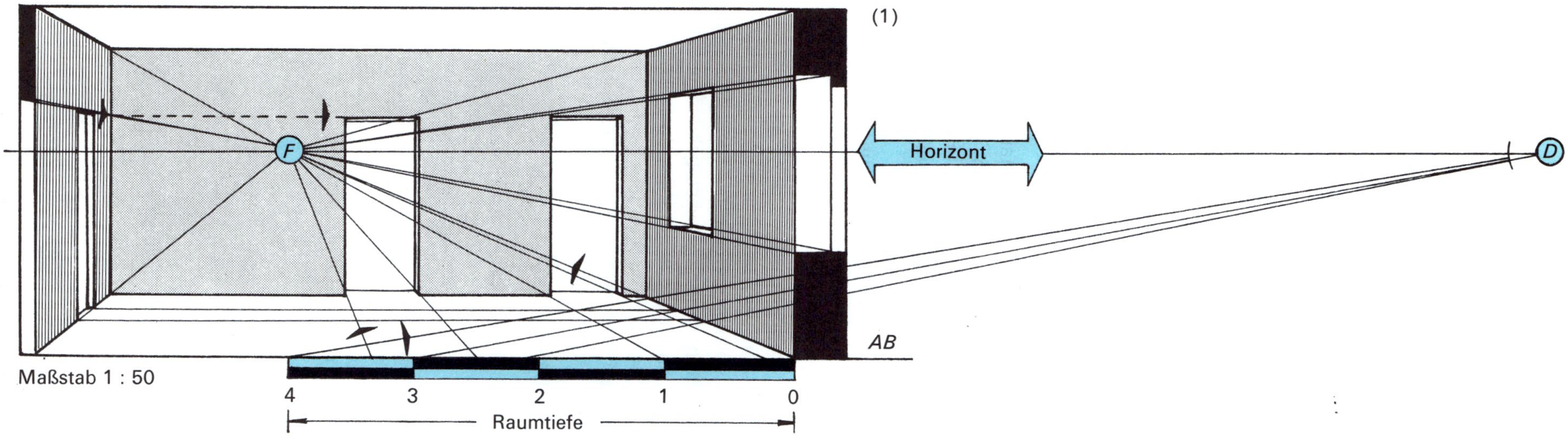
(1)
Horizont
F
D
AB
Maßstab 1 : 50
4 3 2 1 0
Raumtiefe

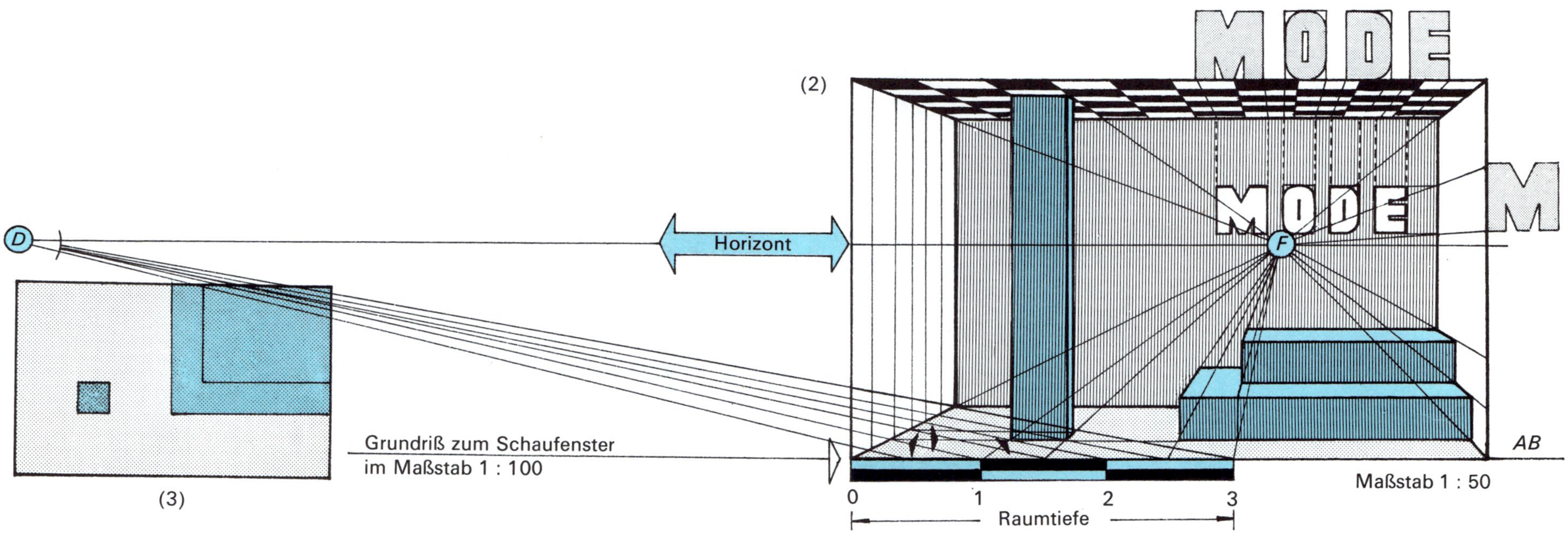
(2)
MODE
MODE
M
Horizont
F
D
AB
Maßstab 1 : 50
0 1 2 3
Raumtiefe
Grundriß zum Schaufenster
im Maßstab 1 : 100
(3)

2.13 Übereckperspektive

Wird ein rechtwinkliger Körper nicht frontal, sondern übereck betrachtet, so wird er zeichnerisch in der Übereckperspektive wiedergegeben. Dabei sind – anders als bei den drei Raumseiten der Frontperspektive – nur zwei Seiten sichtbar. Die Übereckperspektive wird mit Hilfe von zwei Fluchtpunkten konstruiert.

Konstruktion der Übereckperspektive:

- Wahl einer Raumecke (vgl. Grundriß Kap. 2,5, Raum links unten).
- Zeichnen des Raum- und in ihm des Schrankgrundrisses im gleichen Maßstab (hier 1 : 66$^1/_3$). Festlegen der Grundrißbildebene *GB*. Bestimmen des Standpunktes *S* in angemessenem Abstand von der Grundrißbildebene *GB*.
- Einzeichnen des Raumaufrisses über dem Grundriß unter Angabe der Nischentiefen von Fenster und Tür und des Schrankseitenrisses (gestrichelt). Festlegen der Aufrißbildebene *AB* und des Horizontes.
- Ziehen der Parallelen zu den im Grundriß festgelegten Raumbegrenzungen durch den Standpunkt *S* (gestrichelte Linien). Im Schnittpunkt dieser Linien mit der Grundrißbildebene *GB* Errichten der Senkrechten. Bestimmen der Fluchtpunkte F_1 und F_2 im Schnittpunkt dieser Senkrechten mit dem Horizont.
- Verbinden der Raum-, Fenster-, Tür- und Schrankbegrenzungen im Grundriß durch Sehstrahlen mit dem Standpunkt *S* (vgl. Pfeilrichtung).
- Errichten senkrechter Konstruktionslinien in den Schnittpunkten der Sehstrahlen mit der Grundrißbildebene *GB* (vgl. Pfeilrichtung).
- Verbinden der Raumecken, Schrank- und Türbegrenzungen der linken Wand im Aufriß mit dem Fluchtpunkt F_2, der Raumecken und Türbegrenzungen der rechten Wand mit dem Fluchtpunkt F_1 (vgl. Pfeilrichtung).
- Bestimmen der Schnittpunkte von senkrechten Konstruktionslinien und Fluchtlinien.
- Festlegen der Wand-, Fenster-, Tür- und Schrankbegrenzungen durch Verbinden dieser Punkte.
- Anmerkung: Für nicht parallel im Raum stehende Gegenstände müssen neue Fluchtpunkte festgelegt werden.

Neben Räumen lassen sich auch Schriftzüge mit der Zentralperspektive körperhaft darstellen, und zwar sowohl in Frontperspektive mit einem Fluchtpunkt als auch in Übereckperspektive mit zwei Fluchtpunkten.

Soll das Wort MODE in Übereckperspektive körperhaft dargestellt werden, so dient – ähnlich wie bei der Raumperspektive der Grundriß – der gezeichnete Schriftzug als Konstruktionsgrundlage. Die Oberkante des Schriftzuges trägt die Grundlinie *G*. Parallel zu ihr verläuft in beliebiger Höhe der Horizont. Die zu den beiden Fluchtpunkten F_1 und F_2 fliehenden Linien (vgl. Pfeilrichtungen) ergeben das perspektivische Bild des sich verjüngenden Schriftzuges.

Übungen:

1. Stelle verschiedene Räume (vgl. Grundriß Kap. 2.5) in Übereckperspektive dar. Beziehe in die perspektivischen Raumbilder Einrichtungsgegenstände wie Schränke, Tische, Sessel ein.
2. Stelle ein Schaufenster (vgl. Grundriß Kap. 2.12) in Übereckperspektive dar.
3. Stelle Schriftzüge wie CAFE, BÜRO, KINO in Übereckperspektive dar.

2.13

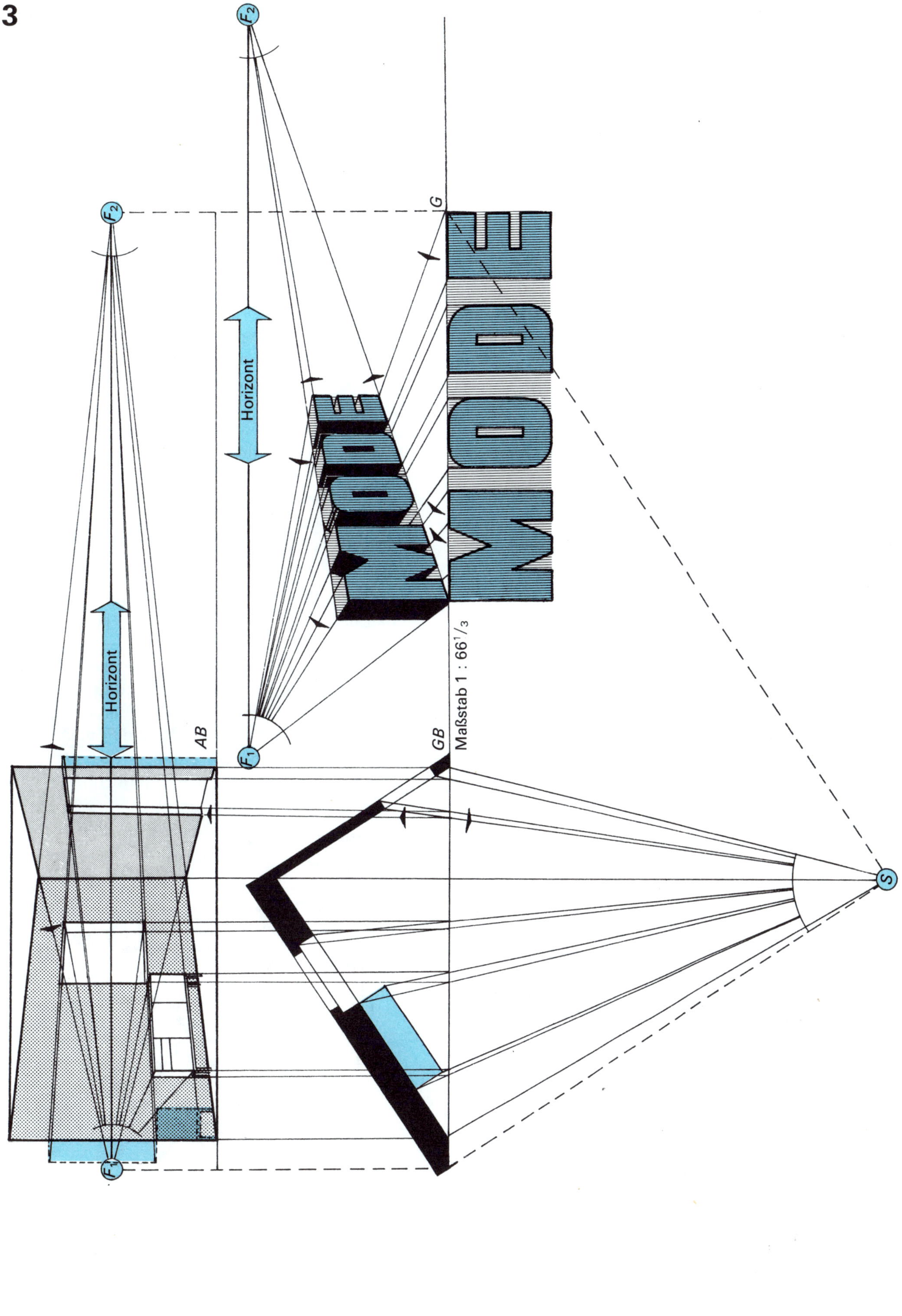

F2
F2
Horizont
Horizont
G
AB
GB
F1
F1
Maßstab 1 : 66 1/3
MODE
MODE
S

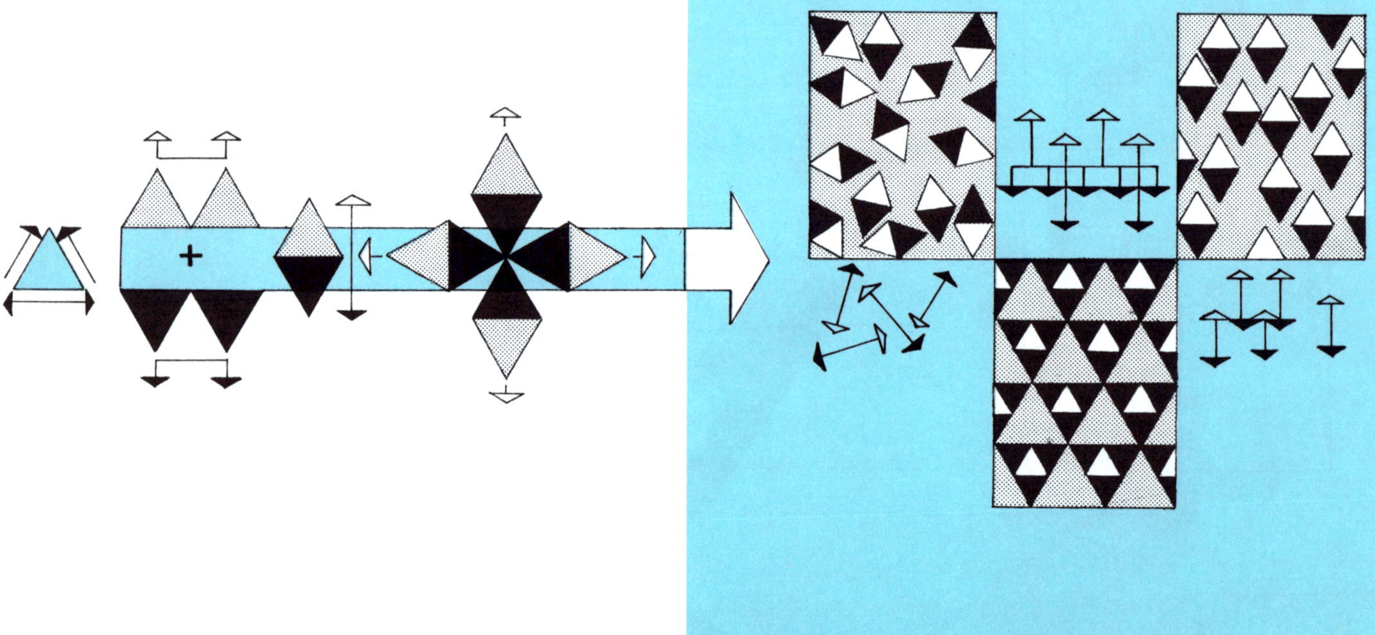

ZEICHNEN

ornamental-dekorativ

Folgt das ornamental-dekorative Zeichnen geometrischen Grundfiguren, so werden auch hier wie beim technisch-konstruktiven Zeichnen die Geräte Schiene, Dreieck, Lineal und Zirkel benutzt.

Wenn es sich dagegen um die Fixierung freier ornamentaler bzw. dekorativer Formen handelt, dann kommt die Freihandzeichnung zur Anwendung. Sie ist in der täglichen Praxis nur selten Endziel im Sinne des selbständigen Werkes. Vielmehr dient sie im Gestaltungsprozeß als Arbeitsunterlage, sei es als flüchtige Eindrucks- oder Ideenskizze, sei es als durchgestalteter Entwurf. So steht die Freihandzeichnung gleichsam als Mittlerin zwischen Idee und Ausführung.

Beim ornamental-dekorativen Zeichnen spielt die exakte Form- und Maßeinhaltung eine wesentlich geringere Rolle als beim technisch-konstruktiven Zeichnen. Oft wird in der Zeichnung die Naturform sogar bewußt verformt, um den bildnerischen Ausdruck zu steigern.

3.1 Von der Notwendigkeit des Schmückens

Es entspricht einem ursprünglichen Verlangen des Menschen, seinen Körper (2), seine Kleidung, sein Gerät, seine Wohnung durch Formen und Farben zu schmücken. Dieses Schmuckbedürfnis ist schon durch einfachste Aufreihung von Fingerabdrücken, Zickzacklinien und Spiralen auf vorgeschichtlichen Tongefäßen dokumentiert. Dabei wird der Nutzeffekt dieser Gegenstände durch das Schmuckwerk weder gesteigert noch gemindert. Das bedeutet in diesem Fall, daß der Schmuck lediglich eine ästhetische Funktion hat, nämlich einen vorhandenen Gegenstand ornamental (lat. ornamentum = Schmuck, Zierde) zu bereichern.

Schmuck dient jedoch nicht nur der Verzierung und Dekoration, er kann auch psychologische, soziologische, ökonomische und informative (3) Bedeutung haben. So soll die Dämonenfratze den Kampfschild (1) des primitiven Kriegers nicht allein schmücken, sondern sie soll vor allem den Gegner abschrecken; das Wappenbild auf dem Schild des Ritters (vgl. Kap. 3.15) hingegen weist auf den Rang des Adeligen in der mittelalterlichen Gesellschaftsordnung hin. Und die vornehme und privilegierte Gesellschaft des 17. und 18. Jahrhunderts hebt sich durch luxuriöse Schmuckentfaltung deutlich sichtbar von den niedrigeren Gesellschaftsschichten ab.

Die Hersteller von Gebrauchs- und Luxusgütern passen ihre Erzeugnisse, wenn Produktion und Umsatz gesteigert werden sollen, den Wünschen der Verbraucher nach farbiger und formaler Gestaltung an. Besonders in der Bekleidungsbranche, die ja stark auf das menschliche Schmuckbedürfnis ausgerichtet ist, wird die Tendenz zum raschen modischen Wechsel von Schnitt, Farbe und Muster erkennbar. Der ständige Wechsel erweckt immer aufs neue Kaufwünsche, auch wenn der notwendige Bedarf bereits gedeckt ist.

Das Streben, die Gegenstände der Umwelt über das bloß Zweckmäßige hinaus schmückend auszustatten, läßt sich beispielhaft an Bauwerken aller Stilepochen verdeutlichen.

So ist der griechisch-dorische Tempel (4) mehr als nur ein Gehäuse, das das Bild der Gottheit schützend birgt. Die die Cella umgebenden Säulen, technisch als Stützen des lastenden Gebälks notwendig, sind künstlerisch Verzierung und Bereicherung der Architektur. Zu seinem schmückenden Sinn gewinnt der Säulenkranz eine inhaltliche Bedeutung: Wie Wächter umstehen die aufgereihten Säulen das Allerheiligste und trennen Innenraum und Außenraum voneinander.

Um allein den technischen Zweck zu erfüllen, genügt eine schmucklose Stütze, die ohne jede Überleitung die horizontal lagernde Last abfängt, trägt und ableitet (Abb. 4, links) (A = Last, B = Ableitung).

Der griechische Baumeister, begabt mit dem Verständnis für die Harmonie der Formen, schuf durch Einschaltung des weit ausladenden Kapitells zwischen aktive Stütze und passive Last eine funktional organische und ästhetisch harmonische Kräfteableitung (Abb. 4, rechts).

Das Kapitell, bestehend aus runder Wulstplatte und eckiger Deckplatte, bildet einen lebendig gegliederten Übergang vom Rund der Säule zum Rechteck des Gebälks. Der Säulenschaft, nach oben konisch zulaufend und in der Mitte mit einer kaum merklichen Schwellung versehen, wird durch senkrechte Kanneluren zusätzlich geschmückt. Diese betonte Vertikaltendenz wiederholt sich in den mit den Metopen wechselnden Triglyphen (siehe stilkundliche Begriffe Kap. 6.14). Der reiche, farbig gefaßte Figurenschmuck in Metopen und Giebelfeldern stellt eine sichtbare Beziehung des antiken Menschen zu seiner Götterwelt her. Dieser religiöse Bezug des Schmückens, der weitgehend für die Kunst der Antike gilt, ist auch bezeichnend für die gesamte christliche Kunst des Mittelalters und der Neuzeit.

3.1

(1) Verzierter Kampfschild, Neuguinea

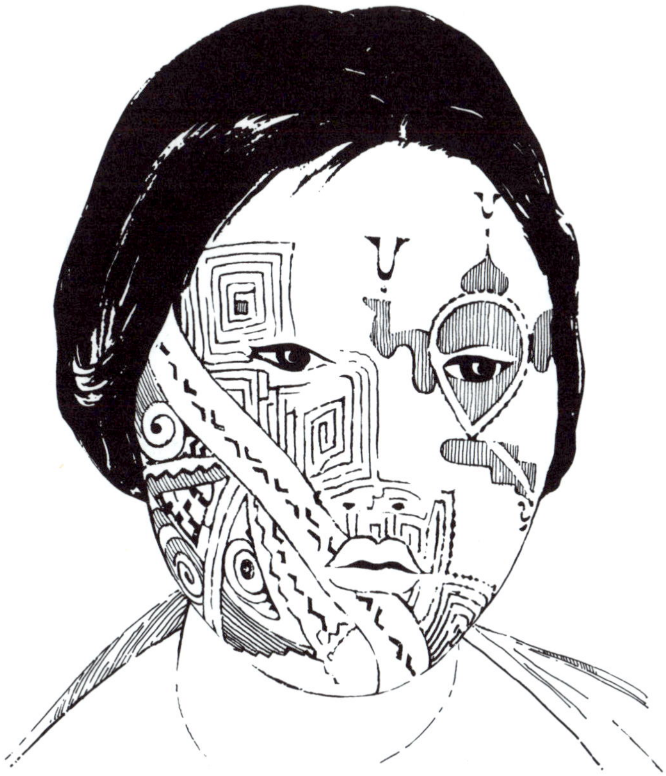

(2) Indianerfrau aus dem Amazonasgebiet mit Gesichtsbemalung (nach Boggiani)

(3) Ornamentale Inschriftenstele, Maya (nach Morley)

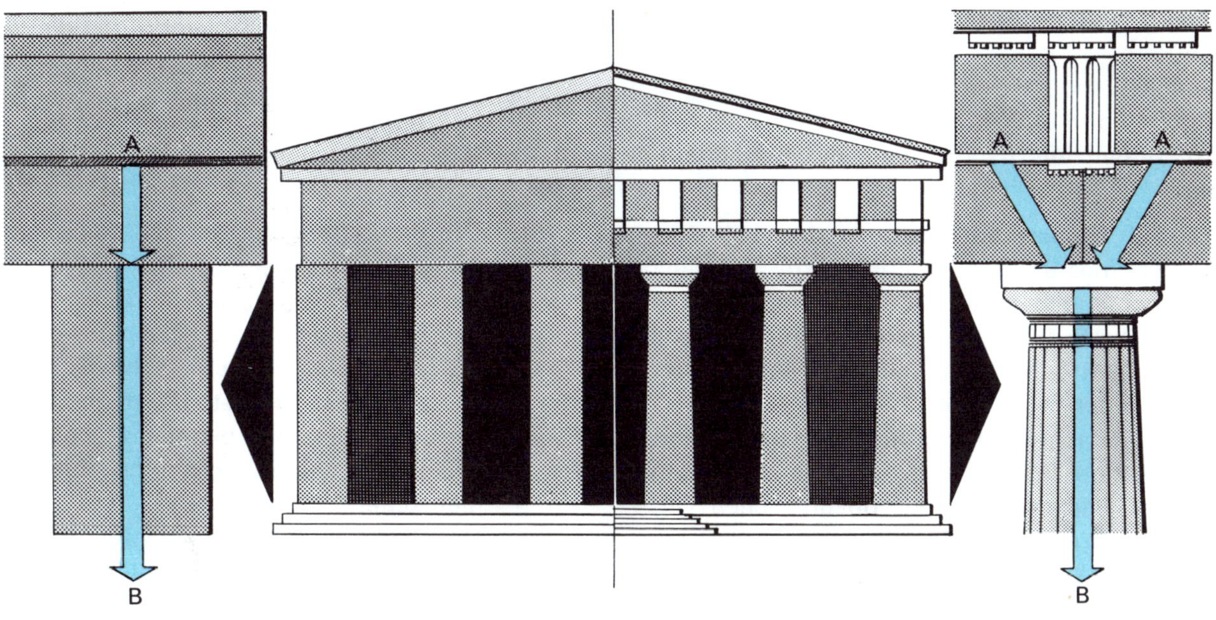

(4) Giebelseite des Zeustempel, Olympia, um 480 v. Chr.

3.2 Punkt, Tupfen, Strich als Ornamentelemente

Zu den einfachsten, aber unentbehrlichen Ornamentelementen gehören Punkt, Tupfen und Strich. Aufgereihte Punkte verdichten sich bei kleiner werdenden Abständen optisch zur Linie und beim Weglassen der Zwischenräume zum zusammenhängenden Strich. Der gerade und gebogene Strich wird durch die systematische Anordnung zum ornamentalen Fries oder Flächenmuster und durch den Wechsel in der Ausdehnung, Richtung und Form zum geschriebenen Buchstaben.

Beim Anwenden dieser Elemente im ornamentalen Gestalten ist auf die Strichführung und die Anordnung zu achten. So kann die Form durch die unterschiedliche Punktgröße oder Strichstärke zart und sensibel, klar und kraftvoll, nervös und unruhig sein. Während die waagerecht angeordnete Form Ruhe vermittelt, strahlt die senkrechte Aktivität aus. Werden die Punktelemente in Zick-Zack-Form geordnet (3), so wird durch die Eckbetonung Strenge und Härte ausgedrückt. Rhythmische und lebendige Bewegung geben die in Wellenform aufgereihten Punkte (4) wieder.

Punkte, Tupfen und Striche ergeben bei gleichen Abständen durch einfache Reihung Fries- und Flächenmuster, die in den Abständen, der Größe und Farbe vielfach verändert werden können. Man unterscheidet:

- die ein- und mehrreihige gradlinige und bewegte Form,
- die regelmäßige und unregelmäßige Aufteilung hinsichtlich Form und Abstand,
- Mischungen aus der Reihen- und Flächenaufteilung.

Punkt und Tupfen lassen sich in der Reihung zur Kette, zum Fries und zum Flächenmuster verbinden:

(1) Die richtungsbetonte, einfache Reihung mit gleichen Abständen. Die gleichmäßig-monotone Wirkung kann durch veränderte Abstände aufgehoben werden.

(2) Die mehrfache Reihung mit gleichen Abständen. Bei weiterer Wiederholung wird sie zum Flächenmuster, das mit Hilfe des quadratischen Gitternetzes hergestellt wird.

(3) Die dreieckige einfache Reihung als Zick-Zack-Muster.

(4) Die gewellte einfache und mehrfache Reihung.

(5) Das unregelmäßige fries- und flächenartige Streumuster. Wenn auch bei diesem Beispiel durch die sich vergrößernden Abstände von Punkt zu Punkt eine strukturelle Auflockerung erreicht wird, so sollte doch im allgemeinen auf optische Ausgeglichenheit in der Punkt-Verteilung geachtet werden.

(6) Die regelmäßigen unbegrenzten (Flächenmuster) und begrenzten (Füllungen) Aufteilungen mit Netzkonstruktion. Farbige Gliederungen der Fläche und Füllung setzen neue gestalterische Akzente.

(7) Die Wandbelebung mit versetztem Punktmuster. Durch geometrische Farbunterlage in Quadratform erhält die punktförmig belebte Fläche eine Gliederung, die zwischen Gesamtfläche und Punkt vermittelt. Gute Bindungsmöglichkeiten der aufgereihten Punkte schaffen farbige Streifen, die senkrecht oder waagerecht angeordnet sind.

Der Strich in der geraden Form kann ähnlich angewandt werden wie Punkt oder Tupfen, doch ist er in seiner Beweglichkeit eingeschränkt. Allerdings ergibt das Kreuzen mehrerer Striche kreuz- und sternförmige Muster, deren Wirkung sich verändern läßt. Der Strich als Ausgangsform führt in der Reihung zur Kette, zum Fries oder zum Flächenmuster:

(1) Die aufgereihte Strichlinie mit gleichen Abständen und betonter Richtungstendenz.

(2) Die zwei- und mehrfach aufgereihte Strichlinie mit gleichen Abständen. Sie wird durch das Anbauen der Strichelemente nach oben und unten zum Flächenmuster. Durch Übereinanderordnen in gleichen Abständen entstehen vertikale Streifen, die der horizontalen Grundrichtung weitgehend entgegenwirken.

(3) Die mehrfache, im Versatz geordnete Strichlinie. Der Bewegungsfluß bleibt durch die wechselnde Gliederung der Strichlinien erhalten.

(4) Die waagerechte und senkrechte Strichanordnung im Quadrat. Durch wechselnde Gliederung der Strichquadrate können Flächenmuster gebildet werden.

(5) Die Striche in gegensätzlich diagonaler und einseitig diagonaler Anordnung. Bei Flächenmustern ist auf geometrisch-optische Täuschungen zu achten (vgl. Kap. 3.9). Je nach Strichlage können die gleichen Breiten unterschiedlich erscheinen.

(6) Die aus kreuz- und sternförmigen Elementen mit Netzkonstruktion gebildeten Flächenmuster. Eine Gliederung wird durch farbige Aufteilung in geometrischer Form erreicht.

(7) Die Wand- und Flächenbelebung mit im Versatz angeordneten Strichelementen und diagonalen Kreuzmustern. Farbige Streifen gliedern die Fläche und geben ihr eine senkrechte oder waagerechte Richtungstendenz.

3.2

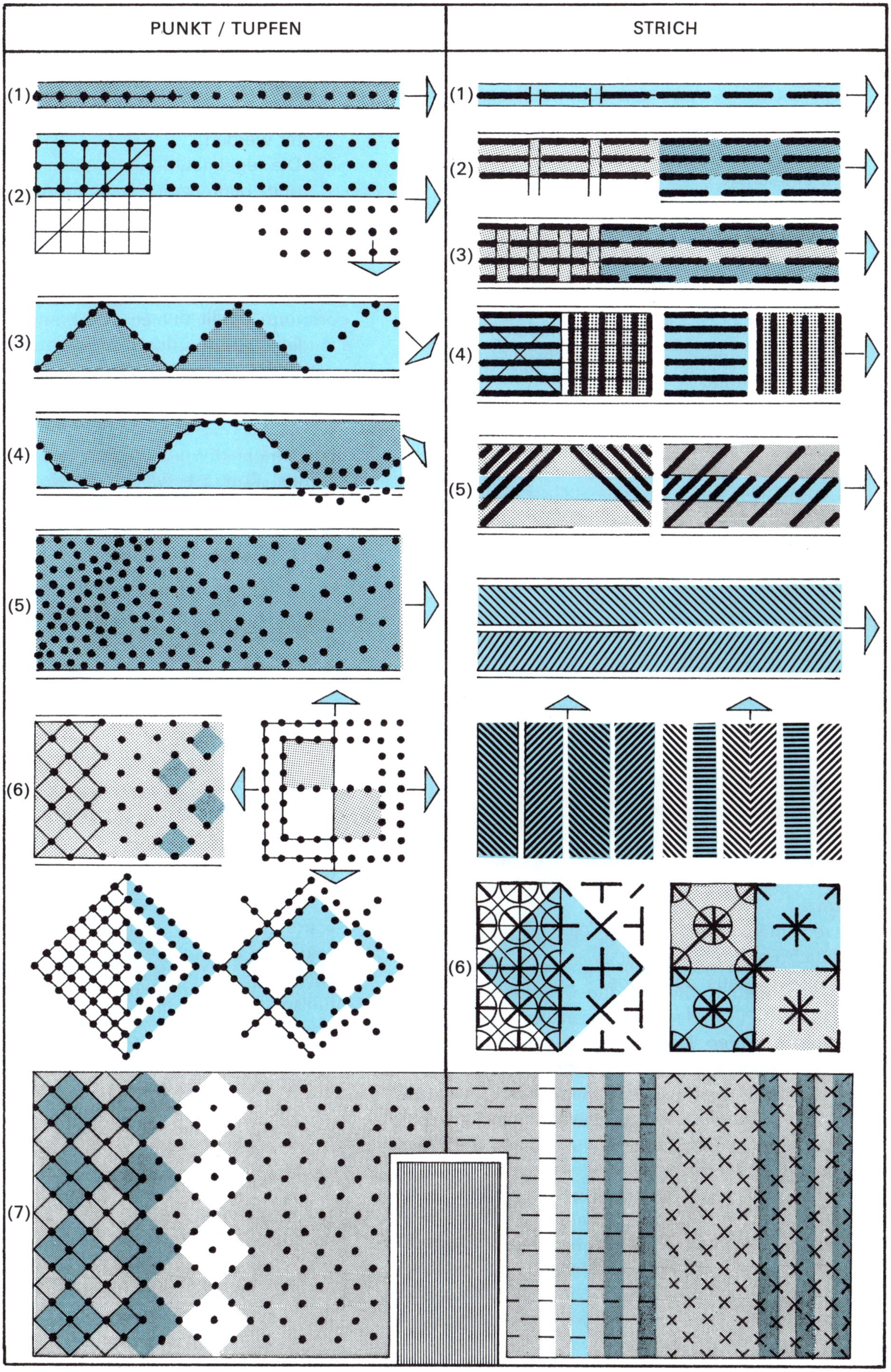

Übungen:

1. Entwirf aus den Grundformen Punkt und Strich Ketten, Fries- und Flächenmuster.
2. Fülle mit Redisfeder oder Spitzpinsel rechteckige Flächen auf Papier mit gleichmäßig oder ungleichmäßig angeordneten Punkten oder Strichen aus. Durch größere oder kleinere Abstände ergeben sich verschieden dichte Strukturen.
3. Gestalte eine große Platte oder Wandfläche mit einem Punkt- oder Strichmuster in Schablonentechnik. Gliedere die Fläche vorher durch geometrische Formen.

3.3 Linie als Gestaltungselement für Fries und Fläche

Werden Punkt oder Strich lückenlos aneinandergereiht, so entsteht die Linie. Sie gehört zu den Grundelementen des Gestaltens, da sie durch ihre Form (gerade, gebrochen, gebogen) und ihre Lage (senkrecht, waagerecht, schräg) Ausdrucksmöglichkeiten schafft, die formbildend sind. Die zeichnerische Formbildung, d. h. das Sichtbarmachen einer geometrischen Form oder eines Gegenstandes, besteht im allgemeinen im Eingrenzen einer Fläche, die in ihren Verhältnissen der abzubildenden Form entspricht. Diese kann zwei oder mehr Richtungskontraste haben, die bei geometrischen wie bei freien Motiven als Kompositionslinien erscheinen.

Eine besondere Aufgabe bei der Formgestaltung durch die Linie erfüllen ‚Schwung und Gegenschwung' sowie ‚eckig und rund'. Im allgemeinen verlangt eine geschwungene Linie die schwungvolle Gegenlinie. Ist dieser Ausgleich nicht vorhanden, so entsteht eine einseitige Richtungstendenz.

Weist die geschwungene oder gebogene Linie nach oben, so entspricht die Lage dem ‚steigenden Bogen'. Bei nach unten weisender Tendenz entsteht der ‚hängende Bogen', der an Girlanden oder Draperien erinnert.

Wird eine Form, ein Fries oder Flächenmuster durch runde und eckige (gebrochene) Linien geprägt, so kann durch den hierbei entstehenden Gegensatz die Wirkung gesteigert werden. Voraussetzung ist allerdings ein ausgeglichener Wechsel von beiden Kontrasten, da sonst das harmonische Gleichgewicht gestört wird. Beim Gestalten mit geraden, gebogenen und geschwungenen sowie mit eckiggebrochenen Linien ist außerdem der Gegensatz ‚breit und schmal' zu berücksichtigen.

Zu den Darstellungen:

Die gerade Linie als Einzellinie verliert ihre teilende Eigenschaft durch die zwei- oder mehrfache parallele Wiederholung. Bei gleicher Linienbreite, gleichem Abstand und ständiger Wiederholung ist das Ergebnis ermüdende Eintönigkeit. Sie wird durch Breiten-, Abstands- und Farbwechsel vermieden. Je nach Anordnung der schmalen und breiten Linien zum friesartigen Streifenbündel entstehen einseitige oder mittelbetonte Schwerpunkte.

Bei der Darstellung ‚Gerade Linie — Band' ist die schmalste Linie oben angeordnet. Umgekehrt geht die optische Harmonie verloren. Sie kann über den Hell-Dunkel-Kontrast wieder hergestellt werden. Durch mehrere Streifenbündel aus unterschiedlichen Linienbreiten entsteht ein lineares Flächenmuster, das durch den Farbwechsel straff gegliedert wird.

Der Bogen, geometrisch: Teil einer gekrümmten Linie, überspannt als Architektur-Teil Öffnungen wie Tür oder Fenster. Der nach oben gerichtete Flach- oder Rundbogen drückt in seiner steigenden Tendenz Spannkraft und elastischen Widerstand aus. Wird der Bogen in überkreuzter Folge aneinandergereiht, so entsteht der Rundbogenfries, der an und in romanischen Bauwerken sowie Malereien eine schmückende Aufgabe hat. Durch Aufreihung von Rundbogenfriesen in versetzter Form ergibt sich ein schuppenförmiges Flächenmuster.

Im Gegensatz zum steigenden Bogen wirkt bei der durchhängenden Linie, dem fallenden Bogen, die abwärts gerichtete Tendenz. Obwohl die nach unten zeigende Bogenlinie in Größe und Spannkraft der nach oben gerichteten entspricht, verändern sich gefühlsmäßig die an den Bogenenden wirksamen Spannungskräfte. Während sie beim steigenden Bogen nach oben drängen, entsteht in der nach unten gerichteten Form mehr der Eindruck des Haltens und des Aufhängens. Bei der Dekoration werden, um einen beschwingten und festlichen Eindruck zu vermitteln, Girlanden aufgehängt und Stoffe in der nach unten gerichteten Bogenlinie drapiert.

Die Wellenlinie mit gleicher Schwingungsweite teilt die von ihr durchflossene Fläche in gleichgroße Felder, die in ihrer wechselnden Folge zum Fries werden. Die doppelte, sich überschneidende Wellenlinie wird zum Wellenband. Durch die gegensätzliche Aufreihung der Wellenlinie entsteht ein stark bewegtes dynamisches Flächenmuster.

3.3

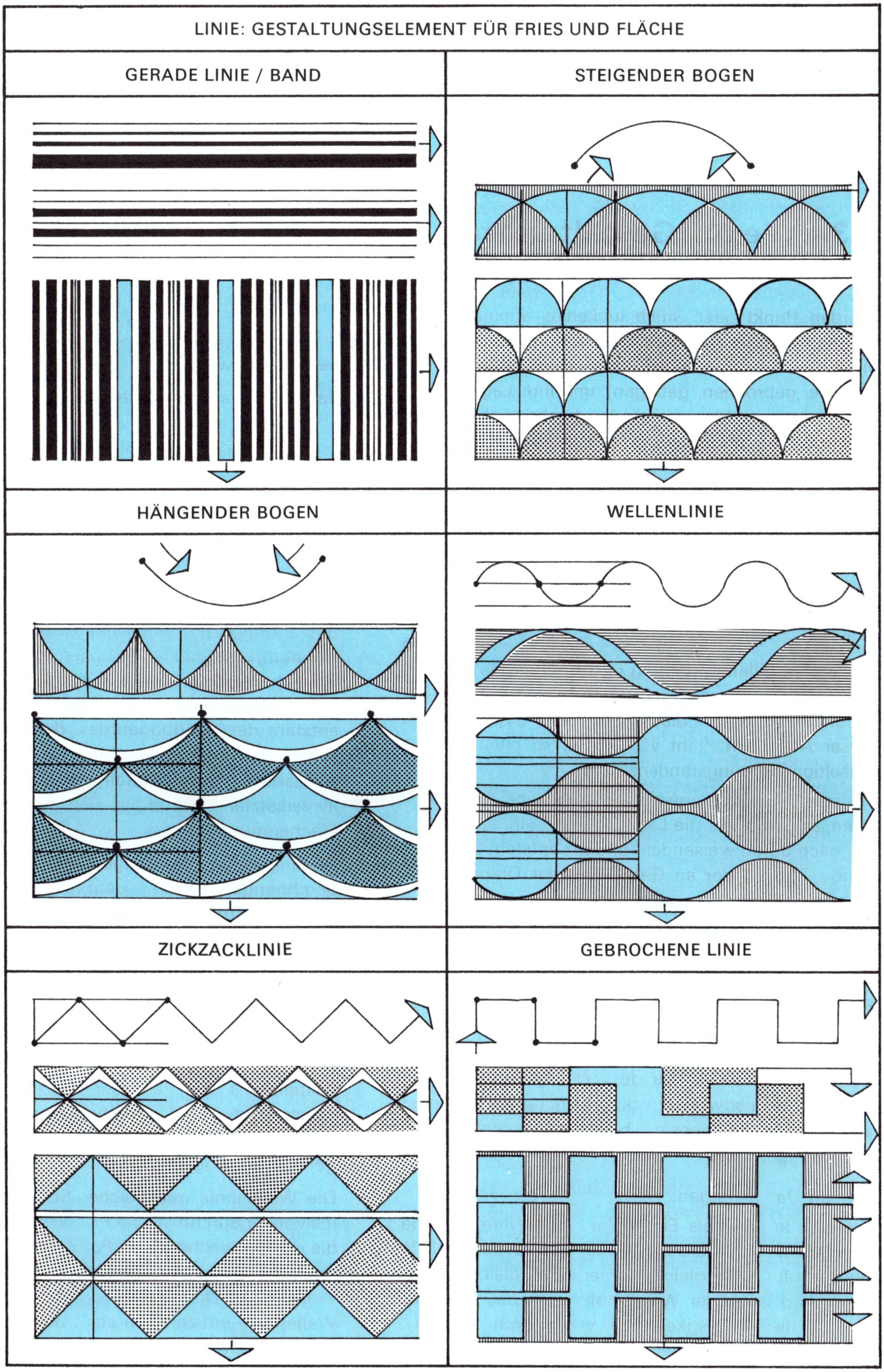
LINIE: GESTALTUNGSELEMENT FÜR FRIES UND FLÄCHE
GERADE LINIE / BAND
STEIGENDER BOGEN
HÄNGENDER BOGEN
WELLENLINIE
ZICKZACKLINIE
GEBROCHENE LINIE

Die im gleichen Winkel gebrochene gerade Linie wird zur Zickzacklinie, die durch sich wiederholende Eckbildung den fließenden und rhythmischen Bewegungsablauf verliert. Werden Zickzacklinien mit unterschiedlich großen Winkeln im gleichen Punkt gekreuzt, so entsteht ein Fries, dessen Innenraum aus dem auf der Spitze gestellten Quadrat und der Raute gebildet wird. Aus untereinander geordneten Zickzackfriesen, die durch schmale Linien voneinander getrennt sind, ergibt sich ein Flächenmuster aus Dreiecken.

Die eckig gebrochene gerade Linie entspricht in der Grundtendenz dem Mäander. Durch zwei eckig gebrochene Linien wird ein Fries mit unterschiedlich großen und verschiedenartigen Flächen gebildet. Werden gebrochene Linien gegensätzlich untereinander aufgereiht, so entsteht ein Flächenmuster, das durch die farbige Aufteilung aus Rechtecken besteht.

Übungen:

1. Ziehe auf einer großen Tafel oder Wand Streifenbündel mit Mittel- und Seitenbetonung. Beachte hierbei, daß die breiteste Linie den hellsten Farbton erhält.
2. Gliedere eine Fläche durch unterschiedlich breite Linien und Abstände auf. Klebe die Zwischenräume mit Tesakrepp- oder Tesadurstreifen ab. Die aufgetragene plastische Masse ist durch Stupfen oder teilweises Kämmen der breiten Linien in der Gegenrichtung zu modellieren.
3. Entwirf Friese und Flächenmuster aus Wellenlinie, Zickzacklinie oder gebrochener Linie. Teile die Einzelflächen gleichmäßig und harmonisch auf.

3.4 Einfache Grundformen

Wenn auch die Schmuckformen im Wandel der Zeit ihr Aussehen vielfach verändert haben, so sind doch ihre wesentlichen Gestaltungsgesetze der einfachen und rhythmischen Reihung, der Richtungsbetonung und der Kontrastbildung geblieben. Gleichfalls unverändert sind die Grund- oder Urformen und deren für Ornament und Muster wichtige Eigengesetzlichkeit.

Die einfachen Grundformen wie Gerade, Viereck und Kreis können durch Kontraste ihre ursprüngliche Gestalt wandeln. Das bedeutet: Obwohl z. B. Punkt, Tupfen und Ring der Form des Kreises entspringen, tritt durch den Gegensatz ‚groß-klein' und ‚breit-schmal' eine Veränderung ein. So wird der Kreis durch die flächenhafte Farbanlage zum Punkt und durch Verbreitern der Kreislinie zum Ring. Durch Verkleinern der punktförmigen Fläche entsteht der Tupfen. Diese formverändernden Kontraste sind ebenfalls bei den geometrischen und linienförmigen Grundelementen vorhanden. Wird beim diagonal geteilten Quadrat oder Rechteck der Hell-Dunkel-Kontrast wirksam, so wird das Quadrat optisch in zwei Dreiecke zerlegt. Dadurch verliert die Ausgangsform einerseits ihre ruhende, breitgelagerte Tendenz und gewinnt andererseits eine betont diagonale Richtung. Die Welle gibt ein Beispiel für die veränderte Form durch den Kontrast ‚rund-spitz'. Das gleichmäßig schwingende Auf und Ab geht beim spitzen Ausklang verloren. Der in der Spitze endende Bogen muß aus dem Tiefpunkt herausgeführt werden, um eine nur aus Wellenbergen bestehende Linie zu erhalten.

Aus den aus Kreis, Viereck und Linie gebildeten Grundformen lassen sich durch eingliedriges, doppeltes und mehrfaches Anordnen ketten-, fries- oder flächenartige Gebilde schaffen. Während die Kette durch die einmalige Aufreihung der Grundform oder durch die einfache Linie entsteht, bewirkt ihre Verdoppelung das Band oder den Fries. Je nach der in der Grundform vorhandenen Eigengesetzlichkeit wird die Bewegungsrichtung ausgelöst. So entsteht bei der Aufreihung von Dreiecken, jedoch nicht bei Quadraten, eine nur in eine Richtung weisende Tendenz. Diese Richtungsbetonung muß bei der gestalterischen Arbeit berücksichtigt werden, da sich das Flächenmuster im Verhältnis zu Kette und Fries nach allen vier Richtungen hin gleichmäßig ausdehnt, soweit es sich nicht aus richtungsbetonten Linien aufbaut (siehe Flächenmuster aus Wellen).

Für den Entwurf von Flächenmustern empfiehlt sich als Hilfsmittel die Anlage eines Gitternetzes, damit die Ausgangsform ohne Schwierigkeit nach allen Seiten gleichmäßig angebaut werden kann (siehe hierzu Flächenmuster Punkt und Tupfen).

Übungen:

Entwickle aus den dargestellten geometrischen und linearen Grundformen durch einfache und rhythmische Reihung Ketten, Friese und Flächenmuster für eine Formensammlung. Berücksichtige folgende Regeln (siehe hierzu Beispiel Punkt):

- Aufreihung mit gleichen Abständen
- Aufreihung mit veränderten Abständen
- Aufreihung ineinander geschobener Formen, wobei sich die Abstände im rhythmischen Wechsel ändern
- Aufreihung der größenmäßig veränderten Grundform im regelmäßigen Wechsel mit gleichen Abständen
- Aufreihung der unterschiedlich großen Grundform, z. B. eine große und drei kleine Punkte mit gleichen Abständen
- Aufreihung mit Versatz der Grundform
- Aufreihung mit einem Gitternetz zum Flächenmuster

3.4

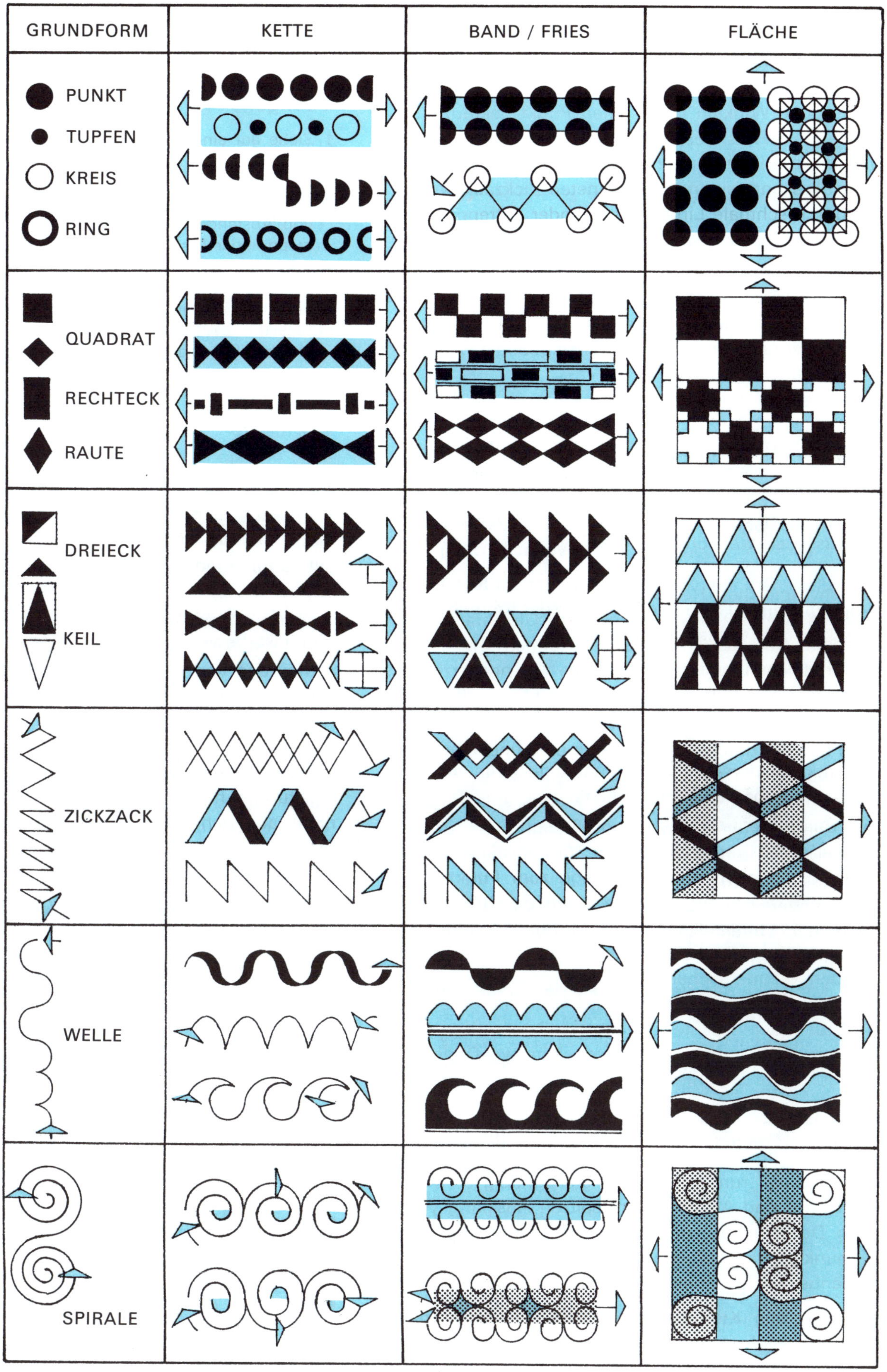
GRUNDFORM
KETTE
BAND / FRIES
FLÄCHE
PUNKT
TUPFEN
KREIS
RING
QUADRAT
RECHTECK
RAUTE
DREIECK
KEIL
ZICKZACK
WELLE
SPIRALE

3.5 Sinnbilder und zusammengesetzte Formen

Neben den Ur- oder Grundformen, die durch einfache und rhythmische Aufreihung und Verbindung gerader und gebogener Linien zur Kette, zum Fries oder zum Flächenmuster werden, sind aus geschichtlicher Zeit mannigfaltige Formen mit sinnbildlichem Inhalt überliefert. Im kirchlichen und weltlichen Bereich werden zahlreiche Sinnbilder mit symbolischen Inhalten und werblichen Aufgaben angewendet. Motive mit sakralem Inhalt sind Kreuz, Kelch, Anker, Leuchter, Herz, Weintraube und Taube (vgl. Kap. 7.5). Auch in Handwerk, Handel und Industrie haben überlieferte oder neu gebildete Zeichen eine charakterisierende Aufgabe. Hierzu dienen vorwiegend Werkzeug-, Werkstoff- und Tätigkeitsabbildungen in Verbindung mit Schrift und Ornament. Kennzeichnende Motive weisen auf Gefahren (Hochspannung), Verkehrsverhalten (Vorfahrt) oder Transport (Vorsicht Glas) hin.

Alle diese Ornamentformen mit symbolhaftem Inhalt sind nur sinnvoll zu benutzen, wenn der Betrachter sie erfassen und verstehen kann.

Bekannte strahlenförmige Motive sind Stern, Kreuz, Rose, Rosette und Sonne. Sie werden konstruiert, indem die jeweiligen Grundelemente um den Mittelpunkt herum wiederholt werden. Die Anordnung in gleichen Abständen wird mit dem Kreis durch vier- bis sechzehnfache Teilung hergestellt.

Das vielstrahlige Sternzeichen, Symbol der Geburt (Anzeigen, Grabsteine), des Glückes (Spiel), des Ruhmes (Orden), des Schutzes (Hauszeichen) und der Hinweisung (Landkarten), wird durch Erweiterung der Linien über die Grundform hinaus zur Schmuckform.

Das Kreuz, in Assyrien Sinnbild der Sonne und in Ägypten Symbol der Unsterblichkeit, unterlag einem Bedeutungswandel. In christlicher Zeit wurde das heidnisch-griechische Kreuz durch Verlagerung des waagerechten Mittelbalkens nach oben in der Form verändert. Es entstand das Lateinische oder Passions-Kreuz. Das mittelachsige Wieder-Kreuz hat an allen Enden der Balken kurze Querarme. Wird das Kreuz durch den Kreisring eingefaßt, so entsteht das Rad-Kreuz, als Weihezeichen auf Grabplatten und als Sonnenrad auf Türstürzen angewandt. In der Heraldik gibt es das mit schwungvollen Endungen versehene Lilien-Kreuz. Eine von der Grundform des Balken-Kreuzes abweichende Form hat das Wecken-Kreuz mit den in der Mitte spitz anstoßenden Rauten. In der Heraldik (Kap. 3.15) unterteilt man die zahlreich vorkommenden Kreuzformen in ‚Heroldsbilder' (Pranken-, Ständer-, Krücken-, Faden-, Knoten-, Andreas- und gekerbtes Kreuz) und ‚Gemeine Figuren' (Petrus-, Antonius-, Steck-, Jerusalem-, Sparren-, Anker- und Lothringer Kreuz).

Die Rose, Symbol der Jugend, Schönheit, Anmut, Liebe und Freude, ist ebenso wie die Rosette aus einem stilisierten Blütenstern entwickelt. Beide gehören zu den ältesten und immer wieder verwendeten Motiven in Architektur (Relief) und Malerei. Als großes kreisförmiges Fenster mit reichem Maßwerk und farbiger Glasmalerei gefüllt, schmückt die Fensterrose romanische und gotische Bauwerke.

Die Sonne, bei vielen Naturvölkern (Jägern, Nomaden) und auch von Hochkulturen (Ägypten, Peru) als göttliches Wesen verehrt, ist Vorbild für das ornamentale Sonnenrad und den Sonnenwirbel. Beide werden oft auf die Zahl der Monate oder Tagesstunden bezogen. Wie groß und einmalig die Symbolkraft einer Form ist, beweist die mit ausgebreiteten Falkenflügeln versehene Sonnenscheibe. Sie wurde durch die stete Anwendung über lange Zeit hinweg zum geläufigsten und bedeutendsten Symbol der ägyptischen Religion.

Zu den geschichtlich überlieferten und in den verschiedenen Stilepochen immer wieder verwendeten zusammengesetzten Grundformen gehören Kette, Schnur, Zahnschnitt, Zinne, Mäander, Netz, Gitter, Schuppe und Flechtwerk. Sie entstehen durch das Aufreihen und Verbinden von geschlossenen oder geöffneten kreisrunden, elliptischen, quadratischen, rechteckigen oder vieleckigen Ausgangsformen.

Vorbild für die zeichnerische Darstellung von Kette und Schnur ist die aus runden oder rechteckigen Gliedern zusammengefügte Kette, die mehrfädig gedrehte Kordel oder die zweifädig geflochtene Schnur. Durch das Verbinden von gleich ausgebildeten Formen entstehen ketten- oder friesartige Bänder.

Pfeilerartige, aufgereihte Aufbauten in rechteckiger oder rundbogiger Form auf Mauern hatten die Aufgabe zu schützen (Festungsbauten) oder zu schmücken (Bauornament).

Diese Zinnen – in der Aufreihung auch Zinnenkranz genannt – waren im alten Orient meist abgetreppt (Stufenzinne). Während die römische und auch die mittelalterliche Zinne in der Regel eine Rechteckform hatte, war die ägyptische Zinne in Form des Schwalbenschwanzes und die indisch-islamische in Form

3.5

STERN
KREUZ
ROSE / ROSETTE / SONNE
KETTE / SCHNUR
ZAHNSCHNITT / ZINNE
MÄANDER
NETZ / GITTER
SCHUPPEN
FLECHTWERK
RANKE

eines Kielbogens konstruiert. Die Zinnenfriese lassen sich durch gegensätzliches Anbauen nach oben und unten zum Flächenmuster ergänzen.

Das bandartige, aus regelmäßig rechtwinklig gebrochenen Linien gebildete Mäandermuster ist zwar schon in der Alt- und Jungsteinzeit nachweisbar, aber erst in der geometrischen Kunst Griechenlands durch Bereicherung der Grundform zur Vollendung gelangt. Auch beim Mäander ist eine Erweiterung zum Flächenmuster möglich.

Im rechten Winkel oder diagonal verknüpfte Fäden mit unterschiedlich großen Maschen sind Vorbild für die Netzkonstruktion. Mit ihr lassen sich Muster in Form von Bändern oder Friesen (Aneinanderreihung), Füllungen (begrenzte Ausbreitung) und Flächen (unbegrenzte Ausbreitung) herstellen. Neben den aus gleichgroßen Maschen des Netzes gebildeten Mustern entstehen durch den Wechsel von kleiner und großer (Verdoppelung der kleinen) Masche rhythmische Flächenmotive. Durch Zusammenfassen mehrerer Maschen ergeben sich diagonalgestellte Stabmuster oder Rautenbänder.

Das Schuppenmotiv aus aneinandergereihten oder gegensätzlich geordneten Halbkreisen oder flächig angelegten Spitzbögen findet seine Parallele in neben- und untereinander geordneten Dachziegeln. Ihre systematische Anordnung hat, ebenso wie die Gliederung der Schuppen beim Fisch, die Aufgabe, gegen äußere Einflüsse zu schützen. Mit Ausnahme der gegensätzlich gelagerten Schuppen (drittes Motiv der Darstellung Schuppen) weisen Schuppenmotive eine Richtungstendenz auf. Sie ist besonders beim Fisch erkennbar, der andernfalls in seiner Fortbewegung behindert wäre.

Durch Verflechten von pflanzlichen (Gras, Stroh, Palmblätter, Bambusstreifen, Bast, Binsen, Schilf, Weidenruten, Hanf, Flachs) und tierischen (Sehnen, Fell- und Lederstreifen) Stoffen werden Gegenstände des täglichen Bedarfs hergestellt. Nach diesen Flechtvorbildern in Längs-, Quer- und Diagonalrichtung entstanden zunächst einfache Bandornamente, die in der Spätantike zu geometrischen Flechtbändern und Flechtwerkfüllungen vervollkommnet wurden. Eine Weiterentwicklung stellt die langobardische Flechtbandornamentik dar. Reichentwickelte Bandverflechtungen weist auch die irische Buchmalerei und der Dekorationsstil der Wikinger (Osebergschiff) auf.

Zu den beständigsten Ornamentformen gehört das Rankenmotiv, das seit der Antike immer wieder im gestalterischen Bereich angewendet wird. Während aus der kretischen Kunst die frei bewegte Pflanzenranke überliefert ist, wurde die griechische Akanthusranke (siehe Darstellung links) zum Vorbild für spätere Formen. Die gotische Ranke ließ die stark stilisierten Blattformen vielfach aus dem spiralförmig geführten Stengel wachsen (siehe Darstellung mitte). Diese, unter dem Einfluß der Gotik übersteigerte Form der Weinranke wird heute als werbliches Mittel weitgehend vereinfacht (siehe Darstellung rechts). In der islamischen Kunst wurde die Ranke, bedingt durch den Verzicht auf figürliche Darstellungen, zum beherrschenden Dekorationselement, der Arabeske oder Maureske.

Übungen:

1. Beobachte und skizziere Sinnbilder.
2. Vergleiche die durch den Zeiteinfluß entstandene Formveränderung verschiedener Motive, z. B. Ranke, Lebensbaum, Lilie.
3. Zeichne Eigenzeichen von handwerklichen, kaufmännischen und industriellen Organisationen und Unternehmungen.

3.6 Reihung und Rhythmus

Das ornamentale und dekorative Gestalten setzt das Wissen um die Formreihung und den Formwechsel voraus. Mit dem Begriff „Reihe" verbindet sich für den Menschen das Streben nach Ordnung und Form („in einer Reihe aufstellen" oder „in einer Reihe gehen").

Eine Reihe, die aus nebeneinander aufgereihten, in Ruhe verharrenden Personen besteht, ist bewegungsneutral. Die gleiche Gesetzmäßigkeit gilt sinngemäß für die Reihe in geometrischer oder bildhafter Form. Die nach beiden Seiten aufgereihten, aus dem Kreis gebildeten gleichgroßen Punkte verlieren den losen Zusammenhang durch die straffe Bandfassung (1), wodurch die Eigenart des Frieses betont wird. Durch Hinzufügen von friesartig aufgereihten Punkten nach oben und unten entsteht die Flächenmusterung. Sie kann durch Streifen in vertikaler, horizontaler oder kombinierter Anordnung gegliedert werden (1).

Die richtungsbetonte Reihung entsteht dann, wenn die hintereinander aufgereihte Gruppe im gleichen Bewegungsablauf einem Ziel zustrebt (2). Formen mit einer richtungsbetonten Gestalt (Halbkreis, Dreieck)

3.6

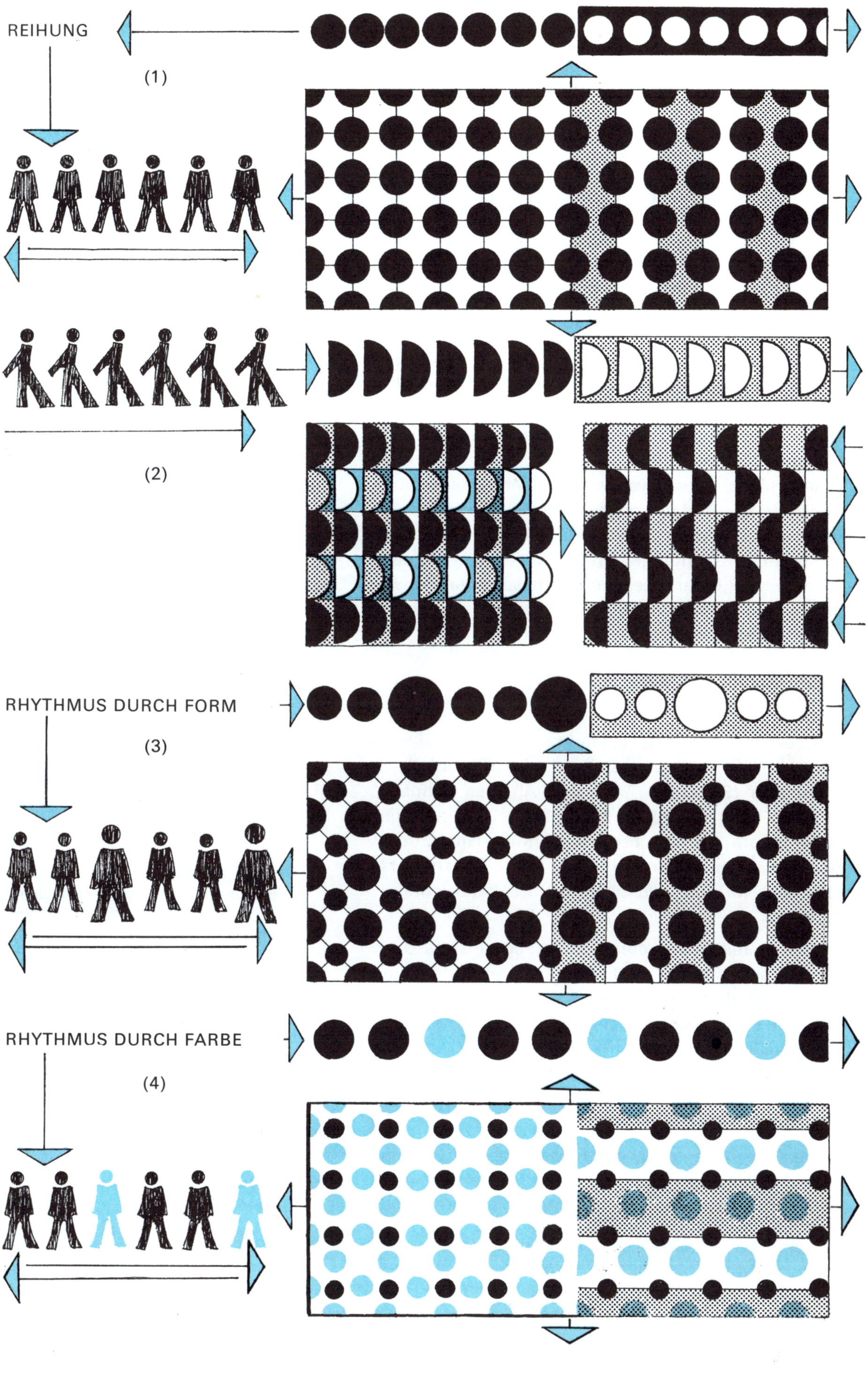

unterliegen bei gleichgerichteter Anordnung ebenfalls dem Bewegungsprinzip (2). Durch das Aufreihen mehrerer aus Halbkreisen gebildeter, in eine Richtung weisender Friese entsteht ein Flächenmuster, das durch senkrechte und waagerechte Bandunterlegung bereichert ist. Andere, gegensätzliche Akzente entstehen in der Flächenmusterung, wenn die Friese in wechselnden Richtungen aufgereiht sind. Werden alle in eine Richtung zeigenden Friese unterlegt, so verjüngt sich optisch das gleichbreite Band jeweils an der gegenüberliegenden Seite (2).

Rhythmus durch Form

Im Gegensatz zum gereihten, monoton wirkenden Fries oder Flächenmuster entsteht durch den Größenwechsel der Ausgangsform eine rhythmisch bewegte Anordnung (3). Dieses ‚Auf und Ab' des Formenwechsels unterliegt keiner festen Regel. So kann die größere Form im Wechsel ‚Groß-Klein-Groß' oder aber an zweiter, dritter und vierter Stelle folgen. Entscheidend für die Häufigkeit ist der beabsichtigte Rhythmus.

Die Formbereicherung durch den Wechsel ist besonders im Flächenmuster erkennbar. Auf dem diagonalen Hilfsnetz sind wechselweise größere und kleinere Punkte zu einem sich nach allen Seiten ausdehnenden Muster geordnet. Durch senkrechte oder waagerechte Streifen erhält die Fläche eine Richtungstendenz (3).

Rhythmus durch Farbe

Während sich bei gleichem Farbton der Rhythmus durch die Größenänderung der Grundform ergibt, wird der Wechsel bei unveränderter Formgröße durch eine zweite Farbe erzielt. Bei der Reihe gleichgroßer Personen wurde jede zweite, dritte oder vierte im festgelegten rhythmischen Wechsel mit einer andersfarbigen Kleidung versehen (4). Gleiche Möglichkeiten bestehen für geometrische und bildliche Motive.

Bei der horizontalen und vertikalen Anordnung des farbigen Punktwechsels entsteht auf dem Quadratnetz ein Flächenornament, das durch Linien und Bänder vielfach verändert werden kann. Der rhythmische Wechsel mit Farbe läßt sich durch Vergrößern oder Verkleinern der Formen beliebig variieren. Sinnvolle Teilungen und Gliederungen geben dem Flächenmuster zusätzlich einen zweckentsprechenden Ausdruck (4).

Übungen:

1. Entwirf Friese und Flächenmuster durch Aufreihen geometrischer Formen. Reihe das Quadrat unter Einhaltung gleicher Abstände auf. Verdoppele den entstandenen Fries durch den Versatz des Quadrates. Erweitere den Fries zum Flächenmuster (Schachbrett).
   Stelle das Quadrat auf die Spitze. Baue diese Ausgangsform zum Fries aus. Das Flächenmuster ist mit einem diagonalen Gitternetz anzufertigen.
   Teile das Quadrat diagonal zum Dreieck und zeichne mit ihm richtungsbetonte Friese und Muster.
2. Verändere die Größe des Quadrates. Skizziere Muster, die den Regeln des Rhythmus durch Form entsprechen.
3. Setze anstelle des Formwechsels eine zweite Farbe ein. Entwirf Muster mit rhythmischem Farbwechsel. Verändere neben der Farbe auch die Größe der Form.
4. Übertrage selbst entworfene Flächenmuster auf Holz, Holzspanplatten oder Putz. Lege die Muster mit geeigneten Werkstoffen in lasierender, deckender und plastischer Technik aus.

3.7 Geometrische Flächenmuster

Die Fläche als geschlossene Einheit eines Objektes (Decke, Wand, Tür, Fußboden, Zeichenkarton, Malleinwand oder Schild) löst bei eintonigem Farbauftrag im Gegensatz zur Dynamik der Linie keinen Bewegungsreiz aus. Erst durch ungleichmäßige, schattierende und in sich verlaufende Farbaufträge oder richtungsbetonte Strukturbelebungen wird die Fläche aus ihrer Ruhe gelöst. Eine weitere Möglichkeit, eine Fläche im Aussehen zu verändern, besteht durch die ein-, zwei- oder mehrmalige Teilung. Die hierbei entstehenden kleineren Flächen vermitteln je nach Größe und Lage neue Eindrücke, die sich unter Umständen – wenn bei der Teilung bestimmte Gesetzmäßigkeiten erfüllt sind – zum ornamentalen Flächenmuster verdichten. Ist eine Fläche ein- oder mehrmals senkrecht, waagerecht oder senkrecht und waagerecht geteilt, so liegt eine Flächengliederung, kein Flächenmuster vor.

Um den ornamentalen Flächencharakter sichtbar zu machen, sind die jeweiligen Ausgangselemente geometrischer oder allgemeiner Art (Mensch, Tier, Pflanze oder Gegenstand) nach den Regeln von Reihung und Rhythmus in waagerechter und senkrechter oder diagonaler Richtung zu ordnen. Neben diesen grundsätzlichen Möglichkeiten der einfachen und wechselnden Formaufreihung von oben nach unten, von links nach rechts (1) oder von links oben nach rechts unten (2) kann das Ausgangsmotiv in der wiederholenden Phase in sich die Richtung ändern. Wird beispielsweise ein waagerecht und senkrecht geordnetes Blattmotiv aus der achsial ruhenden Lage in eine wechselnde Schrägstellung verändert, so entwickelt sich aus dem statischen das dynamische Flächenmuster.

Das systematische Anordnen der für das Flächenmuster vorgesehenen Ausgangsform erfolgt zweckmäßig mit der quadratischen oder diagonalen Netzkonstruktion (1) und (2). Dabei ist zu überlegen, ob das Motiv linear oder fleckenartig über die Fläche verteilt werden soll. Während bei der linearen Flächenreihung in Form des aneinandergereihten Streifenmusters das Motiv frei oder im Verbund angeordnet werden kann, entsteht bei der fleckenartigen Flächenaufreihung durch die alleinstehende Grundform das Streumuster.

Wie stark das Aussehen eines Flächenmusters durch den Einfluß der Farbe und die Veränderung der Form in Größe und Lage abgewandelt werden kann, wird in den Darstellungen (3) demonstriert. Für den Aufbau dieser Flächenmuster diente als Ausgangsmotiv das Quadrat und als Hilfsmittel das Gitternetz. Die Ergebnisse:

(3,1) Das aus dem Quadrat gebildete Schachbrettmuster verändert durch den Einsatz eines mittleren Farbtones das ursprüngliche Aussehen. Der Zusammenhang an den Ecken der Quadrate geht verloren. Die dunklen, kontrastierenden Quadrate sind in der Fläche optisch isoliert.

(3,2) Durch Einsatz eines kleinen Quadrates in die Ecke der größeren quadratischen Fläche ergibt sich eine Schwerpunktverlagerung und dadurch eine asymmetrische Aufteilung mit diagonaler Richtungstendenz. Der systematische Wechsel von Feld zu Feld wird durch die zweite Farbe erreicht.

(3,3) Die achsiale Anordnung des kleinen Quadrates in den Kreuzungen und die überspringenden farbigen Wechsel führen zu Kreuzformen.

(3,4) Die vier zusammengefaßten Netzeinheiten bilden eine größere Quadratform. Verbunden mit dem kleinen Quadrat, entsteht ein Flächenmuster mit dem Groß-Klein-Kontrast.

(3,5) Durch die farbige Anlage der Quadrate in diagonaler Richtung erhält das Flächenmuster pyramidenartig gestufte Gruppen, die um das farbige Quadrat angeordnet sind.

(3,6) Der bei (3,5) erst bei genauer Betrachtung sichtbare pyramidenartige Aufbau ist durch den von allen vier Ecken ausgehenden Diagonalzug sofort erkennbar. Das Aussehen dieses großräumig angelegten, aber begrenzten Flächenmusters wird bei einer Erweiterung nach allen Seiten verändert. Es entstehen auf die Spitze gestellte Vierecke, die die farbig angelegten Quadrate ohne besondere Formbildung einschließen.

(3,7) Das durch die diagonale Gitterkonstruktion gebildete Flächenmuster entspricht im Grundcharakter dem Schachbrettmuster.

(3,8) Dem aus dem Quadrat gebildeten Flächenmuster kann ein zweites unterlegt werden, wenn das diagonale mit einem quadratischen Gitternetz vereinigt wird. Es entstehen kleinere Quadratfelder, durch die bei entsprechender Farbanlage das Muster bereichert wird.

Für die Darstellungen (4) bis (6) gelten grundsätzlich die gleichen Regeln.

Ob das Dreieck durch eine gerichtete Reihung, eine gegensätzliche Anordnung oder durch den Groß-Klein-Kontrast zum stets abwandelbaren Flächenmuster wird, hängt von dem beabsichtigten Zweck ab.

Für die senkrechte und horizontale Ausrichtung eines Flächenmusters ist nicht nur die Grundform, sondern auch deren Lage zu benachbarten Motiven bestimmend. Das langgezogene Sechseck, dessen Richtung durch die gestreckte Form betont wird, überträgt diese Tendenz auch dem Flächenmuster. Bei gegensätzlicher Anordnung (siehe (5), zweites Muster von links) wird die Richtungsbetonung des Musters eingeschränkt.

Die in sich ruhende Kreisfläche ermöglicht durch Teilung in Halb- und Viertelkreise neue Flächenmuster. Das aus dem Halbkreis gebildete Muster erhält bei gleicher Aufreihung eine gerichtete Lage, die durch die gegensätzliche Anordnung (siehe (6), zweites Muster von links) aufgehoben wird. Sich kreuzende Halbkreise ergeben blätterartige Formen, die durch unterschiedliche Farben verändert werden können.

Übungen:

1. Zeichne in quadratische und diagonale Gitternetze geometrische Formen (Quadrat, Rechteck, Dreieck, Sechseck, Kreis). Berücksichtige beim Ausmalen der Flächenmuster die verändernde Wirkung der Kontrastfarben.
2. Übertrage die entworfenen Muster auf größere Flächen (Tafel, Wand). Klebe die Formen mit Tesadur- bzw. Tesakreppbändern ab. Modelliere die aufgetragene plastische Masse mit verschiedenen Werkzeugen. Ziehe die Abklebebänder vorsichtig ab.
3. Entwirf nach den gegebenen Regeln Muster für quadratische und rechteckige Flächen (Türen, Füllungen) aus freien Motiven (stilisierte Blätter, Fische, Schmetterlinge, Gefäße, Häuser). Male die Flächenmuster mit harmonisch abgestimmten Farben aus.

3.7

(1)

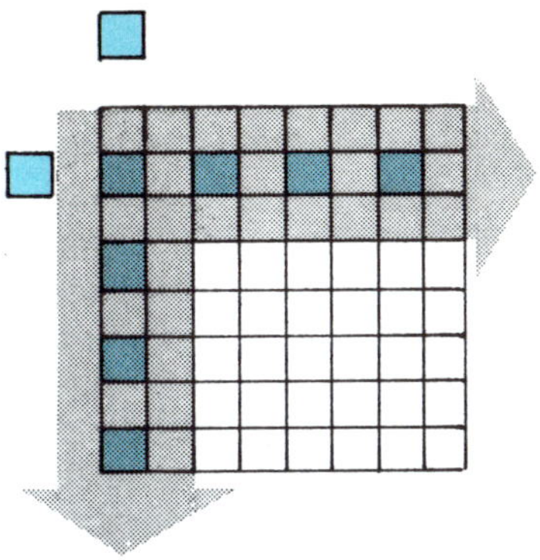

(2)

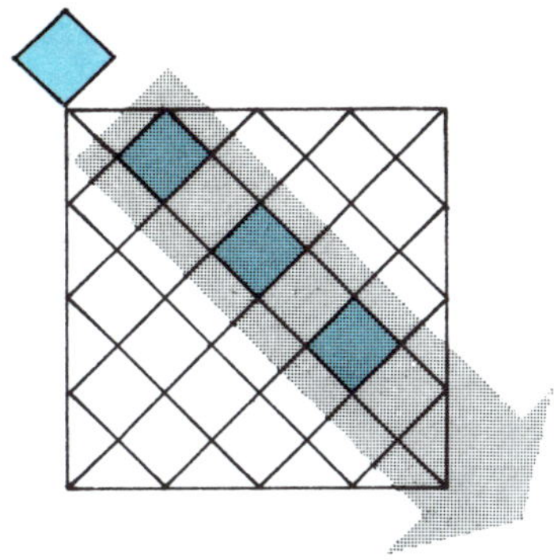

(3)

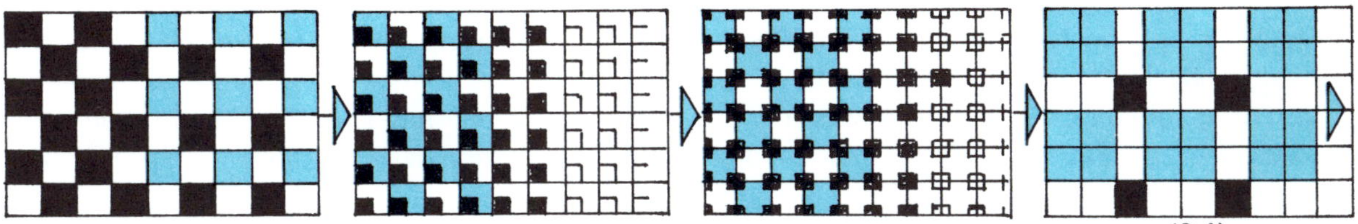

(3.1) (3.2) (3.3) (3.4)

(3.5) (3.6) (3.7) (3.8)

(4)

(5)

(6)

3.8 Abstrakte Flächenmuster

Abstrakte Flächengliederungen und -muster dienen einer ornamentalen Gestaltung, die auf Gegenständlichkeit verzichtet. Indem die Naturform und ihre Stilisierung sowie die Regeln für Reihung und Rhythmus weitgehend unberücksichtigt bleiben, ergibt sich aus geraden und gebogenen Linien ein abstraktes Widerspiel von Formen und Farben.

Für das Gestalten mit der Geraden und dem Bogen eignen sich der parallele Linienverband, das von einem Punkt ausstrahlende Linienbündel oder die fließende Linie. Eine Ausnahme macht die Bogenlinie nach dem Vorbild der Amöbe, die als einzelliger Wurzelfüßer ständig die Körperform verändert.

Bei der Parallelen ist die Fläche mit gleichlaufenden Linien in wechselnder Richtung aufzuteilen (1) und (4). Hierbei ist darauf zu achten, daß das Strukturbild in den Größen und Überlagerungen der Felder gut verteilt ist. Zu kleine Reststücke, die durch geringfügige Überschneidungen entstehen, verlieren sich im Raum und stören die Gesamtkomposition. Die unterschiedlich langen und breiten Liniengruppen mit wechselnden Richtungen geben der Fläche Dynamik. Werden die Linienstrukturen durch plastische Masse in der Kammzugtechnik sichtbar gemacht, so ergeben sich auch einfarbig durch Licht-Schatten-Wechsel reizvolle und lebendige Oberflächen. Durch Überstreichen der strukturierten Fläche mit kontrastreicher Farbe, die nach dem Trocknen von den erhöhten Teilen mit Glaspapier entfernt wird, entstehen wirkungsvolle, auf Fernsicht abgestellte dekorative Arbeiten. Gerade und gebogene Linien können flächig angewandt werden, wenn die Linienstruktur unberücksichtigt bleibt. Der Wechsel von Feld zu Feld wird in diesem Fall durch Farbunterschiede erreicht. Die Wirkung kann durch einzelne strukturierte Partien verstärkt werden.

Ähnliche Flächenmuster entstehen durch Strahlen, die von einigen in die Fläche gesetzten Fixpunkten sternförmig ausgehen. Je geringer die Abstände zwischen diesen Punkten sind, um so kleiner werden die einzelnen Felder. Für die Zwischenräume von Punkt zu Punkt ist die Größe der Gesamtfläche und die gestalterische Absicht maßgebend. Während bei der parallelen Aufteilung neben dem Rechteck und Vieleck auch das Dreieck entsteht, wird dieses bei der Flächengliederung durch Strahlen zur vorherrschenden Form (2). Das entstandene Netz wird durch die Farben in mehreren Tönen zu einem Flächenmuster, das strukturiert werden kann.

Die Härte und Strenge durch die entstandenen Ecken entfällt, wenn die Fläche nach dem Amöbensystem gegliedert wird. Dabei ist der Gestaltung – wie bei der sich ständig verändernden Körperform des Einzellers – keine Grenze gesetzt. Entscheidend ist, wie die einzelnen Formen miteinander verzahnt sind. Bei der Darstellung (5) greifen zwei sich zur Mitte verjüngende Formen ineinander. Sie werden von weiteren unregelmäßigen Gebilden überlagert, wobei zu beachten ist, daß alle Partien in der Größe ausgeglichen sind. Eine gute Aufteilung ist dann erreicht, wenn für die Anlage der Farbflächen bereits zwei Farbtöne ausreichen.

Formen im geschlossenen Verband entstehen durch die gerade und gebogene fließende Linie. Die Linie wird so geschickt über die Fläche geführt, daß alle eingegrenzten Einzelpartien in der Größe und Randlage harmonieren (6). Durch den Farbwechsel entstehen Lösungen, die durch ihre Geschlossenheit größere, einfarbig gehaltene Flächen dekorativ beleben können.

Voraussetzungen für befriedigende Entwürfe abstrakter Flächengliederungen und -muster sind

- richtige Abstände bei den Überschneidungen,
- keine zu kleinen und spitzen Flächen,
- harmonische Verhältnisse zwischen den Einzelflächen,
- sichere Führung des Zeichenwerkzeuges und zeitiges Erkennen der Teilungsmöglichkeiten.

Übungen:

1. Entwirf Flächenaufteilungen und -muster nach den in den graphischen Darstellungen aufgezeigten Möglichkeiten. Beachte hierbei die Regeln über gute Teilungen.
2. Lege gute Lösungen in zwei bis drei Farben an, wobei die dunkle als dritte Kontrastfarbe gleichmäßig über die Fläche zu verteilen ist.
3. Bereichere gute Flächenmuster mit strukturellen Techniken wie Kammzug, Stupfen, Pinseldrehungen und Stempeln.

3.8

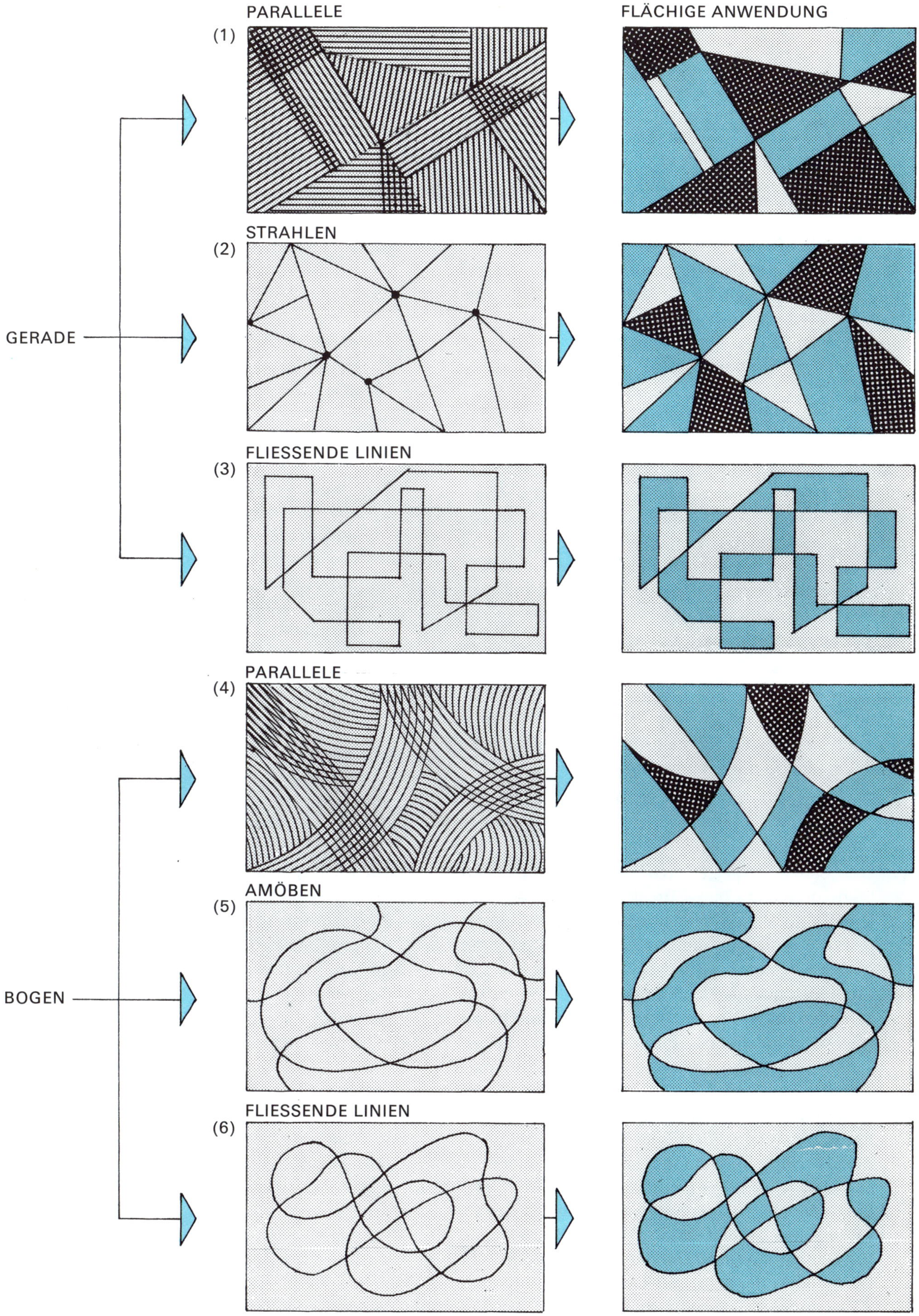

PARALLELE
FLÄCHIGE ANWENDUNG
(1)
STRAHLEN
(2)
GERADE
FLIESSENDE LINIEN
(3)
PARALLELE
(4)
AMÖBEN
(5)
BOGEN
FLIESSENDE LINIEN
(6)

3.9 Geometrisch-optische Täuschungen

Da das Auge oftmals getäuscht wird, stimmen Schein und Wirklichkeit in der farbigen und formalen Gestaltung nicht immer überein. Wenngleich Maße und Winkel mathematisch richtig sind, können Täuschungen durch Farbe und Form vielfach zu unbefriedigenden Ergebnissen führen.

Eine Fläche oder ein Raum kann beispielsweise durch fern- und nahwirkende Farben oder geometrische Teilungen in den Ausmaßen oder Proportionen optisch verändert werden. Das Auge, das nicht alle Eindrücke objektiv auswertet, empfindet so eine Deckenfläche im dunklen Farbton bei hellen Wänden lastend und tiefer liegend und bei umgekehrter Farbanordnung steigend und höher liegend. Diese optische Veränderung der Höhenverhältnisse durch Farbe ist mit geometrischen Täuschungen ebenfalls erreichbar.

Werden an Wänden Streifen in senkrechter Form aufgereiht, so erscheint der Raum durch die Richtungsbetonung hoch und je nach Größe des Streifenabstandes unterschiedlich eng. Der gleichgroße Raum verändert sich bei horizontaler Anordnung der Streifen so, daß er niedrig und weit erscheint.

Aus der Vielzahl der geometrisch-optischen Täuschungen, die meist nach ihrem Entdecker benannt werden, seien folgende ausgewählt:

(1) Die geteilte Strecke erscheint länger als die gleichlange ungeteilte (linke Darstellung). Es liegt nach Oppel und Hering eine Überschätzung der unterteilten Strecke vor, die von Spiegel als Schrumpfung der leeren Strecke bezeichnet wird.
Zwei gleichlange Strecken erscheinen durch verschiedenartige Begrenzung unterschiedlich lang (rechte Darstellung). Bei dieser Müller-Leyerschen Täuschung sieht die zwischen den nach außen gelagerten Winkeln liegende Strecke verlängert und die zwischen den nach innen angelegten Winkeln liegende Strecke verkürzt aus.

(2) Zwei parallel verlaufende Linien erscheinen bei schräger Musterung gekrümmt. Sind die im gleichen Winkel angeordneten schrägen Linien zur Mittelachse geneigt, so sind die Parallelen scheinbar nach innen (linke Darstellung), bei umgekehrter Stellung der schrägen Linien nach außen gebogen (rechte Darstellung).

(3) Geteilte Flächen – senkrechte und waagerechte Streifen – erscheinen größer als eine gleichgroße ungeteilte Fläche. Während die durch senkrechte Streifen gegliederte Fläche optisch höher aussieht, wirkt die Fläche mit waagerechten Streifen flach und breit.

(4) Die Kreisfläche verlagert den wirklichen Mittelpunkt scheinbar nach links. Diese optische Verschiebung wird durch die gekrümmten Linien bewirkt, die auf der einen Seite des Kreises größere Felder als auf der anderen bilden.

(5) Durch die gedrängte Anordnung von kleineren und größeren Kreisflächen um zwei gleichgroße Kreisflächen erscheinen diese unterschiedlich groß. Die von großen Kreisen eingeschlossene Fläche wirkt kleiner als die von kleinen Kreisen umgebene.

(6) Konzentrische Kreise verändern sich durch die sich kreuzenden Kurven des Untergrundes optisch zu einer Spirale.

Die aufgeführten Beispiele lassen erkennen, daß Längen, Größen und Linien in ihrem Verlauf durch entsprechende Linien- und Flächengliederungen scheinbar verändert werden. Um bestimmte Wirkungen bei der Gestaltung (Musterung) von Formen und Räumen zu erzielen, kann man sich neben den geometrischen Täuschungen der Farbe bedienen. Wie stark der farbige Kontrast sein kann, wird besonders beim Schachbrettmuster deutlich. Bei ihm sind die figurenbestimmenden Eigenschaften so ausgeglichen, daß Form (Quadrat) und Untergrund (ebenfalls Quadrat) ständig wechseln. Die Anordnung wird je nach Einstellung des Auges horizontal oder diagonal betont gesehen. Dieses ‚Umschlagen' einer Form oder eines Musters ist in der Darstellung (7) veranschaulicht. Ausgehend von den Elementen Quadrat und Rechteck und deren Gruppierung nach den Regeln der Reihung im Gitternetz ergibt sich ein Fries, der durch weiteren Anbau der Ausgangsformen zum Flächenmuster erweitert werden kann. Bei diesem geometrischen Muster bilden die kleinen, mit schwarzer Farbe angelegten Quadrate die Eckpunkte für das eingeschlossene größere Quadrat. Dieser Einschluß des farbigen Quadrates wird bei weißer Farbanlage der Rechtecke positiv unterstützt, durch einen Grauton jedoch negativ beeinflußt.

TÄUSCHUNGEN

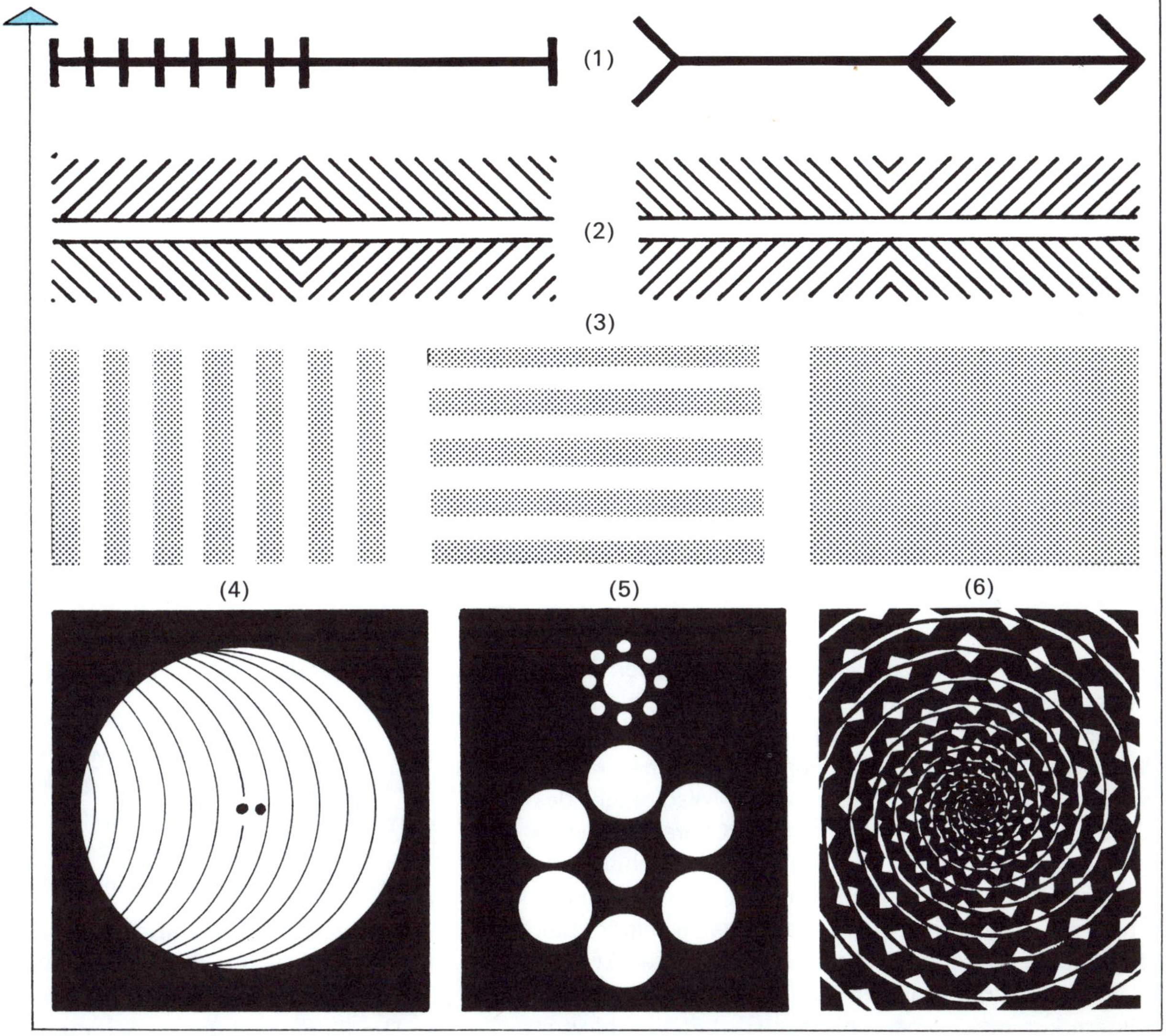

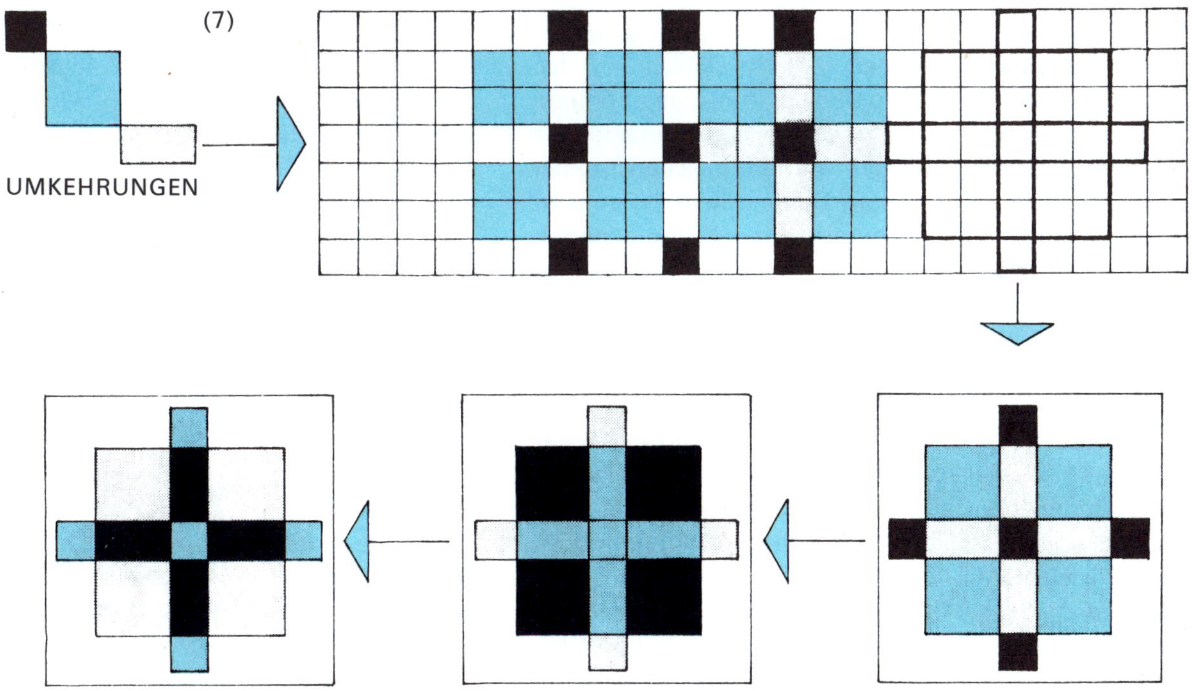

Bei einer Umwandlung des Flächen- in ein Füllungsmuster (vgl. (7) in Pfeilrichtung) entstehen beim gleichen Motiv folgende Wirkungen:

- Die achsial geordneten kleinen Quadrate betonen zwar den Mittelpunkt und die vier Ende der Kreuzform, lassen diese aber nur im Hintergrund hervortreten.
- Die vier großen, mit schwarzer Farbe angelegten Quadrate werden optisch zu einer Einheit, die die Kreuzform noch stärker in den Hintergrund drängt.
- Die aus den vier Rechtecken gebildete Kreuzform wird durch den schwarzen Farbkontrast in den Vordergrund gestellt.

Übungen:

Beobachte Täuschungen und Umkehrungen bzw. umschlagende Formen an Gegenständen aus der Umwelt (Architekturen, Mobiliar) sowie an Teppich-, Fliesen- und Tapetenmustern.

3.10 Stilisieren

Zum ornamentalen Schmücken wurden zu allen Zeiten neben der geometrischen Form auch Motive aus der Natur verwendet. Geben sie genau das natürliche Vorbild wieder, so spricht man von der ‚naturalistischen' Form. Durch Vereinfachen, Weglassen des Zufälligen und Beschränken auf das Charakteristische entsteht die ‚stilisierte' Form. Die der dinglichen Umwelt entnommenen Ausgangsmotive, so z. B. Pflanzen und Tiere, sind ornamental, mehr oder weniger stark abgewandelt und angepaßt an den jeweiligen Zweck, als Schmuckmittel anwendbar. Unter den Naturvorbildern kommt der menschlichen Gestalt eine besondere Bedeutung zu.

Die Variierbarkeit pflanzlicher Motive beweist die in vielen Stilepochen wiederkehrende Darstellung des Akanthusblattes. Die der Distelgattung angehörende Pflanze bekam im 5. Jh. v. Chr. in Griechenland ihre klassische ornamentale Form am korinthischen Kapitell (vgl. Kap. 6.3) und blieb als Blattmotiv in der antiken römischen und späteren europäischen Kunst lebendig. Im Laufe der Zeit wurden die Formen dieses Motivs jedoch immer wieder verwandelt. Es bestehen also für das Stilisieren keine allgemein verbindlichen Regeln, die nur zu einem möglichen Ergebnis führen. Neben dem Einfluß des Zeitgeistes und der Eigengesetzlichkeit von Werkstoff und Technik ist besonders auch der Sinngehalt für die Gestalt des Motivs mitbestimmend. Beispielhaft hierfür ist das Motiv der Taube, in der Antike als Seelenvogel aufgefaßt, im Alten Testament Sinnbild des Friedens und im Neuen Testament Symbol der Sanftmut und des Heiligen Geistes. Viele Vorbilder aus der Tierwelt (Adler, Löwe, Greif oder auch der Greif mit Löwenkörper und Adlerflügeln) fanden als Wappentiere Eingang in die Heraldik (vgl. Kap. 3.15).

Der Vorgang des Stilisierens wird durch drei Punkte gekennzeichnet: die Formwurzel, also das natürliche Motiv-Vorbild; den Formweg, der die notwendigen Abwandlungen und Vereinfachungen umfaßt; die Endform als Ergebnis des Wandlungsprozesses.

Das Lindenblatt kann als Beispiel dienen: Aus der Naturform des Lindenblattes (1) entsteht durch symmetrisches Anordnen und Weglassen der zähnigen Umrißlinie und der Rippen die dem Motiv charakteristische Grundform. Dieser Vorgang kann zeichnerisch oder konstruktiv erfolgen. Nachdem die Achsen festgelegt sind, werden die Einsatzpunkte bestimmt. Durch Zirkelschläge entsteht das Oval und die herzähnliche Form, aus der im oberen Teil die lanzettförmige Spitze herausgeführt wird (2).

Teilungen mit Linien, Bändern und Punkten geben der Grundform ein wechselndes Aussehen (3). Hierbei kann die Wachstumsform des Blattes eingehalten oder vernachlässigt werden. Während bei den oberen drei Beispielen die Senkrechte dominiert, ist bei den folgenden beiden Darstellungen die Diagonallage der Rippen berücksichtigt. Weitere Lösungen sind durch horizontale Gliederungen oder Kombinationen von Punkten mit Diagonalen oder vertikalen Mustern möglich.

Durch Reihung der symmetrisch geteilten, nach oben gerichteten Grundform des Blattes entsteht der Fries, dessen gleichförmige Wirkung durch kontrastierende Farben aufgehoben wird (4).

3.10

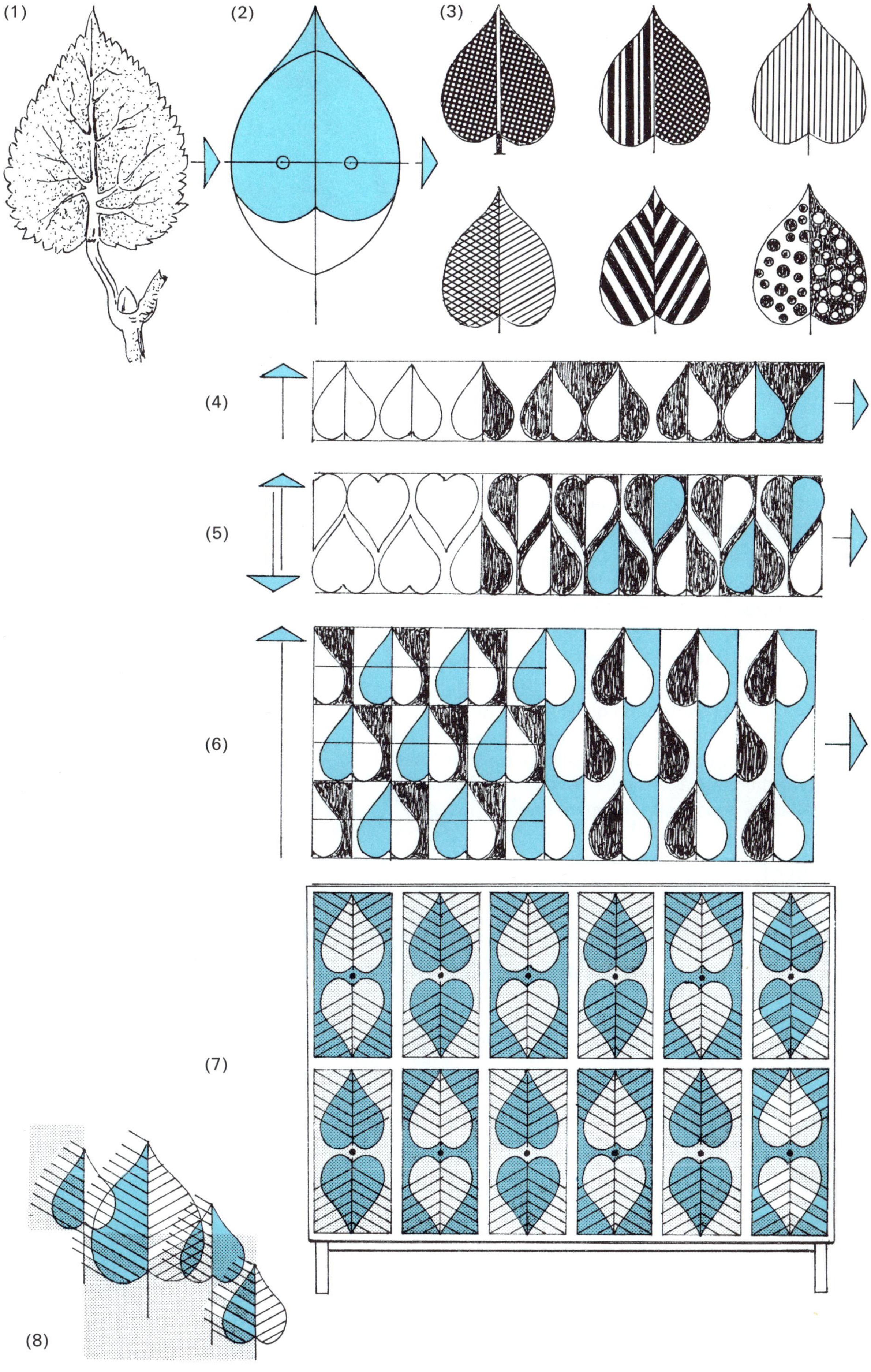

Bei wechselnder Richtungstendenz und Gliederung der geteilten Blattformen durch Rechtecke entsteht ein breit angelegter, dynamisch wirkender Fries (5).

Durch Aufreihung des mit der Spitze nach oben angelegten, in einem geteilten Quadrat geordneten Blattes entsteht aus der geometrischen und stilisierten Form das kombinierte, richtungsbetonte Flächenmuster. Die Strebetendenz wird durch die bandartige Gliederung betont (6).

Zu den vielfältigen Anwendungsmöglichkeiten der stilisierten Naturform gehört z. B. die ornamentale Gestaltung eines Schrankes (7). Jeweils zwei gegeneinander geordnete Blätter werden durch die verlängerten Rippenlinien in die Rechteckform der Schrankfüllungen eingespannt. Wechselnde Farbanlage belebt und steigert dieses Schmuckmotiv.

Die freie Ornamentgestaltung führt bei weitgehendem Verzicht auf die Gesetze von Reihung und Rhythmus zu einem in der Fläche lockeren und zugleich in sich geschlossenen Verband stilisierter Blattformen. Ein größeres breitgelagertes und ein kleineres hochformatiges Rechteck betonen durch ihre Stufenform die diagonale Komposition. Durch Öffnen einzelner Rippen-Zwischenräume wird die Verbindung zwischen Außenfläche und freier Ornamentform hergestellt.

Übungen:

1. Zeichne und stilisiere Naturformen wie Blätter (Efeu, Ahorn, Eiche, Kastanie) und Blumen (Tulpe, Rose, Glockenblume). Stelle aus den vereinfachten Formen aufgereihte und rhythmische Friese und Flächenmuster her. Gliedere diese durch Teilungen oder mit geometrischen Formen.
2. Entwirf quadratische und rechteckige Füllungen durch reihende und rhythmische Anordnung der Ausgangsform.
3. Vergleiche stilisierte Naturvorbilder der verschiedenen Epochen.
4. Lege eine Sammlung von getrockneten Pflanzen oder Pflanzenteilen (Blättern) an.

3.11 Ausdruck der Linie

Die Linie mit ihrem vielfältig veränderbaren Charakter kann Idee und Form einer Darstellung wesentlich beeinflussen.

Der Zusammenhang zwischen Charakter und Aussagegehalt der Linie ist bei Beschriftungen aller Art zu beobachten. Der Buchstabe, der sich aus verschieden gelagerten und geformten Linien zusammensetzt, wirkt bei schmalen Linien leicht und zierlich, bei breiten schwer und wuchtig. Somit muß man bei der Wahl einer Schrift die jeweilige Thematik und den Inhalt beachten. Bei einer Werbung für Porzellan ist daher eine leichte und zierliche Schrift zu wählen, die dem Wesen dieses Materials entspricht.

Diese inhaltsbezogene Formgestaltung gilt nicht nur für die Schrift, sondern auch für die gebundene und die freie Form. Ein Plakat oder farbiges Inserat für Gardinen mit der Aufmerksamkeit erzeugenden Überschrift: „Leuchtend wie buntes Glas: Gardinen aus . . ." trägt als Blickfang beispielsweise eine Kreisform, deren Fläche unregelmäßig aufgeteilt ist. Obwohl vom Material des Textils her leichte und beschwingte Linien angebracht wären, werden schwere und blockartige Linien angewendet, da diese der Eigenart der Bleiverglasung entsprechen.

Die Linie kann schmal, leicht, zierlich, grazil, elegant, skizzierend, straff, fest, locker, dynamisch, fließend, gewellt, beschwingt, zackig, nervös, unterbrochen oder blockartig sein. Ihre unterschiedlichen Ausdruckswerte bei wechselndem Charakter lassen sich in folgende Teilaspekte (vgl. Darstellung) aufteilen:

- die flächenbildende Linie,
- die formgebende Linie eines Motivs,
- die schriftgestaltende Linie.

Zu den Darstellungen:

- Mit der skizzierenden Linie (1), die frei aus dem Werkzeug (Bleistift, Feder) ohne Druck leicht und flüchtig auf die Fläche gestrichelt wird, ist es möglich, eine Form oder Idee auf dem Papier festzuhalten. Es entsteht die Skizze, die als vorläufiges Zeichenergebnis korrigierbar sein muß. Wird die skizzierende Linie parallel in unterschiedlicher Dichte (Abstand) und Gruppierung (Länge) aufgereiht, so ergeben sich malerische Strukturen und Flächenbelebungen, die dem freien Duktus der Hand entsprechen. So wirkt eine mit der Feder ausgeführte Architekturzeichnung bei freier Strichführung malerisch und bei Anwendung eines Lineals zum Ziehen der Linien konstruktiv. Sollen Pflanzen, Tiere, Menschen oder Gegenstände zeichnerisch abgebildet werden, so kann dies zunächst – um die groben Umrisse und Proportionen festzulegen – durch das Blockieren geschehen. Dieses skizzierte Gerüst dient als Grundform für die Reinzeichnung, in der die vorher unberücksichtigten Details des Vorbildes einbezogen werden. Von gleicher Bedeutung ist die skizzierende Linie bei Buchstabenformen und Schriften.
- Die flüchtigen Linien einer Skizze werden bei der Reinzeichnung durch dünne und in sich gestraffte Linien ersetzt. Allgemein versteht man unter einer Reinzeichnung das endgültige und nicht mehr zu verbessernde druckreife Ergebnis. Während beim konstruktiven Zeichnen die schmalen, mit dem Lineal gezogenen Linien bestimmte Aufgaben (Maßlinien) erfüllen, wird im gestalterischen Bereich die zierliche Linie (2) als Umriß bei grazilen Formen und feinen Schriften angewendet. Eine Fläche mit parallelen Linien in gleichen Abständen vermittelt den Eindruck eines Rasters; es verliert seine Monotonie durch den Einsatz anders verlaufender Linien oder Formen. Ist eine Form von der schmalen Linie eingegrenzt, so verringert sich ihre Wahrnehmbarkeit mit zunehmender Entfernung. Das gilt auch für Schriften und ist immer dann zu beachten, wenn es auf Fernwirkung ankommt.
- Eine Linie mit gleicher Breite vermag durch den fehlenden Kontrast ‚schmal-breit' nicht zur Steigerung der lebendigen Wirkung von Form, Fläche und Schrift beizutragen. Dies ermöglicht erst der flexibel wechselnde Ausdruck der Linie. Er entsteht durch das an- und abschwellende Linienbild. Dabei brauchen die sich bei der dynamischen Linie (3) ablösenden Intervalle zwischen breit und schmal nicht gleichmäßig wiederholt zu werden. Mit der dynamischen Linie belebte Flächen drücken rhythmische Bewegung aus. Form und Schrift erhalten durch den wechselvollen Liniencharakter ein kraftvolles Aussehen.
- Wird die Linie zum Band verbreitert, so erhält sie einen blockartigen Ausdruck. Mit dieser schweren, blockhaften Linie (4) lassen sich Flächen bei paralleler Aufreihung stabartig gliedern. Die markante, senkrechte Richtungsbetonung wird durch waagerecht angeordnete Linien aufgehoben; es entsteht ein gitterartiges Flächenmuster.

3.11

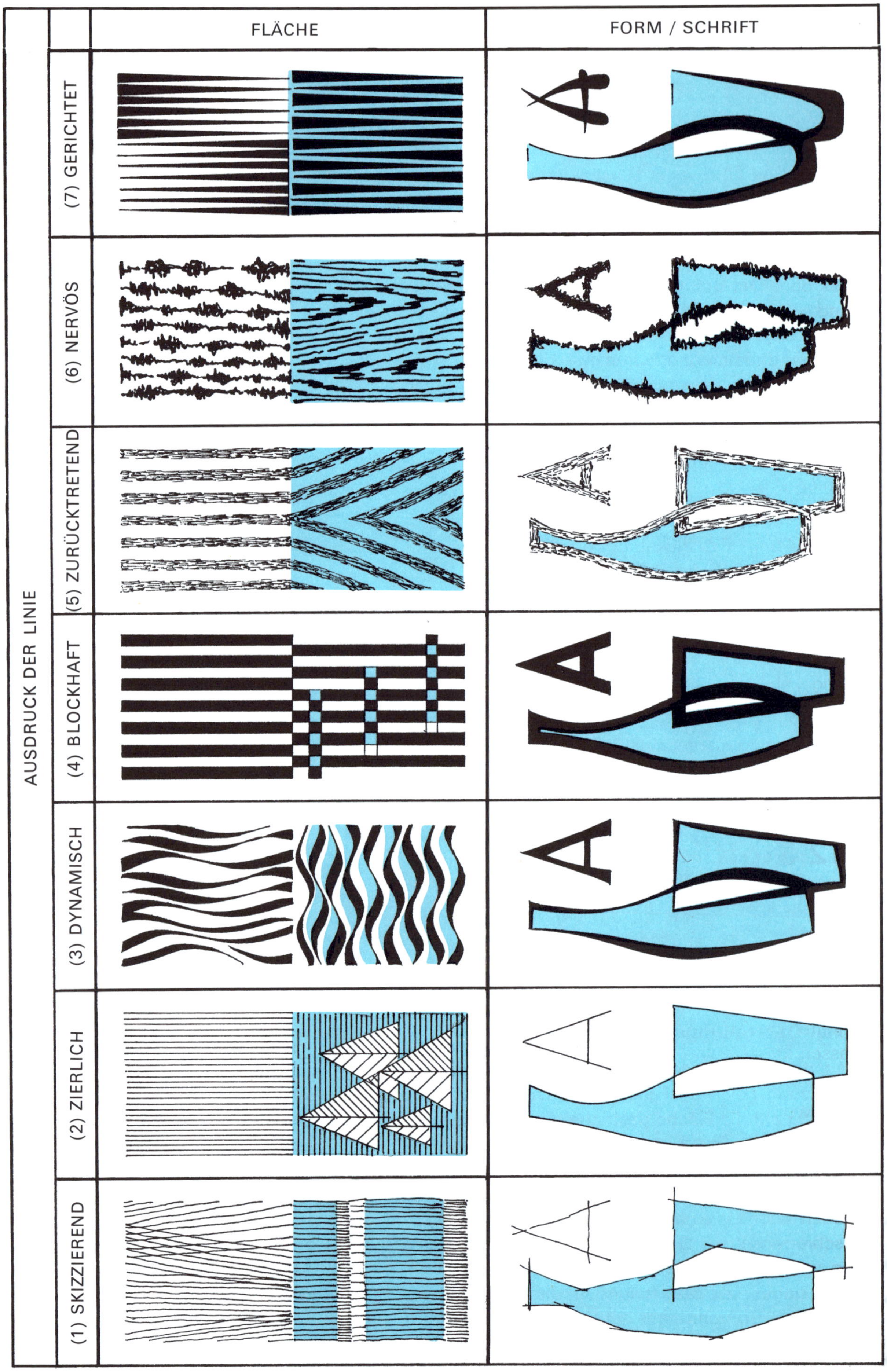

FLÄCHE
FORM / SCHRIFT
AUSDRUCK DER LINIE
(7) GERICHTET
(6) NERVÖS
(5) ZURÜCKTRETEND
(4) BLOCKHAFT
(3) DYNAMISCH
(2) ZIERLICH
(1) SKIZZIEREND

Da der Binnenraum der Form durch die flächenhafte Linie stark eingeengt wird, erhält das Motiv durch die blockartige Linie das geschlossene Gepräge. Formen und Schriften mit solchen Linien wirken schwer und wuchtig. Sie sind aus großen Entfernungen erkennbar und besitzen eine hohe Werbewirksamkeit.

- Linien, die nicht vollflächig mit Farbe zugelegt sind, treten im Gegensatz zur kompakten und blockigen Linie zurück. Diese durch Granieren, Schummern, Tupfen oder Stricheln hergestellte Linie vermittelt durch die Einbeziehung des Hinter- oder Untergrundes den Eindruck eines Durchdringens von Form und umgebender Fläche. Flächengliederung und Form erhalten durch zurücktretende Linien einen dekorativ-malerischen Charakter. Schriften mit zurücktretenden Linien (5) haben keine Fernwirkung.
- Linien, deren Verlauf durch unregelmäßig schwankende Ausladungen gekennzeichnet ist, vermitteln ein zitteriges Aussehen. Diese nervös wirkenden Linien sind nur dann anzuwenden, wenn die Aufgabe dazu berechtigt. So läßt sich eine Vase oder ein Gefäß kaum durch die nervöse Linie (6) charakterisieren, eher schon die noch recht unsicher wirkenden Flugversuche der Gebrüder Wright oder die ersten, über Kopfsteinpflaster ratternden Autos.
- Setzt eine Linie spitz an und klingt breit aus oder umgekehrt, so entsteht die gerichtete Linie (7). In der Fläche kann sie einseitig oder gegensätzlich ausgerichtet sein. Bei der gerichteten Aufreihung wirkt die eine Seite durch die nebeneinanderstehenden Spitzen öffnend und die andere durch die breit ausklingenden Linien schließend. Die wechselnde Aufreihung ‚spitz-breit' ergibt ein ausgeglichenes Flächenmuster.
- Eine Form aus gerichteten Linien wirkt ähnlich. Während Vase und Gefäß durch die ausklingenden Linien nach oben geöffnet sind, verlagert sich der Schwerpunkt durch die sich verbreiternden Linien nach unten. Das Gefühl der Ruhe und Standfestigkeit wird hierdurch betont. Buchstaben aus gerichteten Linien erinnern an chinesische Schriftzeichen, die sich auch aus wechselnden Pinselstrichen zusammensetzen.

Übungen:

1. Gliedere Flächen mit der skizzierenden Linie. Beachte hierbei, daß Strichführung und -beschaffenheit den zeichnerischen Ausdruck bestimmen. Da die sichere Handhabe des Zeichenwerkzeuges zum schnellen Festlegen von Formen und Gegenständen erforderlich ist, sind entsprechende Übungen (Gefäße, Pflanzen, Architekturen) durchzuführen.
2. Zeichne Gegenstände mit zierlicher, dynamischer, blockartiger, zurückhaltender und gerichteter Linie.
3. Entwirf ein Firmenschild oder Plakat mit Schrift und einfachem Zeichen. Wende die zierliche, dynamische oder blockartige Linie an. Vergleiche die Wirkung.

3.12 Stofflichkeit

Voraussetzung allen Gestaltens ist die Bereitschaft zum Sehen, die Fähigkeit des bewußten Wahrnehmens der Dinge in der Umwelt. Hierzu gehört das Begreifen der Gegenstände als Ganzes ebenso wie das Erfassen der Details in ihren vielfältigen Stofflichkeiten.

Das bewußte Sehen entwickelt sich in einem langen Prozeß des Vertrautwerdens des Menschen mit seiner dinglichen Umwelt.

Ein beliebiges Blatt, das während der sehr frühen Kindheit nur als grüne Form erfaßt wird, kann mit fortschreitendem Unterscheidungsvermögen (Vergleichen mit anderen Blättern) näher bestimmt werden: Es läßt sich einem bestimmten Baum mit einer unverwechselbaren ‚Architektur' zuordnen. Das charakteristische Aussehen des Baumes wird weiterhin mit den kennzeichnenden Stofflichkeiten seiner Einzelformen (z. B. Rinde) in Zusammenhang gebracht.

Die zeichnerische Darstellung eines Baumes verlangt zunächst das Festhalten der typischen Silhouette durch eine formgebende Umrißlinie. Da bei der Ausarbeitung der Binnenformen die Wiedergabe eines jeden Blattes weder möglich noch gestalterisch wünschenswert ist, wird das Blätter- oder Nadelgewand zusammenfassend in Gruppen gegliedert. Danach lassen sich diese Formeinheiten durch Linien- oder Farbstrukturen detaillieren.

Die Strukturen müssen, um dem Wesen und Aussehen einer Oberfläche zu entsprechen, dem Zeichenträger und der Technik (Werkzeug und Werkstoff) angepaßt sein. Soll das Blattwerk einer schlank aufragenden Pappel auf Zeichenkartons unterschiedlicher Oberflächenqualitäten durch treffende Strukturen mit Bleistift dargestellt werden, so ist dies auf glattem Papier durch mehrere schräg übereinanderliegende Strichlagen und auf stark gekörntem Papier durch einfache senkrechte Strichlagen zu erreichen. Hieraus geht schon hervor, daß sich mit dem Zeichenstift durch kürzere oder längere, gerade oder gebogene, senkrechte, waagerechte oder diagonale Striche in einfacher, doppelter oder gekreuzter Lage eine Vielzahl von Strukturen schaffen läßt. Die geeignete Struktur hängt entscheidend von der Wahl der angemessenen Technik ab. So haben Blei- und Silberstift, Stahl- und Rohrfeder, Haar- und Borstenpinsel, Spritzsieb und Spritzpistole ihre unverkennbare Sprache. Selbst mit Stoffen wie grobem Sackleinen oder weitmaschigen Gardinen können durch Abdrücken typische Oberflächenstrukturen hergestellt werden. Die arteigene Sprache des Werkzeugs wird begleitet vom Ausdruck des Werkstoffs. Dabei handelt es sich neben Kreiden, Tinten und Tuschen vorwiegend um flüssig vermalbare oder plastisch modellierbare Farben. Die vermalbare Farbe kann lasierend und deckend, zuweilen auch pastos aufgetragen werden. Die plastische Masse wirkt dagegen durch ihre reliefartig formbare Struktur.

Wesentlich für das Erfassen der Stofflichkeit ist die Beurteilung der Oberfläche unter dem Gesichtspunkt des Glanzgrades (stumpf, matt, rauh, glatt, blank). Die Bedeutung des Glanzgrades wird beim Darstellen von Samt und Seide ersichtlich, da die Stofflichkeit dabei weniger von einer typischen Gewebestruktur als vielmehr vom stumpfmatten oder seidenglänzenden Aussehen der Stoffe abhängt.

Grundsätzlich läßt sich Stofflichkeit zeichnerisch-graphisch durch Linienstrukturen und malerisch durch Farbstrukturen wiedergeben.

Für die Bildung von Linienstrukturen sind Richtungs- und Bewegungsablauf der Linien bestimmend. Hierzu einige Beispiele für gerade Linien:

- gerade Linie mit doppelseitigem Ablauf (1)
- gerade Linie mit einseitigem Ablauf (2)
- gerade Linien mit strahlenförmigem Ablauf (3)
- gerade Linien mit allseitig strahlenförmigem Ablauf (4)

Die aus geraden Linien strahlenartig gebildete Struktur (4), die durch das Fehlen einer Formbegrenzung dezentralisiert wird (vgl. Pfeilrichtung), erhält mit einer hell- bis mitteltonigen Farbanlage eine Flächenbindung (5), die optisch ein Schwebestadium zwischen Formauflösung (4) und Formkonzentration (6) darstellt. Wird die Linienstruktur in eine dunkle Farbanlage eingebunden, so ergibt sich eine vom Hell-Dunkel-Kontrast bedingte Formzentralisation (6) (vgl. Pfeilrichtung). Wird die Linie nicht nur als Gerade, sondern als gebrochene Linie mit zickzackförmigem Ablauf oder als gekrümmte Linie mit in sich zurückkehrendem, spiralförmigem oder wellenförmigem Ablauf verwendet, so entstehen zahlreiche Strukturen, die gut die Stofflichkeit bestimmter Oberflächen auszudrücken vermögen. Wird die Linie zum Komma, Fleck oder Punkt verkürzt, ergibt sich zusammen mit den Linienstrukturen bei veränderter Anordnung (z. B. Parallelität, Kreuzlage, Abstandswechsel) ein unerschöpflicher Reichtum zeichnerischer Strukturen. Als Anregungen dienen hierzu die in der Darstellung (8) enthaltenen Strukturbeispiele. Sie lassen sich (von links oben nach rechts unten) wie folgt deuten:

- Kies und Sand mit stehendem Wasser
- Kies mit fließendem Wasser
- Wasser in Strudelform
- Wolle in dichter und weiter Lagerung
- Wiese mit Grasbüscheln
- Gestrüpp
- Wiese mit Blumen
- Gespinst (Haar, Faser, Faden)

Der eintonig gleichmäßige Farbauftrag, unbunt oder bunt (7 A), gibt einer Fläche oder einem Gegenstand wohl ein farbiges, der abzubildenden Oberfläche entsprechendes Aussehen, vermittelt jedoch keinen Eindruck von der Stofflichkeit der Oberfläche. So gibt die nur rotfarbig angelegte Umrißzeichnung einer Erdbeere keinerlei Aufschluß über die Struktur der Oberfläche. Diese erhält sie – sollen zeichnerische Verwirklichungsmittel unberücksichtigt bleiben – durch die Farbbewegung, den Hell-Dunkel-Wechsel innerhalb einer oder mehrerer Farbreihen. Die Darstellung (7 B) veranschaulicht lebendige Farbstrukturen mit schwarzer und blauer Farbe.

Übungen:

1. Gestalte ohne gegenständliche Vorbilder Strukturen mit verschiedenen Werkzeugen (Bleistift, Feder, Pinsel). Vergleiche die frei entworfenen Strukturen mit der Stofflichkeit der Dinge in der Umwelt.
2. Stelle die Stofflichkeit von Holz, Stein, Geflecht, Metall, Glas, Wasser, Fell, Gefieder, Haar, Haut, Textil dar. Verwende hierzu sowohl zeichnerische als auch malerische Mittel. Erprobe, ob sich die Stofflichkeit dieser oder jener Oberfläche besser durch Linienstrukturen oder Farbstrukturen erfassen läßt.

3.12

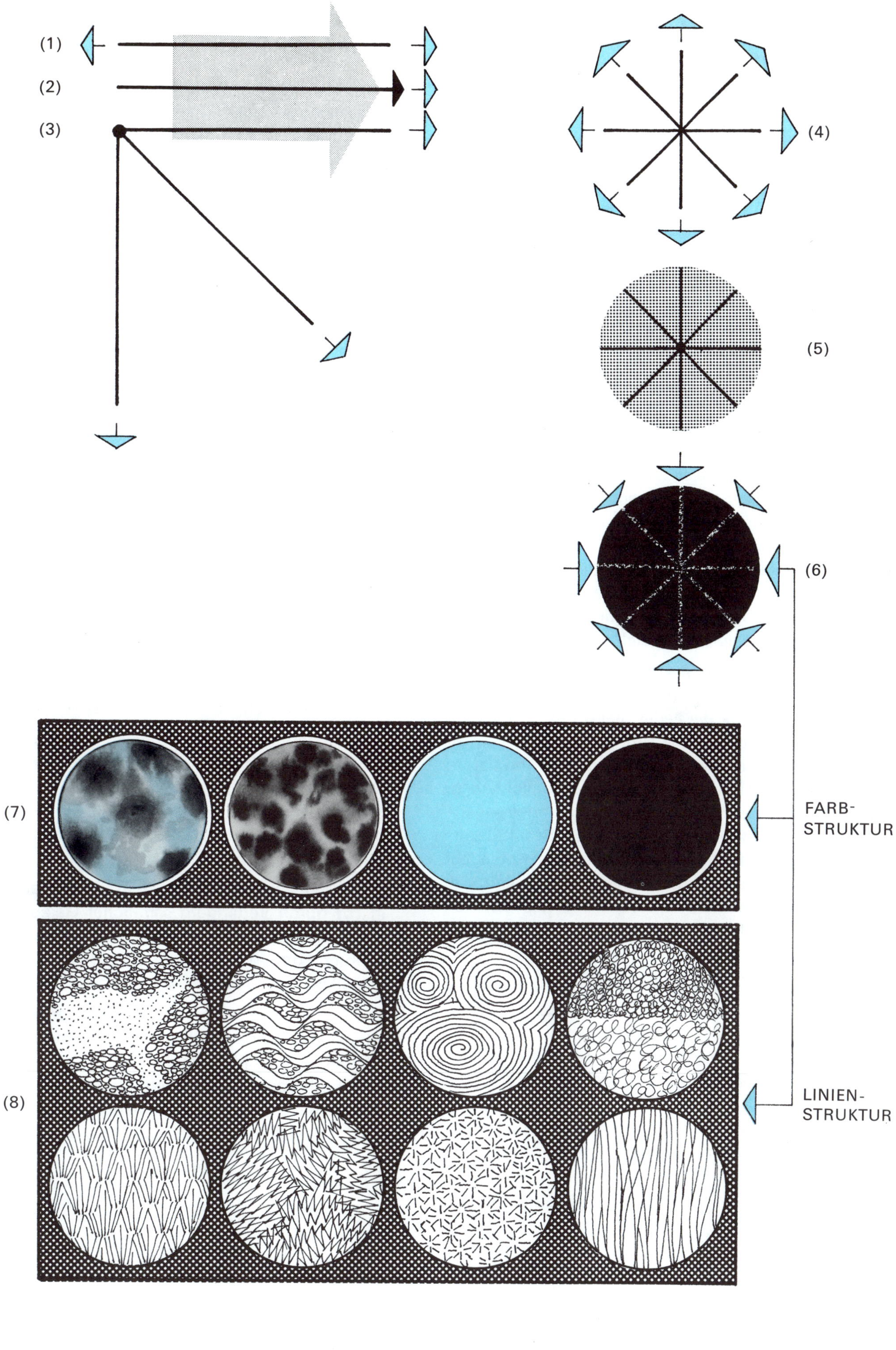

3.13 Freihandzeichnen als Voraussetzung für die dekorative Formbildung

Die Freihandzeichnung dient ebenso der ersten umrißhaften Fixierung eines bildnerischen Vorhabens wie der vollendeten Wiedergabe eines Gegenstandes, dem Entwurf einer Bildidee wie der Formulierung einer künstlerischen Aussage. So läßt sich die Zeichnung unterschiedlich als Skizze, als Studie, als Entwurf und als selbständiges Werk auffassen. Für den dekorativ Gestaltenden spielt die Zeichnung als autonomes Kunstwerk kaum eine Rolle, hingegen besitzen für ihn die Skizze, die Studie und vor allem der Entwurf besondere Bedeutung.

Der Charakter einer Zeichnung wird entscheidend vom Werkzeug und vom Papier mitbestimmt. Feder-, Pinsel-, Kohle-, Kreide- oder Bleistiftzeichnungen führen eine unverwechselbare materialeigene Sprache. Hinzu kommt die Auswahl desjenigen Zeichenpapiers aus der Vielzahl der Sorten (je nach Leimung, Gewicht, Oberfläche, Tönung), das sowohl dem Zeichenwerkzeug als auch der angestrebten Wirkung optimal entspricht. So hinterläßt der Bleistift mittleren Härtegrades bei gleichem Druck auf körnigem Papier mehr Graphit als auf glattem. Der Strich wirkt tiefer und durch die Kornstruktur des Papiers zugleich lebendiger.

Für das erste spontane Skizzieren, sei es aus dem Gedächtnis oder vor einem Objekt, eignet sich bei kleinen Formaten besonders die Feder, bei größeren Flächen die Kohle. Die Feder zwingt zum präzisen Linienspiel, die Kohle erlaubt die weiche Hell-Dunkel-Modulation der Fläche. Die Pole zeichnerischer Möglichkeiten, graphisch und malerisch, stehen hier einander gegenüber. Auch für Entwürfe, die schon das Resultat umfangreicher Vorarbeiten darstellen, ist die Kohle bei überwiegend linearer Anwendung unentbehrlich. Sie läßt sich bei Zeichenfehlern durch Abblasen oder Abwischen leicht entfernen und hinterläßt nur einen zarten Hauch des korrigierten Liniengerüstes.

Die Studie wird zweckmäßig in Bleistift ausgeführt. Ihr Ziel ist die Aufnahme eines Objektes in nahezu fotografischer Art. Sie ermöglicht das tiefere Eindringen in das Wesen der Formen. Das zeichnerische Beherrschen der Dinge in ihrer Ganzheit wie in ihren Details bildet die Voraussetzung für das entwurfsmäßige Gestalten. Dabei werden wesentliche Züge übertrieben und unwichtige Nebensächlichkeiten vernachlässigt.

Die Arbeit an einer Studie oder Sachzeichnung, die die Aufgabe der ‚sachlich' richtigen Wiedergabe eines Gegenstandes hat, beginnt mit der umrißhaft linearen Fixierung der äußeren Form (1). Zum Auffinden der Proportionen trägt ein dünn eingezeichnetes, aus horizontalen und vertikalen Linien bestehendes Hilfsgerüst bei, das zugleich die Achsen der symmetrischen Körper (Flasche, Weingläser) angibt und so die Symmetrie von Rechts und Links bestimmt. Nachdem der Aufbau der Formen auf diese Weise erfaßt ist, schafft eine kleine Kompositionsskizze (2) Klarheit über die Anordnung der Gegenstände. Sie zeigt schematisch das räumliche Vor und Zurück und die daraus entstehenden Formüberschneidungen. Die Sachzeichnung (3) faßt das systematische Bemühen aus (1) und (2) zusammen und ergänzt es um die Darstellung der Stofflichkeit (vgl. Kap. 3.12) des Glases, seiner kristallenen Härte entsprechend ohne malerische Effekte in graphischer Manier. Klar abgegrenzte helle und dunkle Flächen kennzeichnen das transparente und dünnwandige, im Spiel des Lichtes spiegelnde glatte Glas.

Eine solche Sachzeichnung dient als Grundlage für die dekorative Anwendung gegenständlicher Motive, sei es als Plakat und Firmenschild (4) oder als Flächenbelebung in freier (5) oder gebundener (6) Form. Die Naturformen werden dabei durch Vereinfachen, Ausscheiden der Binnenstrukturen und Aufheben der Räumlichkeiten stilisiert. In den Darstellungen (4) und (5) stellen sich Flasche und Gläser mit unverändertem Kompositionsschema in völliger Flächenhaftigkeit dar.

Die Flächenüberschneidungen im Plakat oder Firmenschild (4) vermitteln den Eindruck durchsichtigen Glases. Die zierlich aufstrebende für ‚Kronenglas' (daher über dem ‚G' die stilisierte Krone) werbende Schrift paßt sich den zarten, zerbrechlichen Weingläsern an.

Mit der gleichen flächenhaften Motivanlage entsteht in (5) durch Verlängern sämtlicher Geraden bis zum Bildrand ein geometrisches Flächenmuster, in das die in ihrer Form weitgehend aufgelösten Gegenstände mosaikartig eingeordnet werden.

Die Darstellung (6) zeigt ein gebundenes Flächenmuster, das die der Sachzeichnung entnommenen Gestaltungselemente Weinglas und Flasche durch eine spezifisch gereihte Anordnung gleichsam entwirklicht und in rein ornamentale Formeinheiten verwandelt.

Übungen:

Zeichne Objekte wie Gebrauchsgegenstände, Architekturen, Pflanzen, Tiere, Menschen als Skizze und als Studie (Sachzeichnung). Entwickle aus diesen Zeichnungen Entwürfe für Plakate, Schilder, freie und gebundene Ornamente.

3.13

3.14 Freihandzeichnen als Voraussetzung für die Schaufenstergestaltung

Die Schaufensterwerbung hat vor allen anderen Werbemitteln neuzeitlicher Verkaufstechnik den Vorteil, daß sie einen fast unmittelbaren Kontakt zwischen Warenangebot und Käufer herstellt. Doch genügte dieser Vorzug allein kaum, um die besondere Werbewirksamkeit des Schaufensters ausreichend zu erklären. Erst das Wie der Gestaltung entscheidet über den Anreiz zu gesteigerter Kauflust der Kunden.

Am Beginn der gestalterischen Arbeiten für die Dekoration eines Schaufensters steht die Zeichnung. Sie verschafft Klarheit über das Aussehen von Einzelformen und über ihre Gruppierung im Schaufensterraum. In ihrer Technik hat sie den Charakter einer Skizze, in ihrer Funktion hingegen den eines Entwurfs. Da sie allgemein spontan und ohne die Präzision einer Studie und Sachzeichnung ausgeführt wird, empfiehlt es sich, solche Zeichenwerkzeuge zu verwenden, die ein zügiges Arbeiten gestatten. Hierzu zählen für kleine Skizzen der Bleistift und die Feder, für größere Zeichnungen der Filzschreiber, bei dem eine Spezialtusche mit gleichmäßiger Geschwindigkeit aus einem Tuschgefäß in ein Filzstückchen fließt.

Sofern im Schaufenster Stoffe dekoriert werden, handelt es sich entweder im reinen Stoffschaufenster um Verkaufsobjekte oder im Konfektionsfenster um unverkäufliche Accessoires (frz. = Beiwerk), die die Wirkung der dekorierten Bekleidungsartikel optisch steigern. Das Drapieren von Stoffen in Gruppen, Motiven oder Steckmodellen erfordert zuvor die zeichnerische Fixierung des Dekorationsvorhabens. Die Darstellungen (1) und (2) zeigen einfache Grundformen des Faltenwurfs. Wird ein Tuch an zwei Punkten aufgehängt, so entsteht eine girlandenähnliche Draperie (1). Wenn es über zwei senkrecht aufragende Stangen verschiedener Höhen gelegt wird, entsteht ein Faltenwurf mit kaskadenartig herabgleitenden Linien (2). Schaufensterskizzen sind Ideennotizen, und meist genügen bereits einige knappe Andeutungen (linke Hälften), die hin und wieder durch modellierende Schraffuren ergänzt werden (rechte Hälften).

Auswahl und Zusammenstellung der auf das jeweilige Schaufensterthema bezogenen Accessoires erfordern Phantasie und Gestaltungsvermögen. Symmetrie und Asymmetrie, Konzentration und Dezentration sind gestalterische Möglichkeiten, die ein harmonisches Miteinander der Dinge in gefälligen, werbewirksamen Gruppierungen erlauben. Für ein Schaufenster, das Herbstmoden für Damenbekleidung zeigt, kommen als Accessoires etwa Schirm und Halstuch, Handtasche und Schuhe, Modeschmuck und Stoffblume in Frage (3).

Ebenso wie die Accessoires erfordern auch die Schaufensterfiguren eine zeichnerische Darstellung. Rasch angefertigte Skizzen veranschaulichen Haltung und Bekleidung oder Drapierung der aus Kunststoff hergestellten, mit drehbaren Gliedern versehenen Mannequins. Die für das figürliche Zeichnen nach dem menschlichen Modell gültigen Proportions- und Anatomieregeln werden beim Modezeichnen erheblich abgewandelt. Die modische Eleganz der Schaufensterfiguren äußert sich nicht nur in der Überlänge der Proportionen, sondern auch in der Typisierung der Gesichtszüge nach dem herrschenden Modeideal. Die Figurenskizze (4) besteht in wenigen Haltung (hier Kontrapost) und Proportionen umrißhaft wiedergebenden Strichen. Auf das plastisch modellierende Helldunkel wird dabei zweckmäßigerweise verzichtet. Das Zeichnen bekleideter oder drapierter Schaufenstermannequins bedingt stets die organische Anpassung der Kleidung an die Figurenkörper (5) und (6). Auch hier trägt der sparsame Einsatz der zeichnerischen Mittel wesentlich zum Wert der als Arbeitsunterlage dienenden Skizze bei, die noch in die Wirklichkeit des Schaufensters umgesetzt werden muß.

Übungen:

1. Zeichne Faltenwürfe in verschiedenen Drapierungen (z. B. liegend, hängend).
2. Zeichne Accessoires wie Taschen, Schuhe, Handschuhe, Hüte, Modeschmuck, Parfümflaschen, Stoffblumen.
3. Schule das figürliche Zeichnen nach Gliederpuppen und Schaufensterfiguren. Überzeichne die Figurenkörper mit Unter- und Oberbekleidung.

3.14

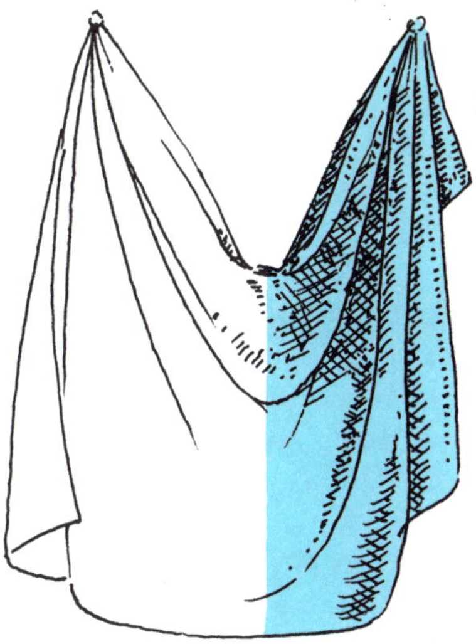

(1)

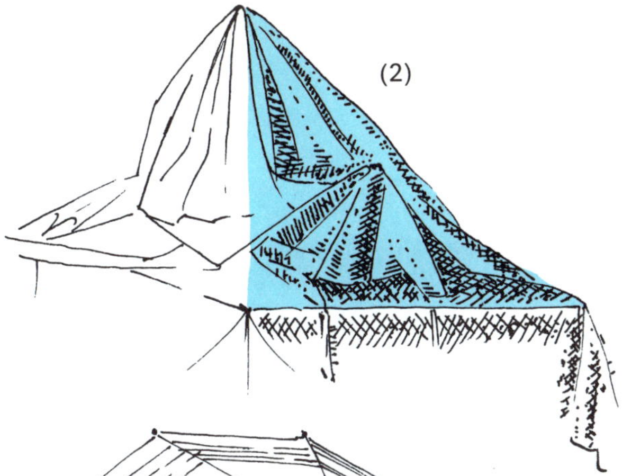

(2)

(3)

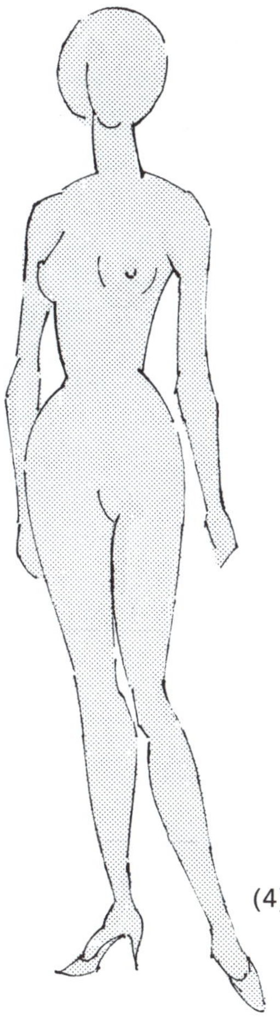

(4)

(5)

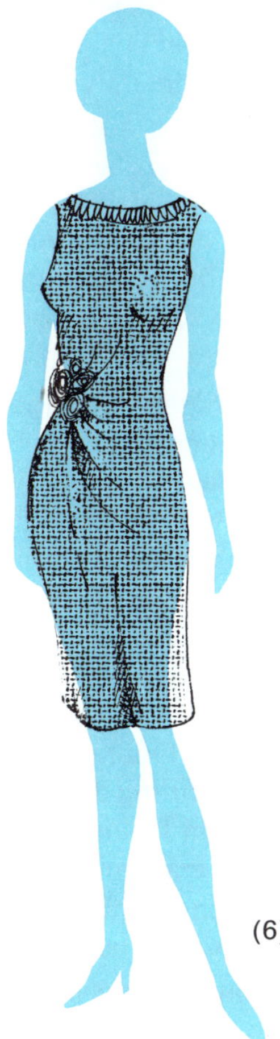

(6)

3.15 Heraldik – Schildformen und Schildfiguren

Der Gestalter, der ein altes Familienwappen restauriert oder ein Wappen neu entwirft, sieht sich mit den vielfältigen Problemen der Heraldik konfrontiert.

Die Heraldik geht auf die höfisch-ritterliche Zeit des hohen Mittelalters zurück. Während die kämpfenden Ritter bis ins 12. Jahrhundert einen offenen Helm trugen, so daß sich die Gegner von Angesicht zu Angesicht gegenüberstanden, kam im Hochmittelalter ein Helm auf, der das Antlitz bis auf einen Sehschlitz vollständig bedeckte. So wurde es notwendig, daß sich Freund und Feind auf andere Weise unterscheiden ließen. Diese Funktion der Kennzeichnung übernahm ein ‚wâpen' (ndt. Waffe), nämlich der als Abwehrwaffe dienende Kampfschild, der den Ritter gegen Schwertschlag, Lanzenstoß und Pfeilflug schützte. Der Schild war mit einem Persönlichkeitszeichen, der Schildfigur, versehen. Die machte den Ritter im Kampfgetümmel für seine Genossen wie für seine Gegner weithin sichtbar. Oftmals wiederholte sich die Schildfigur im Helmkleinod, im Banner an der Lanze, auf dem Waffenrock und auf der Pferdedecke des Streitrosses. Bald wurden die Schildfiguren als Familienzeichen erblich und schließlich als Geschlechterwappen heraldisch ausgebildet.

Die Herolde, im Dienste der Adeligen befindliche Zeremonienmeister bei Reiterspielen, trugen Kleidung und Wappenschild ihrer Herren. Sie zeichneten sich durch ihre Personen- und Wappenkenntnis aus, führten Wappenbücher und entwickelten die heraldische Fachsprache. Nach ihnen wird die Wappenkunde Heraldik genannt.

Zum heraldischen Wappen gehören allgemein Schild mit Schildfigur, Helm, Helmdecke und Helmkleinod. Das wichtigste Element des Wappens ist der Schild, dessen Form sich im Laufe der Geschichte stark gewandelt hat. Der im 13. und 14. Jahrhundert übliche zugespitzte Schild (1) wurde im 15. Jahrhundert von der Form des halbrunden (2) und des geschweiften (3) Schildes abgelöst. Die Schilde (4) und (5) mit bewegten Randlinien weisen auf die stilbildenden Kräfte der Spätgotik und der Frührenaissance hin. Der mit einem Ausschnitt zur Führung der Lanze gestaltete Schild (5) heißt Tartsche. Im 16. und 17. Jahrhundert verlor der Schild durch die Umrüstung auf Feuerwaffen zunehmend seine eigentliche Funktion und nahm die rein dekorative Form der Kartusche (6) an.

Eines der Grundelemente mittelalterlicher Kunst, Flächenhaftigkeit und Verzicht auf Räumlichkeit, spiegelt sich auch in der Heraldik wider. So wurden die heraldischen Metalle und Farben, Tinkturen genannt, rein flächig angewandt. Die heraldischen Metalle sind Gold bzw. Gelb und Silber bzw. Weiß, die heraldisch reinen Farben Rot, Blau, Grün und Schwarz, während Purpur und Braun als heraldisch unreine Farben gelten. Eine Grundregel der Heraldik besagt, daß stets Farbe auf Metall oder Metall auf Farbe, nie Metall auf Metall oder Farbe auf Farbe gesetzt werden darf. Es ist also heraldisch unrichtig, etwa einen roten Löwen auf blauen Grund zu setzen. Seit dem Jahre 1638 werden die heraldischen Tinkturen graphisch einheitlich durch besondere Schraffierungen und Punktierungen dargestellt. So bedeuten senkrechte Schraffuren Rot (7), waagerechte Schraffuren Blau (8), schräg von oben links nach unten rechts verlaufende Schraffuren Grün (9), senkrecht und waagerecht gekreuzte Schraffuren Schwarz (10). Die Metalle Gold bzw. Gelb (11) werden durch einen punktierten, Silber bzw. Weiß (12) durch einen weißen Grund gekennzeichnet. Von links unten nach rechts oben steigende Schraffuren stellen Purpur (13), senkrechte und schräg gekreuzte Schraffuren Braun (14) dar.

Die Schildfiguren werden in die zwei Gruppen der Heroldsbilder und der Gemeinen Figuren unterteilt. Die Heroldsbilder sind Schildteilungen und geometrische Formen, die allgemein den Schildrand berühren. Die Darstellungen (15) bis (26) zeigen aus der Fülle der Heroldsstücke einige Beispiele: (15) gespalten, (16) geteilt, (17) schräg rechts geteilt, (18) gestürzte Spitze, (19) neunfach geschacht, (20) gerautet, (21) Wellenschnitt, (22) Bord, (23) einfaches Kreuz, (24) geständertes Kreuz, (25) Malteserkreuz, (26) Andreaskreuz, (27) Passionskreuz, (28) Lothringer Kreuz, (29) Sternenkreuz, (30) Lilienkreuz, (31) Löwe, (32) Greif, (33) Drache, (34) steigender Bär, (35) springendes Pferd, (36) Doppeladler, (37) Adler, (38) Bundesadler.

Die Gemeinen Figuren stehen üblicherweise frei im Wappenfeld, ohne den Wappenrand zu tangieren. Als Gemeine Figuren dienen Kreuze, Berufszeichen, stilisierte Motive aus dem Pflanzen- und Tierreich, Fabelwesen, Menschen. Die Gemeinen Figuren sind beispielhaft durch die Kreuzformen (27) bis (30) dargestellt. Tiere und Fabeltiere dagegen beinhalten die Wappenbilder (31) bis (38).

3.15

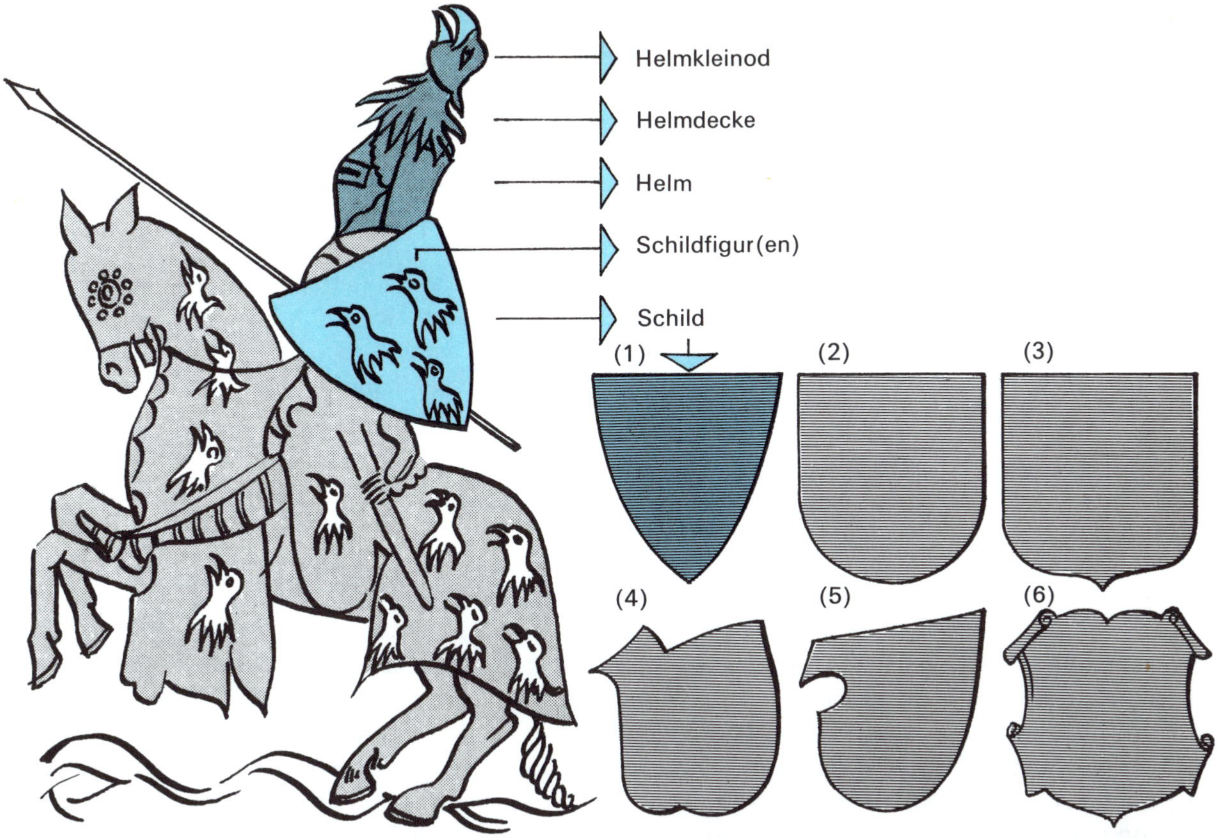

Die der Weingartner Liederhandschrift (um 1300) entnommene Darstellung eines Ritters auf seinem Streitroß zeigt Hartmann von Aue bei einem Kreuzzug.
Hartmann von Aue gilt als bedeutender mittelalterlicher Dichter.

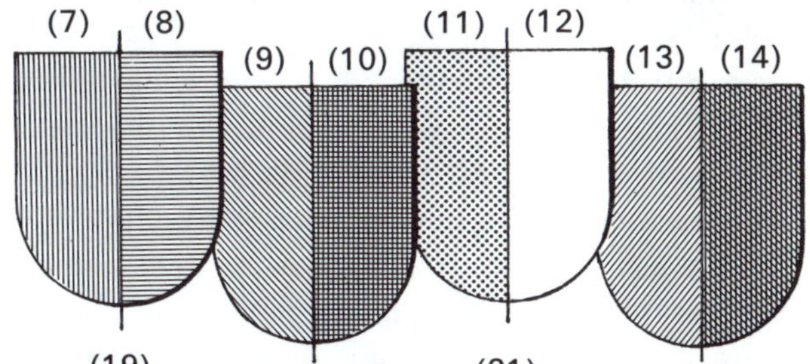

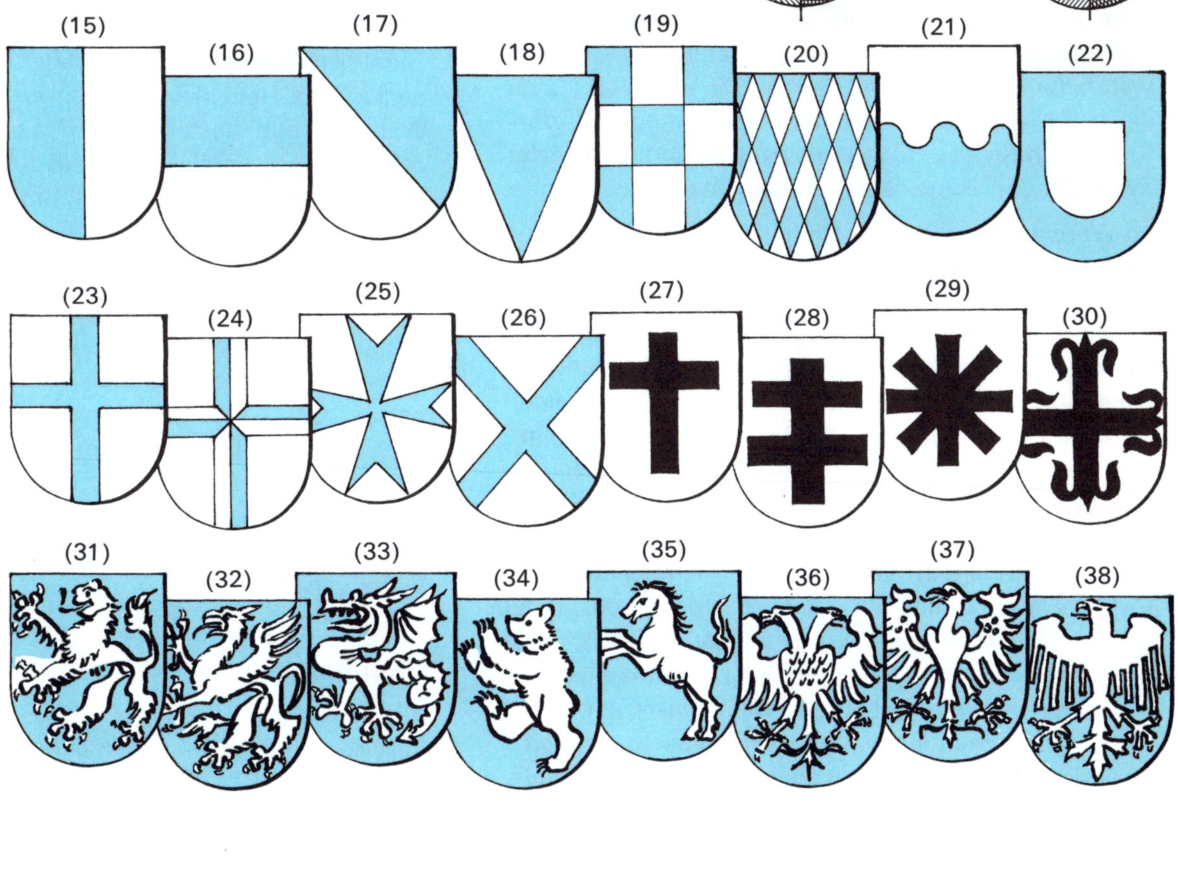

3.16 Heraldik – Helmformen und Wappen

Wesentlicher Bestandteil eines heraldischen Wappens ist – neben dem Schild – der Helm. Auch er verwandelte im Laufe der Jahrhunderte erheblich seine Form. Der Glockenhelm (1) des 12. Jahrhunderts, der das Gesicht noch teilweise frei ließ, wurde im 13. Jahrhundert vom Topfhelm (2) abgelöst. Auf den Kübelhelm (3) des 14. Jahrhunderts folgte im 15. Jahrhundert, der Blütezeit deutscher Heraldik, der Stechhelm (4). Hinzu kam der Bügel- oder Spangenhelm (5), der – im Gegensatz zu dem bis auf einen schmalen Augenschlitz völlig geschlossenen Stechhelm – dem Träger ein verhältnismäßig weites Blickfeld öffnete. Während ursprünglich beide Helmarten, der Stechhelm wie der Spangenhelm, in den Geschlechterwappen sowohl Adeliger als auch Bürgerlicher enthalten waren, hat sich in der Jetztzeit für den Entwurf heraldischer Wappen der Grundsatz herausgebildet, den Stechhelm für das Bürgertum zu benutzen, dem Adel hingegen den Bügelhelm vorzubehalten.

Im Wappen derer von Biedenfeld (6) (hessischer Uradel, erste urkundliche Nennung 1180) wird die Form des Stechhelms verwendet. Das Wappen zeigt den Schild „gelehnt". Diese allgemein übliche Schrägstellung erklärt sich daraus, daß der an der Wand aufgehängte Kampfschild auf einer Seite tiefer herabsank. Der an die obere Schildecke geordnete Helm, der den Schildrand leicht überdeckt, paßt sich der Neigung des Schildes an. Sofern der Schild gerade erscheint, soll auch der Helm ohne Schrägstellung angebracht werden. Die auf dem Helm befindliche Helmdecke, ursprünglich ein Tuch als Nackenschutz gegen Sonnenstrahlen, wurde in der Heraldik zum rein ornamentalen Schmuckelement. Das abgebildete Wappen hat eine geblattete Helmdecke mit dem charakteristischen ineinandergeschlungenen Rankenwerk der Gotik. Außen zeigt die Helmdecke eine heraldische Farbe (hier Schwarz), innen ein Metall (hier Gold bzw. Gelb). Neben geblatteten Helmdecken werden in der neuzeitlichen Heraldik gebandelte und getuchte Helmdecken angewendet. Den Übergang zwischen Helmdecke und Helmkleinod stellt der wulstartige Hut mit Hermelinaufsatz dar. Die Form des „Fluges" (heraldische Fachsprache: gespreizte Flügel, meist des Adlers) dient als zierendes Helmkleinod. In ihm wiederholt sich das im Schild enthaltene Familiensymbol, hier ein schräggelegter Widerhaken (Wolfsangel). In der kirchlichen Heraldik treten an die Stelle des Helmes als sakrales Würdezeichen die päpstliche Tiara oder Kardinals-, Bischofs- und Abthüte.

Heraldische Wappen, die weder Helm noch Helmdecke und Helmkleinod besitzen und nur aus dem Wappenschild bestehen, sind nicht Persönlichkeitszeichen einer Familie (deshalb auch das Fehlen des Helmes), sondern als Länder-, Städte- und Gemeindewappen Hoheitszeichen der Gemeinwesen.

Die Heraldik wird auf vielfältige Art und Weise angewendet. Neben der Ausführung in Stein und Holz erscheinen gemalte Wappenbilder als Schmuck in und an privaten und öffentlichen Gebäuden, wie etwa auf Kamin- (7) und Türflächen in den Wohnungen der Bürger und auf den Wandflächen in Sitzungs- und Festsälen. Ferner werden heraldische Wappen in Amtssiegeln und Gästebüchern, auf Urkunden, Etiketten und Firmenschildern sowie als Schaufensterblickfänge verwendet.

Übungen:

Zeichne Familien-, Länder-, Städte-, Gemeinde- und Berufswappen und lege sie nach den Regeln von den heraldischen Tinkturen in Farbe an.

3.16

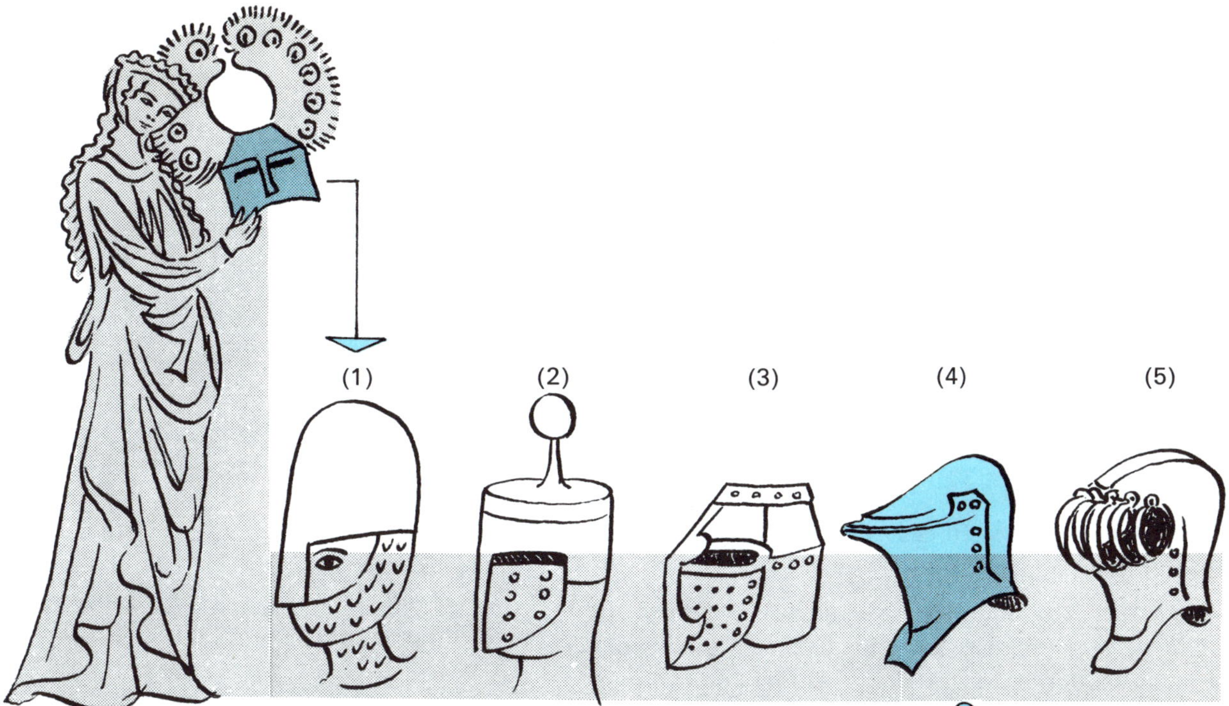

Die der Manessischen Handschrift (Anfang des 14. Jahrhunderts) entnommene Darstellung zeigt einen Bildausschnitt aus der Helmverleihung an den Schenk von Limburg durch seine Herrin vor dem Aufbruch zum Kreuzzug.

Biedenfeld

(6)

(7)

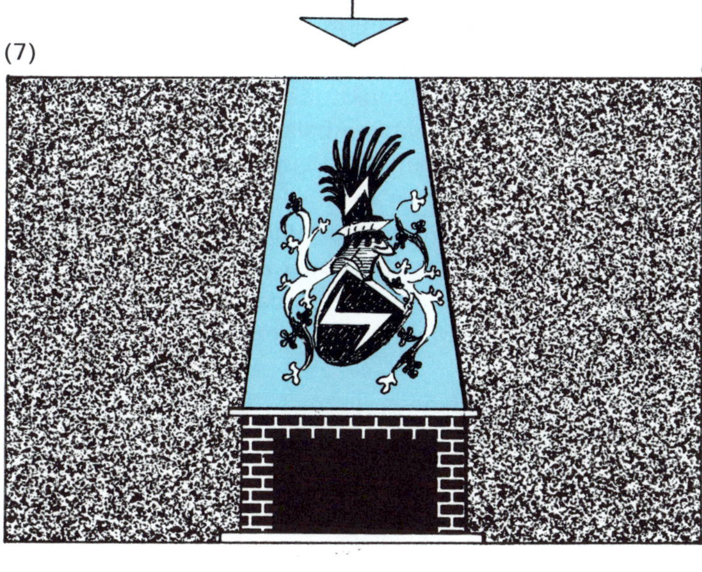

3.17 Übertragen gegebener Formen

Vom Gestalter wird oftmals gefordert, gegebene Formen zu übertragen.

Sofern das Übertragen im Maßstab 1 : 1 erfolgt, ist lediglich eine Pause anzufertigen. Die zu pausenden Formen werden entweder durchgedrückt oder durchgeradelt, von der Rückseite mit feinem Schleifpapier abgeschliffen und von dem mit Farbpulver (Kohle, Gips, eventuell Buntpigment) gefüllten Pausbeutel markiert.

Beim Vergrößern oder Verkleinern kann man sich verschiedener Übertragungsverfahren zweckmäßig bedienen.

Einfach und gebräuchlich ist das Planquadratverfahren. Es beruht auf der Tatsache, daß sich zwei ähnliche Quadrate zueinander so verhalten wie die Größen der in den Quadraten befindlichen Formen. Dabei werden die Vorlage (1) ebenso wie der Zeichenträger der Übertragung (2) mit einem gleichartigen, sich lediglich in den Dimensionen unterscheidenden Quadratnetz versehen. Soll das Netz aus Gründen der Sauberhaltung nicht unmittelbar auf der Vorlage eingezeichnet werden, so ist diese mit Transparentpapier zu überdecken, auf dem das Planquadrat eingezeichnet wird. Da die Übertragung mit Hilfe des Quadratnetzes häufig vorkommt, empfiehlt es sich, durchsichtige Folien mit Quadratnetzen verschiedener Größen anzufertigen. Die Quadrateinteilung sollte sich von dem Zeichengrund, auf den die Vergrößerung oder Verkleinerung übertragen wird, wieder leicht entfernen lassen (weiche Bleistifte verwenden). Eine Kennzeichnung der Quadrate mit Zahlen und Buchstaben erleichtert das schnelle Auffinden der Planquadrate in der Vorlage wie in der Übertragung. Je dichter das Quadratnetz liegt, um so leichter lassen sich die Formen innerhalb eines Quadrates fehlerfrei linear übertragen (2). Sollte die Quadrierung an einzelnen Stellen der Vorlage für eine detaillierte Übernahme zu grob sein, so kann dieses oder jenes Quadrat durch Halbieren der Seiten in vier kleinere Quadrate unterteilt werden. Die Darstellung (3) zeigt die Anwendung einer Vergrößerung nach dem Planquadratverfahren als Blickfang für ein Modeschaufenster. Soll ein Lichtspieltheater mit dem Schriftzug ‚Theater' versehen werden (4), so wird zunächst ein kleinformatiger Schriftentwurf hergestellt (5) (graue Farbanlage). Es ist unvorteilhaft, Schriften mit dem Planquadratverfahren zu übertragen. Geeigneter hierfür ist das Diagonalverfahren, das davon ausgeht, daß Rechtecke mit gleichgerichteten Diagonalen proportionsgleich sind. Die Diagonale *AC* des Rechtecks *ABCD* wird beliebig verlängert. Beträgt die Länge des zu vergrößernden Schriftzuges nicht *AB* sondern *AB'*, so bildet die Senkrechte in *D'*, begrenzt vom Schnittpunkt mit der Diagonalen in *C'*, die Buchstabenhöhe *D'C'*. Das neu entstandene Rechteck *AB'C'D'* entspricht proportional dem Rechteck *ABCD*. Nach dem gleichen Prinzip werden die einzelnen Buchstaben aus dem Entwurf in den vergrößerten Schriftraum (rote Farbanlage) übertragen. Ausgehend vom Punkte *A* werden über die einzelnen Markierungspunkte der Buchstaben Geraden gezogen, die im vergrößerten Schriftbild auf der oberen Rechteckbegrenzung *B'C'* die Buchstabenbreiten und Balkenstärken angeben. Das gleiche Konstruktionsschema gilt für Querbalken. Sie ergeben sich aus den Schnittpunkten der über die Markierungspunkte gezogenen Linien mit den senkrechten Buchstabenbalken (vgl. (5) Buchstabenbeispiel ‚H'). Neben dem Planquadrat- und dem Diagonalverfahren als rein manuellen Übertragungsverfahren bieten der Pantograph, auch Storchschnabel genannt, und das Epidiaskop oder Antiskop Möglichkeiten des mechanischen und optischen Verkleinerns und Vergrößerns gegebener Formen.

Übungen:

1. Vergrößere beliebige Formen mit Hilfe des Planquadratverfahrens.
2. Vergrößere beliebige Schriftzüge mit Hilfe des Diagonalverfahrens.

3.17

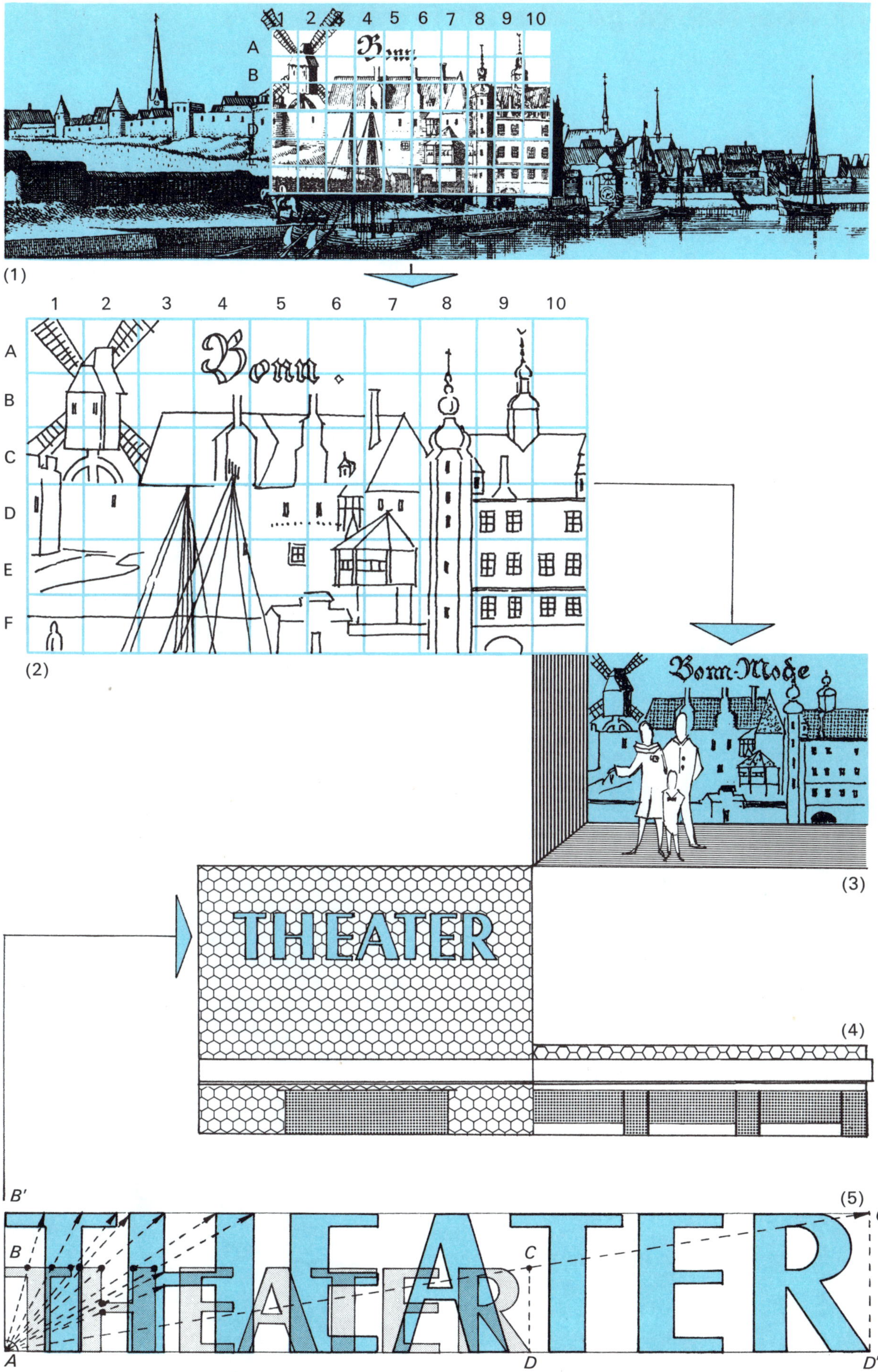

(1)
1 2 3 4 5 6 7 8 9 10
A B C D E F
Bonn.
(2)
Bonn-Mode
(3)
THEATER
(4)
(5)
B′
B
C
C′
A
D
D′
THEATER

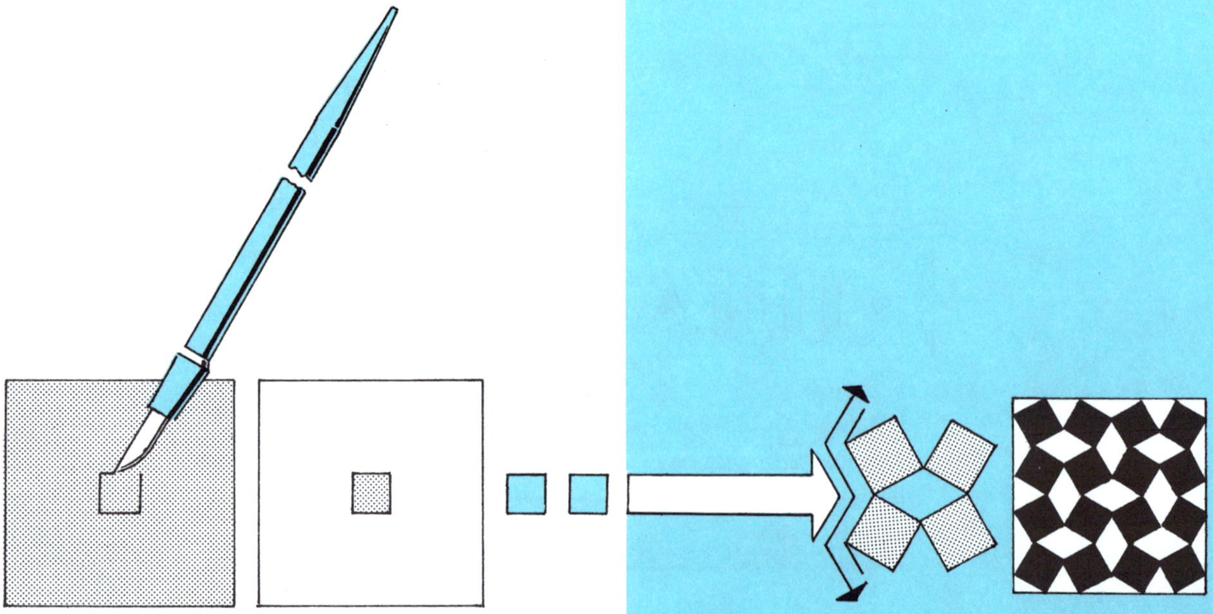

GESTALTUNGS-TECHNIKEN

Bestimmte Werkzeuge wie Pinsel, Kämme, Modler, Tupfer u. a. besitzen eine eigene, unverwechselbare Formsprache. Das bedeutet, daß das Werkzeug selbst zum Ausdrucksträger wird. Daher ist in diesem Kapitel Gestaltungstechnik nicht als Materialtechnik unter dem vorrangigen Gesichtspunkt des ‚Was´ (verwendeter Werkstoff) und des ‚Wie´ (technische Ausführung) zu verstehen, sondern als formbestimmende Werkzeugtechnik.

Die hier besprochenen Gestaltungstechniken sind durchaus herkömmlich, ja man könnte sogar meinen überholt, unzeitgemäß. Dennoch wirken sie bei sinnvoller Anpassung an die Erfordernisse neuzeitlicher Gestaltung keineswegs veraltet, sondern gestatten vielfach überraschende und eigenwillige dekorative Effekte.

4.1 Liniieren

Jede Linie braucht die Fläche, die sie allein oder im Verband durchzieht, abgrenzt oder einfaßt. Die Linie stellt einen wesentlichen Bestandteil der Dekoration dar. Sie muß sich in ihrer Stärke und Farbe dem jeweiligen Objekt anpassen. Schmale Linien wirken zierlich und elegant, während breite Linien wuchtig und blockig erscheinen. Trennende Linien erfordern kontrastierende Farben, begleitende Linien hingegen ordnen sich farbig in die Gesamtkonzeption ein.

Bevor man mit dem Ziehen der Linien beginnt, wird auf der vorbereiteten Fläche das ‚Absetzen' vorgenommen. Hierunter versteht man das Festlegen der Markierungspunkte mit Meterstab und Lineal. Während für waagerechte Linien auf liegenden und stehenden Flächen im allgemeinen zwei Markierungen erforderlich sind, wird bei senkrechten Linien von der oben angebrachten Markierung aus gelotet. Das ‚Schnüren' der Linien erfolgt mit der eingefärbten Schlagschnur oder Kordel. Hierbei wird die Schnur an die festgelegte Markierung gehalten, vom anderen Ende aus gestrafft und in der Mitte kurz abgezogen. Als Färbematerial sind nur Stoffe zu wählen, die von der Oberfläche wieder leicht zu entfernen sind, also Gips oder pulverisierte Kohle. Breite Linien und Bänder, die nicht mit einem Pinselzug gezogen werden können, müssen auf beiden Seiten geschnürt werden.

Zum Ziehen der Linien eignen sich der Schräg-, Lyoner-, Greizer und Berliner Strichzieher (1). Von den genannten Arten faßt der Schrägstrichzieher am wenigsten Farbe. Technische Fertigkeit, Pinselgröße und Linienbreite entscheiden über den Einsatz des Werkzeuges. Beim Anlegen des Lineals ist zu beachten, daß die Fase stets der Fläche zugekehrt ist, da sonst durch ablaufende Farbe unscharfe Kanten entstehen (2). Das Ziehen waagerechter Linien erfolgt in der Regel von links nach rechts. Bei Bändern und Streifen ist erst die obere und dann die untere Kante scharf einzuziehen. Anschließend wird das stehengebliebene Mittelfeld gleichmäßig und ansatzlos mit Farbe ausgefüllt.

Die Art der verwendeten Liniierfarbe richtet sich nach der Technik. Grundsätzlich muß die Farbe gut zieh- und deckfähig sein, um ein zweimaliges Ziehen möglichst zu vermeiden.

Nach den Breiten werden Linien wie folgt unterschieden (3):

- Der Ritzer mit einer Breite bis zu 5 mm gehört zu den feinen und zierlichen Linien.
- Der Strich mit einer Breite von 6 bis 15 mm ist die zum Abgrenzen am meisten verwendete Linienart.
- Das Band hat eine Breite von mehreren Zentimetern. Es erscheint meistens im Linienverband.
- Der Streifen geht über die Breite des Bandes hinaus.

Eine Zusammenfassung von Linien mit unterschiedlicher Breite nennt man Linien- oder Streifenbündel. Die Reihenfolge der Linien ist dabei verschieden. Bei der Darstellung (3) liegt der Schwerpunkt durch die breitesten Linien jeweils außen oder innen. Auf eine harmonische Zusammenstellung in den Breiten, in der Reihenfolge und den Abständen der Linien ist zu achten.

Werden Linien in wechselnden Breiten und Abständen im rechten Winkel um eine Fläche geführt, so entsteht die Füllung (6). Die Konzentration durch den Einschluß des Mittelfeldes entfällt bei Gliederungen mit Flächencharakter. Bei der mittleren und rechten Darstellung (6) vereinigen sich Liniennetz und Füllungsflächen zum horizontal-vertikal bzw. zum diagonal verspannten Flächenmuster.

Übungen:

1. Ziehe auf größeren Flächen waagerechte, senkrechte und diagonale Striche, Ritzer und Bänder. Achte beim Versetzen des Lineals auf einwandfreie Übergänge. Probiere die Ziehfähigkeit von Leim-, Dispersions-, Öl- und Lackfarben aus.
2. Belebe Flächen mit verschiedenen, harmonisch angeordneten Streifenbündeln. Setze die breiteste Linie im hellsten und die schmalste im dunkelsten Farbton ein.
3. Gliedere Flächen durch Aufreihen gleichbreiter Streifen und Abstände. Steigere die Wirkung durch Einschalten einer zweiten und dritten Farbe.
4. Gliedere Flächen mit Linien in wechselnder Breite und Farbe.
5. Gliedere quadratische und rechteckige Füllungen durch Einfassen mit Linien in verschiedenen Breiten. Teile Füllungsflächen durch senkrechte und waagerechte oder diagonale Liniensysteme auf.

4.1

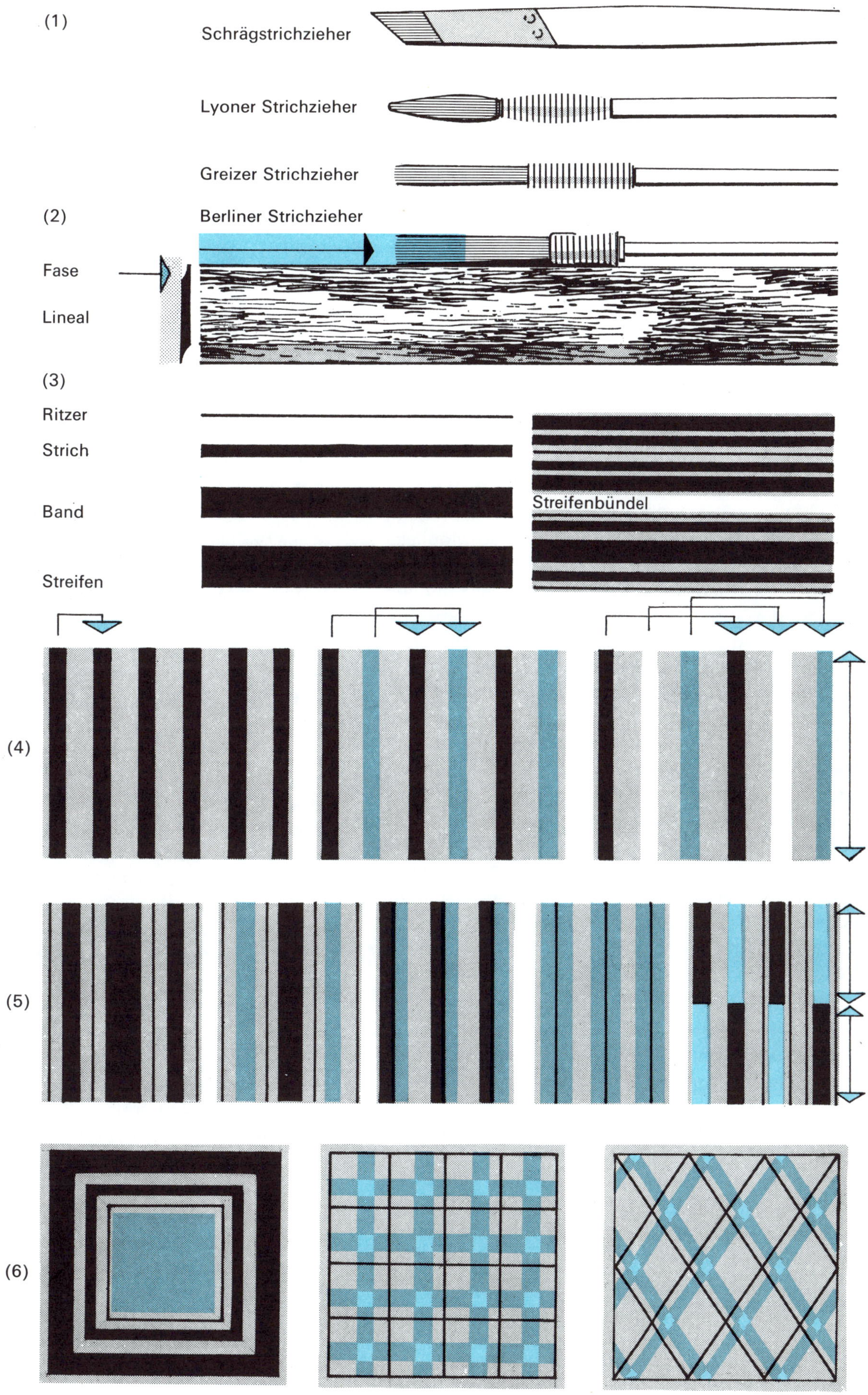
(1)
Schrägstrichzieher
Lyoner Strichzieher
Greizer Strichzieher
(2)
Berliner Strichzieher
Fase
Lineal
(3)
Ritzer
Strich
Band
Streifen
Streifenbündel
(4)
(5)
(6)

4.2 Durchziehen

Mannigfaltige dekorative Flächenbelebungen lassen sich mit dem Modler und Zackenpinsel erreichen. Diese Art, Oberflächen durch Linien zu gestalten, wird nach dem Werkzeug auch Modlertechnik genannt. Mit ihr lassen sich bei entsprechender Führung des Werkzeuges und Auswahl der Farben verschiedene Untergründe (Papier, Karton, Putz) reizvoll beleben.

Wie bei jedem anderen Werkzeug müssen auch beim Modler oder Zackenpinsel die technischen Möglichkeiten berücksichtigt werden. Da durch die geringe Farbenspeicherung nur kurze Strecken in einem Zuge ausgeführt werden können, muß vor Arbeitsbeginn entwurfsmäßig geplant werden. Sind größere Flächen in Durchziehtechnik zu behandeln, so ist die vorherige Aufteilung mit Meterstab und Schnürkordel zweckmäßig. Zum Einfärben der Schnur sind dem Grundton ähnlich Pigmente zu verwenden. Als Untergrund sind gekörnte plastische Anstriche oder Rauhfaserpapiere besonders geeignet, da Modler und Durchzieher auf ihnen nicht gleichmäßig angreifen und so granierte Linienstrukturen entstehen. Gut eignen sich für diese Technik – vor allem bei saugenden Flächen – dünnflüssige und zügige Farben, wodurch Ansätze weitgehend vermieden werden. Um das gleichmäßige Abstreichen der überschüssigen Ziehfarbe aus dem breiten Werkzeug zu gewährleisten, ist ein rechteckiger Farbbehälter zu verwenden.

Neben dem Modler in verschiedenen Breiten eignet sich für diese Technik der ein- und zweiteilige Durchzieher oder Zackenpinsel (1). Da der Modler mit seiner zusammenhängenden Borstenanordnung nur geschlossene Farbflächen schafft, müssen diese in einzelne Gruppen aufgeteilt werden. Das geschieht nach der Aufnahme und dem Abstreichen überflüssiger Farbe mit einem Kamm oder Nagelbrett. Da auf diese Art die einzelnen Borstenbündel unterschiedlich groß werden, entstehen beim Ziehen ungleichmäßig breite, durch ihre rhythmische Verteilung ansprechende Linienfelder.

Für die Entwurfsarbeit wird der Plakatschreiber oder ein anderer Flachhaarpinsel in gleicher Weise benutzt, damit Entwurf und spätere Ausführung in Charakter und Aussehen übereinstimmen.

Mit dem einfachen Durchzieher oder Zackenpinsel lassen sich beim einmaligen Arbeitsgang nur einfarbige Belebungen erzielen. Je nach Schluß der einzelnen Borstenbündel und der Größe des Zackenpinsels können breitere und schmalere Streifen in die Flächenbelebung eingeschaltet werden.

Beim zweiteiligen Durchzieher werden die beiden Hälften getrennt in Farben mit unterschiedlichen Tönen eingetaucht. Nach dem Zusammenlegen lassen sich zweifarbige Linienfelder gleichzeitig erreichen.

Farbunterlage und Richtungswechsel ergeben mannigfaltige dekorative Flächenmusterungen (2). Schon ein in eine Richtung gezogenes Linienbündel wird durch die farbige Unterlage schmückend bereichert (a). Eine gesteigerte Wirkung beim gleichen Motiv wird durch das Durchziehen im Kreuzverband im oberen und unteren Teil erzielt (b). Obwohl das Mittelfeld horizontal durchgezogen ist, bekommt das Muster durch die senkrechte Farbunterlage und die begleitenden Linien eine betont vertikale Richtungstendenz (c). Durch gegensätzliche Farbanlage und Liniengruppierung entsteht ein in sich beharrendes Muster (d). Eine Flächenbelebung mit einem verstärkten Richtungsverlauf entsteht durch rhythmisch nebeneinander geordnete farbige Striche und Bänder, die mit einem waagerechten, streifenartig wirkenden Linienfeld belebt sind (e). Gegensätzliches Durchziehen quadratischer Felder auf geometrischer Farbunterlage ergibt durch den Gegensatz Waagerecht-Senkrecht ein abwechslungsreiches Flächenmuster (f).

Neben den angeführten Beispielen (2) lassen sich noch weitere zahlreiche dekorative Muster mit Modler und Zackenpinsel herstellen. Zusätzliche Varianten entstehen durch einen entsprechend behandelten Untergrund. So sieht eine in Durchziehtechnik belebte Fläche auf einem glatten Grund anders aus als auf einer gekörnten Oberfläche. Reizvolle Effekte entstehen durch das nachträgliche leichte Abschleifen der Spitzen.

4.2

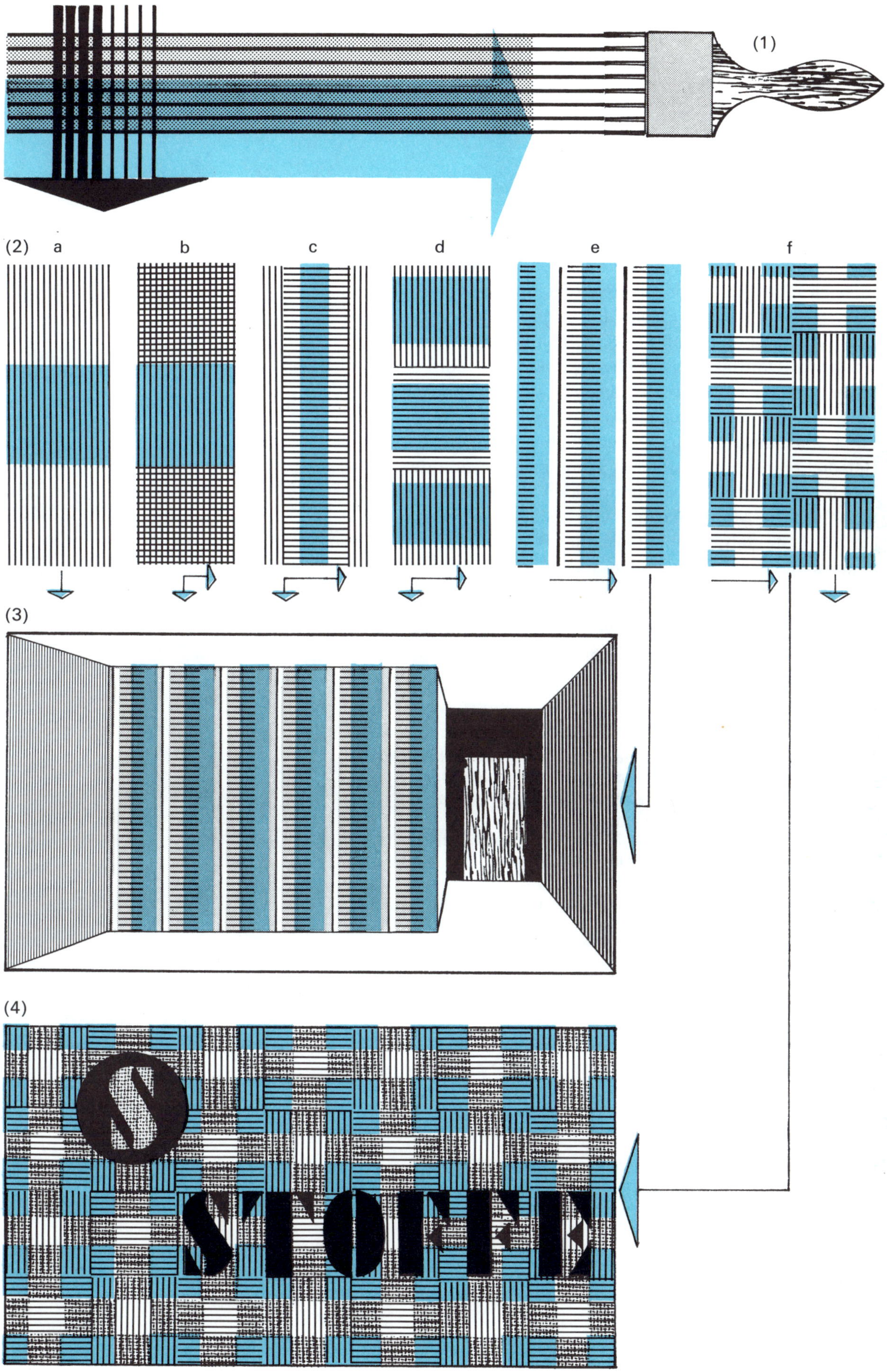

(4.2 Durchziehen)

In der Raumgestaltung ermöglicht die Durchziehtechnik ansprechende Flächenbelebungen. Dabei sollte man es nicht bei einer Tapeten-Imitation bewenden lassen, sondern individuelle Lösungen suchen, die Technik und architektonische Gegebenheiten berücksichtigen. Um dekorative Schwerpunkte im Raum zu bilden, ist es nicht empfehlenswert, alle Wände zu beleben, sondern besser, die Akzente auf einen Pfeiler, Erker oder eine einzelne Wand zu beschränken. Ein Beispiel hierfür ist der Raum (3) mit seiner durch das Muster (2e) belebten vorspringenden Wand. Mit den technischen Möglichkeiten von Glatt und Rauh (farbiger Streifen in leicht gekörnter Plastik) kann die dekorative Wirkung beachtlich gesteigert werden.

Der Plakatentwurf mit dem Thema ‚Stoffe' (4) zeigt, wie das Muster (2f) benutzt wurde, um einen textilähnlichen Untergrund zu erzielen.

Übungen:

1. Übe die in Darstellung 2 a–f gezeigten Muster auf einer glatt gestrichenen, gekörnten oder mit Rauhfaserpapier kaschierten Fläche. Entwirf neue Muster mit einem von einem Kamm gespaltenen Haarpinsel.
2. Belebe eine Wand mit einem Modler oder Durchzieher in regelmäßiger sowie unregelmäßiger senkrechter und waagerechter Aufteilung.
3. Entwirf freie und geometrische Muster für ein Stoffplakat (Wäsche, Kleider, Schottenstoffe).

4.3 Kammzug

Mit der Technik des Kammzuges lassen sich schmückende Oberflächen mit reizvoller Wirkung schaffen. Voraussetzungen dafür sind: das Werkzeug muß manuell beherrscht sowie gestalterisch ausgenutzt werden; die geeigneten Werkstoffe müssen zusammen mit der formgebenden Idee richtig eingesetzt werden.

In den frischen Farbenaufstrich oder plastischen Auftrag lassen sich neben geraden, gebogenen, kreisförmigen und überschneidenden Linienbündeln die verschiedensten Schmuckmotive und Schriftzüge einkämmen.

Als Werkzeuge verwendet man Gummi- und Stahlkämme sowie spitz und breit zugeschnittene Gummistifte. Gummi- und Stahlkämme gibt es in verschiedenen Ausführungen und Breiten im Handel (1). Darüber hinaus kann man selbst aus Hartgummi, Leder, Holz oder Kunststoff das eine oder andere Werkzeug durch Einschnitte an der Zugkante anfertigen. Durch Herausbiegen von einem oder mehreren Zinken aus Stahlkämmen entstehen Werkzeuge für unterschiedliche Muster. Weichere Übergänge ergeben sich durch Bespannen des Werkzeuges mit fein- oder grobgewebtem nesselartigem Stoff.

Gleichbleibende und einwandfreie Züge setzen häufiges Reinigen des Kammzugwerkzeuges voraus. Zum Abdecken von Gehrungen oder schräg verlaufenden geometrischen Formen eignet sich Glaspapier mittlerer Körnung. Dieses Hilfsmittel erlaubt einerseits das exakte Ansetzen des Kammes und verhindert andererseits das Verletzen der frischen Anstrichfläche. Wenn Schablonen erforderlich sind, können diese ebenfalls aus Glaspapier geschnitten werden; Lineale werden mit Glaspapier unterklebt.

Der Kammzug kann bei entsprechender Vorbereitung auf Karton, Pappe, Hartfaser- und Holzspanplatten, Holz und Putz ausgeführt werden. Unebenheiten und Vertiefungen im Untergrund werden mit geeigneten Füllmitteln (Dispersions-, Öl- oder Lackspachtelmasse) nach dem Grundieren geglättet. Ob ein glatter oder gekörnter Voranstrich nötig ist, hängt von der beabsichtigten Wirkung ab. So läßt ein glatter, mit Vorlackfarbe abgedeckter Grund die mit dem Kamm gezogenen Linien klar und exakt erscheinen. Dagegen wirkt ein gestupfter Voranstrich durch die beim Kämmen in der Tiefe zurückbleibende Zugfarbe weicher und stofflicher. Außer hellen oder dunklen sind auch mehrfarbige Voranstriche möglich. Da die Eigenart des Kammzuges im Hell-Dunkel-Kontrast liegt, sollen sich die Grundfarben von der Kammzugfarbe gut abheben. Um die Vorstrichfarbe nicht durch das scharfkantige Werkzeug zu verletzten, beginnt man mit der Zieharbeit erst nach ausreichender Durchtrocknung.

Außer der Kammzugfarbe auf Leinölbasis können auch Leime, Kleister und Kunstharzdispersionen verwendet werden. Die Kammzugfarbe wird durch entsprechende Zusätze so eingestellt, daß sie nach dem Kämmen nicht mehr zusammenfließt. Die halbfette Ölfarbe aus Leinöl oder Firnis wird nach dem Anteigen mit Weiß- und Buntpigmenten durch Terpentinöl oder Testbenzin bis zur gewünschten Konsistenz verdünnt. Der Zusatz von trockener, gesiebter Kreide macht die Farbe ‚kürzer und stockiger' und unterbindet dadurch das Verlaufen. Durch Verdicken der Farbe mit Trockenpigmenten entstehen plastische Wirkungen. Auch bei der Verwendung handelsfertiger Dispersionsmassen ergeben sich durch das Licht- und Schattenspiel reizvolle Effekte. Die normal eingestellte Ziehfarbe wird nach dem nicht zu fetten Auftrag gestupft. Die Fein- oder Grobkörnigkeit hängt von der Konsistenz und der Auftragsstärke der Farbe ab. Leim-, Kleister- und Dispersions-Ziehfarben verlangen einen Voranstrich, der nicht löslich und gut benetzbar ist.

Wenn Lackierungen der farbigen Kammzugarbeit erforderlich sind, eignen sich hierfür matt auftrocknende Klarlacke. Sie geben der gestalteten Fläche ein gleichmäßiges Aussehen und gewährleisten einen zusätzlichen Schutz. Wasserlösliche Kammzugfarben werden durch die mit der Lackierung entstehende Tiefenlichtwirkung im Farbton dunkler. Um Mißerfolge zu vermeiden, wird vor Beginn jeder Arbeit eine Probe gemacht.

Formal gute Lösungen werden nur dann erzielt, wenn man das Wesen dieser Technik erfaßt hat und richtig zum Ausdruck bringt. Verspielte Muster, die leicht durch den falschen Gebrauch des Werkzeuges entstehen, können vermieden werden, wenn alle Züge mit festglegten Richtungstendenzen sinnvoll miteinander harmonieren. Werden Wellenzüge in gleicher Richtung, aber gegensätzlich ineinander gezogen, so entsteht ein wirres Durcheinander.

Grundsätzlich wird bei der Kammzugtechnik von geraden und geschwungenen Zügen ausgegangen. Bei den Geraden ist der Linienzug senkrecht, waagerecht, diagonal und im Kreuzverband möglich. Farbig kontrastierende Voranstriche, die jeweils der Kammzugrichtung entgegenstehen, ergeben wechselvolle Musterungen (3) bis (5).

Ein verhältnismäßig einfaches, aber ansprechendes Kammzug-Flächenmuster, das schachbrettartig wirkt, entsteht durch das Auskämmen der Quadrate in wechselnder Richtung. Die an den Ecken farbig unterlegten Kreisflächen sind durch die Kammzüge optisch in Viertelkreise zerlegt (6).

Die Bewegung und Unruhe, die von der Welle ausstrahlt, kommt auch beim Kammzug zum Ausdruck (7). Daher ist sie sparsam anzuwenden oder durch anliegende Flächen zu beruhigen.

Halbkreisförmige Kammzüge, achsial auf der Farbunterlage in versetzter Folge angeordnet, vermitteln einerseits Bewegung, aber durch die unbelebten Teilflächen andererseits Ruhe (8). Neben diesem streng gegliederten Muster lassen sich durch nebeneinanderliegende und ineinandergreifende Teilkreise freie Flächenmuster gestalten.

Rhythmische, mäanderartige Formen entstehen durch die Bogenverbindung gerader Linienzüge. Hierbei darf die Haltung des Kammes nicht verändert werden (9).

Rahmenfüllungen lassen sich in Kammzug-Technik besonders vielseitig beleben. Während die Füllungsfläche ein freies, dem quadratischen Wechsel der Vorstrichfarbe angepaßtes Motiv zeigt, sind die mittelachsig angelegten Gehrungen diagonal ausgekämmt (10). Einzeln stehende Linien sind mit dem Gummistift gezogen.

Die Darstellungen (11) bis (13) zeigen dekorative Möglichkeiten, den gleichen Schrank mit wechselnden Musterungen zu gestalten. Bei solchen oder ähnlichen Arbeiten darf man das Augenmerk nicht nur auf die Formbildung durch das Werkzeug richten; auch auf das Zusammenspiel von Kammzug und Farbunterlage muß geachtet werden.

Belebungen in Kammzug, so an Sockelflächen, sind möglichst gleichmäßig durchzuführen; die Musterung kann durchgehend oder übersetzend erfolgen. Bei der übersetzenden Musterung bleiben Teile der Fläche ungekämmt. Beim schmückenden Kammzug etwa auf Truhen und Türen sollten bis zwei Drittel der Flächen nicht gekämmt werden, da durchgehend belebte Flächen an Wirkung verlieren.

Übungen:

1. Grundiere einige Zeichenkartons oder Pappen mit Halböl. Behandle einen Teil mit Vorlackfarbe, den anderen mit gestupfter Voranstrichfarbe. Verwende für die ersten Kammzugübungen Farben mit verschiedenen Bindemitteln. Ziehe in die kontrastierende Kammzugfarbe verschiedene einfache Muster (siehe Beispiele) mit Kamm und Gummistift.
2. Skizziere mit breitem Bleistift Motive für Füllungen auf Zeichenkarton. Richte der Kammzugform angepaßte Flächen ein, die mit kontrastreicher Voranstrichfarbe anzulegen sind. Führe die Musterungen auf geeigneten Trägern (Hartfaser- oder Holzspanplatten) durch.

4.3

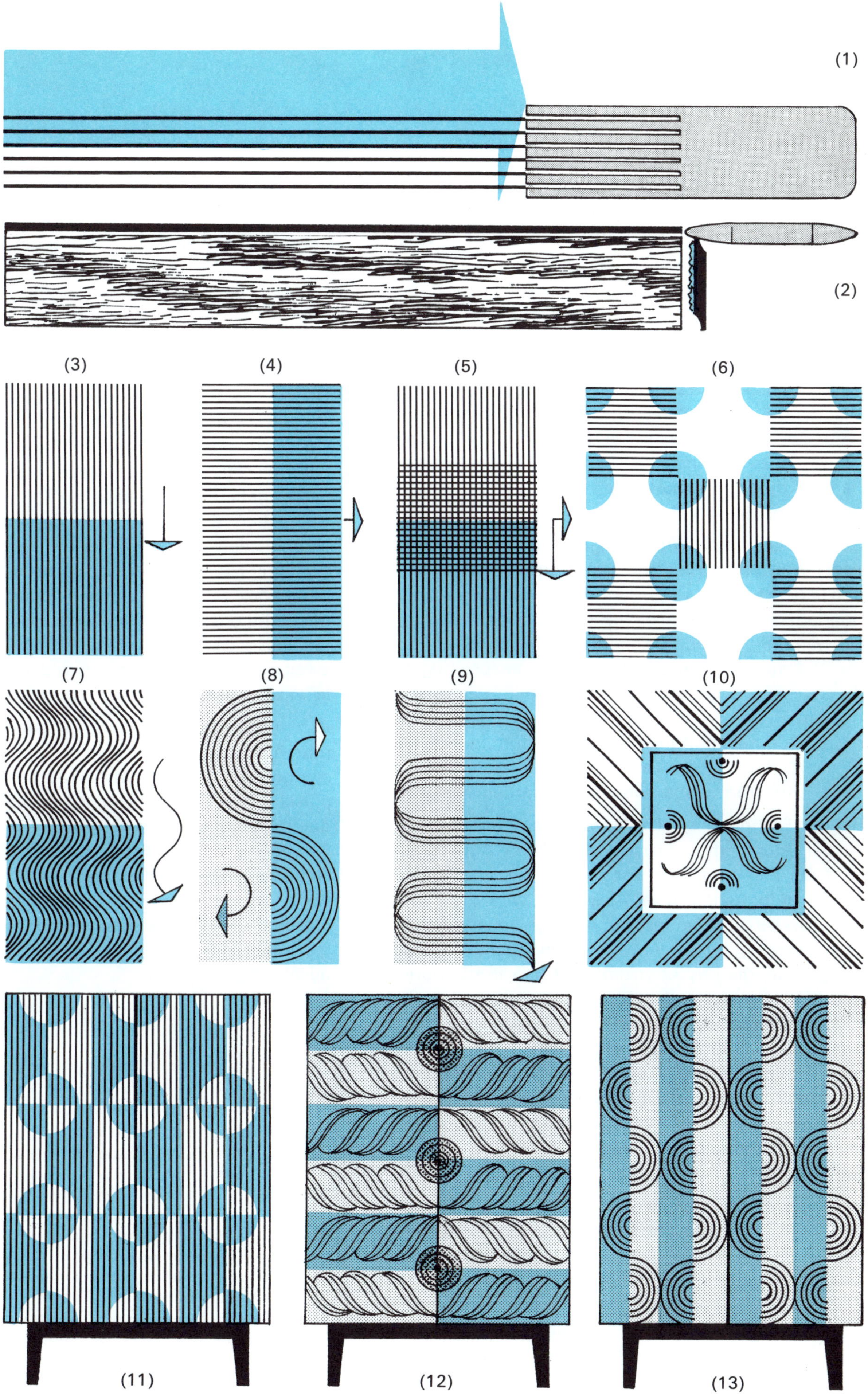

4.4 Wickeln und Tupfen

Durch Wickeln und Tupfen können Malgründe verschiedener Art belebt werden. Die Flächen erhalten bei richtiger Anwendung dieser Techniken und geeigneter Farbenwahl einen stofflich-strukturierten Ausdruck. Da diese verhältnismäßig einfachen Belebungstechniken besonders stark dem Zeitstil unterworfen sind, ist von Fall zu Fall zu überprüfen, ob ihre Anwendung berechtigt ist. Wickeln und Tupfen kann für große Flächen verwendet werden. Es ist möglich und sogar empfehlenswert, diese Verfahren mit anderen Belebungs- und Maltechniken zu kombinieren. So wird eine strenge, in deckender Maltechnik ausgeführte Ornamentform durch vorher in einem leichten Farbton durchgeführte Wickel- oder Tupfenbelebung wirksam bereichert.

Als Werkzeug zum Wickeln eignen sich die verschiedensten Gewebe (Leinen, Nessel, Rupfen) und weiche Leder (Fensterleder). Zum Tupfen kann man großporige Naturschwämme, Viskose- oder Kunststoffschwämme nehmen. Kleinporige Schwämme können durch kerbartige Einschnitte auf den beabsichtigten Zweck eingerichtet werden. Tupfpinsel mit einzelstehenden Borstenbündeln in runder oder eckiger Anordnung ergeben punkt- oder strichförmig belebte Flächen. Für diese Techniken sind dünnflüssige Leim-, Kunstharzdispersions- und Ölfarben geeignet.

Bei der Technik des Wickelns wird das Auf- und Abwickeln der Farbe unterschieden. Beim Aufwickeln wird die Farbe mit dem Lappen auf die vorbereitete Fläche aufgetragen, beim Abwickeln wird die Farbe stellenweise aus dem frischen Anstrich abgenommen. Voraussetzung für das Abwickeln sind nichtsaugende Malgründe, die das Absinken der Farbe in die Poren und Kapillaren verhindern. Die mit dem Pinsel gleichmäßig aufgetragene Wasser- oder Öllasur wird durch den angefeuchteten, dadurch ansaugenden, und zu einer Rolle geformten Lappen aus Stoff oder Leder an den Berührungsstellen abgenommen. Der Erfolg einer gleichmäßigen Flächenbelebung durch Abwickeln hängt vom öfteren Auswaschen des farbgesättigten Lappens in Wasser- oder Seifenlösung ab.

Bei der Aufwickeltechnik wird der Lappen in die vorgesehene Farbe getaucht, leicht ausgewrungen und zu einer Rolle mit ausreichenden Faltungen geformt (1). Gleichmäßige Belebungen hängen von ausreichender Farbmenge im Lappen ab. Daher ist der Lappen ständig nachzufüllen. Beim Wickeln von oben nach unten oder von der Mitte zur Seite müssen Streifen sowie helle und dunkle Nesterbildungen vermieden werden.

Die Darstellungen (1) veranschaulichen das flächige ein- und zweifarbige Beleben des Malgrundes. Um gleichmäßig verteilte Abdrücke zu erzielen, wendet man den helleren Farbton stets zuerst an. Durch Abdecken mit Karton oder Folie können die Flächen mit Streifen oder geometrischen Formen (Quadrat, Rechteck, Kreis) gegliedert werden. Bei der dekorativen Hintergrundbelebung eines Plakates lassen sich so stoffähnliche Effekte erzielen.

Durch das Tupfen mit dem Schwamm entsteht, im Gegensatz zu den beim Wickeln unterschiedlich großen Abdrücken, ein unregelmäßiges Korn, das im Verband eine gute Flächenbelebung ergibt (2). Der mit Farbe gefüllte Schwamm wird unter tupfähnlicher Bewegung über die Fläche geführt. Hierbei ist es empfehlenswert, überschüssige Farbe durch Probetupfen auf Papier oder Karton zu entfernen. Die Wirkung wird gesteigert durch Hinzunahme einer weiteren Farbe oder einer zwei- oder mehrfarbig gegliederten Fläche. Werden die getupften Streifen mit einer zweiten Farbe überlappt, so bilden sich gewebeähnliche Strukturen.

Punktförmig belebte Flächen entstehen durch die Berührung des Malgrundes mit den einzelstehenden Borstenbündeln des Tupfpinsels (3). Dabei wird der Tupfpinsel in die Farbe getaucht, von abtropfender Farbe durch leichtes Abstreifen befreit und in tupfender Bewegung über die Fläche geführt. Starkes Auftupfen ist zu vermeiden, da durch Aufspreizen der Borstenbündel die Punktbildung beeinträchtigt wird. Durch Einschalten einer zweiten, kontrastierenden Farbe in die vorher lockere Tupfenverteilung wird die belebende Wirkung verstärkt.

Übungen:

1. Belebe Malgründe durch ein- und zweifarbiges Wickeln und Tupfen. Achte hierbei auf gleichmäßige Verteilung der farbigen Abdruckstellen.
2. Gliedere Flächen durch Streifen und Rechtecke. Lege bestimmte Partien mit Kontrastfarbe an. Überwickle oder übertupfe die durch Form und Farbe gegliederte Fläche mit einer mitteltonigen Farbe.
3. Belebe quadratische, rechteckige oder kreisförmige Füllungen durch Wickeln und Tupfen. Lege vorher Rahmen oder Füllung hell- oder dunkelfarbig an.
4. Gestalte ein Stoffplakat. Der Hintergrund für Schrift und Form soll durch Wickeln oder Tupfen in entsprechender Gliederung eine gewebeähnliche Struktur erhalten.

4.4

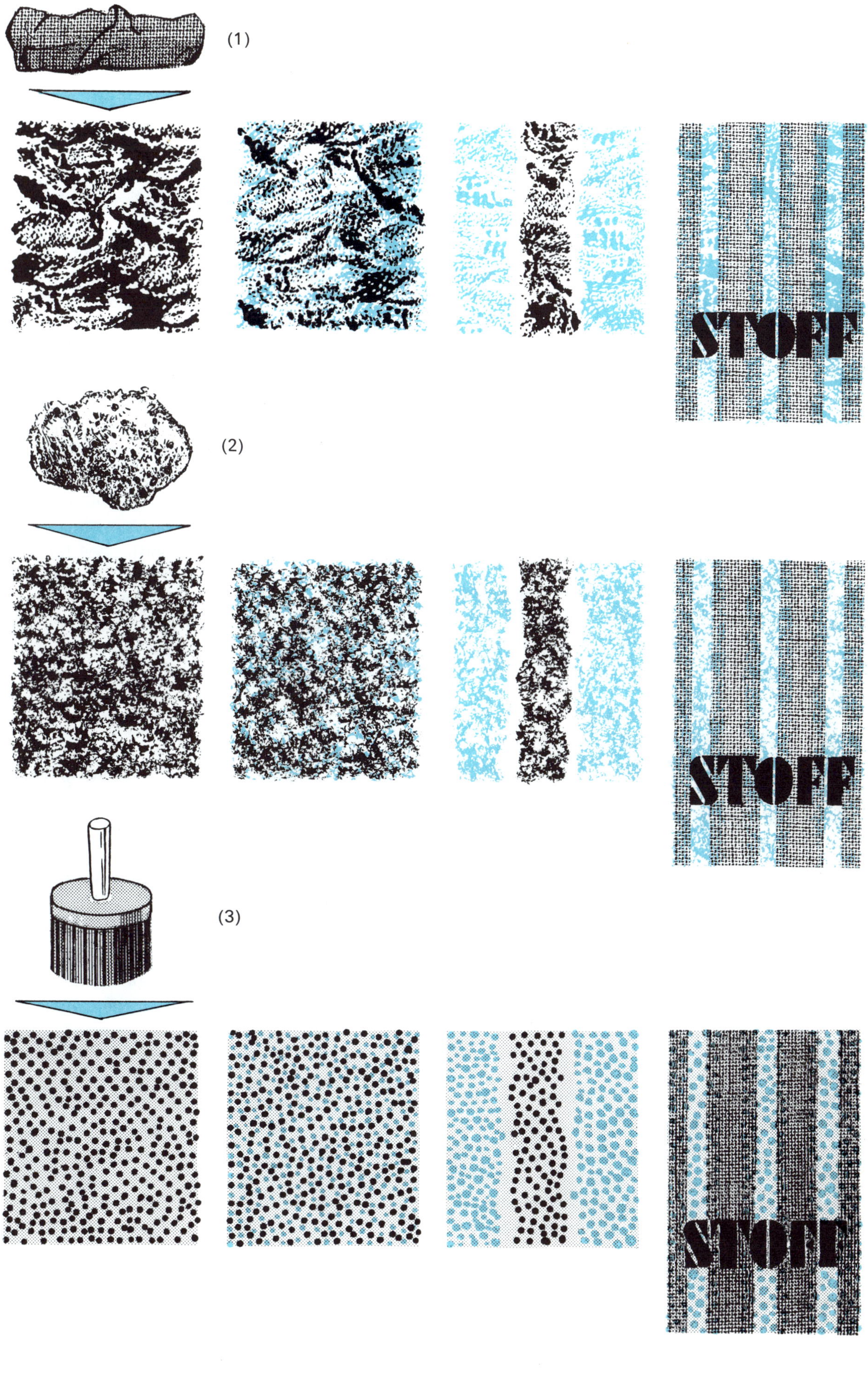

4.5 Schablonenmalerei

Die Schablone ist einerseits ein Hilfsmittel zur exakten Vervielfältigung von Schrift, Zeichen und Form und anderseits ein wertvolles Werkzeug zur Gestaltung von Flächen auf den verschiedenen Untergründen. Im Mittelalter wurden – wie aus Überlieferungen hervorgeht – Decken, Balken, Wände und Möbel in sakralen und profanen Bauten mit Schablonenmalerei geschmückt. Außerdem diente die Schablone für die Muster-Anfertigung auf Gewebe und Tapete.

Heute wird die Mustertapete hauptsächlich mit der Druckwalze hergestellt. Die Schablone wird aber noch in Form der Siebdruckschablone für Bildtapeten verwendet. Auch bei der Folien-Ausschneidetechnik handelt es sich um ein Schablone-Verfahren.

Grundsätzlich muß bei der Schablonenmalerei darauf geachtet werden, daß die Eigenart und das Wesen dieses Werkzeuges den richtigen Ausdruck finden. Die Nachahmung historischer Ornamentformen oder natürlicher Vorbilder mit unzähligen ‚Schlägen' sollte vermieden werden, da solche Arbeiten nicht dem Zeitstil entsprechen. Bei Flächenbelebungen mit individuellem und gestalterischem Akzent darf nicht der Eindruck der Serienherstellung entstehen.

Befriedigende Ergebnisse in der Schablonenmalerei sind nur dann zu erzielen, wenn

- die Schablone so durchgebildet ist, daß sie der gestellten Aufgabe entspricht,
- die Schablone nicht als Einzelmotiv, sondern in Verbindung gleicher oder verwandter Formen angewendet wird,
- die Schablonenmalerei sich in Form und Farbe dem Hintergrund und der Umgebung anpaßt.

Vorbedingungen

Neben Siebdruck- und Folien-Schablonen unterscheidet man Schablonen für die Arbeit mit Pinsel und Farbe und Schablonen für den Auftrag plastischer Massen.

Während für die normale, mit Pinsel und Farbe zu bearbeitende Schablone fester Zeichenkarton oder spezielles Schablonenpapier ausreicht, sind für die Arbeit mit plastischer Masse Pappe, Zellophan oder PVC-Platten erforderlich. Die Stärke dieser Materialien hängt von der beabsichtigten Schichtdicke der plastischen Masse ab.

Vor dem Ausschneiden der Formenelemente aus dem Karton muß überprüft werden, ob alle zum Muster gehörenden Teile durch haltgebende Stege verbunden sind. Diese ‚Halter' müssen sinnvoll angebracht sein, damit die beabsichtigte Ornamentwirkung nicht beeinträchtigt wird.

Das Einreißen oder Ausbrechen der Halter beim Schablonieren wird vermieden, wenn die Halter nicht zu schmal sind. Nach Überprüfung und eventueller Korrektur des Entwurfes wird die Zeichnung auf dem beiderseitig geölten und getrockneten Karton oder Papier aufgepaust und mit dem Schablonen- oder Schneidemesser ausgeschnitten. Als Schneideunterlage ist eine Glastafel allen anderen Materialien vorzuziehen. Öfteres Schärfen des Messers verhindert unscharfe und ausreißende Schnittkanten. Die fertig geschnittene Schablone wird je nach Beanspruchung ein- bis zweimal mit matter Öl- oder Lackfarbe gestrichen, wobei leicht sich bildende Fettränder an den Schnittkanten vermieden werden müssen. Durch die wasserunlöslichen Anstrichstoffe wird das Verziehen des Papiers bei Feuchtigkeitseinwirkung verhindert und einem vorzeitigen Auseinanderfallen beim mehrmaligen Gebrauch der Schablone entgegengewirkt.

Schablonen für plastische Massen müssen – soweit sie aus saugfähigem Material bestehen – besonders an den Schnittkanten präpariert werden, da sonst durch festhaftende Masse beim Abheben unsaubere Kanten entstehen.

Zum Schablonieren ist jede normale Leim- oder Kunstharz-Dispersionsfarbe geeignet. Öl- und Lackfarben sollten nicht zu fett eingestellt sein. Handelsübliche plastische Massen erfordern Zusätze zur Verdickung, damit sie beim Trocknen nicht zu stark einfallen oder schrumpfen. Gut geeignet hierfür ist Schwerspat, da dieses Füllmittel leicht benetzbar ist. Zum Ansetzen von wasserlöslichen plastischen Massen haben sich Mischungen aus Faserstoffen und Schwerspat bewährt. Für den Farbauftrag sind Ringpinsel in verschiedenen Größen besonders geeignet. Sie sollten bei sorgfältiger Pflege nur für solche Zwecke benutzt werden. Um das Klecksen und das Laufen der Farbe unter die Schnittkanten zu verhindern, muß alle überschüssige Farbe aus dem Pinsel durch Abstreichen am Topfrand entfernt werden. Der mit verhältnismäßig wenig Farbe gefüllte Pinsel wird von der Außenkante

4.5

in die ausgeschnittene Formfläche geführt (1). Fleckig auftrocknende Flächen werden durch leichtes Überstupfen wieder gleichmäßig.

Entwurf und Schablonenmalerei

Der Entwurf für die Schablone muß so beschaffen sein, daß die darzustellenden Flächen und Motive formal und technisch für Muster auf Friesen und Flächen geeignet sind.

Für den Entwurf (2) mit einfachem, sternförmigem Motiv ist wegen der Zweifarbigkeit eine zweischlägige Schablone erforderlich. Ausgehend von der Fläche und dem hellsten Farbton werden für den ersten Schlag alle entsprechenden Formen aufgepaust und ausgeschnitten (3). Die Formen des zweiten Farbtones werden auf den zweiten Schlag maßgenau übertragen und ebenfalls ausgeschnitten (4). Damit ein genaues An- und Weitersetzen der beiden Schläge möglich ist, werden an geeigneten Stellen Anlegemarken angebracht. Diese kleinen dreieckigen Formen sollen aus dem Motiv entstehen, damit sie später nicht mehr erkennbar sind.

Wenn die Schablone fertig ist, beginnt das Schablonieren. Die Darstellung (5) zeigt den ersten Schlag für das Schachbrettmuster. Danach wird mit dem zweiten Schlag das genau angelegte sternförmige Muster schabloniert. Um eine einwandfreie Schablonenarbeit zu erreichen, muß bei den Schablonen ein ausreichend breiter Rand berücksichtigt werden, so daß der Pinsel genügend Ansatzmöglichkeit hat. Die Rückseite der Schablone wird von Zeit zu Zeit mit einem Lappen von eventuell untergelaufener Farbe vorsichtig gereinigt.

Sollen Schriften vervielfältigt werden, so empfiehlt sich die Schablone schon aus rationellen Gründen. Es muß aber bei der Auswahl der Schriftart beachtet werden, daß sich nicht jede gleich gut für diese Technik eignet. Soll eine Schablone mit der Groteskschrift (vgl. Kap. 5.3, 5.4) hergestellt werden, so ist die richtige, der Buchstabenform gemäße Halterung wichtig, da sonst die Geschlossenheit und Lesbarkeit beeinträchtigt wird. Besonders eignet sich die Futura Black (vgl. Kap. 5.9), die schon von ihrer Konstruktion her charakteristische Merkmale einer Schablonenschrift hat.

Gute Ergebnisse sind auch mit der Antiqua (6) möglich, weil die Stege oder Halter in Richtung der breiten Balken nicht als störend empfunden werden. Die Anlegemarken dienen zur Bestimmung der Ansatzhöhe.

Übungen:

1. Entwirf für das Schachbrettmuster ein anderes, aus einer geometrischen Form gebildetes Motiv. Fertige nach dem Entwurf die Schablonen an. Mache die Schablonen wasserfest. Versieh eine eingestrichene Tafel oder Wand in Schablonentechnik mit Mustern. Achte auf Paßform und exakte Durchführung. Lebendige Wirkungen entstehen durch leichtes Aufstupfen oder granierendes Auftragen der Schablonenfarbe.
2. Zeichne und stilisiere Blattformen und Gefäße. Lege entsprechend der Form die Halter fest. Fertige die Schablone an. Mustere Flächen durch Aufreihen der Ausgangsform auf ein- und mehrfarbigen Gründen.
3. Fertige Schriftschablonen mit Grotesk, Antiqua und Futura Black an.

4.6 Spitzpinselmalerei

Am Beginn jeden Malens steht als Teil späterer Einheit der Pinselstrich. Wer das Geheimnis der ‚Pinselsprache' erfaßt hat, wird kaum, will er ein Ölbild malen, zu einem Spitz- oder Flachpinsel aus Haaren greifen, da allein schon die Konsistenz der Farbe ein kurzborstiges Werkzeug verlangt.

Der Spitzpinsel, aus Haaren unterschiedlicher Qualität hergestellt, soll beim Anfeuchten stets zu einer feinen Spitze zusammenlaufen. Nur dann ist es möglich, eine Malerei vom feinsten Haarstrich bis zur breit hingesetzten flächigen Linie mit ein und demselben Pinsel auszuführen. Die zahllosen Varianten der Linienformen, die sich in gleichmäßiger und wechselnder Stärke ausdrücken, bestimmen zusammen mit der deckenden oder lasierenden Farbe das Aussehen der Malerei. Das gute Ergebnis hängt entscheidend von der richtigen Pinselführung und der technischen Perfektion ab. So wirkt eine unausgeglichene, spannungslose, gebogene Linie störend. Jeder Pinselstrich muß gekonnt, bewußt und kontrolliert auf den Malgrund gesetzt werden. Beginn und Ende einer Linie, sei es mit spitzem Ansatz und stumpfem Ausklang oder auch umgekehrt, muß geplant und sorgfältig ausgeführt werden. Ob die Pinselstriche mit durchgehend gleichem oder wechselndem Druck ausgeführt werden, ist von der gestalterischen Absicht abhängig.

Einen entscheidenden Einfluß auf die Frische, Kraft und Lebendigkeit der Linie hat die Pinselhaltung. Ein zu kurz an der Zwinge oder sogar unmittelbar am Haarbüschel gefaßter Pinsel kann nicht nach allen Seiten frei bewegt werden. Dies gelingt nur, wenn der zwischen Daumen und Zeigefinger gehaltene Pinsel je nach Größe der Linie in der Mitte oder der oberen Hälfte des Stieles geführt wird. Der Mittelfinger hat dabei nur eine unterstützende Aufgabe.

Die Farbe soll tropfbar-flüssig sein. Zu dick eingestellte Malfarben und saugende Flächen ergeben granierte oder geschummerte Linienführungen. Sie können besonders auf ganz leicht gekörntem Grund sehr reizvoll und lebendig wirken. Auf wenig saugenden Flächen fallen die Ansätze lasierend aus. Beim Absetzen des Pinsels wird ein großer Teil der überschüssigen Farbe durch die Adhäsion auf der Fläche festgehalten. Es entstehen deckende Stellen. Sie können im Wechsel mit den lasierenden Teilen das Ornament stark beleben.

Gleichmäßig saugende Malgründe ergeben in der Regel gleichmäßig deckende Farbaufträge.

Durch die richtige Handhabung des Spitzpinsels entstehen arteigene, charakteristische Linien und Formengebilde. Wie lebendig, grazil und locker eine Fläche ohne gegenständliche Vorbilder belebt werden kann, zeigt das Beispiel (1). Hier wurde der voll mit Farbe gefüllte, steilgehaltene Pinsel unter ständiger Druckabschwächung und Beachtung des Flächenausgleichs über den Malgrund geführt. Bei dieser Übung ist das An- und Abschwellen des Pinselstriches sowie das breite Ansetzen und spitze Auslaufen der dynamisch bewegten Linie deutlich zu erkennen.

Bevor begonnen wird, Flächen dekorativ zu beleben oder bildhaft zu gestalten, müssen mit dem Spitzpinsel mittlerer Größe folgende grundlegende Übungen durchgeführt werden:

- der spitz angesetzte Pinsel wird unter Druckverstärkung über die Fläche geführt und stumpf abgesetzt (2),
- der stumpf angesetzte Pinsel wird unter Druckabschwächung über die Fläche geführt und spitz abgesetzt (3),
- der spitz angesetzte Pinsel wird unter Druckverstärkung und -abschwächung über die Fläche geführt und spitz abgesetzt (4).

Diese pinseltechnischen Übungen ergeben bei entsprechender Aufreihung reizvolle Friese und Flächenmuster.

Ausgangsformen für das freie Spiel mit Pinsel und flüssiger Farbe sind Ranke, stilisierte Blumen und Blätter (5). Sie müssen, um formal dem Wesen dieser Technik gerecht zu werden, der rhythmischen Ordnung der Pinselführung entgegenkommen. Einer Ranke oder einem Blatt ohne dynamischem Wechselstrich fehlt die malerische Aussage; es wirkt unbelebt.

Ausgehend von den schwerpunktartig auf der Fläche verteilten Blütenformen entsteht in Verbindung mit Ranke und Blatt ein dekoratives Muster (6), dessen Wirkung durch eine zweite Farbe wesentlich gesteigert wird.

Die lockere, unmittelbar aus dem Werkzeug entfaltete Technik kann auch bei der Gestaltung von Reiseprospekten oder Plakaten angewendet werden (7). Nach dem gestalterischen Grundsatz ‚Linie durch Fläche beruhigen' sind die Grundformen des Baumes, der Sonne und des Weges flächig angelegt. Die aufgesetzten Umriß- und Formlinien wirken als belebende Akzente. Da Malen und Schreiben nah verwandt sind, wurde der Schriftzug ‚Reisen' in Spitzpinseltechnik frei geschrieben.

Übungen:

1. Male gerade und bogenförmige Linien zunächst ohne, dann unter leichtem oder wechselndem Druck mit dem Spitzpinsel auf geeignetem Grund. Beachte hierbei die Finger- und Pinselhaltung; die Formen müssen aus dem Handgelenk kommen.
2. Linienformen, die durch spitzes und stumpfes An- und Absetzen ein unterschiedliches Aussehen erhalten (siehe Darstellung (2) bis (4)), sind systematisch zu üben, da sie Grundlage und Voraussetzung für gestalterische und dekorative Arbeiten sind.
3. Skizziere Blattformen. Male diese mit Spitzpinsel und flüssiger Farbe frei auf die Fläche. Ordne die Formen durch Drehen um den Mittelpunkt zu einer kreisförmigen oder quadratischen Füllung. Belebe die Fläche vor dem Bemalen durch Bänder in gleichlaufender, entgegengerichteter oder diagonaler Richtung in deckender oder lasierender Farbe.
4. Studiere die Pinseltechnik an freien Tuschemalereien chinesischer Meister, an gotischen Ornamentformen oder bemalten Bauernmöbeln.

4.6

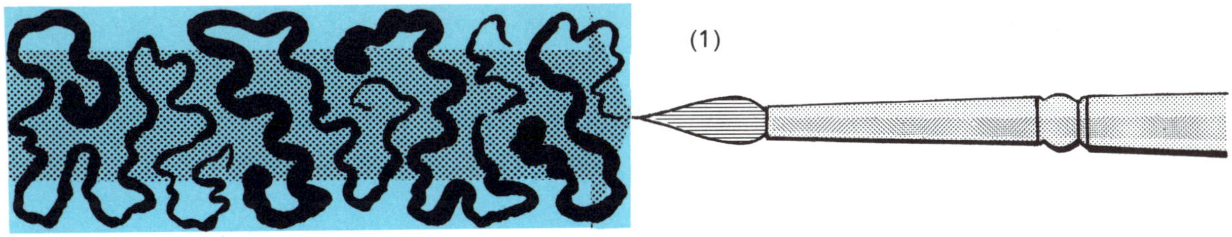

(1)

(2)

(3)

(4)

(5)

(6)

(7)

4.7 Plattpinselmalerei

Anders als bei der Spitzpinselmalerei, bei der die Schmal-Breit-Dynamik durch wechselnden Pinseldruck entsteht, wird bei der Flachpinseltechnik die Veränderung der Linienbreiten durch das Halten und Führen des Werkzeuges erzielt. Gut geeignet für diese Malarbeit ist der Plakatschreiber, dessen Haare bei der Farbaufnahme stets einen guten Schluß aufweisen sollen. Mit sich spreizenden Haaren können keine exakten Ansätze und spitzverlaufenden Abgänge gebildet werden. Die Farben mit den für diese Technik erforderlichen Eigenschaften sollen im tropfbar-flüssigen Zustand eine hohe Zieh- und Malfähigkeit besitzen. Ihre Viskosität muß gegebenenfalls dem Malgrund angepaßt werden.

Wichtig bei dieser Technik ist die Haltung des Pinsels. Während bei senkrechter oder waagerechter Haltung und Führung des Werkzeuges die größte Linienbreite entsteht, wird bei Schrägstellung des Pinsels die Breite verringert. Variierende Linienbreiten und mannigfaltige Formen entstehen, wenn der Plattpinsel in der günstigen Schrägstellung von 30 Grad geführt wird (1).

Mit dem senkrechten, von oben nach unten geführten Strich in der Aufreihung über schräggestellte Züge bis zu stark geschwungenen Linien entstehen in der Plattpinseltechnik dementsprechende Formenbilder. Wie unterschiedlich das Ergebnis durch die Pinselführung sein kann, ist an der Darstellung (2) erkennbar. Während die alleinstehenden senkrechten, schrägen oder geschwungenen Linien aufgereihte Muster ergeben, bildet der verbundene gebogene Wechselstrich das offene und geschlossene Wellen-Motiv.

Gebrochene Formungslinien in der Art des Mäanders ergeben, durch farbige Streifenunterlage miteinander verbunden, ein lebendiges Flächenmuster (3).

Durch das starkbewegte, fließende Wellenband, auf keilförmiger Farbunterlage unregelmäßig gezogen, entsteht ein dynamisches Muster, das eintonige, beruhigende Umflächen benötigt (4).

Die Richtungstendenz, die bei den Darstellungen (3) und (4) durch Farbunterlage und Linienzüge besonders ausgeprägt ist, wird in dem aus der verknüpften Welle gebildeten Flächenmuster (5) durch die im Kreuzverband gegliederten Streifen abgeschwächt. Dieses durch die Streifenanordnung bedingte Beharren wird von den in die Kreuzungen gesetzten Kreisflächen unterstützt.

Wie lebendig Malereien mit dem Plattpinsel sein können, zeigt die Darstellung (6). Friesartig wurden Boote und Schiffe aus verschiedenen Epochen im Versatz aufgereiht. Der Zusammenhang von Form zu Form und der Ausgleich innerhalb der Gesamtfläche wurde durch die hochgestellten Rechtecke mit Schmuck-Vignetten und die Schrift erzielt. Die charakteristischen formbildenden Merkmale der Plattpinseltechnik kommen beim stilisierten Motiv, dem ungegenständlichen Linienschmuck und der Kursivschrift gleichermaßen zum Ausdruck.

Übungen:

1. Übe gerade Linien in verschiedenen Richtungen und Schwünge mit dem Plattpinsel. Berücksichtige bei der Zeilen- und Flächenreihung die Regeln für das ornamentale Gestalten.
2. Verbinde gerade mit geraden und gebogene mit gebogenen Linien zu Fries- und Flächenmustern (Fischgräte, Ranke, Welle und Zopf). Steigere die Wirkung durch farbige Unterlagen in geometrischer und freier Anordnung.
3. Male mit dem Plattpinsel freie Formen nach gegenständlichen Vorbildern.

4.7

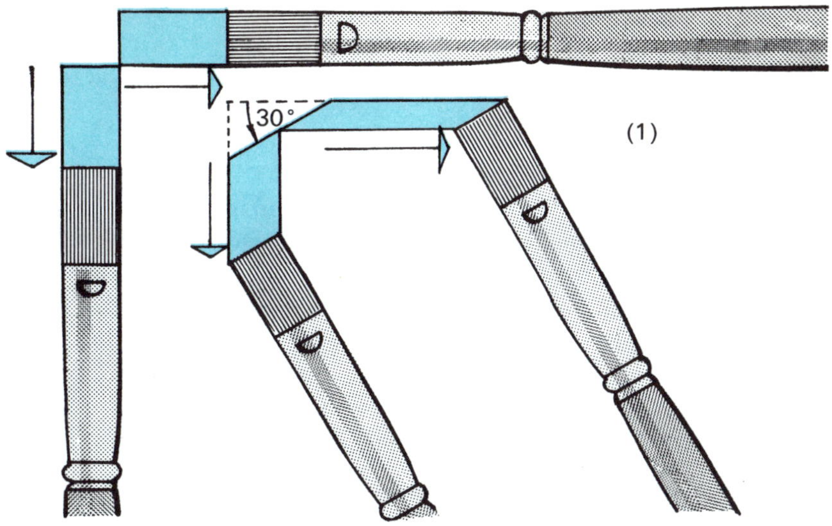

(1)

(2)

(3)

(4)

(5)

(6)

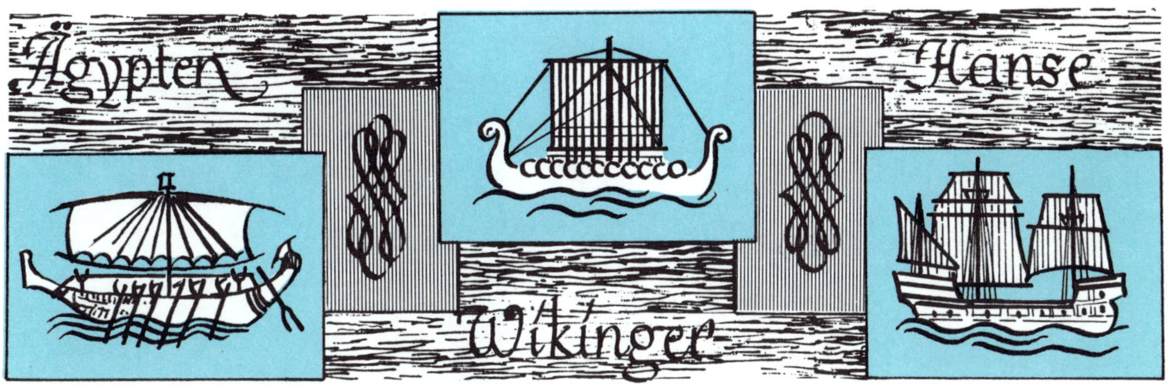

Wort und Schrift ermöglichen es dem Menschen, sich im privaten, geschäftlichen und öffentlichen Bereich zu verständigen, Aussagen zu machen und Überzeugungen auszudrücken. Doch ist die Schrift nicht nur Hilfsmittel für die Wiedergabe von Sprache, sie verfügt in ihren optisch sichtbaren Zeichen, den Buchstaben, auch über eine Fülle von Formen, die sich langsam im Verlauf der Geschichte herausgebildet haben.

Die geschichtliche Entwicklung der Schrift wird kurz im Rahmen des Kapitels Stilkunde behandelt. Demgegenüber erfolgt in diesem Kapitel die Darstellung der Buchstaben einiger geläufiger Schriftarten, und zwar sowohl in ihrer individuellen Gestalt als auch in ihren Beziehungen zueinander im Wort-, Zeilen- und Seitenverband.

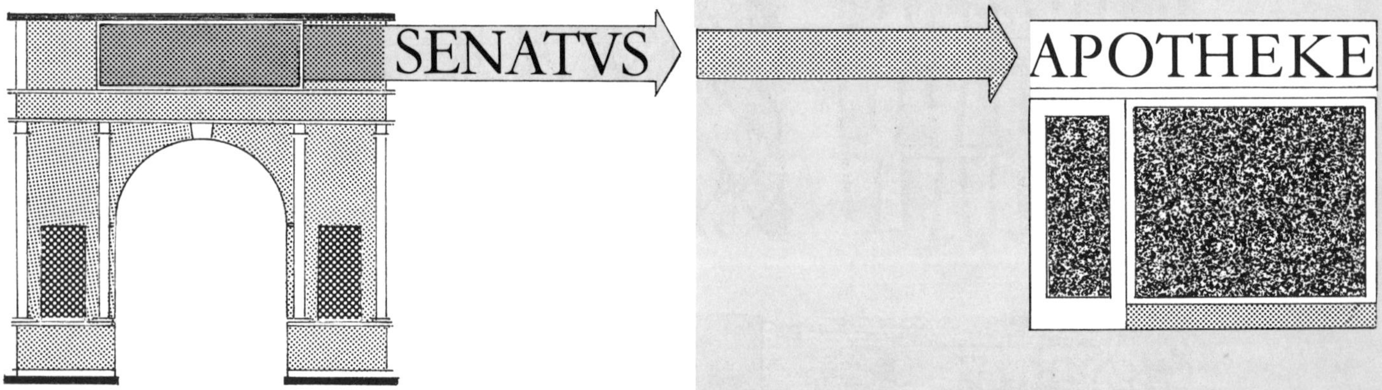

SCHRIFT

Bildliche Darstellungen figürlicher und ornamentaler Art rufen beim Beschauer bestimmte Vorstellungen und Gedankenverbindungen hervor. Berufszeichen und Ausleger in flächiger oder plastischer Darstellung an Geschäften und Gasthäusern geben Auskunft über die Art des Betriebes. Wenn diese Hinweise in früheren Zeiten als werbliches Mittel ausreichten, so ist heute die Schrift unabdingbar, um Gedanken zu vermitteln, eine Veranstaltung anzukündigen, eine Ware zu empfehlen und den Kunden zum Kauf zu veranlassen. Der Schrift kommt also bei der Gestaltung von Adressen und Werbemitteln (Urkunde, Plakat, Schild und Anzeige) besondere Bedeutung zu.

Die zur Verfügung stehenden mannigfaltigen, in unterschiedlichen Formen gehaltenen Schriften wurden in der Regel aus den charakteristischen Leitschriften der verschiedenen Stilepochen entwickelt. Sie dienen als Ausgangsform für die durch Aufgabe und Zeitstil bedingten Veränderungen. Aus der Vielzahl der Leitschriften und der abgewandelten Schriften wurden hier nur die Arten ausgewählt, die als grundlegend und wegweisend gelten können.
Da die Schrift nach ganz bestimmten Gesetzen aufgebaut und konstruiert ist, wurde dem jeweiligen Alphabet die Regel für das Schreiben und Zeichnen vorangestellt. Damit soll das ständig sich wiederholende, monotone Abzeichnen vorgegebener Buchstaben vermieden werden.
Die notwendige Grundlage für die Schriftgestaltung sind Schreib- und Zeichenübungen. Werden Schriften mit der Schreibfeder oder dem Pinsel geschrieben, so muß die Sprache des Werkzeuges in der Buchstabenform erhalten bleiben. Der Weg vom Einzelbuchstaben über das Wort zur Gestaltung der Schriftzeile kann nur dann erfolgreich zurückgelegt werden, wenn die Regeln für den optischen Ausgleich beachtet werden. Endziel der gestalterischen Arbeit sind Entwurf und Ausführung von Plakat und Firmenschild. Sie können nur dann als gelungen bewertet werden, wenn Schriftform, bildliche Darstellung, Farbe und Werkstoff eine harmonische Einheit bilden.

5.1 Geschriebene Gleichstrich-Grotesk – Großbuchstaben

Eine Schrift mit der Bezeichnung „Grotesk" erweckt zunächst die Vorstellung von etwas Phantastischem, Seltsamem oder Absonderlichem. Jedoch kennzeichnet dieser Name eine Schriftart von elementarer, skelettartiger Einfachheit. Im Grunde handelt es sich um eine Antiqua mit Linien gleicher Stärke. Durch Weglassen der Kopf- und Fußenden entstand eine vereinfachte Blockschrift, die mit ihrem sachlichen und klaren Ausdruck vielseitig anzuwenden ist.

Mit dieser Gleichstrich-Grotesk, die ihre Grundformen aus den geometrischen Figuren Quadrat, Dreieck und Kreis (1) ableitet, beginnt das Schriftschreiben und -gestalten. Um technische Fertigkeit zu gewinnen, wird zweckmäßig mit den einfachsten Schreibinstrumenten, der Redis-, Platt- oder Schnurzugfeder, angefangen. Bei ausreichender Sicherheit kann die Feder durch den Ringpinsel in verschiedenen Größen abgelöst werden.

Für die ersten Übungen mit der 2-mm-Feder eignet sich kariertes Papier (5 mm × 5 mm große Karos) mit einer ausreichenden Leimung und Oberflächenglätte, damit der Schreibfluß nicht gehemmt wird. Die mit Tusche aufgefüllte Feder wird mit dem Fuß voll auf die Schreibfläche aufgesetzt und unter leichtem, gleichmäßigem Druck über das Papier geführt. Ungleichmäßige Linien entstehen durch eine zu voll mit Tusche gefüllte Feder, versäumtes Abtupfen vor dem Aufsetzen, Verkanten der Feder oder wechselnden Druck während des Schreibens.

Vor dem Schreiben einzelner Buchstaben werden Geraden in senkrechter, waagerechter und schräger Richtung sowie Rundungen geübt (2). Dabei ist auf Gleichmäßigkeit und auf gerundete An- und Absätze der Feder zu achten. Das monotone Üben der Schriftelemente kann durch ornamentale Reihungen und rhythmische Anordnungen aufgelockert werden.

Ausgehend von den geübten Elementen wird jetzt mit dem Schreiben der Versalien (Großbuchstaben) in dem quadratischen Gitternetz begonnen (3). Hierbei sollte nicht in alphabetischer Reihenfolge vorgegangen werden, sondern bei den Buchstaben mit der senkrechten und waagerechten Geraden (I, L, F, E, H, T) angefangen werden. Übungen mit Wörtern (Beispiele: TEE, FEE, TEIL, FEILE), wobei schon auf den Ausgleich zwischen den Buchstaben zu achten ist, bilden den Übergang zu den Versalien mit schrägen Geraden (A, K, M, N, V, W, X, Y, Z). Am Schluß stehen die Buchstaben mit Rundungen (B, C, D, G, J, Q, P, R, S, U), da sie die größten Schwierigkeiten bereiten. In der Regel gelingt es nicht auf Anhieb, dem einzelnen Buchstaben die vorgeschriebene Form zu geben; daher muß die Übung bis zum gewünschten Ergebnis fortgesetzt werden.

Wie aus den Abbildungen zu entnehmen ist, haben die Großbuchstaben unterschiedliche Breiten (3), was beim Schreiben stets berücksichtigt werden muß.

Sind in formaler und technischer Hinsicht die Voraussetzungen für die Weiterarbeit gewährleistet, so werden zunächst Wörter und später Texte geschrieben. Die Aufreihung der Buchstaben ist immer dann unbefriedigend, wenn die Abstände zwischen den Buchstaben nicht einander angeglichen sind. Die ungleichmäßig großen Anfelder der Buchstaben und ihr stets wechselndes Zusammentreffen bei jeder neuen Wortbildung erfordern das Anpassen des Abstandes. Eine Faustregel besagt, daß zwischen aufeinanderfolgenden Senkrechten der weiteste Abstand einzuhalten ist. Ausgehend von dieser von Fall zu Fall wechselnden Größe, wird zwischen Senkrechter und Schräger oder zwischen Senkrechter und Bogen die Hälfte des Abstandes vorgesehen. Treffen Schräge und Schräge oder Schräge und Rundung zusammen, so verringert sich der Abstand auf ein Viertel des Zwischenraumes. Geöffnete Buchstaben (Beispiel: LT) haben keinen Abstand oder gehen ineinander über.

Diese Regel entbindet den Schreiber aber nicht von der ständigen Kontrolle des Schriftbildes, das bei der Betrachtung mit halbgeschlossenen Augen eine gleichmäßig graue Wirkung ergeben soll. Dunkle oder helle Flecken sind ein Zeichen für unausgeglichene Wort- und Schriftzeilen.

Buchstaben mit Rundungen und Spitzen müssen über die obere und untere Begrenzungslinie hinausgehen, da sie sonst durch optische Täuschung zu klein erscheinen.

5.1

(1)

(2)

(3)

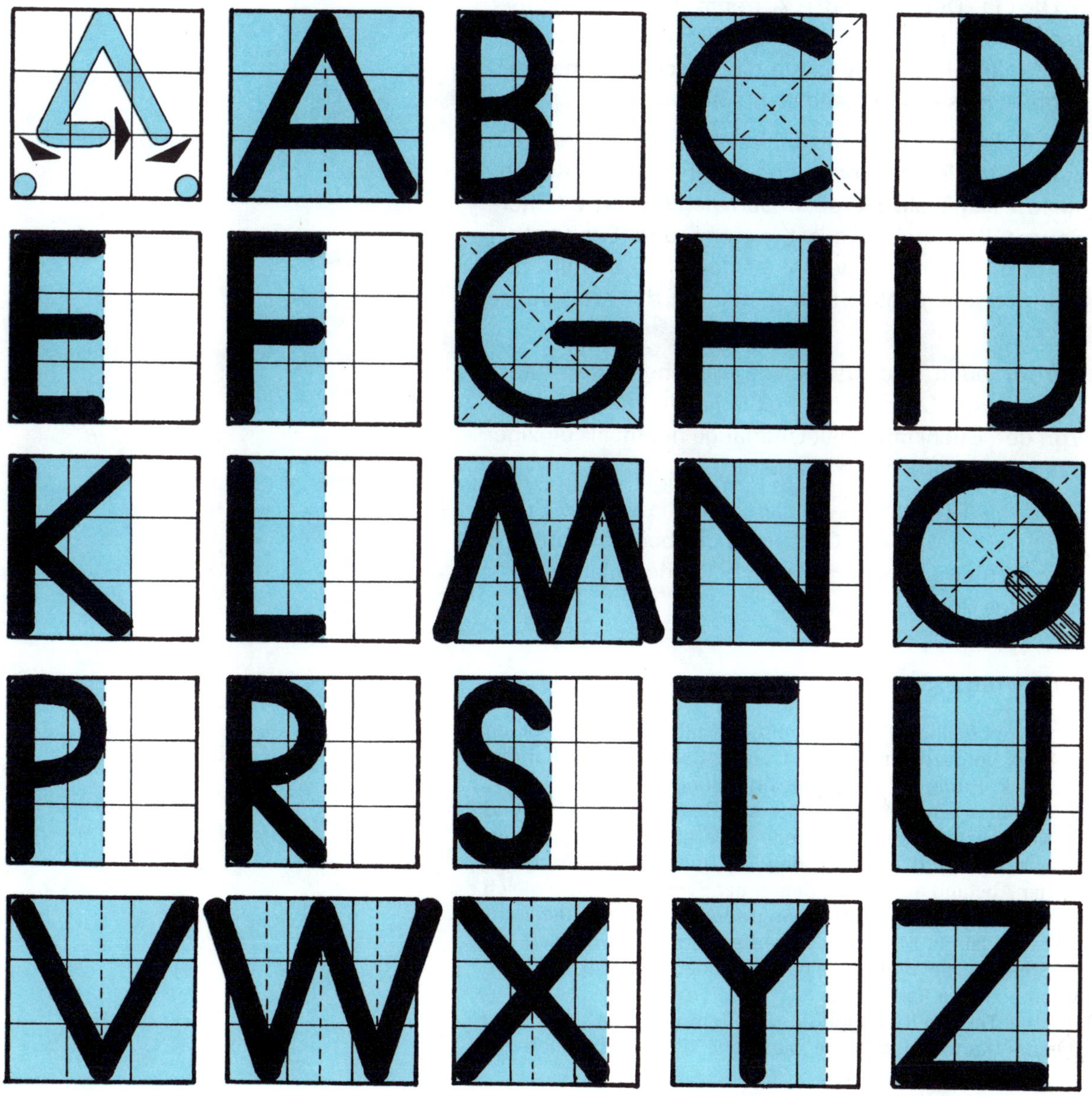

5.2 Geschriebene Gleichstrich-Grotesk – Kleinbuchstaben

Bei den Übungen für die Großbuchstaben wurde von der 2-mm-Feder und der Höhe von 15 mm (3 Karos) ausgegangen.

Die Kleinbuchstaben erfordern wegen ihrer Ober- und Unterlängen eine Unterteilung der Zeilenhöhe (siehe hierzu Tafel Großbuchstaben (1)). Ausgehend von den gewöhnlichen Kleinbuchstaben wie a, c, e, m, n, die zwei Drittel von der Höhe der Großbuchstaben einnehmen, ergibt sich die Mittellänge = ML. Sie beträgt bei dem festgesetzten Größenverhältnis jeweils das Doppelte der Oberlänge = OL bzw. der Unterlänge = UL (1). Der Abstand = A trennt die untereinander geordneten Schriftzeilen. Die Abstandsweite unterliegt keiner Regel, da für sie die Geschlossenheit des Schriftfeldes bestimmend sein soll.

Das Schreiben der Kleinbuchstaben (3) dürfte nach den gründlichen Vorübungen mit den Großbuchstaben keine allzu großen Schwierigkeiten bereiten. Soweit Buchstaben aus Kreisform und Senkrechter (a, b, d, g, p, h) bestehen, ist darauf zu achten, daß sich der senkrechte Strich genau mit der Kreisgrenze deckt (2).

Der für jeden Buchstaben vorgesehene Raum – ausgehend vom Quadrat (1) – ist beim Üben einzuhalten. Von den Buchstaben mit Oberlänge nimmt als einziger das „t" nur eine halbe Länge ein.

Die Zahlen (4) haben die gleiche Höhe wie die Großbuchstaben. Um das Gleichgewicht bei den Zahlen 6 und 9 zu erhalten, wird der Schrägstrich nicht bis zur Ecke des Rechtecks geführt.

Übungen:

1. Schreibe einen Text mit Großbuchstaben. Bilde dabei auf dem vorgezeichneten Feld eines Blattes einen Schriftblock. Prüfe, ob der Ausgleich gelungen ist.
2. Schreibe einen Spruch oder ein Gedicht mit Groß- und Kleinbuchstaben, wobei jede Zeile auf Mittelachse ausgerichtet wird. Skizziere den Text mit Bleistift vor, damit der Abstand auf beiden Seiten der Symmetrieachse gleich groß ist. Durch Vorschreiben und Ausschneiden der Textzeilen ist die Mittelachse ebenfalls gut zu bestimmen.
3. Steigere die Wirkung eines geschriebenen Textes durch eine zweite Farbe.
4. Übe Texte mit Ringpinsel und Temperafarbe auf Papier oder Karton. Bestimme die Höhe der Schrift nach der Größe des Ringpinsels.

5.2

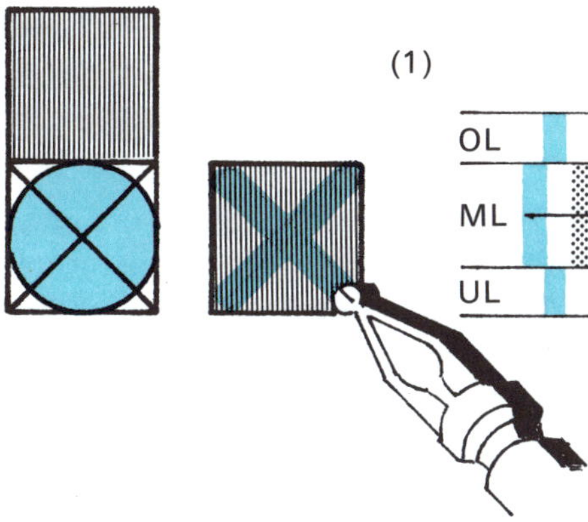

(1)

(2)

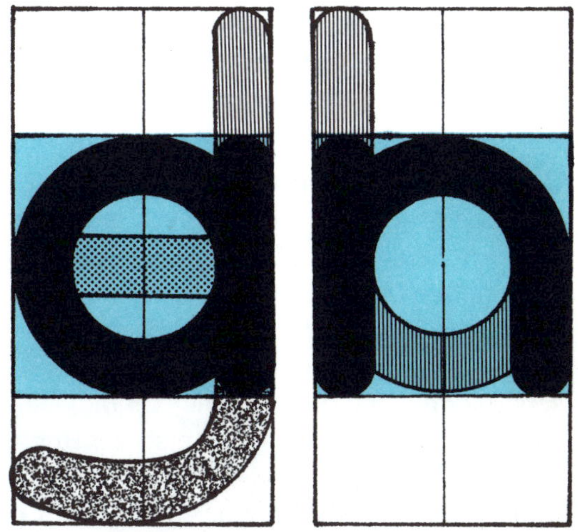

(3)

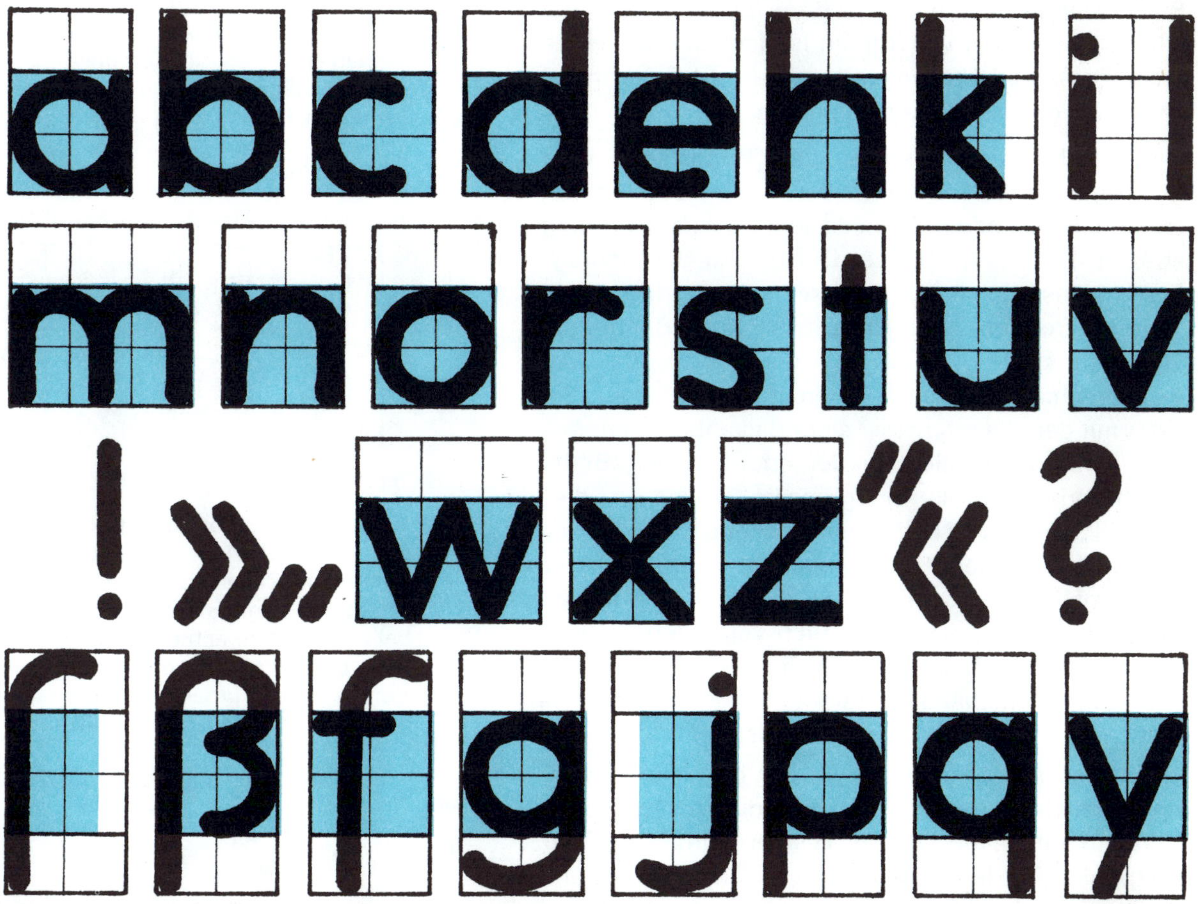

(4)

5.3 Gezeichnete Grotesk – Großbuchstaben

Alle Schriften, die ganz exakt ausgeführt werden sollen, können nicht frei geschrieben werden. Vielmehr müssen sie einwandfrei durchgezeichnet und konstruiert werden, so etwa bei Beschriftungen auf Holz, Metall, Glas und Putz. Da Korrekturen nicht immer durchführbar sind oder das Ergebnis nachteilig beeinträchtigen, ist es notwendig, den Schriftzug vorher im Entwurf zeichnerisch genau festzulegen.

Die gezeichnete Groteskschrift setzt sich wie die geschriebene Gleichstrich-Grotesk aus geometrischen Formen zusammen. Quadrat, Rechteck, Dreieck und Kreis geben dem Buchstaben die ihm charakteristische Form. Die Konstruktion und Breite der Buchstaben wird durch das unterlegte quadratische Raster veranschaulicht. Die Schrifthöhe beträgt sechsmal die Balkenstärke (1), diese muß also der Buchstabenhöhe angepaßt werden. Ist die Höhe 6 cm, so beträgt die Balkenstärke $^1/_6$ von 6 cm = 1 cm. Geht man von der Balkenstärke aus, so ist mit 6 zu multiplizieren. Bei einer Balkenstärke von 1,5 cm ist demnach die Höhe 9 cm. Diese Verhältnisregel erlaubt es, die Schrifthöhe der jeweiligen Aufgabe anzupassen.

Das gleichmäßige Aussehen aller Buchstaben wird durch gleiche Balkenstärke oder -breite bei der senkrechten und schrägen Geraden sowie bei der Rundung erreicht. Um Fehler bei der Darstellung des Schrägbalkens auszuschließen, wird seine Breite durch eine Hilfskonstruktion ermittelt. Die schräge Bandbreite verringert sich, wenn sie nur durch Verbinden der waagerechten Balkenstärke ermittelt wird (2). Ein Kreis mit dem Durchmesser einer Balkenbreite ermöglicht zwar die Festlegung der erforderlichen Breite durch Verbindung der Kreisgrenzen (3), aber mit diesem Hilfsmittel wird der vorgeschriebene Raum für den Buchstaben in der Breite überschritten. Daher ist es zweckmäßig, den schrägen Balken mit einem Kreisbogen zu konstruieren (4). Durch Verbinden der Einsatzpunkte des Zirkels und der äußeren Grenzen der Kreisbögen miteinander entsteht die Balkenstärke, die dem gesamten Buchstabenbild entspricht.

Für das große Alphabet (5) wurden bei allen schwierig darzustellenden Buchstaben die erforderlichen Konstruktionshilfen benutzt. Hierbei wurden die Einsatzpunkte für den Zirkel durch den kleinen Kreis und die Angaben für die Balkenstärke durch den Punkt auf dem Kreisbogen oder Kreis markiert.

Der Flächenbedarf der Buchstaben wurde durch die blaue Farbe gekennzeichnet. Beim Vergleich der einzelnen Buchstabenzonen miteinander ergibt sich, daß die Influäche oder der Innenraum und die Anfläche oder der Außenraum unterschiedlich groß sind. Um Buchstaben bilden oder Wörter ohne Vorlage berechnen zu können, müssen die Einheiten, die den Buchstabenraum betreffen, immer gegenwärtig sein. So hat das A fünf und das B vier Einheiten oder Balkenstärken. Die Kenntnis von Buchstabenbreite und Anfläche ist für die Wort- und Textgestaltung besonders wertvoll.

Bestimmen des Zirkeleinsatzpunktes beim B und beim Oberteil P, R

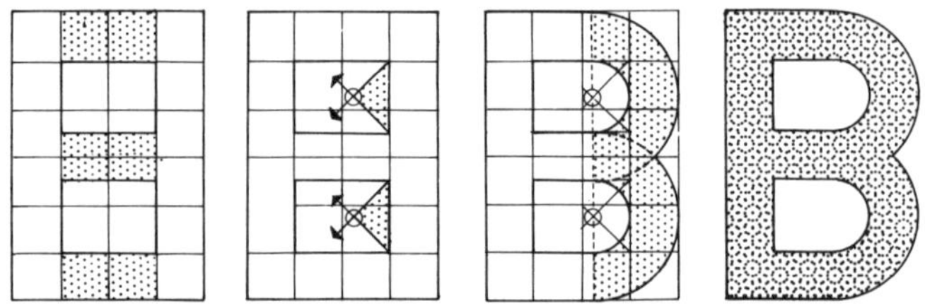

(1) (2) (3) (4)

(1) Einzeichnen der waagerechten Balken.
(2) Von den rechten Ecken der Binnenfelder im Winkel von 45° Linien ziehen. Schnittpunkte sind Zirkeleinsätze.
(3) Bogenschläge von den ermittelten Schnittpunkten. Auf nahtlosen Übergang in die waagerechten Linien ist zu achten.
(4) Fertiger Buchstabe.

Bestimmen des Zirkeleinsatzpunktes beim S

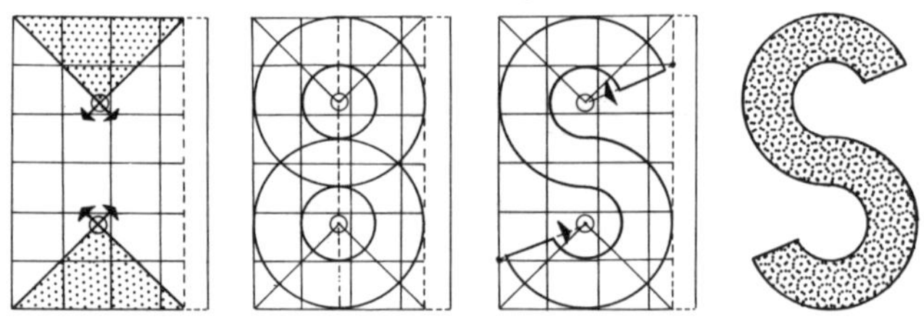

(1) (2) (3) (4)

(1) Von den Ecken der oberen und unteren Buchstabenbegrenzung im Winkel von 45° Linien ziehen. Schnittpunkte sind Zirkeleinsätze.
(2) Kreise von den ermittelten Einsatzpunkten ziehen. Hierbei ist darauf zu achten, daß der kleine mit dem großen Kreis und umgekehrt deckungsgleich ist.
(3) Von der linken unteren und der rechten oberen Seitenbegrenzung Linien zum Einsatzpunkt ziehen.
(4) Fertiger Buchstabe.

Übungen:

1. Konstruiere die Großbuchstaben der Groteskschrift (E) in einer Höhe von 12 cm auf einem unterlegten quadratischen Netz.
2. Zeichne einzelne Buchstaben in verschiedener Größe auf einem weißen Zeichenkarton. Beachte auch hier die in der Vorlage angegebenen Konstruktionshilfen.

5.3

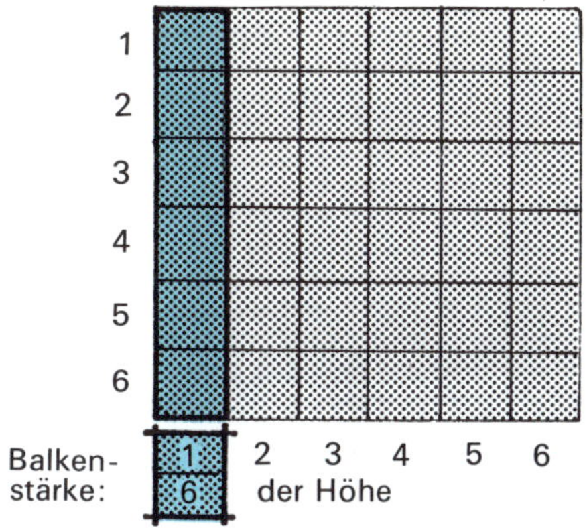

(1)

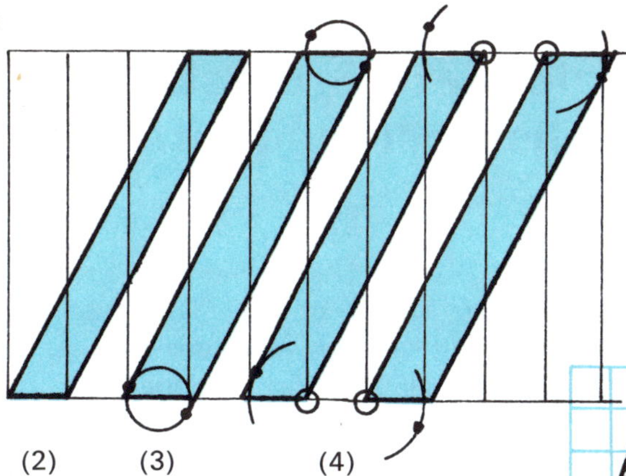

(5)

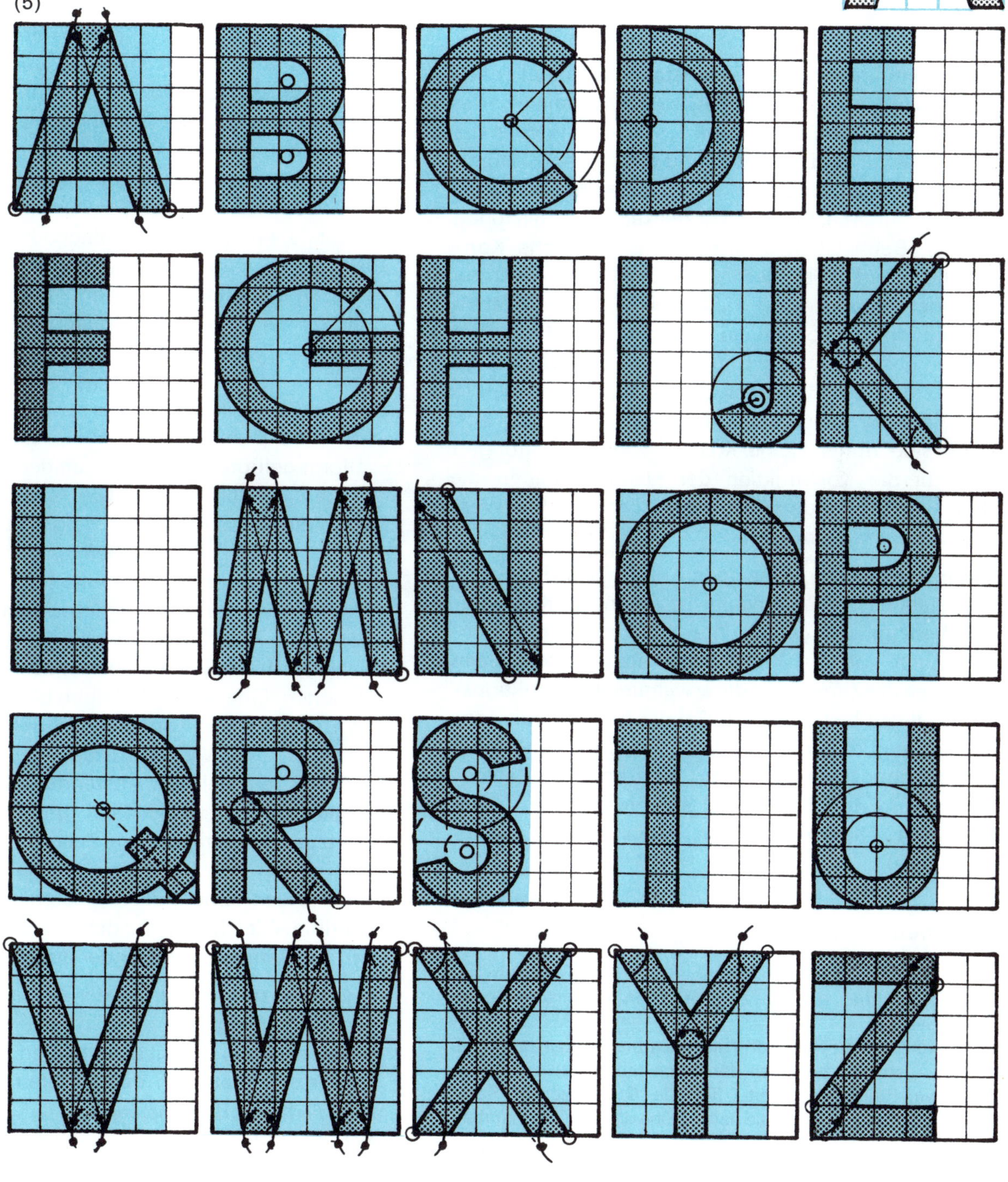

5.4 Gezeichnete Grotesk – Kleinbuchstaben und Ziffern

Die Höhe der Kleinbuchstaben und der Großbuchstaben der Groteskschrift steht im Verhältnis zwei zu drei. Das bedeutet, daß alle Buchstaben ohne Ober- und Unterlänge den Raum der Mittellänge = ML beanspruchen. Die Oberlänge = OL verlangt demnach ein Drittel von der Höhe der Großbuchstaben. Die Unterlänge = UL ist im Verhältnis eins zu drei zwar nicht in die Schrifthöhe einbezogen, sie muß aber bei der Konstruktion herangezogen und bei der Festlegung der Zeilenabstände berücksichtigt werden (1).

Zur Konstruktion der Kleinbuchstaben (2) dient (ohne Berücksichtigung der Oberlängen) im allgemeinen das Quadrat oder das Rechteck. In das Quadrat werden die Buchstaben a, b, d, e, o, g, p und q gezeichnet. Durch den senkrechten Balken, der sich genau mit der inneren und äußeren Kreisgrenze decken muß, bestehen bei den Buchstaben a, b, d, p und q gleiche Konstruktionsmerkmale. Die schrägen Balken werden nach denselben Regeln wie bei den Großbuchstaben gezeichnet. Die Oberlängen füllen mit Ausnahme des t den vorgesehenen Ein-Drittel-Raum. Die Oberlänge von f und und die Unterlängen von g und j stimmen in der Bogenform überein. Die Einsatzpunkte für den Zirkel sind durch kleine Kreise markiert. Im übrigen sind für die Konstruktion der Kleinbuchstaben die Hinweise, die bei den Großbuchstaben gegeben wurden, sinngemäß anzuwenden.

Die Höhe der Ziffern entspricht der Höhe der Großbuchstaben. Der Ziffernraum ist durch die Konstruktion bedingt. Die abgeflachte Null kann gegebenenfalls auch von der Kreisform ersetzt werden. Beim Zeichnen der Ziffern sind die erwähnten Konstruktionsmerkmale zu beachten (3). Bei der Bildung von Zahlensystemen muß der Ausgleich zwischen den Ziffern berücksichtigt werden. Das Erfassen von Zahlenreihen wird durch sinnvolle Gruppierung der Ziffern erleichtert (Kennzeichen an Kraftwagen, Telefon-Nummern).

Übungen:

1. Konstruiere die Kleinbuchstaben der Groteskschrift auf kariertem und glattem Zeichenkarton in verschiedenen Größen.
2. Zeichne Wörter mit Groß- und Kleinbuchstaben. Beachte den Ausgleich zwischen den Buchstaben.
3. Entwirf Preisschilder mit Ziffern der Groteskschrift. Setze für den Pfennigbetrag die halbe Höhe der Großbuchstaben ein.

5.5 Wort, Zeile und Text als Schriftbild

Für ein gutes Schriftbild – es kann ein einzelnes Wort, eine Zeile oder ein gegliederter Text sein – ist die Kenntnis von der Buchstabenform und dem Ausgleich bei der Aneinanderreihung mehrerer Buchstaben erforderlich. Die Aufreihung einzelner Buchstaben zu einem Wort mit gutem Ausgleich wäre sehr einfach, wenn alle Buchstabenräume durch einen senkrechten Balken begrenzt wären. Da aber die Buchstaben wechselnde Formen haben, muß zunächst festgestellt werden, welche In- und Anfläche in der jeweiligen Buchstabenzone enthalten ist. Unter Buchstabenzone versteht man die rechteckige oder quadratische Fläche, die vom Buchstaben eingenommen wird. Die Buchstabenzone beim M ergibt sich durch die Eingrenzung der nach außen gestellten Schrägbalken, auf deren äußersten Punkten eine Senkrechte errichtet wird (1). Es entstehen hierbei als Anfläche zwei rechtwinkelige, nach unten zeigende Dreiecke, die beim Ausgleich zu anderen Buchstaben in einem guten Verhältnis stehen müssen. Drei dreieckige Inflächen bilden den Innenraum, der wegen der guten Lesbarkeit ausreichend ‚durchlichtet' sein muß. Nicht ausreichend ‚durchlichtete' zu kleine Inflächen, führen bei kontrastreicher Schrift zu Dunkelflächen. Beim dachartigen, in Winkelform gefügten A wird darum der Querbalken in den unteren Bereich gesetzt. Die Anflächen beim A sind durch die stärkere Neigung der Balken größer als beim M. Das L mit der Buchstabenzone eines Rechtecks hat eine nach rechts geöffnete Anfläche, die durch ihre relative Größe erhebliche Schwierigkeiten beim Ausgleich machen kann. Beim E entstehen durch die waagerechten Balken zwei nach rechts geöffnete Inflächen. Eine rechte Anfläche beim R entsteht durch die Rundung des Kopfteils und den darunter schräggestellten Fuß. Werden diese Buchstaben zum Wort MALER mit gleichen Abständen aufgereiht, so fehlt wegen der unterschiedlich großen Hellräume der Wortzusammenhang. Im Zeilen- und Textverband kann durch den fehlenden Ausgleich der Rhythmus beim Lesen empfindlich gestört werden. Ziel des Schriftausgleichs ist es, den Flächeninhalt zwischen den Buchstaben aufeinander abzustimmen.

Eine Hilfe zum Ausgleich der Abstandsbreiten ist folgendes Schema (2):

- Buchstaben, die mit senkrechten Balken aneinander grenzen, brauchen den größten Abstand = 1 bis $1^1/_2$-fache Balkenstärke.
- Buchstaben, die mit senkrechten und runden Balken

5.4

(1)

(2)

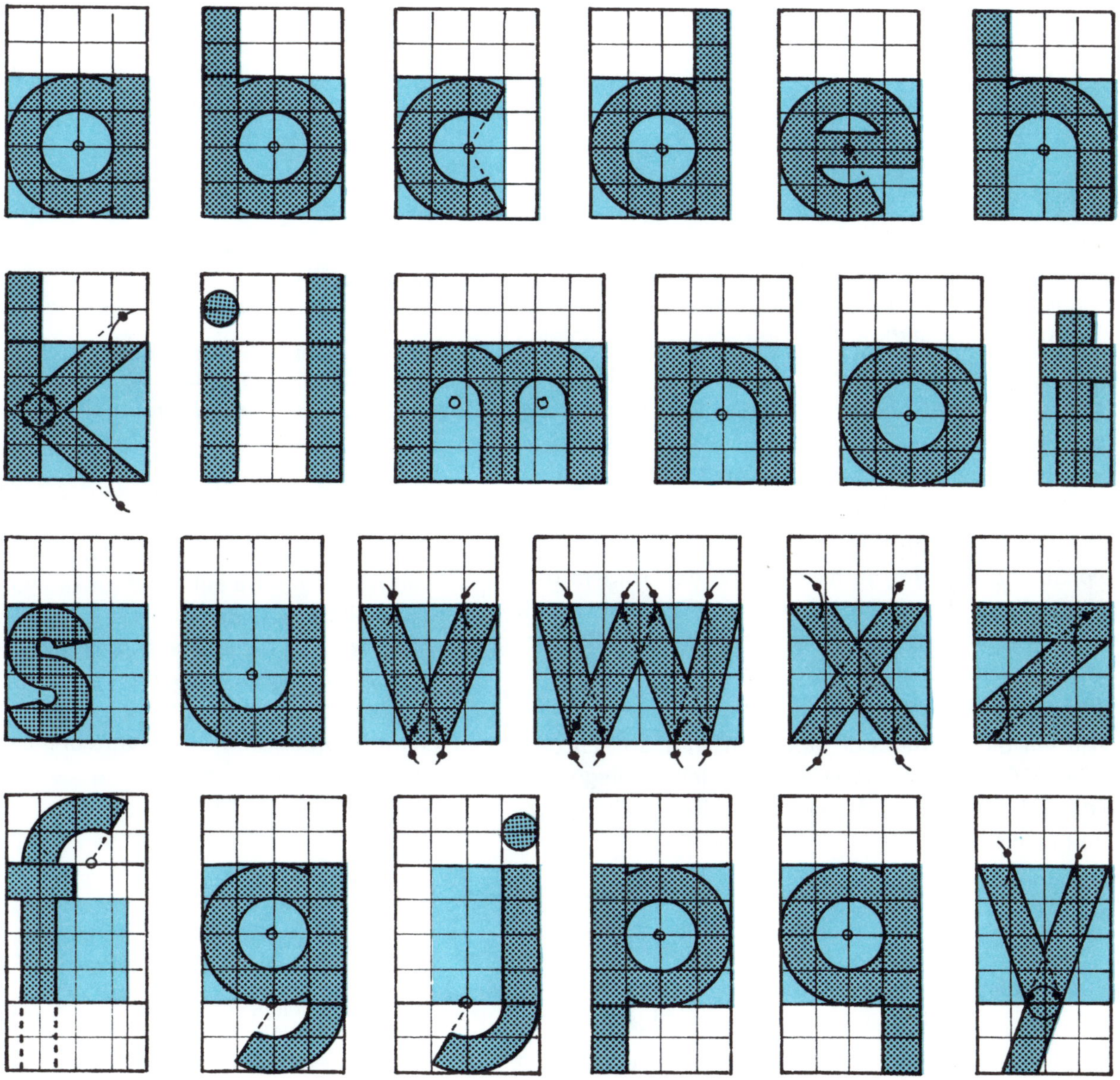

(3)

aneinander grenzen, brauchen wegen der durch die Rundung bedingten Anfläche den halben Abstand = $^1/_2$ bis $^3/_4$-fache Balkenstärke.

- Buchstaben, die mit senkrechten und schrägen oder mit runden und runden Balken aneinander grenzen, brauchen wegen der erweiterten Anfläche des A oder der Rundungsflächen nur einen geringen Abstand = $^1/_4$-fache Balkenstärke.
- Buchstaben, die mit runden und schrägen Balken aneinander grenzen, brauchen wegen der großen Anflächen keinen Abstand.
- Buchstaben mit offenen Anflächen und schrägen Balken gehen ineinander über.

Diese Regeln für den Ausgleich zwischen den Buchstaben können und dürfen nur Hilfen sein, da Abweichungen bei jeder neuen Wortbildung möglich sind. Die letzte Entscheidung über den optischen Ausgleich muß immer das geschulte Auge treffen.

Buchstaben mit Rundungen (C, G, O, Q) werden aus optischen Gründen über die obere und untere Begrenzungslinie hinausgeführt, da sie sonst im Verhältnis zu den übrigen Buchstaben zu klein erscheinen.

Bei jeder Schriftgestaltung wird die Schrifthöhe und die Schrifteinteilung je nach Größe des Trägers und Textumfanges bestimmt. Ein Weg, den Text nicht durch bloßes Probieren an die gewünschte Stelle des Schriftfeldes zu setzen, ist das Berechnen nach den Balkenstärken der einzelnen Buchstaben und den Abständen.

Wie mit dieser Methode verfahren wird, soll an dem Wort MODE gezeigt werden. Mit den festliegenden Konstruktionsbreiten der einzelnen Buchstaben skizziert man sich das Wort auf und berechnet:

Abstände nach Regel =	$0 + ^1/_2 + ^1/_2 = 1$	= 20 Balkenstärken
	M O D E	
Buchstabenbreite =	$6 + 6 + 4 + 3 = 19$	

Soll die Schrift einen Raum von 30 cm einnehmen, so ist 30 cm : 20 Balkenstärken = 1,5 cm = eine Balkenstärke. Da eine Balkenstärke $^1/_6$ der Höhe beträgt, wird 1,5 cm mit 6 multipliziert. Es ergibt sich eine Schrifthöhe von 9 cm.

Beim Beispiel MALER ist der Buchstabenabstand bei Darstellung (3) jeweils eine Balkenstärke. Rechnerisch ergibt sich durch den fehlenden Schriftausgleich folgende Wortzone:

Gleicher Abstand =	$1 + 1 + 1 + 1 = 4$	= 25 Balkenstärken
	M A L E R	
Buchstabenbreite =	$6 + 5 + 3 + 3 + 4 = 21$	

Obwohl die Abstände von der Grenze der Buchstabenzone bis zur nächsten gleich groß sind, entstehen unterschiedlich große Zwischenräume (4). Während nämlich das Auge bei den Buchstaben M und A sowie A und L durch die eindeutige Begrenzung der Balken den ganzen Zwischenraum erfaßt, wird bei den geöffneten Anflächen von L und E nur ein Teil wahrgenommen. Diese optischen Gegebenheiten müssen beim Schriftausgleich ebenfalls berücksichtigt werden. Wird die Länge der Wortzone mit dem Schriftausgleich ermittelt, so ergibt sich folgendes Bild:

Abstand nach Regel =	$0 + ^2/_3 + 0 + ^2/_3 = 1^1/_3$	= $22^1/_3$ Balkenstärken
	M A L E R	
Buchstabenbreite =	$6 + 5 + 3 + 3 + 4 = 21$	

Die Differenz zwischen beiden Berechnungen beträgt $2^2/_3$ Balkenstärken. Hier muß also im Gegensatz zur vorherigen Berechnung für das Feld der Wortzone ein wesentlich geringerer Raum eingeplant werden (5).

Bei der kritischen Betrachtung des Wortbildes (5) sind beim Ausgleich noch kleine Mängel erkennbar. So ist der Raum zwischen L und E zu groß und zwischen E und R zu klein. Da ein Näherrücken von L und E durch den weitausladenden Fuß unmöglich ist, bleibt nur das Abkürzen. Wird der durch diese Maßnahme gewonnene Raum für die Erweiterung des Abstandes E und R eingesetzt, so erreicht man einen befriedigenden Schriftausgleich, und die Wortzone behält die errechnete Länge (6).

Übungen:

1. Zeichne Wörter und berücksichtige dabei die Konstruktion der Buchstaben und die Abstandsregel. Verwende zum Ausmalen eine Kontrastfarbe, z. B. schwarze Farbe auf weißem Grund. Die Buchstaben des gewählten Wortes werden ein zweites Mal gezeichnet, mit der gleichen Farbe angelegt und ausgeschnitten. Versuche durch Hin- und Herschieben den optischen Ausgleich herzustellen. Klebe die Buchstaben auf und vergleiche die Veränderung der Zwischenräume.
2. Entwirf ein Firmenschild für ein Lebensmittelgeschäft, einen Wegweiser zu einer Sehenswürdigkeit oder ein Plakat für ein Stoff-Fenster in symmetrischer Anordnung. Stimme Schriftgröße und Aufteilung auf das gegebene Format ab. Beachte die Regel für Buchstaben mit Rundungen.

5.5

(1)
MALER
NE
NO
NA
DO
DA
TA
(2)
(3)
MALER
1 1 1 1
(4)
MALER
(5)
MALER
0 2/3 0 2/3
(6)
MALER

5.6 Kursivschrift – Kleinbuchstaben

Unter „Kursive" versteht man eine in einem bestimmten Winkel schräggestellte „laufende" Schrift. Ihr flüssiges und elegantes Aussehen stellt einen für die Schriftgestaltung oft wünschenswerten Kontrast zu den lotrechten Typen der Grotesk- oder Antiquaschrift dar. Die Möglichkeit, Kursivschriften ohne zeitraubende Zeichenarbeiten unmittelbar aus dem Werkzeug, der Breitfeder oder dem Flachpinsel, auf dem Schriftträger auszuführen, ist ein weiterer Grund für die große Verbreitung. Hinzu kommt die natürliche Schräglage, die weitgehend der geneigten Handschrift entspricht.

Das Aussehen, die Form und der Schriftcharakter bestimmen die Anwendung. Schilder und Plakate für Ausstellungen, kulturelle Veranstaltungen und Modeschauen können mit der Kursivschrift wirkungsvoll gestaltet werden. Die Entscheidung, ob bei der gestellten Aufgabe die Kursivschrift allein, über- oder untergeordnet angewendet wird, hängt von dem Textinhalt ab. So ist die Werbung für eine Tanzschule oder eine Modenschau kaum mit schweren, wuchtigen und eckigen Buchstaben denkbar. Schwung, Leichtigkeit und Eleganz entsprechen dem Wesen des Tanzes und bestimmen damit die Schriftwahl. In untergeordneter Form als Namenszug ist die Anwendung der Kursiv auch bei solchen Schriftarbeiten denkbar, wo Textinhalt und Schriftcharakter nicht oder nur bedingt übereinstimmen.

Die Kursivschrift, deren Form von der Breitfeder oder dem Flachpinsel geprägt wird, erhält ihre harmonisch-rhythmische Wirkung durch die ausschwingenden Ober- und Unterlängen der zu einem Band zusammengezogenen einzelnen Buchstaben. Eine wichtige Voraussetzung für das gleichmäßig-fließende Aussehen des Wortes oder der Zeile ist, daß der einmal festgelegte Neigungswinkel eingehalten wird. Für die ersten Übungen im Winkel von 75° werden die zu ziehenden Hilfslinien mit dem Winkelmesser oder mit Zeichendreiecken (45° und 30°) festgelegt. Bei kariertem Papier kann die erforderliche Schräglage durch die Diagonale des aus vier untereinander angeordneten Quadraten bestehenden Rechteckes ermittelt werden (2). Geht man von diesen vier Quadraten aus, so sind für die normalen Kleinbuchstaben als Mittellänge = ML zwei Quadrate und für die Oberlänge = OL und Unterlänge = UL je ein Quadrat vorgesehen (1). Die Balkenstärke, die von dem leicht schräg angesetzten Werkzeug (3) gebildet wird, soll viermal in der Mittellänge enthalten sein. Bei zu steilem Werkzeugansatz wird der Balken zu schmal. Außerdem geht der harmonische Wechsel in den Bandbreiten verloren. Die einmal festgelegte schräggestellte Schreibkante des Werkzeuges wird auch bei Buchstaben mit runden Formen beibehalten.

Dem Schreiben der Buchstaben mit der 2-mm-Breitfeder und Tusche gehen Übungen mit der Geraden und flachen Rundung in der Schräglage voran (4). Für die Oberlänge wird ein 5-mm-Karo und für die Mittellänge werden zwei 5-mm-Karos gerechnet.

Bei ausreichender Sicherheit kann das Schreiben der Kleinbuchstaben begonnen werden. Der Schreibrhythmus, bestimmt durch die richtige Haltung und Führung des Werkzeuges, wurde am a und b veranschaulicht (5). Das Werkzeug wird grundsätzlich von oben nach unten und von links nach rechts geführt. Auf scharfkantige An- und Absätze muß besonders geachtet werden. Leicht gerundete Abstriche an den Endungen bereichern die Buchstabenform. Das gute Aussehen des geschriebenen Buchstabens hängt wesentlich von der nahtlosen Verbindung zweier Schreibbewegungen ab; es darf zwischen beiden keine Ansätze geben.

Diese Erläuterungen für das Schreiben der Kursivschrift müssen bei der Übung jedes einzelnen Buchstabens beachtet werden (6).

Ist die gewünschte Schreibsicherheit erreicht, kann durch Veränderung der Mittel- und Oberlänge im Verhältnis eins zu sechs bei gleichbleibender Balkenstärke das Schriftbild verändert werden (7). Diese Variationsmöglichkeit kann durch im Verhältnis zur Mittellänge größere Ober- und Unterlängen ergänzt werden. Die Abweichung vom ursprünglichen Verhältnis eins zu drei ist immer dann möglich, wenn durch Schwünge eine dekorative Buchstabenform erreicht werden soll. Im allgemeinen bereichern Kurven und Schwünge nur dann die Kursivschrift, wenn sie sich aus der Form des Buchstabens und der Technik ergeben.

Um die Schreibsicherheit zu steigern, werden jetzt Texte im Zeilenverband gestaltet. Der Schriftblock soll in einem guten Verhältnis zum Rand stehen; richtig ist eine Randaufteilung im Verhältnis 3 : 4 : 5 (8).

5.6

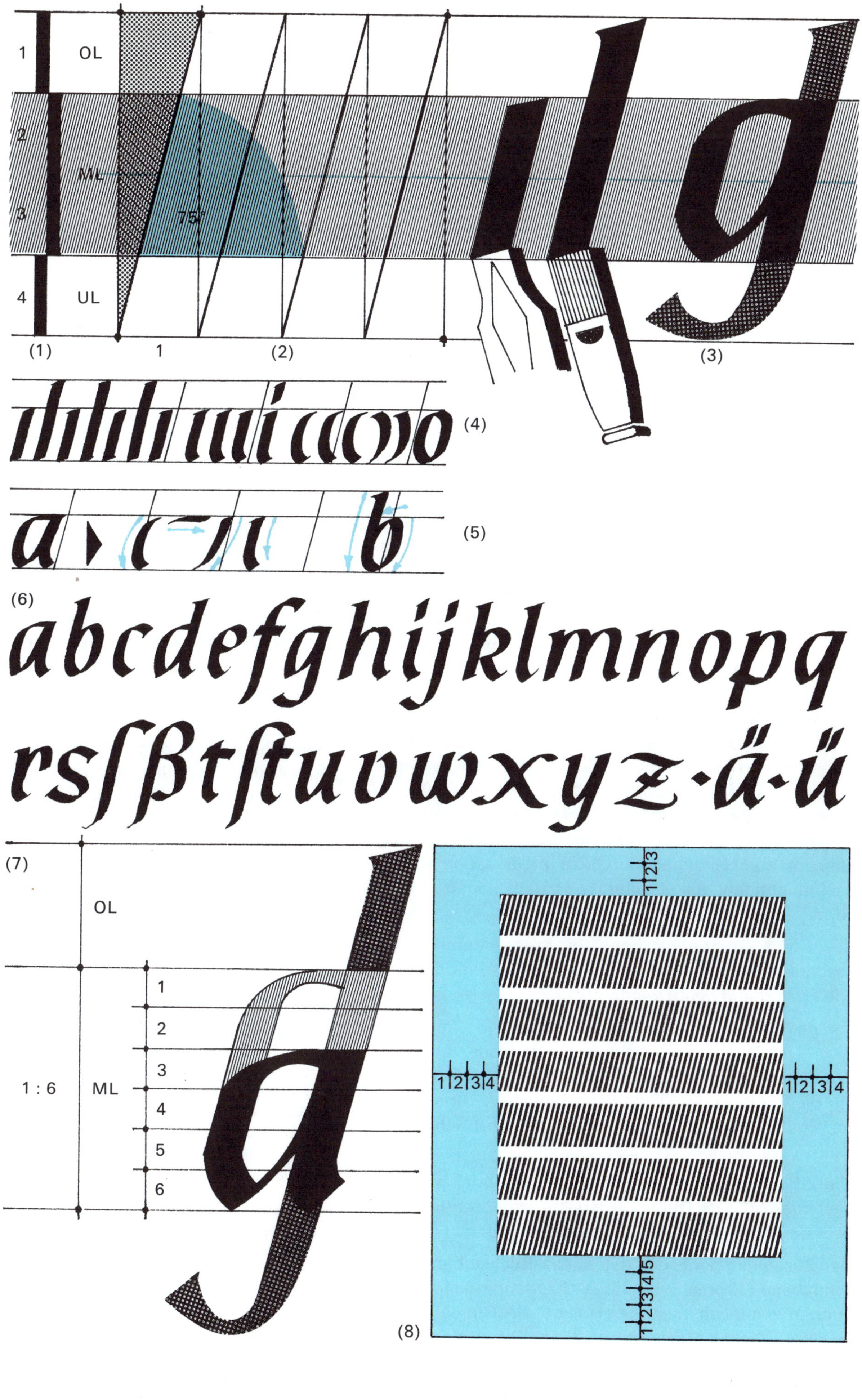
1
OL
2
ML
3
75°
4
UL
(1)
1
(2)
(3)
(4)
(5)
(6)
abcdefghijklmnopq
rsſßtſtuvwxyz·ä·ü
(7)
OL
1 : 6
ML
1
2
3
4
5
6
(8)

5.7 Kursivschrift – Großbuchstaben

Die beim Schreiben der Kursiv-Kleinbuchstaben geforderte Schräglage von 75° ist auch Grundlage für die Übungen mit Großbuchstaben. Die Gerade wird durch den Schwung von rechts oben nach links unten zur Flammenlinie oder zum ‚Elefantenrüssel' (1). Neben dem L, das die Bewegungsrichtung des Schreibens im Prinzip zeigt, weisen auch viele andere Buchstaben dieses schwungvolle Schriftelement auf. Die Schönheit und Ausgeglichenheit solcher Buchstaben hängt vom gleichmäßigen Schwung dieser Linie und dem leichten Übergang in die Rundung zum nächsten Element ab. Ballungen durch zu breite Übergänge beeinträchtigen die Leichtigkeit und Eleganz der Form.

Bevor die Großbuchstaben des Kursiv-Alphabetes geschrieben werden, muß die Flammenlinie im Detail und im Verband geübt werden (2).

Für das Schreiben der Großbuchstaben (3) mit der 2-mm-Breitfeder und Tusche wird eine Höhe von drei Quadraten mit einer Seitenlänge von 5 mm gerechnet. Für die Führung des Werkzeuges sowie An- und Absätze gelten sinngemäß die Erläuterungen zur Schreibtechnik der Kleinbuchstaben.

Die Ziffernhöhe wird der Höhe der Großbuchstaben gleichgesetzt. Der Duktus entspricht im wesentlichen dem der Groß- und Kleinbuchstaben (4).

Der Zusammenhang des mit Kursiv-Buchstaben geschriebenen Wortes wird durch Übergänge oder Bindungen erheblich gesteigert (siehe die Gegenüberstellung ‚Plakat-Kursivschrift' (5)). Die Bindungslinien dürfen nicht erzwungen wirken. Hat der vorhergehende Buchstabe keine Ableitung wie bei Pl oder endet die Ableitung in einem offenen Raum wie bei ri, so sollte nicht verbunden werden. Die Bindungsstriche müssen möglichst schmal angesetzt werden und ohne Ansatz in den folgenden Buchstaben einmünden.

Darstellung (6) zeigt ein praktisches Beispiel in Kursivschrift. Mögliche kleine Abweichungen von der geübten Grundform bei T, s und e lassen die variablen Möglichkeiten dieser Schrift erkennen.

Übungen:

1. Schreibe das kleine und große Alphabet der Kursivschrift mit einer größeren Federbreite und dem Plattpinsel. Um die notwendige Sicherheit beim Pinselschreiben zu erlangen, verwende für die ersten Übungen den Plakatschreiber. Bestimme die Höhen bei wechselnder Werkzeugbreite.
2. Schreibe einen selbst gewählten Text (Spruch oder Gedicht) in symmetrischer Anordnung. Da eine Berechnung bei Kursivschrift nicht möglich ist, muß der Text durch Skizzieren oder Vorschreiben auf Mittelachse gebracht werden. Fehlt die Sicherheit des Skizzierens, so wird durch Ausschneiden und sinnvolles Gliedern des geschriebenen Textes die jeweilige Zeilenlänge bestimmt. Die Reinschrift auf dem Zeichenkarton richtet sich nach der auf Symmetrieachse geordneten vorgeschriebenen Zeile.
3. Für eine Teppichschau im 3. Stock eines Kaufhauses ist ein Hinweisschild in zwei Schriftgrößen und zwei Farben zu schreiben. Überlege, was durch Größe und Farbe hervorgehoben werden muß.
4. Eine Bäckerei bestellt ein Firmenschild im Format 0,40×0,60 m. Für „Bäckerei" wird die Grotesk- und für den Namen des Inhabers (z. B. „Otto Müller") die Kursivschrift eingesetzt. Fertige Entwurf und Schriftpause an.

5.7

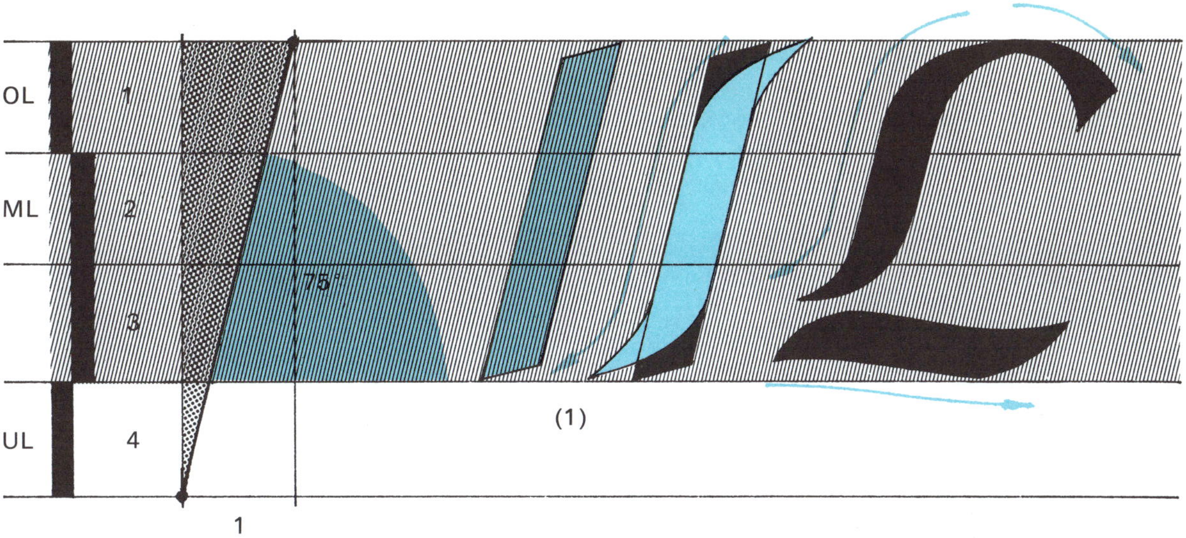

OL
ML
UL
1
2
3
4
75°
1

(1)

(2)

(3)

ABCDEFGHIJK
LMNOPQRSTUV
WXYZ

(4)

1234567890.,:;!?&

(5)

Plakat - Kurſivſchrift
Plakat - Kurſivſchrift

(6)

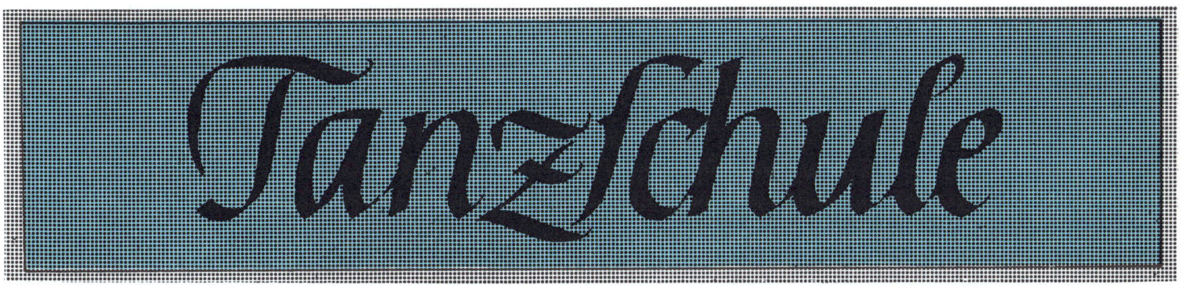

Tanzſchule

5.8 Gezeichnete Antiqua

Vorbild für die Antiqua, eine Schriftart der italienischen Renaissance aus der ersten Hälfte des 15. Jahrhunderts, ist die römische Meißelschrift, die Kapitalis. Die Formenelemente dieser alten Schrift sind Kreis und Quadrat. Während die Form der Großbuchstaben auf antike Inschriften zurückgeht, ist für die Kleinbuchstaben der Antiqua die karolingische Minuskel des frühen Mittelalters das Vorbild.

Im Laufe ihrer Geschichte hat sich die Antiqua erheblich gewandelt. So zeigt die Mediäval, eine frühe Antiqua, noch den kontrastarmen Duktus der Handschriften. Anfang des 18. Jahrhundert entstand die klassizistische Antiqua, die von gestochener Präzision ist und deren Druck- und Haarstriche hart kontrastieren (vgl. Kap. 6.10).

Die Einfachheit und Klarheit der Antiqua-Buchstaben erschließt dieser klassischen Schrift einen großen Anwendungsbereich.

Um die klassizistische Antiqua richtig und einwandfrei darstellen zu können, sollte man sich vor dem Zeichnen mit den Konstruktionshilfen vertraut machen. Im Gegensatz zur Grotesk mit ihrem gleichstarken Balken besitzt die Antiqua den Wechselstrich. Die Strich- und Balkenstärken wechseln mit feinen Quer- und Abschlußstrichen. Sie müssen, um ein gutes Buchstabenbild zu erhalten, ohne Ansätze Rundung und Gerade verbinden. Dies gelingt durch richtige Bestimmung aller Zirkeleinsätze.

Das Maßverhältnis der Antiqua ist im allgemeinen wandelbar. Bei der dargestellten Schrift beträgt die Strich- oder Balkenstärke $^1/_5$ der Höhe, die Quer-, Kopf- und Fußstrichstärke $^1/_{20}$ der Höhe. Alle nach den Seiten ausgreifenden Kopf- und Fußstriche haben eine Stärke von einem Zehntel der Buchstabenhöhe.

Während alle aus Geraden geformten Buchstaben ohne nennenswerte Schwierigkeit zu konstruieren sind, muß bei den aus Geraden und Teilkreisen bestehenden Formen ein organischer Übergang zwischen beiden Elementen hergestellt werden. Bei den Buchstaben B, P und R sowie C, D, G, O und S gelten jeweils die gleichen Voraussetzungen.

Beispiel für B: In den breiten Abstrich greifen zwei sich überschneidende Kreise. Der aus eineinhalb Balkenstärken gebildete Innenraum gliedert sich in zwei Rechtecke. Von der oberen und unteren rechten Ecke aus werden im Winkel von 45° Linien gezogen. Ihr Schnittpunkt dient zur Ermittlung der Einsatzpunkte für die inneren Kreisbögen. Auf der Waagerechten, die durch den Schnittpunkt verläuft, liegt der Zirkeleinsatz für den Kreis und den Außenbogen.

Beispiel für D: Das D entspricht in Breite und Höhe dem Quadrat. Der Schnittpunkt der Diagonalen ist der Einsatzpunkt für den Kreis. Auf seiner senkrechten Mittelachse liegen die Zirkeleinsätze für die Kreisbögen, die ohne Ansätze in die Geraden einmünden.

Übungen:

1. Konstruiere die Buchstaben der Antiqua in verschiedenen Größen. Achte hierbei auf einwandfreie Übergänge zwischen Geraden und Kreisbögen.
2. Zeichne Wörter, die dem Charakter der Antiqua entsprechen: Apotheke, Archiv, Museum, Antiquitäten.
3. Entwirf Schilder und Plakate mit zwei Schriftarten (Antiqua und Kursiv) und geeigneten Zeichen und Symbolen. Beispiel: „Apotheke am Rathaus"; dabei wird „Apotheke" in Antiqua und „am Rathaus" in Kursiv gesetzt. Als Motiv ist Schlange und Waage oder ihre Kombination mit dem stilisierten Rathaus möglich.

5.8

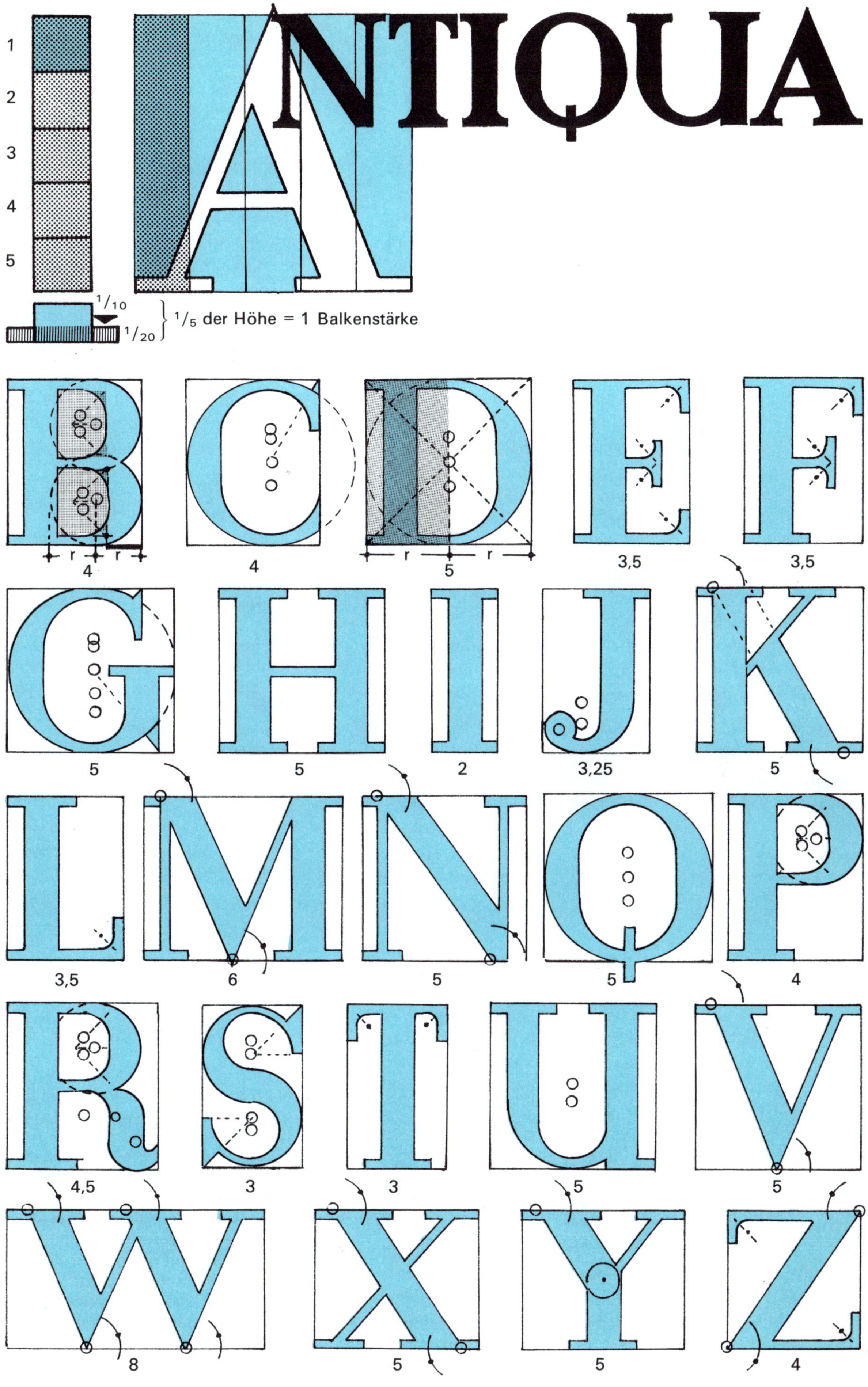

ANTIQUA
1
2
3
4
5
1/10
1/20
1/5 der Höhe = 1 Balkenstärke
r r
4
4
r r
5
3,5
3,5
5
5
2
3,25
5
3,5
6
5
5
4
4,5
3
3
5
5
8
5
5
4

5.9 Futura Black

In den zwanziger Jahren entstand die Futura Black. Diese markante, auffallende und werbewirksame Schrift zeichnet sich durch die Kompaktheit und Geschlossenheit der Buchstabenform aus. Obwohl sie mannigfaltig und vielseitig angewendet werden kann, ist ihre Lesbarkeit im Textverband nicht sehr groß. Daher empfiehlt es sich, die Futura Black, die variable Formen aufweisen kann, vorwiegend nur als Auszeichnungsschrift einzusetzen.

Die formgebenden Elemente der Futura Black sind Rechteck, Rhomboid, Dreieck und Teilkreis. Sie drängen den sonst bei den Buchstaben üblichen Binnenraum auf schmale Stege zusammen, so daß der Charakter einer Schablonenschrift entsteht. Die Formgebung aus geometrischen Elementen entspricht grundsätzlich dem jeweiligen Buchstabenbild. So bleibt die dreieckige Grundform des großen A im Charakter erhalten. Der schräggestellte, rhomboidartige Abstrich wird optisch durch das Dreieck gestützt und im Gleichgewicht gehalten. Der schmale Querbalken, der sonst mit Abstrich und Dreieck verbunden ist, steht frei, damit beim Schablonieren das Hochklappen vermieden wird.

Obwohl die Höhe der Großbuchstaben der Höhe der Kleinbuchstaben mit Oberlängen entspricht, ist die Balkenstärke unterschiedlich: bei den Großbuchstaben beträgt sie $^1/_3$ der Höhe, bei den Kleinbuchstaben $^2/_7$ der Höhe. Diese Änderung ist konstruktiv bedingt.

Dem aus drei aufeinander geordneten Quadraten gebildeten senkrechten Balken schließen sich beim B zwei durch schmale Rechtecke erweiterte Halbkreise an. Diese Verbreiterung ist zum flächenmäßigen Ausgleich erforderlich. Das Buchstabenbild des b wird durch den senkrechten Balken und die halbkreisförmige Fläche bestimmt. Da der flächenmäßige Ausgleich befriedigend ist, entfällt die Erweiterung des Halbkreises.

Die Summe aus Oberlänge = OL und Mittellänge = ML der Kleinbuchstaben entspricht der Höhe der Großbuchstaben. Das bedeutet, daß für Normalbuchstaben (a, c, e, m, n, o . . .) ohne Ober- und Unterlänge $^2/_3$ der Gesamthöhe zu rechnen sind.

Übungen:

1. Konstruiere mit Schiene, Winkel und Zirkel die Groß- und Kleinbuchstaben der Futura Black in verschiedenen Größen. Beachte hierbei die angegebenen Verhältnisse der Höhen und Balkenstärken sowie die Konstruktionshilfen (Einsatzpunkte für den Zirkel).
2. Zeichne kurze Sätze („Nicht werfen!", „Frisch gestrichen!", „Vorsicht Glas!") auf festem Karton oder Schablonenpapier. Schneide die Buchstaben mit Schablonenmesser, Schneidefeder oder -messer aus. Grundiere die Schablone mit Halböl oder Vorlack. Schabloniere den Schriftzug auf verschiedene Untergründe.

5.10 Format und Flächenaufteilung

Buchstabe, Wort, Zeile und Text sind wesentliche Grundlage für die Gestaltung mit Schrift und Form. Die Schrift- und Formträger unterliegen nicht immer den Abmessungen der DIN-Formate, sondern passen sich oft in der Größe und Form dem Zweck und Standort an. So sind die Flächen eines Transparentes oder der Fassade eines Geschäftshauses meistens lang und schmal. Schilder aller Art haben neben unterschiedlich großen rechteckigen Formaten stark geschwungene, aus dem Kreis oder der Ellipse gebildete Formen.

Bevor mit der Anordnung von Schrift, Zeichen und Bild auf dem Formträger begonnen werden kann, muß die Lage des Formates bestimmt werden. Bei der Wahl zwischen Hoch- und Querformat ist neben dem voraussichtlichen Standort (Litfaßsäule, Anschlagtafel, Aushang im Schaufenster oder am Fahrzeug) der Ausdruck und der Inhalt zu berücksichtigen. Die dem Format innewohnenden Eigenschaften sollten für die gestalterische Arbeit nutzbar gemacht werden: Das Hochformat gibt das Gefühl der vertikalen Ausdehnung und Blickführung; wie der stehende Mensch

5.9

Kleinbuchstaben
1
2
3
OL
ML
1
2
3
4
5
6
7
1/3 der Höhe
Balkenstärke
2/7 der Höhe
Großbuchstaben

wirkt es aktiv und aufstrebend. Das Querformat erscheint – dem ruhenden Menschen vergleichbar – mit seiner horizontalen Tendenz passiv und lagernd (1).

Daneben werden die Formverhältnisse der Fläche optisch wie folgt beeinflußt (siehe hierzu graphische Darstellung (2) in der Reihenfolge von links oben nach rechts unten):

- Schwarz macht schlank und betont die senkrechte Tendenz, da es Licht schluckt.
- Weiß macht füllig und zieht in die Breite, da es Licht streut.
- Senkrechte Streifen steigern die Höhe.
- Waagerechte Streifen strecken in die Breite.
- Karierte Muster verhindern einseitige Akzente (Breite oder Höhe) durch Formatvergitterung.
- Bänder teilen und gliedern das Format und steigern – je nach Vertikal- oder Horizontalanordnung – die aktive oder passive Wirkung.
- Pfeile richten und betonen Bewegungstendenzen.
- Verspannungen vertikal und horizontal sich überschneidender Linien heben Richtungen auf.
- Senkrechte und waagerechte Mittelteilungen halbieren das Format durch hell-dunkel kontrastierende Flächen. Dabei führt die Verselbständigung der Flächen zum Verlust der charakteristischen Formateinheit.
- Heller Grund zieht die in der Mitte des Formates geordnete Form in alle Richtungen.
- Dunkler Grund konzentriert und festigt die in die Mitte geordnete Form.
- Tief im Format stehende Formen bewegen sich von oben nach unten.
- Schrift und Zeichen in der Anordnung eines nach oben zeigenden spitzwinkligen Dreiecks mit gleichen Randabständen führen zur Überstrahlung im oberen und Schwerpunktbildung im unteren Raum. Die Folge ist das Abrutschen der Form aus der Fläche.
- Schrift und Zeichen in der Anordnung eines nach unten zeigenden spitzwinkligen Dreiecks mit gleichen Randabständen stehen gut im Raum, da sich hier der Schwerpunkt nach oben verlagert hat. Es gibt kein Abrutschen aus der Fläche.

Günstige und ansprechende Lösungen ergeben sich durch den ‚Goldenen Schnitt' (3) (vgl. Kap. 2.4). Diese Konstruktion teilt die Fläche in dem Punkt, in welchem sich ‚minor' und ‚major' treffen. Das Zahlenverhältnis beider Größen ist 3 : 5 oder 5 : 8. Bei dem dargestellten Hoch- und Querformat wurde die Höhe durch acht geteilt. Von diesen acht Teilen umfaßt also ‚minor' drei und ‚major' fünf Teile. Die Schrift oder Form wird symmetrisch in die Schnittlinie gestellt. Soll die Form aus der Mittelachse nach links oder rechts gerückt werden, so wird die senkrechte Schnittlinie ebenfalls nach dem genannten Zahlenverhältnis bestimmt. Wenn auch mit dem Goldenen Schnitt gute Lösungen zu erreichen sind, so ist doch von einer übermäßigen Anwendung abzuraten, da durch die immer gleichbleibende Regel das schöpferische Moment zu kurz kommt.

Weitere Teilungsmöglichkeiten nach dem Goldenen Schnitt zeigen die Darstellungen unter (4):

- Form- und Schriftfläche treffen sich bei gleichem Randabstand an der vertikalen und horizontalen Schnittlinie.
- Form- und Schriftfläche greifen ineinander über. Die neu gebildete Fläche muß in Größe und Lage auf die Ausgangsflächen bezogen sein, da sie sonst störend wirkt.
- Form- und Schriftfläche sind durch die Schnittlinien gegliedert und füllen das Format aus.
- Die Form (Kreisfläche) ist in die nach dem Goldenen Schnitt vertikal geteilten Flächen gesetzt. Schriftbänder stellen die Verbindung zwischen den stark kontrastierenden Flächen her.
- Form- und Schriftfläche sind durch das senkrecht angeordnete Rechteck gebunden.

Übungen:

Gestalte ein Plakat oder Firmenschild. Überlege vorher folgendes:

- Richtige Schriftwahl, bezogen auf Text, Inhalt und Form, z. B. geradestehende, beharrende (Grotesk) oder fließende Form (Kursiv).
- Sinnvolle, straffe Anordnung des Textes (Blockform), Herausheben der Hauptteile, Gliedern in Haupt- und kommentierenden Text.
- Abstimmen von Schrift- und Bildform aufeinander. Beide Elemente dürfen im Formenreichtum nicht miteinander konkurrieren. Langweilige Teilungen sind zu vermeiden.
- Schrift und Bildform erfordern ruhige Umflächen. Die Randgebiete sind nur bei gestalterischer Notwendigkeit zu durchbrechen oder aufzulösen.
- Text, Form und Fläche müssen im Format optisch ausgeglichen sein.
- Richtige Farbwahl mit Bezug auf die polaren Spannungsbeziehungen wie warm-kalt, hell-dunkel oder rein-trüb. Da Farben Vorstellungen und Gefühle vermitteln, müssen Aussage und Ausdruck aufeinander abgestimmt werden.

5.10

(1)

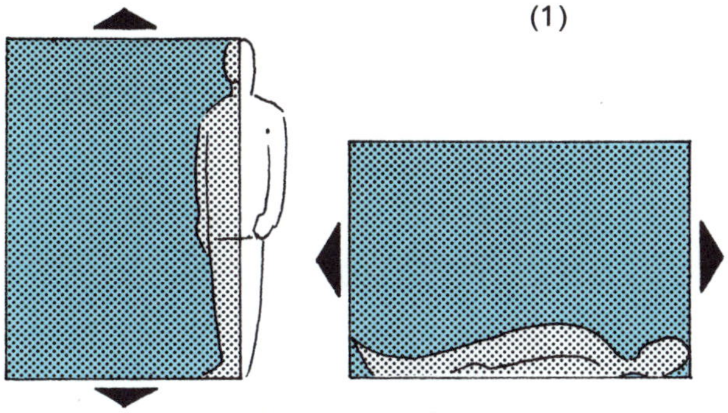

(2)

(3)

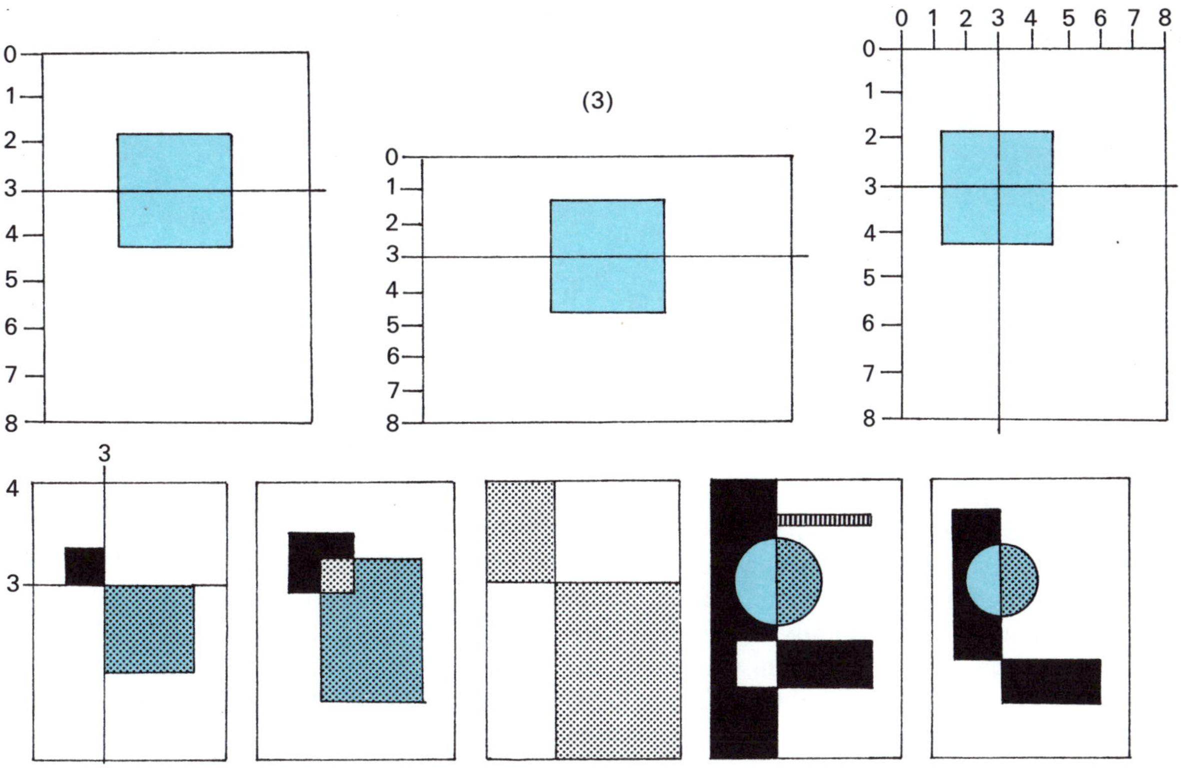

Jede Epoche der Vergangenheit zeichnet sich durch charakteristische Ausdrucksweisen und -formen aus, kurz, durch einen ganz bestimmten Stil. Dieser Stil äußert sich in allen Lebensbereichen. Besonders prägnant tritt er aber im künstlerischen Schaffen einer Zeit als Kunststil hervor. So lassen sich z. B. alte Bauwerke und Bilder ebenso wie historische Kostüme aufgrund typischer Stilmerkmale der einen oder anderen geschichtlichen Epoche zuordnen.

Die Kunst früherer Zeiten ist Bestandteil unseres heutigen, umfassenden kulturellen Erbes. Daher sind selbst in der Gestaltung der Gegenwart – so neuartig sie manchmal auch erscheinen mag – vielfach jahrhunderte alte Stilformen lebendig. Besonders deutlich wird dies etwa im Bereich der Denkmalpflege, der Werbegestaltung und der angewandten Malerei, wo die Kenntnis der Stilmerkmale von Architektur, Plastik, Malerei, Ornamentik, Schrift und Mode unentbehrlich ist.

Zentren westeuropäischer Eiszeitkunst

Ägypten: Chonstempel, Theben-Karnak

Griechenland: Theseion, Athen

Rom: Pantheon

Frühchristliche Kunst: Basilika, Idealgrundriß

Romanik: Maria Laach

Seit Urzeiten ist die Kunst eine der elementaren Ausdrucksweisen des Menschen.

Mittel künstlerischer Darstellung sind in der Dichtung das Wort, in der Musik der Ton (musische Künste). In Baukunst, Bildhauerei und Malerei (bildende Künste) sind es die Werkstoffe (Holz, Stein, Metall, Farbe). Der Künstler verwandelt die ungeformte Materie in gestaltete Form mit geistig-seelischem Gehalt. Das Kunstwerk, nach Grundsätzen der Ästhetik wie Proportion, Rhythmus, Harmonie und Schönheit geschaffen, steht der Naturwirklichkeit als Werk des Menschen gegenüber. Zwei Künstlerzitate mögen beispielhaft Wesen und Aufgabe der Kunst umreißen: „Die Kunst besteht nicht darin, die Dinge so darzustellen, wie die Natur sie gemacht hat, sondern wie sie sie hätte machen sollen" (Raffael), und „Kunst gibt nicht das Sichtbare wieder, sondern macht sichtbar" (Klee).

Der individuelle Stil des Künstlers wird beeinflußt von der Umwelt und dem Zeitgeist, vom Nationalstil und vom Zeitstil. Im Nationalstil offenbaren sich die den Völkern arteigenen Grundhaltungen und Ausdrucksweisen. Der stete Wandel der Zeitströmungen und Weltanschauungen äußert sich im Wechsel der Zeitstile. Dabei sind die Grenzen zwischen den Zeitstilen weitgehend fließend, da sich die Wandlungen nicht kurzfristig, sondern in langwährenden Wachstumsprozessen vollziehen.

STILKUNDE

Gotik:
Dom, Köln

Renaissance:
Palazzo Strozzi, Florenz (Benedetto da Majano)

Barock:
Gabel, Böhmen (Lucas von Hildebrandt)

Klassizismus:
Altes Museum, Berlin (Karl Friedrich Schinkel)

Jugendstil:
Maison du Peuple, Brüssel (Victor Horta)

Moderne:
Deutscher Weltausstellungspavillon, Barcelona (Mies van der Rohe)

Unabhängig von den europäischen Stilentwicklungen besitzen Asien (Indien, China, Japan) und Mittel- und Südamerika eine Kunst mit eigener Gesetzlichkeit und Geschichte. Die außereuropäische Stilkunde bleibt hier jedoch zugunsten der europäischen Hauptstile unberücksichtigt.

Die knappen Einzeldarstellungen gliedern sich nach folgenden sieben Gesichtspunkten:

Zeit

Zeitliche Abgrenzung der Stilepochen

Geschichte

Datierung der wichtigsten geschichtlichen Ereignisse.

Architektur

Die Anfänge der Architektur liegen in vorgeschichtlicher Zeit, als der Mensch sein Höhlendasein im Schutze des Naturraumes aufgibt und schöpferisch seinen Eigenraum – Hütten aus Schilf, Holz, Lehm, Stein – gestaltet. Kultische und religiöse Vorstellungen werden alsbald Antriebsmotiv zur baukünstlerischen Tätigkeit, so in der antiken Tempel- und der mittelalterlichen Kirchenarchitektur. Mit der Lockerung der religiösen Bindungen tritt in der Renaissance die weltliche Baukunst gleichrangig neben die kirchliche. Diese Entwicklung führt nach Anbruch des industriellen Zeitalters zur Vorherrschaft der reinen Zweckarchitektur.

Plastik
Das Wesen plastischer Gestaltung ist Körperhaftigkeit (Dreidimensionalität). Hauptformen der Bildhauerkunst sind die allseitig geformte Rundplastik und das flächenhafte Relief. Die durch die Verschiedenheit der Werkstoffe (Ton, Gips, Holz, Stein, Metall, Elfenbein u. a.) bedingten abweichenden Bearbeitungsweisen führen zu unterschiedlichen künstlerischen Wirkungen.

Malerei
Kennzeichnend für die Malerei ist die farbige und formale Gestaltung auf Flächen. Die gegenständliche Malerei strebt ein Abbild der Naturwirklichkeit an, die ungegenständliche Malerei nähert sich dem freien Ornament. Als Träger dienen Putz, Glas, Papier, Pappe, Holz, Metall, Leinwand. Die Loslösung und Verselbständigung des Malgrundes aus seinem meist architektonischen Zusammenhang ist geschichtlich ein später Prozeß, der mit der Tafelmalerei im ausgehenden Mittelalter einsetzt. Seit dem 19. Jahrhundert verliert die Malerei auf unselbständigen Flächen (Wandmalerei) zunehmend an Bedeutung.

Ornamentik
Sie kann plastisch (geschnitzt, gemeißelt, stuckiert) oder flächig (gezeichnet, gemalt, inkrustiert) sein. Grundformen sind das geometrische, mit Zirkel und Lineal konstruierte und das pflanzliche Ornament, das von der naturalistischen Nachbildung über die stilisierte Form bis hin zur abstrakten Gestaltung reicht.

Schrift
Inschriften, eingemeißelt in den Stein antiker Bauwerke (Ägypten, Griechenland, Rom) erinnern – neben der Funktion der Mitteilung – an den ornamentalen Charakter der Schrift. Von der ägyptischen Wortbildschrift (Hieroglyphen) führt die Schriftentwicklung unter steter Abstraktion der Ideenzeichen über die phönikische Konsonanten- zur griechischen Lautschrift. Aus ihr entsteht die klassische römische Kapitalis, Grundlage für alle mittelalterlichen und neuzeitlichen Schriften.

Im Anschluß an die Einzeldarstellungen folgt eine Zeitübersicht der Stilepochen (vgl. Kap. 6.13) und eine Erklärung der vorkommenden stilkundlichen Begriffe.

Übungen:
Erweitere und vertiefe deine stilkundlichen Kenntnisse durch:
1. Lesen
2. vergleichendes Sehen
3. Zeichnen von Grundrissen, Schnitten, Ansichten, Baudetails, Ornamenten.

6.1 Eiszeitkunst

Zeit: 120 000 – 10 000 Vierte Eiszeit

Geschichte

600 000 – 10 000	Altsteinzeit
120 000 – 10 000	Vierte Eiszeit Neandertaler kennt Feuer, Steinwerkzeug, Faustkeil.
etwa 60 000	Beginn der jüngeren Altsteinzeit Homo sapiens (‚der mit Vernunft begabte Mensch'); Jäger und Sammler.

Architektur
Architektonisches Schaffen ist dem Eiszeitmenschen unbekannt. Als Wohnung dient ihm der Naturraum (Höhle (1) und Felsüberhang in Westeuropa, Erdhütte in Osteuropa).

Plastik
Die eiszeitliche Rundplastik besteht vorwiegend in Werken der Kleinkunst, die – meist aus Stein, Terrakotta und Elfenbein – weibliche Fruchtbarkeitsgottheiten darstellen. Charkteristisch ist die axiale Gliederung und die Geschlossenheit der Umrißlinie. Die Flachbildnerei umfaßt Gravierungen sowie Hoch- und Flachreliefs auf Knochen, Elfenbein und Stein.

Malerei
Die Malerei hat erstaunliche Reife. Mehrfarbige Tierfresken (2) bedecken die Wände südfranzösischer und nordspanischer Höhlen. Sie haben weniger schmückende Aufgaben, sondern sind vielmehr Gegenstand magischer Beschwörungen (Jagdzauber). Das Bild des Tieres, das als Jagdbeute erlegt werden soll, wird vorher künstlerisch vollendet auf die Felswand gebannt. Nicht selten wird auch der Jäger (3) in stark stilisierter Form dargestellt.

Die Farbe wird mit den Fingern, pinselartigen Pflanzenfasern oder durch ein Blasröhrchen aus Knochen auf die Wand aufgetragen. Als Pigmente werden Ocker, Braunstein, Feldspat und Holzkohle, als Bindemittel Speichel, tierisches Fett und Blut verwendet.

Ornamentik
Einfache lineare geometrische Motive wie mäanderartige Ziermuster (4), meist eingraviert auf Knochen und Elfenbein, kennzeichnen die eiszeitliche Ornamentik.

Schrift
Nicht nachweisbar.

6.1

(2) Wandmalerei aus dem „Bildersaal"
der Höhle von Altamira (Nordspanien)

6.2 Ägyptische Kunst

Zeit: Altes Reich 2850—2052 (1.—10. Dynastie)
Mittleres Reich 2052—1610 (11.—16. Dynastie)
Neues Reich 1610—715 (17.—23. Dynastie)

Geschichte

2850 – 2052	Altes Reich Reichseinigung Ober- und Unterägyptens; Hauptstadt Memphis; Pyramidenzeit.
2052 – 1610	Mittleres Reich Hauptstadt Theben
1670 – 1570	Vorübergehende Fremdherrschaft der Hyksos
1610 – 715	Neues Reich Politische Machtentfaltung und kulturelle Blüte.
nach 715	Spätzeit Verfall

Architektur

Aus dem vorzeitlichen Hügelgrab entsteht seit dem Zusammenschluß Ober- und Unterägyptens die Pyramide. Diese Entwicklung findet in der 4. Dynastie ihren Höhepunkt und Abschluß in den gewaltigen Königspyramiden bei Gîse (westlich Kairo). Grundform der Pyramide ist die blockartige Mastaba (1). Über die Zwischenformen der Stufenmastaba (2) (Schichtung mehrerer Mastabas) und die Knickpyramide (3) (Kombination aus Mastaba und Pyramide) entwickelt sich die endgültige Form der Pyramide (4). Sie ist im Alten wie im Mittleren Reich die Normalform des Pharaonen- und Privatgrabes.

Die symmetrischen Tempelanlagen gliedern sich allgemein in die hinführende Sphinxallee, die Tortürme (Pylonen), den von Säulenhallen abgegrenzten Hof und den anschließenden Säulensaal. Die daran angelagerte Kammer (Allerheiligstes) birgt das Bild der Gottheit.

Außer bei der schlichten Abakussäule (5) sind die Formen der Kapitelle der heimischen Vegetation entnommen: Lotos (6) und Papyrus (7).

Ausdruck des monumentalen Bauwillens ist auch der Obelisk (8), eine über quadratischem Grundriß aufsteigende Form mit pyramidalem Abschluß.

Plastik

Blockhaftigkeit und Geschlossenheit charakterisieren die ägyptische Rundplastik. Die Zufälligkeiten der menschlichen Erscheinung werden bei dem Typus des Würfelhockers vollständig abstrahiert. Sinn dieser konsequenten Vereinfachung der Körperform und ihrer Zurückführung auf den Kubus ist die Wiedergabe des Wesenskernes des verstorbenen Menschen, um sein ewiges Fortleben zu sichern.

Die vollplastische Skulptur – zur Verherrlichung der Pharaonen oft ins Gigantische gesteigert – begleitet eine reif entwickelte Reliefkunst an den Mauern der Prachtbauten und den Wänden der Gräber.

Malerei

Neben der Bemalung von Rundplastiken und Reliefs findet sich in Gräbern und Tempeln eine Wandmalerei, die stark symbolisch geprägt ist. Wie in der Reliefkunst wird der menschliche Körper zugleich im Profil (Kopf, Brust, Füße) und in Vorderansichten (Auge, Schultern) dargestellt.

Ornamentik

Streng stilisierte, vorwiegend pflanzliche Formen (9) (Lotos, Papyrus, Palme) beherrschen die ägyptische Ornamentik. Hinzu tritt das symbolisch bedeutsame Motiv der heiligen Uräusschlange.

Schrift

Die ägyptische Hieroglyphenschrift ist eine Bilderschrift, die ausgeprägt dekorativen Charakter hat. Sie bedient sich der unmittelbaren Wiedergabe der Begriffe durch das Bild. Die Namen der Pharaonen werden durch die Einfassung in eine Kartusche (10) besonders hervorgehoben.

6.2

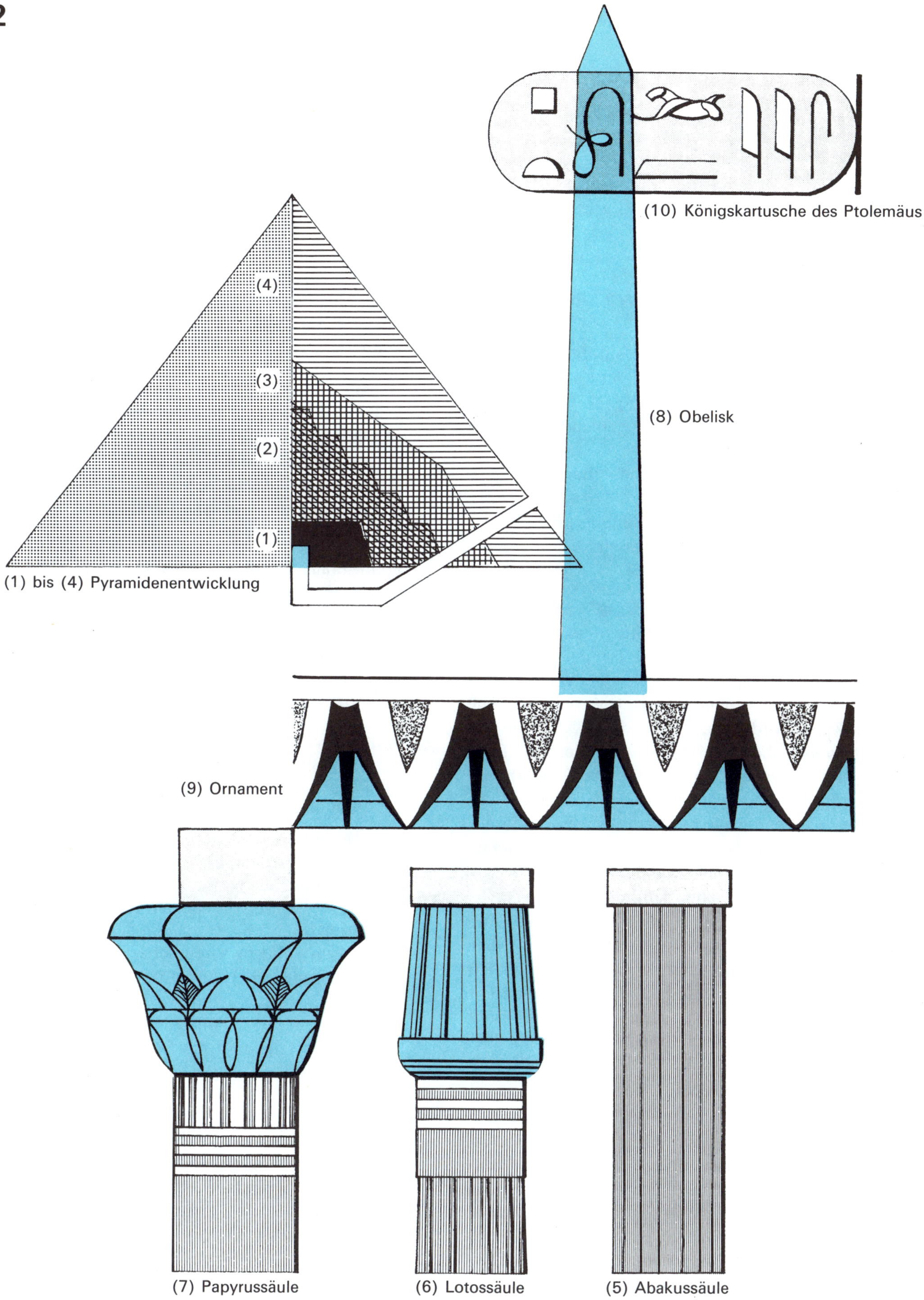
(10) Königskartusche des Ptolemäus
(4)
(3)
(2)
(1)
(1) bis (4) Pyramidenentwicklung
(8) Obelisk
(9) Ornament
(7) Papyrussäule
(6) Lotossäule
(5) Abakussäule

6.3 Griechische Kunst

Zeit: Archaik 650 – 480
Klassik 480 – 330
Hellenismus 330 – Ende des 1. Jh. v. Chr.

Geschichte

2200 – 1400	Seeherrschaft und Kulturblüte Kretas
1600 – 1200	Blüte der Mykenischen Kultur
1200	Dorische Wanderung
800	Zersplitterung Griechenlands in Stadtstaaten
seit 700	Aufstieg Spartas und Athens
490 – 450	Perserkriege
450 – 430	Athens Goldenes Zeitalter; Perikles
431 – 404	Peloponnesischer Krieg
336 – 323	Alexander der Große

Architektur

Aus der schlichten Form des altmittelmeerischen Hauses entwickelt sich der griechische Tempel (1), dessen Grundform die langgestreckte Cella bildet, die von einer Säulenhalle umgeben ist. Die ursprüngliche Holzbauweise wird gegen Ende des 7. Jh. von der Steinbauweise abgelöst. Dabei verbindet das Bauprinzip der aktiven Stützen (tragende Säulen) und passiven Lasten (lagerndes Gebälk, Giebelfeld, Dach) statische Notwendigkeit mit ästhetischer Harmonie. Charakteristisch für die griechische Tempelarchitektur ist die stilistische Unterscheidung nach der dorischen, ionischen und korinthischen Ordnung.

Der spitz kannelierte, sich leicht verjüngende Schaft der dorischen Säule (2) entwächst basislos dem mehrstufigen Unterbau, der Krepis, deren oberste Stufe Stylobat heißt. Das Kapitell gliedert sich in die runde Wulstplatte (Echinus) und die quadratische Deckplatte (Abakus). Das Gebälk besteht aus dem glatten Architrav und dem abwechselnd aus Metopen und Triglyphen gebildeten Fries.

Feingliederiger und eleganter als die robuste und wuchtige dorische erscheint die ionische Säule (3). Auf einer dreischichtigen Basis (Schwellung – Hohlkehle – Schwellung) erhebt sich der flach kannelierte Säulenschaft, mit dem dynamischen Volutenkapitell als Abschluß. Der ionische Architrav ist dreifach horizontal gegliedert, der darüber befindliche Relieffries umlaufend.

Die korinthische Säulenordnung (4) entspricht in Basis und Schaft grundsätzlich der ionischen Form. Sie unterscheidet sich in dem gegen Ende des 5. Jh. entstehenden, von stilisierten Akanthusblättern überwucherten kelch- oder korbartigen Kapitell.

Plastik

Archaik: Die Großplastik entwickelt sich im Typus der weiblichen Gewandfigur (Kore) und der nackten Jünglingsfigur (Kuros), die in ihrer Geschlossenheit und Starre an ägyptische Vorbilder erinnern. Daneben entsteht als Bauplastik die Reliefkunst.

Klassik: Die Strenge der Archaik weicht der anatomisch organischen Gestaltung des menschlichen Körpers nach dem Gesetz des Kontrapostes und dem idealen Kanon.

Hellenismus: Die perfekte anatomische Wiedergabe wird von einer realistischen und oft pathetischen Formensprache begleitet.

Malerei

Die verlorengegangene Wand- und Tafelmalerei ist durch die Vasenmalerei überliefert. Man unterscheidet die schwarzfigurige (schwarze Figuren auf rotem Grund), rotfigurige (rote Figuren auf schwarzem Grund) und weißgrundige (Linien auf weißem Grund) Vasenmalerei.

Ornamentik

Schon früh entsteht eine reiche, vorwiegend geometrische Ornamentik. Hauptmotive sind Dreieck, Raute, Zickzack, Spirale, Mäander und Schachbrett. Mit dem orientalischen Einfluß pflanzlicher Formen (Akanthus, Palmette (5)) gelangt die Ornamentik im 5. Jh. zur vollen Entfaltung.

Schrift

Mit der griechischen Schrift beginnt die europäische Schriftentwicklung. Von den Phönikern übernommen, wird sie im ionischen Alphabet klassisch geprägt. Ihre Klarheit besteht in den verwendeten einfachsten geometrischen Formen wie Kreis, Dreieck, Rechteck. (Beispiele: (6) = Alpha, (7) = Beta, (8) = Gamma, (9) = Omega.)

6.3

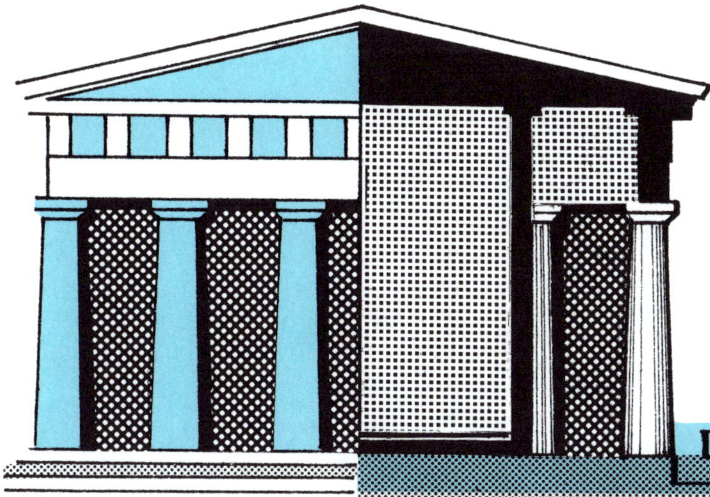

(1) Dorischer Tempel

(6) (7) (8) (9)

(6) bis (9) Buchstaben des ionischen Alphabets

(5) Klassischer Palmettenfries

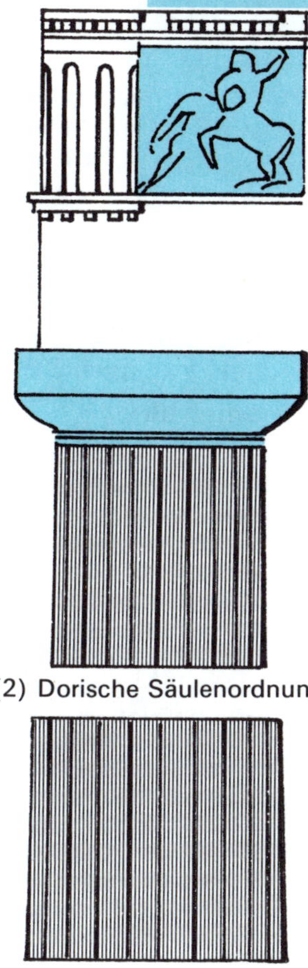

(2) Dorische Säulenordnung

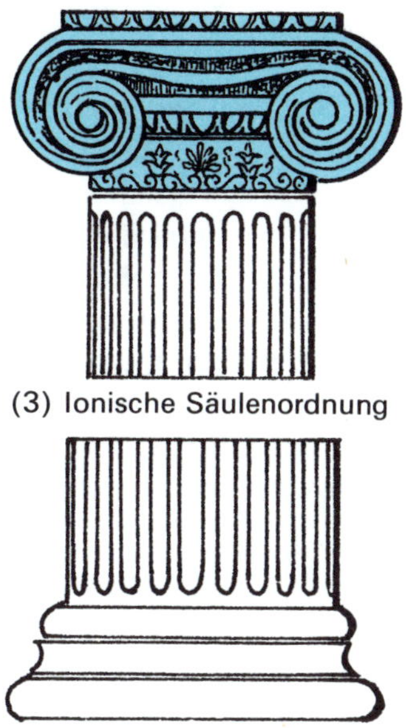

(3) Ionische Säulenordnung

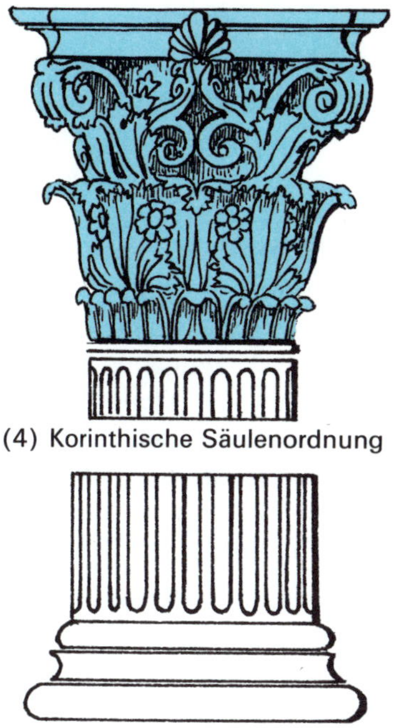

(4) Korinthische Säulenordnung

6.4 Römische Kunst

Zeit:
Republikanische Kunst: 3. Jh. v. Chr. – Zeitwende
Kaiserzeitliche Kunst: Zeitwende – 4. Jh. n. Chr.

Geschichte

753	Sagenhafte Gründung Roms
bis 510	etruskische Königsherrschaft, dann Republik
bis 268	Einigung Italiens unter Roms Vorherrschaft
100 – 44	Cäsar
bis 30	Rom Beherrscherin des Mittelmeeres einschließlich Nordafrika (Ägypten röm. Provinz), Vorderasien und Gallien
30 v. Chr. – 14 n. Chr.	Augustus; Begründung des Kaiserreiches; kulturelle Blüte
107	größte Reichsausdehnung
325 – 337	Konstantin der Große
325	1. Konzil zu Nicäa
391	Christentum Staatsreligion
395	Reichsteilung in Westrom und Ostrom (Konstantinopel)
476	Ende des weströmischen Reiches

Architektur
Die römische Tempelarchitektur folgt im Typus dem italisch-etruskischen Bauschema. Auf einem hohen Podium, zu dem eine breite Freitreppe hinaufführt, erhebt sich der Tempel mit tiefer Säulenvorhalle und rechteckiger Cella. Einseitig-frontale Anlage und Richtungsbetonung kennzeichnen den römischen Tempel gegenüber dem allseitig als plastischen Körper konzipierten griechischen Tempel.

Die neuartige Wölbetechnik löst das alte Stütze-Last-Prinzip ab. Tonne und Kuppel erlauben das Überbrücken repräsentativer Großräume wie Markt- und Gerichtshallen, Thermen und Tempelbauten (1) und gestatten die Konstruktion von Brücken und Aquädukten. Die Säule verliert weitgehend ihre statische Funktion des Tragens. Ausdruck dafür sind die oft nur noch dekorativ angewendeten griechischen Säulenformen in Verbindung mit Bogenpfeilern (2) (vorgeblendete Halbsäulen oder Pilaster). Neben den drei griechischen Säulenordnungen tritt als Kombination aus ionischer Volute und korinthischem Akanthuslaub das Kompositkapitell (lat. compositio = Zusammenstellung) auf (3).

Plastik
Außer zahlreichen Kopien nach griechischen Originalen entsteht im Anschluß an etruskische Sarkophagplastiken eine eigenständige nüchtern-realistische Porträtplastik, die im Gegensatz zum weichmodellierenden Stil des Späthellenismus eine trockene Formensprache hat. In augusteischer Zeit entwickelt sich das historische Relief als Kunstgattung.

Malerei
Die römische Malerei ist in ihrer Grundtendenz stark abhängig von griechischen Vorbildern. Sie entwickelt sich vom illusionistischen Stil des 1. und 2. Jahrhunderts über eine fast impressionistische Formauflösung zur formalen Erstarrung im 3. Jahrhundert. Bedeutsam ist neben der Malerei die Mosaikkunst.

Ornamentik
Aus hellenistischem Formengut entfaltet sich eine selbständige römische Ornamentik. Ihre vorwiegend pflanzlichen Motive sind die Ranke (4) und die Girlande, oft bereichert durch figürliche Darstellungen, Blumengehänge, Früchteständer und Bänder.

Schrift
Dem griechischen Formenprinzip folgend entwickelt sich die klassische römische Meißelschrift, die Kapitalis (5). Sie ist klar in der formalen Gestaltung, mit ausgeprägtem Gefühl für Umriß, Linie und Rhythmus.

6.4

(1) Pantheon, Rom

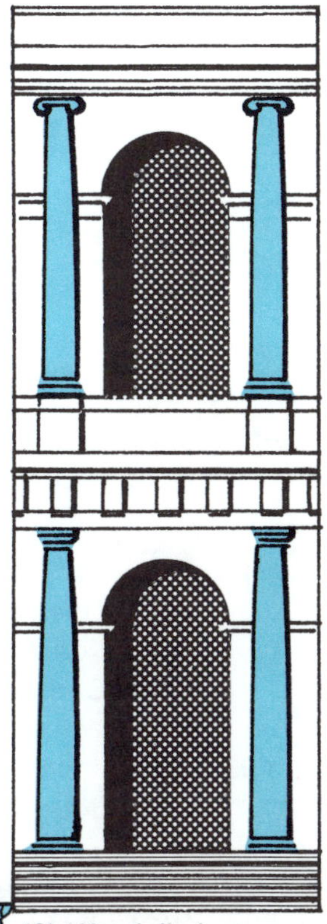

(2) Wandgliederung am Theater des Marcellus, Rom

(4) Rankenfries, Pompeji

(3) Kompositkapitell

(5) Kapitalis

6.5 Frühchristliche Kunst

Zeit: Römisch-frühchristliche Kunst: 4. Jh. – 5. Jh.
Byzantinisch-frühchristliche Kunst: 6. Jh.

Geschichte

313	Tolerierung des Christentums
325	Konzil zu Nicäa
391	Christentum Staatsreligion
5. Jh.	Völkerwanderung
493 – 526	Theoderich der Große, König des Ostgotenreiches in Italien; Hauptstadt Ravenna
527 – 565	Justinian; oströmischer Kaiser
554	Italien oströmische Provinz

Architektur

Mit der Tolerierung des Christentums und seiner Erhebung zur Staatsreligion im 4. Jahrhundert beginnt eine rege christliche Bautätigkeit. Anstelle des antiken Tempels, der nur Wohnsitz der Gottheit ist, tritt der Versammlungsort der Gemeinde, der Kirchenraum.

Die hellenistisch-römische Markt- und Gerichtsbasilika ist als Ursprung frühchristlicher Kirchenarchitektur (1) anzusehen. Das meist dreischiffige Langhaus mit hochgezogenem Mittelschiff und niedrigeren Seitenschiffen schließt in einer halbkreisförmig ausschwingenden Apsis ab. Im Gegensatz zum antiken Tempel bleibt die frühchristliche Basilika als reiner Innenraum nach außen schlicht und schmucklos. Das weite Mittelschiff, das von den Fenstern über den Seitenschiffen belichtet wird, begrenzen nach oben eine flache Holzdecke und zu den Seitenschiffen rundbogige Säulenarkaden (2). Neben dem richtungsbetonten basilikalen Langhausbau (Weg zum Altar) entsteht in der byzantinisch-frühchristlichen Periode der in sich ruhende, meist überwölbte Zentralbau.

Unter oströmischem Einfluß wandeln sich Kapitellform und -dekor vom römischen, plastisch-wuchernden Akanthusblattwerk zu flachen, verschlungenen tierischen und pflanzlichen Motiven auf strenggeformten, trapezartigen Kapitellkörpern (3) (4).

Plastik

Die frühchristliche Rundplastik ist zahlenmäßig unbedeutend. Im 4. Jahrhundert steht die Sarkophagplastik in hoher Blüte. Die erzählenden Reliefs mit meist biblischen Bildinhalten schließen an den trockenen Stil der konstantinischen Zeit an, verlieren bald ihre Plastizität und werden zunehmend zeichnerisch-graphisch dargestellt.

Malerei

Die bedeutsame Mosaikkunst knüpft an die Form illusionistischer Malerei der Spätantike an, entfaltet jedoch gleichzeitig eine materialbedingte Eigengesetzlichkeit. Hauptthemen der feierlich-strengen Bilder sind in byzantinisch-frühchristlicher Zeit Christus und die Heiligen.

Ornamentik

Durch das Eindringen germanischen Formengutes nach Italien (Völkerwanderung) wird der antike Formenkanon entscheidend vereinfacht und umgebildet. Neben der Tierornamentik setzen sich die schon aus der Bronzezeit stammenden geometrischen Bandgeflecht-Ornamente (5) durch.

Schrift

Aus der klassischen Kapitalis und der im Duktus flüchtigeren römischen Schreibschrift entwickelt sich in der frühchristlichen Zeit die Unziale (6), so genannt nach einem altrömischen Gewicht, der Unze. Charakteristisch sind ihre Gewichtigkeit, Gedrungenheit und ihre ausgeprägten Rundungen und Bogenformen.

FRÜHES CHRISTENTUM

(6)

(1) Frühchristliche dreischiffige Basilika

(5) Bandgeflecht-Ornament, Ravenna

(2) Wandgliederung von San Appolinare Nuovo, Ravenna

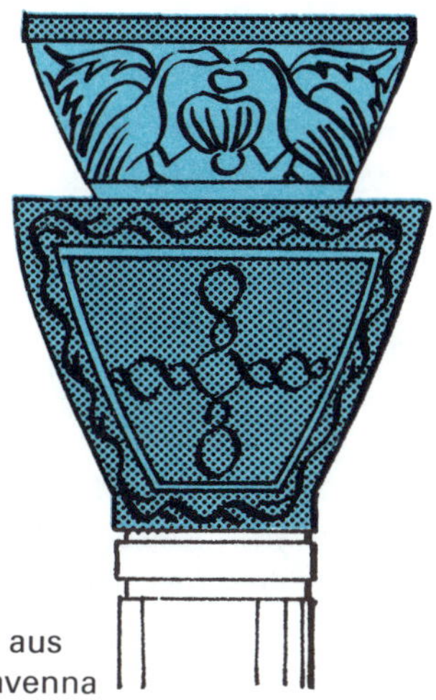

(3) Trapezkapitell aus San Vitale, Ravenna

(4) Trapezkapitell aus der Hagia Sophia, Konstantinopel

6.6 Romanik

Zeit: Vorromanik 750 – 900 (karolingisch)
Frühromanik 900 – 1000 (ottonisch)
Hochromanik 1000 – 1150 (salisch)
Spätromanik 1150 – 1250 (staufisch)

Geschichte

732	Eindringen der Araber ins Frankenreich
768 – 814	Karl der Große
800	Kaiserkrönung Karls in Rom
936 – 973	Otto der Große
955	Schlacht auf dem Lechfeld; Erstarken des deutschen Königtums
1039 – 1056	Heinrich III.; Spannung Kaisertum – Papsttum
1096 – 1099	1. Kreuzzug
1152 – 1190	Friedrich I. (Barbarossa)
1215 – 1250	Friedrich II.
nach 1250	Ende des mittelalterlichen und universalen Kaisertums

Architektur

Die übliche germanische Holzbauweise wird in der karolingischen Zeit von der Steinbauweise – Erbe der Antike – abgelöst.

Im Kirchenbau erfährt der frühchristliche Basilikatypus eine tiefe Wandlung: Im Osten schiebt sich zwischen Apsis und Mittelschiff ein Querarm von gleicher Breite, das Querschiff. Der Schnittraum der beiden Schiffe, das Vierungsquadrat, wird zum Maß für die Raumeinheiten. Die Einschaltung einer solchen quadratischen Raumeinheit zwischen Apsis und Querschiff (Schaffung des Chorhauses) vollendet die Grundrißform des ‚Lateinisches Kreuzes'.

Turmanlagen verleihen der erdhaft-gebundenen, blockhaft-massigen romanischen Kirchenarchitektur ein wehrhaftes und burgähnliches Aussehen. In der Weiterentwicklung wird dem Querschiff im Osten ein westliches Querschiff, der symmetrisch angeordneten Turmgruppe im Osten (1) ein westlicher Vierungsturm mit begleitenden Treppentürmen gegenübergestellt.

In der Hochromanik wird die flache Holzdecke von der steinernen Raumeinwölbung (2) (Tonnen- bzw. Kreuzgratgewölbe) ersetzt. Zwischen Mittel- und Seitenschiff tritt anstelle der frühchristlichen monotonen Reihung der Säulenarkaden jetzt der rhythmische Wechsel von Pfeiler und Säule (Stützenwechsel) und später der Wechsel von Haupt- und Nebenpfeilern mit halbrund vorgelegten Diensten (3).

Neben Säule, Pfeiler und Rundbogen ist das Würfelkapitell ein kennzeichnendes Element romanischer Architektur. Seine schlichte Urform (4) wird bald durch vielfältige Ornamentik geschmückt (5).

Plastik

In karolingischer Zeit herrscht die Kleinplastik (Elfenbeinschnitzerei) vor. Im 11. Jh. entwickelt sich eine meist architekturgebundene monumentale Großplastik, die vorwiegend zur streng stilisierten Gewandfigur führt. Dabei wird auf die – antike – Gestaltung sinnlicher Körperlichkeit zugunsten des geistig-seelischen Ausdrucks verzichtet.

Malerei

Knappheit der Formensprache, Vermeidung des Zufälligen und Konturierung der flächigen Farbanlagen kennzeichnen die monumentale Wandmalerei. Die meist religiösen Themen sind auf ihre wesentlichen Bestandteile vereinfacht.

Ornamentik

Die mannigfaltigen pflanzlichen, tierischen und menschlichen Motive werden durch eine vorwiegend aus linearen Elementen gebildete Ornamentik ergänzt. Zahnschnitt, Schachbrett, Zickzack, Rundstab, Schuppe, Raute, Säge und Bogen (6) sind die häufigsten, meist in Friesen verwendeten Motive.

Schrift

Mit der karolingischen Minuskel (7) entsteht als Resultat der fruchtbaren Begegnung Germaniens mit der spätantiken mittelmeerischen Kultur eine europäische Einheitsschrift, die in den Klöstern entwickelt und gepflegt wird.

(7) Minuskel

(2) Abteikirche Maria Laach, Schnitt

(1) Abteikirche Maria Laach, Ostansicht

(6) Bogenfries

(3) Dom zu Speyer, Wandgliederung

(4) und (5) Würfelkapitelle

6.7 Gotik

Zeit: 1250 – 1500

Geschichte

1254 – 1273	Interregnum (kaiserlose Zeit)
1273 – 1291	Rudolf von Habsburg
14. Jh.	Zersetzung der Reichseinheit durch Territorialstaaten; Blüte der Hanse
1356	Goldene Bulle (gesetzliche Regelung der Königswahl)
um 1450	Erfindung der Buchdruckerkunst mit beweglichen Lettern (Gutenberg)
1453	Eroberung Konstantinopels durch die Türken
1493 – 1519	Maximilian I.

Architektur

Als ein der Antike wesenhaft entgegengesetzter Stil entwickelt sich die Gotik im 12. Jh. in Nordfrankreich. Anstelle des beharrenden romanischen Massenbaues tritt der emporstrebende gotische Gliederbau. Die Wand verliert ihre materielle Schwere, es bleibt ein leichtes Strukturgerüst (1), das von Außen der Sicherung durch ein Strebesystem (2) (Strebebögen und Strebepfeiler) bedarf. Seine statische Funktion ist Ableitung des Gewölbeschubes von oben nach unten. Für den ästhetischen Eindruck hingegen ist der Weg von unten nach oben bestimmend. So erscheinen die Fialen nicht als (statisch erforderliche) Belastung der Strebepfeiler, sondern als ein in die Höhe schnellender Kraftüberschuß. Das Strebewerk gestattet zusammen mit Spitzbogen und Kreuzrippengewölbe die starke Überhöhung des gotischen Innenraumes. Diesen Eindruck der Höhe steigern die straff emporführenden Bündelpfeiler, die in die Gewölberippen einfließen. Die Wegbetonung der frühchristlichen Basilika zum Altar hin wird in der gotischen Innenarchitektur durch die allgemeine Vertikaltendenz (Gottesstreben) abgelöst. Hochaufragende Doppel- oder Einturmfassaden (3), mit Wimpergen, Fialen, Krabben und Kreuzblumen dekoriert, unterstreichen auch in der Außenarchitektur diesen vorherrschenden Baugedanken.

Plastik

Wie die romanische so ist auch die gotische Skulptur Architekturplastik. Die architektonische Bindung vermitteln der Hintergrund der Wand, der Baldachin über dem Haupt und die Konsole unter den Füßen. Dennoch verliert die Figur die romanische Starre und gewinnt Eigenraum und Bewegung. Bedeutsam wird die Gestaltung des Gewandes, das den Körper in seiner Substanz gleichsam aufzehrt und zum eigenständigen Träger plastischen Ausdrucks wird.

Malerei

Die Wandmalerei wird weitgehend von der Glasmalerei abgelöst, die die Kirchenräume in das mystische Licht flammender Farben taucht. Hinzu kommen die Anfänge der Tafelmalerei, zunächst auf geschlossenem Goldgrund, der später aufgebrochen und durch farbige Hintergrundszenerien (meist Landschaften) ersetzt wird.

Ornamentik

Freie pflanzliche Motive stehen in der gotischen Ornamentik neben streng geometrischen Maßwerkformen. Das der heimatlichen Vegetation naturgetreu, später auch stilisiert nachgebildete Laubwerk schmiegt sich kaum noch der kelchartigen Grundform des Kapitells (4) an. Vielmehr führen starke Unterschneidungen bis an die Grenze der Verselbständigung des pflanzlichen Ornaments. In den architektonischen Zusammenhang klar eingegliedert sind hingegen die mit dem Zirkel konstruierten Maßwerkfiguren, so der Drei- (5), Vier- und Fünfpaß und das in der Spätphase bevorzugte Fischblasenornament.

Schrift

Die gotische Schrift, die Gotik (6), entsteht durch Umbildung der karolingischen Minuskel. Die Streckung der Buchstabenhöhen, Straffung der Rundung zu Geraden und Brechung der Formen führt in Duktus und Proportion zu einem Schriftbild, das dem charakteristischen Vertikalismus der Gotik entspricht.

6.7

(1) Kathedrale zu Amiens, Wandgliederung

(2) Ulmer Münster, Strebesystem

(3) Ulmer Münster, Fassade

(4) Gotisches Blattkapitell aus dem Naumburger Dom

(5) Maßwerk

(6) Gotische Schrift

6.8 Renaissance

Zeit: Italien 1420 – 1580
Deutschland 1500 – 1650

Geschichte

1453	Eroberung Konstantinopels durch die Türken
1492	Entdeckung Amerikas durch Kolumbus
1483 – 1546	Luther
1517	Beginn der Reformation
1515 – 1547	Franz I. (frz. König); sein Gegenspieler:
1519 – 1556	Karl V. (dt. Kaiser)
1519 – 1534	Vernichtung der altamerikanischen Kulturen der Azteken und Inka durch spanische Eroberer
1545 – 1563	Konzil von Trient; Gegenreformation
1618 – 1648	Dreißigjähriger Krieg

Architektur

Die Renaissance (frz. = Wiedergeburt, nämlich der Antike) bedeutet Abkehr von der mystisch gesteigerten Gotik und Hinwendung zu den Vorbildern der griechischen und römischen Antike. Der kirchlichen tritt die weltliche Architektur gleichranging zur Seite.

Erstmals typisch ausgeprägt ist sie im florentinischen Palastbau der Frührenaissance. Die abweisenden, mit groben Rustikablöcken gequaderten Fassaden (1) setzen dem gotischen Vertikalismus eine betont horizontale Schichtung der Baumassen (Geschoßgliederung, Gesimse, Dachabschluß) entgegen. Das gotische Spitzbogenfenster wird verdrängt vom Rechteckfenster mit Rundbogenabschluß, Dreieck- oder Segmentgiebel. Die wohnlichen Innenhöfe (2) mit hallenartigen Umgängen in Erd- und Obergeschossen haben harmonisch ausgewogene, nach den Idealproportionen des Goldenen Schnitts entwickelte Maßverhältnisse. Die antiken Säulenordnungen werden um neue Kapitellformen ergänzt, die das Akanthusmotiv abwandeln und mit tierischen und menschlichen Darstellungen verbinden (3).

Die deutsche Profanarchitektur führt zur Blütezeit des Rat- und Bürgerhauses (4), das in seiner Baustruktur vielfach noch gotische Elemente beibehält (Spitzgiebel). Die Dekoration hingegen besteht aus charakteristischen Renaissancemotiven wie Band-, Roll- und Schweifwerk, Fächermuscheln, Pilastern und Obelisken. Die Kirchenarchitektur wird vom Gedanken des gerichteten Zentralbaus mit raumbeherrschender, in sich ruhender Kuppel bestimmt.

Plastik

Neben der architekturgebundenen Bauplastik entwickelt sich die auf antike Skulpturen zurückgehende Freiplastik. Der Akt, im Mittelalter gemieden, kehrt als Thema wieder. Die Einzelpersönlichkeit wird in der Bildnisbüste, dem Standbild und der Grabmalfigur gefeiert. Die Gestaltung zeichnet sich durch anatomische Richtigkeit und formale Harmonie aus.

Malerei

Wandmalerei und Tafelmalerei stehen gleichrangig nebeneinander. Der religiöse Themenkreis wird um antike Mythologien, Landschaften, Porträts und Aktdarstellungen erweitert. Die Erfindung der Zentralperspektive und exaktes anatomisches Studium (‚Wissenschaftlichkeit' der Kunst) ermöglichen Wirklichkeitstreue und Wirklichkeitsüberhöhung zugleich.

Ornamentik

Die Ornamentik greift prinzipiell auf antike Dekorationsformen zurück. Neu entwickelt wird das Roll-, Kartuschen-, Beschlag- und Knorpelwerk. Hinzu tritt die Maureske (5), die unter Verzicht auf naturalistische Motive an das reine Linienspiel arabischer Ornamentik anknüpft.

Schrift

Die Fraktur (6) wird zur bestimmenden Schrift der Renaissance. Mit ihrer bewegten und schwingenden Linienführung ersetzt sie die gotische Statik. Zu den geschriebenen Schriften tritt seit Erfindung der Buchdruckerkunst mit beweglichen Lettern die gedruckte Schrift.

6.8

(2) Palazzo Strozzi, Innenhof

(1) Palazzo Strozzi von Benedetto da Majano, Florenz, Fassade

(5) Maureske von Peter Flötner

(3) Pilasterkapitell aus dem Palazzo Vecchio, Florenz

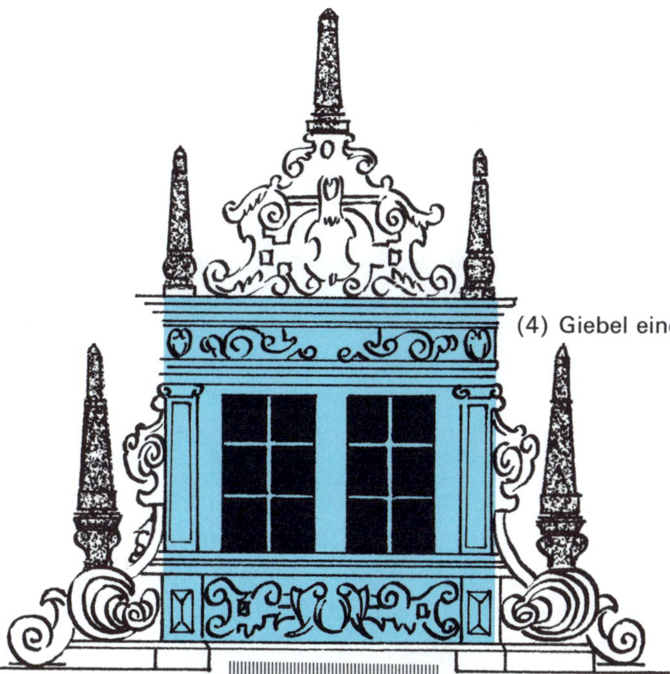

(4) Giebel eines Alt-Bremer Bürgerhauses

(6) Fraktur

6.9 Barock und Rokoko

Zeit: 1650 – 1770

Geschichte

1648	Westfälischer Friede beendet den Dreißigjährigen Krieg
1643 – 1715	Ludwig XIV. (frz. König) Absolutismus
1640 – 1688	Friedrich Wilhelm der Große Kurfürst (Brandenburg)
1740 – 1786	Friedrich II. der Große (preuß. König) Aufgeklärter Absolutismus
1740 – 1780	Maria Theresia (östr. Kaiserin)

Architektur

Für den weltlichen Palastbau vorbildlich werden die französischen Schlösser, allen voran Versailles (bei Paris), die Residenz des absolutistischen Königs Ludwig XIV.

Vom geschlossenen Quadrat oder Rechteck der Renaissance abweichend, kennzeichnet den Grundriß eine hufeisenförmige Anordnung der drei Schloßflügel um einen Ehrenhof (cour d'honneur). Der Freiraum (geometrisch konstruierte Gartenanlagen) wird in die Architektur einbezogen. Natur und Architektur durchdringen einander als Einheit.

Das Raumideal der von Rom ausgehenden kirchlichen Baukunst ist die Vereinigung des Zentralbaues (Kuppel) mit dem Langhausbau (Basilika) und das Streben nach einer weiten Einräumigkeit. Die Fassade (1) ist nicht mehr nur Fläche und Raumabschluß. Vielmehr gerät sie in rhythmische Bewegung und bildet selbst neuen Raum. Dynamisch gestaltete Türme betonen die kraftvoll-erregte Formensprache. Der Horizontalismus der Renaissance wird durch den Vertikalismus der Kolossalordnung aufgehoben. Die Wandgliederung (2) orientiert sich an antikisierenden Vorbildern. Eigenständig entwickelt sich ein schwellendes, bewegtes Baudekor, durch das auch das Kompositkapitell (3) umgebildet wird.

Plastik

Die gesteigerte Dynamik der plastisch gestalteten Figur führt vielfach zu Pathos und Theatralik. Den formauflösenden Tendenzen kommt eine malerische Grundhaltung entgegen. Im Sinne des barocken Strebens nach dem Gesamtkunstwerk aus Architektur, Plastik und Malerei ist die Skulptur an den Raum gebunden. Repräsentative Büsten, Standbilder, Reiterdenkmäler und Grabmäler verherrlichen Fürsten, Feldherren und Staatsmänner. Hauptthemen der Kirchenplastik sind Christus- und Heiligendarstellungen sowie Marienszenen.

Malerei

Die Wandmalerei ermöglicht durch virtuose Beherrschung der Perspektive eine optische Entmaterialisierung der Architektur und schafft eine neue Raumillusion. Die Tafelmalerei huldigt – selbst in religiösen Darstellungen – diesseitiger Sinnenlust. Charakteristisch ist die Auflösung des linearen Konturs und die Modulation mit rein malerischen Mitteln (so helldunkel). Schräg- und Diagonalkompositionen schaffen Raumtiefe und Plastizität.

Ornamentik

Die Motive der Renaissance werden ins Schwingend-Plastische, Wuchernd-Vitale gesteigert. Das Rokoko, der Dekorationsstil der Spätphase des Barock, verwandelt mit dem Rocaille-Ornament (4) die Barockformen ins Verspielt-Leichte und Zierlich-Elegante.

Schrift

Die Fraktur (5) bleibt auch im Barock vorherrschend und wird hier voll ausgebildet. Im Zeitalter der ausklingenden Schreibkunst (bedingt durch die weitere Verbreitung der Buchdruckerkunst) entwickelt sich im Rokoko für den täglichen Gebrauch eine Laufschrift (6) (Kursive), für die das Kurvig-Beschwingte dieser ausklingenden Stilepoche bezeichnend ist.

6.9

(1) Wallfahrtskirche Vierzehnheiligen
von Balthasar Neumann

(4) Rocaille-Ornament
von Franz Xaver Habermann

(3) Kapitell vom Belvedere, Wien

(5) Fraktur

Barock

Rokoko

(6) Kursive

(2) Wandgliederung im
Ehrenhof des
Würzburger Schlosses
von
Lucas von Hildebrand

6.10 Klassizismus

Zeit: 1770 – 1830

Geschichte

1776 – 1783 Amerikanischer Unabhängigkeitskrieg
1789 – 1795 Französische Revolution
1799 Napoleon Bonaparte 1. Konsul
1804 Napoleon Kaiser der Franzosen
bis 1815 Europa unter französischer Vorherrschaft
1814 – 1815 Wiener Kongreß; Neuordnung der europäischen Machtverhältnisse unter restaurativen Gesichtspunkten

Architektur

Für die nüchterne klassizistische Baukunst sind sowohl stilgeschichtlich als auch geistesgeschichtlich bedeutsame Voraussetzungen ausschlaggebend:

1. Die stilbildenden Kräfte des Barock und Rokoko haben sich erschöpft. Auf das graziös-verspielte Rokoko folgt die klare Formgebung nach dem Vorbild der antiken Architektur.
2. Die Ausgrabungen der altrömischen Landstädte Pompeji und Herkulaneum (bei Neapel) und die literarischen und wissenschaftlichen Veröffentlichungen über das Altertum erwecken ein wachsendes Interesse an der Antike und führen zu ihrer neuen Wertung als Norm für das Gestalten.

Es werden nicht nur griechische und römische, sondern auch ägyptische Formelemente (so Pylonen) aufgegriffen, um Repräsentativbauten (1) mit antikisierenden Tempelfronten zu verblenden. Als Bauideal gelten der in sich ruhende Block und die raumbeherrschende Kuppel. Einfache Maßbeziehungen in der Gesamtkonzeption und klare Proportionen in den flächigen, felderartigen Wandgliederungen (2) ergeben Harmonie und Ausgeglichenheit der Form. Ein Vergleich der klassizistischen ‚dorischen' Säulenordnung (3) mit dem griechischen Vorbild (vgl. Kap. 6.3) zeigt Verwandtes und Trennendes.

Plastik

Das Hauptthema der Plastik ist der Mensch, bevorzugter Werkstoff der kühle weiße Marmor. Die Orientierung sowohl des Motivs wie auch der Form an griechisch-römischen Skulpturen rückt die klassizistische Bildhauerkunst ebenso wie die Architektur allerdings in bedenkliche Nähe der Imitation.

Malerei

Die Malerei sucht das bedeutsame, meist antike Motiv. Sie bedient sich eines strengen, klaren kompositionellen Aufbaus, der harten, präzisen Umrißlinie und der kühlen, leidenschaftslosen Farben. Als Gegenströmung zum Klassizismus tritt die Malerei der Romantik auf. Deren Hauptthemen sind Landschaften als Träger sehnsüchtiger Stimmungen und Empfindungen, Märchen- und Sagenmotive.

Ornamentik

Nach dem kapriziösen Rocaille-Ornament des Rokokos beherrschen das klassizistische Ornament straffe Geradlinigkeit und maßvoll verwendete Schmuckformen wie streng geformte Blattkränze, Girlanden und Bänder (4).

Schrift

Die klassizistische Antiqua (5) ist sichtbarer Ausdruck der bewußten Rückbesinnung auf die Antike. Ihre Grundlage ist die klare Form der römischen Kapitalis (vgl. Kap. 6.4).

6.10

(1) Propyläen von Leo von Klenze, München

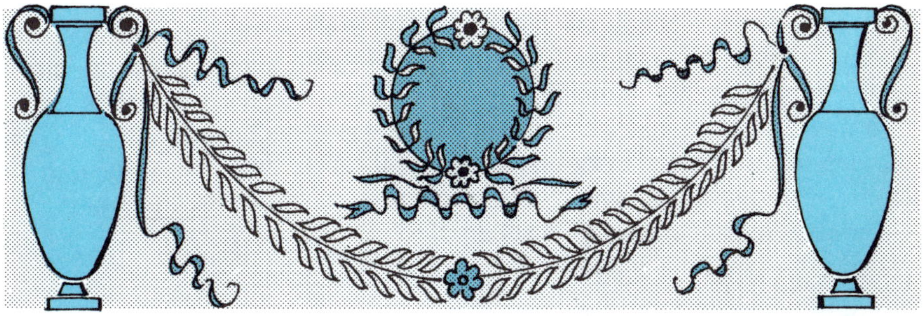

(4) Girlandenornament

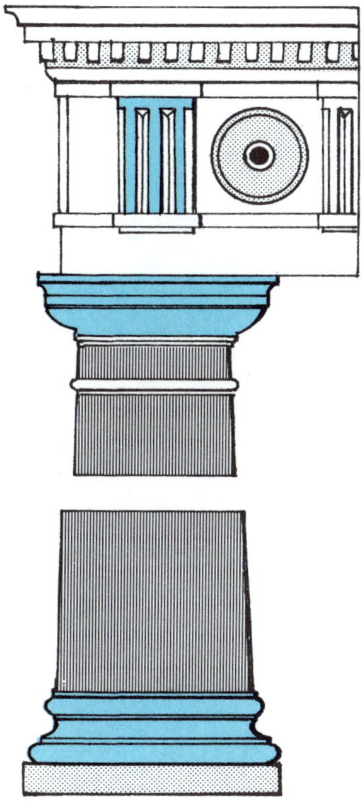

(3) ,Dorische Ordnung von R. Adams, Berkley-Square

(2) Wandgliederung von Guiseppe Borsato, Venedig

KLASSIZISMUS

(5) Klassizistische Antiqua

6.11 Gründerjahre und Jugendstil

Zeit: 1850 – 1910

Geschichte

1862 – 1890	Bismarck
seit 1871	Reichskanzler
1870 – 1871	Deutsch-französischer Krieg
1871	Gründung des deutschen Kaiserreiches Imperialismus
1914 – 1918	1. Weltkrieg

Architektur

Während die klassizistische Architektur an die Antike anknüpft, kennzeichnet die Folgezeit die wahllose Imitation aller historischen Baustile (Historismus). Dabei führt das Mißverhältnis zwischen alter Form und neuem Zweck zu einem oft sinnlosen Bauen. So werden Bahnhöfe mit den Stilelementen gotischer Dome, Bürgerhäuser wie Renaissancepaläste und Postgebäude als Fachwerkhäuser errichtet.

Einen Ausweg aus diesem Stilchaos weist die moderne Technik. Bereits 1780 entstehen in England reine Zweckbauten in Eisenkonstruktion (Brücken). 1851 folgt der Londoner Kristallpalast, 1854 der Münchner Glaspalast. Die kühnste und zugleich umstrittenste Ingenieurleistung ihrer Zeit ist der zur Weltausstellung 1889 erbaute gigantische Pariser Eiffelturm (1), der die technischen Möglichkeiten einer zukünftigen, sachlich-zweckbestimmten Architektur demonstriert.

Der Jugendstil wendet sich gegen die Nachahmung der historischen Stile. In der Architektur (2) offenbart sich ein neues Gefühl für Fläche und Linie, wenngleich die Beseitigung der seit der Gründerzeit herrschenden Disharmonie zwischen Zweck und Form vielfach nicht gelingt.

Plastik

In der Bildhauerkunst herrscht wie in der Architektur – von wenigen Ausnahmen abgesehen – der Geist der Imitation.

Malerei

Als Reaktion auf die akademisch erstarrte klassizistische Ateliermalerei wendet sich der gegen 1865 in Frankreich entstehende Impressionismus der Freilichtmalerei zu. Bildinhalt und Komposition im traditionellen Sinne werden zweitrangig. Wesentlich hingegen wird das malerische Erfassen des optischen Eindrucks (Impression), die Darstellung des flüchtigen Reizes der Dinge (Licht und Schatten, atmosphärische Erscheinungen). Die feste Form löst sich im Spiel von Licht und Farbe auf, die lineare Umrißlinie wird vermieden.

Ornament

Charakteristisch ist der Jugendstil besonders als Ornamentstil. Die stilisierten Pflanzen-, Blüten-, Blätter- und Rankenornamente (3) erfassen vor allem den Innenraum, die Möblierung, die kunsthandwerklichen Gebrauchsgegenstände und die angewandte Graphik (Schrift- und Buchgestaltung). Die meist in zarten und hellen Farben gehaltenen Ornamente sind bewußt flach und unplastisch gestaltet.

Schrift

Die blockartig-nüchterne Grotesk (4) entspricht der Klarheit technischer Konstruktionen; die Schrift des Jugendstils (5) entspricht dem Bestreben, scharfe Ecken durch Rundungen zu mildern.

6.12 Moderne Kunst

Zeit: 20. Jahrhundert.

Geschichte

1919	Friedensvertrag zu Versailles Weimarer Republik; Ebert Reichspräsident
1923	Inflation
1925	Hindenburg Reichspräsident
1926	Aufnahme Deutschlands in den Völkerbund
1929 – 1932	Weltwirtschaftskrise
1933	Machtübernahme Hitlers; Beseitigung der Demokratie und Errichtung des autoritären Führerstaates
1939 – 1945	2. Weltkrieg
1945	Gründung der UN (Vereinte Nationen)
Seit 1949	Bundesrepublik Deutschland; Adenauer erster Bundeskanzler

Architektur

Die Architektur des 20. Jh. bricht konsequent mit den Imitationen des vergangenen Jahrhunderts. Ziel des ‚Neuen Bauens' ist eine kompromißlose Architektur des industriellen Zeitalters, die den aktuellen technischen und sozialen Verhältnissen gerecht wird. Statt der traditionellen Materialien (Stein, Holz) bedient sie sich vornehmlich der technisch-industriellen Baustoffe Eisen, Stahl, Beton, Glas. Die Gestaltung

(1) Eiffelturm, Paris

Jugendstil

(5) Jugendstilschrift

(3) Jugendstilornament

GRÜNDER
JAHRE

(4) Grotesk

(2) Landvilla (Jugendstil)

richtet sich nach den Sachlichkeitsansprüchen des Objektes. Der seit dem Klassizismus vernachlässigte Zusammenhang zwischen Zweck und Form wird wieder bestimmend. So lautet das Grundprinzip des ‚Neuen Bauens': Funktion ist gleich Form.

Breiten Raum nimmt in der großstädtischen Hochhausarchitektur die Skelettbauweise (1) ein. Hallenbauten mit weitgespannten Decken (2), zweckhaft und zugleich formschön gestaltet, schaffen Raum für Großveranstaltungen. Dabei bilden die sehnigen Y-Träger in ihrer Reihung eine eigenwillige Ornamentik. Die Geschichte der modernen Turmarchitektur, eingeleitet mit dem Pariser Eiffelturm, wird mit dem Stuttgarter Fernsehturm (3) um einen bedeutenden Beitrag erweitert. Der Kirchenbau im 20. Jh. verschließt sich nicht den neuen Möglichkeiten der modernen Architektur. Über dem rein Zweckhaften dieses Stils kommt auch das sakrale Anliegen dieser Architektur zum Ausdruck.

Plastik

Die Skulptur des 20. Jh. umfaßt eine Variationsbreite, die von herkömmlicher Gegenständlichkeit bis zur völligen Abstraktion reicht. Die menschliche Figur verliert ihre durch Jahrtausende behauptete Stellung als vornehmster Gegenstand der Bildhauerei. Daraus folgt eine neue Freiheit, die mit modernen Mitteln die Gestaltung des bislang nicht plastisch Gestaltbaren ermöglicht (so in der Schaffung einer zusätzlichen ‚Dimension' in beweglichen Plastiken).

Malerei

Die Malerei des 20. Jh. bringt eine fast verwirrende Fülle verschiedenartiger Richtungen hervor.

Der kurz nach 1900 entstehende Expressionismus verzichtet auf die akademischen Regeln von Perspektive und Anatomie. Zugleich ist er eine klare Absage an den Impressionismus. Zu den ästhetischen Kennzeichen des Expressionismus gehören die bewußte Formverzerrung, die ungebrochene Farbe, die flächenhafte Farbanlage und die kräftige Kontur.

Ungefähr gleichzeitig entwickeln Braque und Picasso den Kubismus, der die Naturformen auf geometrische Körper (Kuben) reduziert. Hauptmerkmale sind die Strenge der Form und die Klarheit des Bildaufbaus. Die Farbpalette ist zunächst gedämpft, später wird sie leuchtender.

Seit 1910 kommt die abstrakte Malerei auf, die frei von gegenständlichen Bezügen ist. Es lassen sich zwei Hauptrichtungen unterscheiden: der Konstruktivismus (lat. constructio = Zusammenfügung, Bau), dessen Bilder streng geometrisch ‚konstruiert' sind und an den die heutige Op-Art (Optical-Art = Optische Kunst) anknüpft; der gegen 1940 auftretende Tachismus (frz. tacher = beflecken), der mehr auf die spontane Formgebung und weniger auf die geplante Komposition abzielt.

Ebenfalls gegen 1910 entsteht in Italien der Futurismus mit seiner Grundidee der ‚Simultaneität', der Vereinigung verschiedener Erlebnisphasen oder verschiedener Zustände in einem Bild. Unter dem Eindruck der Psychoanalyse entwickelt sich nach 1920 der Surrealismus, der das Unbewußte und Traumhafte mit teilweise naturalistischen, aber ‚verfremdeten' Gestaltungsmitteln im Bild sichtbar machen will.

Die seit Anfang der sechziger Jahre sich rasch ausbreitende Pop-Art (Popular-Art = Volkstümliche Kunst) sucht durch die Verwendung von vorgegebenen Elementen (etwa Reklamedrucke und Warenetikette) zu einer der modernen Konsumgesellschaft angemessenen künstlerischen Ausdrucksweise zu gelangen.

Ornamentik

Neben den zeitlosen Formen vergangener Epochen werden in der modernen Ornamentik (4) Anregungen der abstrakten Malerei verwendet.

Schrift

Die moderne Schriftgestaltung umfaßt die gesamte Spannweite traditioneller und neuzeitlicher (5) Schriftformen, die je nach Aufgabe und Verwendungszweck eingesetzt werden.

6.13 Stilkundliche Begriffe*

Abakus. Viereckig geformte Abschlußplatte eines Kapitells.

Akanthus. Distelartige Pflanze, spielt seit dem 5. Jh. v. Chr. in der Ornamentik eine Rolle.

Akt. Künstlerische Darstellung des nackten Menschen.

Antikisch. Antikisierend. Antike Stilformen nachbildend.

* In diesem Zusammenhang sei verwiesen auf LÜTZELER: BILDWÖRTERBUCH der KUNST. Reallexikon der Fachausdrücke aus allen Bereichen der Kunst und des Kunsthandwerks. 2. Aufl. Dümmler-Verlag, Bonn, DM 24,80.

Apsis. Halbrunde, rechteckige oder vieleckige Altarnische.

Aquädukt. In der römischen Baukunst die über eine Brücke aus Bogenstellungen führende Wasserleitung.

Architrav. Waagerecht über den Stützen liegender Steinbalken; Teil des Gebälks.

Arkade. Auf Pfeilern oder Säulen ruhende Bogenstellung.

Baldachin. Schirmartiges Dach über Altar, Thron, Bett oder Statue.

Basilika. (griech. = Königshalle). In der römischen Baukunst Markt- und Gerichtshalle; in der frühchristlichen Baukunst Kirche.

6.12

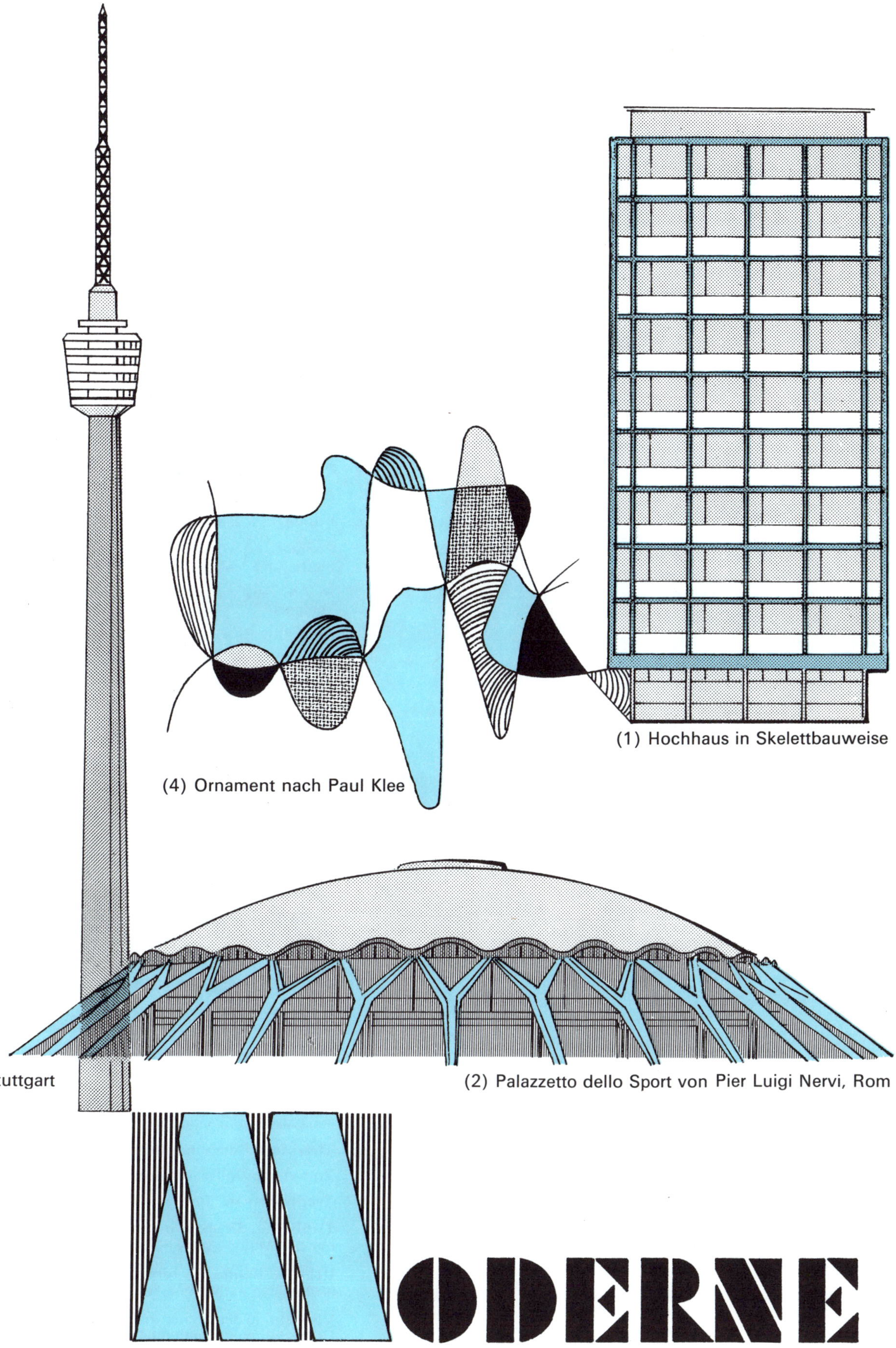

(1) Hochhaus in Skelettbauweise

(2) Palazzetto dello Sport von Pier Luigi Nervi, Rom

(3) Fernsehturm, Stuttgart

(4) Ornament nach Paul Klee

(5) Black-Futura

(6.13 Stilkundliche Begriffe)

Beschlagwerk. Bandartiges Renaissance-Ornament, das Metallbeschlägen gleicht.

Bündelpfeiler. Gotischer Pfeilerkern, umgeben von mehreren „gebündelten" Halb- und Dreiviertelsäulen (Diensten).

Cella. Hauptraum des antiken Tempels, mit dem Bild der Gottheit.

Chor. In der kirchlichen Baukunst Raum für den Hauptaltar.

Dienst. Siehe Bündelpfeiler.

Echinus. Beim dorischen Kapitell die Wulstplatte zwischen Säulenschaft und Deckplatte.

Ehrenhof. (Cour d'honneur). Im barocken Schloßbau der von dem Hauptflügel und den vorgeschobenen Seitenflügeln begrenzte Raum.

Fiale. In der gotischen Baukunst Türmchen als Bekrönung des Strebepfeilers oder als Flankierung eines Wimpergs.

Fischblase. Spätgotisches Maßwerkornament in länglicher, fischblasenartiger Form.

Fresko. Wandmalerei in den frischen Putz.

Fries. Waagerecht verlaufende Anordnung ornamentaler oder figürlicher Formen.

Gebälk. In der antiken Tempelarchitektur das zwischen Kapitell und Dach horizontal lagernde Bauelement.

Gesims. Waagerechter, aus der Wand hervortretender Mauerstreifen, der die horizontalen Abschnitte eines Bauwerks kennzeichnet.

Girlande. Gehänge, Blumengewinde.

Graphik. Die vervielfältigenden Künste wie Holzschnitt, Kupferstich, Lithographie.

Gravierung. Einschneiden linearer Ornamente in Metall, Stein, Glas, Elfenbein u. a.

Hieroglyphen. Alt-ägyptische Wortbildschrift.

Initial. In Hand- und Druckschriften der große, durch Schmuck und Farbe hervorgehobene Anfangsbuchstabe.

Intarsia. Holzeinlegearbeit.

Kannelierung. Rinnenartige Vertikalgliederung des Säulenschaftes.

Kanon. Richtmaß für die Gestaltung besonders der menschlichen Figur.

Kapitell. Säulen- und Pfeilerkopf.

Kartusche. In Ägypten Umrahmung der in Hieroglyphenschrift geschriebenen Königsnamen. In Renaissance und Barock schildartige Fläche mit einem Rahmen aus Roll- und Schweifwerk.

Knorpelwerk. Ornament des frühen 17. Jh. aus knorpelartigen Gebilden.

Kolossalordnung. Im Barock Geschoßgliederung mit Säulen und Pilastern, die über meist zwei Geschosse übergreifen.

Konsole. Aus der Wand heraustretender Stein als Träger für Figuren u. a.

Kontrapost. Wechsel von Stand- und Spielbein, besonders ausgeprägt in der Skulptur der griechischen Klassik und der Renaissance.

Kontur. Umrißlinie.

Krabbe. An Wimpergen und Fialen scheinbar emporkriechende blattartige Ansätze.

Krepis. Mehrstufiger Unterbau des griechischen Tempels.

Kreuzblume. Aus Blattformen gebildete gotische Turmspitze.

Kreuzgratgewölbe. Gewölbe, das sich durch rechtwinkliges Durchdringen zweier Tonnengewölbe bildet. Die dabei entstehenden Kappen stoßen in Graten zusammen.

Kreuzrippengewölbe. Wie Kreuzgratgewölbe, doch treten anstelle der Grate die Rippen. Die Zwischenräume zwischen den Rippen werden mit dünnem Mauerwerk ausgefüllt.

Kuppel. Gewölbe in Form eines Kugelabschnitts (meist Halbkugel).

Maßwerk. Gotisches Bauornament, siehe auch Fischblase und Paßform.

Mastaba. Altägyptische Grabform.

Maureske. Arabisch beeinflußtes Linienornament der Renaissance.

Metope. Quadratische Reliefplatte, die am griechischen dorischen Tempel im Wechsel mit der Triglyphe die Frieszone des Gebälks bildet.

Mosaik. Flächiges Bildwerk aus kleinen, verschiedenfarbigen Stein- und Glasstückchen.

Obelisk. Hoher, spitzzulaufender Steinpfeiler auf quadratischem Grundriß mit pyramidalem Abschluß.

Palmette. Fächerförmiges, stilisiertes Palmenornament.

Paßform. Mit dem Zirkel konstruierte Form des gotischen Maßwerks.

Pfeiler. Stütze auf quadratischem oder rechteckigem Grundriß.

Pilaster. Flacher Wandpfeiler.

Portal. Künstlerisch gestalteter Eingang eines Bauwerks.

Porträt. Künstlerische Darstellung des individuellen Menschen in Plastik und Malerei.

Pylon. Aus zwei Tortürmen gebildeter Eingang des ägyptischen Tempels.

Rocaille. Bevorzugtes Ornament des Rokoko mit der Form des asymmetrischen Muschelwerks.

Rollwerk. Durch Aufrollen der Endungen des Beschlagwerks gebildetes Renaissanceornament, in übersteigerter Form Schweifwerk.

Rundpfeiler. Stütze mit kreisförmigem Grundriß. Im Gegensatz zur Säule ohne Verjüngung bzw. Schwellung.

Rustika. Grobbehauenes rechteckiges Quaderwerk.

Säule. Stütze mit kreisförmigem Grundriß und Verjüngung bzw. Schwellung des Schaftes.

Schaft. Haupt- und Körperteil von Säule und Pfeiler.

Schweifwerk. Siehe Rollwerk.

Segmentgiebel. Fenstergiebel in Form eines Kreisabschnittes.

Skelettbauweise. Ein Gerippe aus Stahl oder Stahlbeton bildet das Traggerüst des Bauwerks.

Sphinx. In der Kunst beliebtes Fabelwesen mit Löwenleib und Menschen- oder Widderkopf.

Strebesystem. Strebebögen und Strebepfeiler an der Außenseite des Bauwerks zur Ableitung des Gewölbeschubes.

Stützenwechsel. Wechsel von Pfeiler und Säule.

Stylobat. Oberste Stufe der Krepis.

Terrakotta. Gebrannter Ton, als Material für Gefäße, Klein- und Bauplastik verwendet.

Thermen. Römische Badeanlagen.

Tonnengewölbe. Gewölbe mit halbkreisförmigem Querschnitt.

Treppenturm. Turm mit Wendeltreppe.

Triglyphe. Dreifach geschlitzte viereckige Platte, die im Wechsel mit der Metope die Frieszone des dorischen Gebälks bildet.

Uräusschlange. In Altägypten heilige Schlange, die – der Sage nach – sich aufbäumend die Feinde mit ihrem Gluthauch vernichtet.

Vierung. In der Kirchenarchitektur der Raum, in dem Längsschiff und Querschiff einander durchdringen.

Volute. Spirale, Schneckenlinie.

Wimperg. Ziergiebel über gotischen Fenstern und Portalen.

6.14 Stilkundliche Zeittafel

GESCHICHTE			ZEIT	ANTIKE	ITALIEN	DEUTSCHLAND	FRANKREICH
VORZEIT			10000	Eiszeitkunst			
		Altes Reich	3000				
ALTERTUM	Ägypten	Mittleres Reich Neues Reich	2000	Ägyptische Kunst			
	Griechenland		1000				
		Perserkriege	500	Archaik			
	Perikles	Blüte Athens	400	Klassik			
	Alexander d. Gr.	Vordringen Alexanders bis Indien	300	Hellenismus			
	Rom	Einigung Italiens	200	Römische Kunst Republikanische Kunst			
		Eroberung Griechenlands	100				
	Cäsar Augustus	Mittelmeer unter röm. Herrschaft	0				
		Wirken Christi	100				
	Trajan	größte Reichsausdehnung	200	Kaiserzeitliche Kunst			
		Niedergang	300				
MITTELALTER	Konstantin d. Gr.	Christentum Staatsreligion	400	Frühchristl. Kunst	Römisch-frühchr. Kunst		
	Theoderich Justinian	Völkerwanderung	500				
			600		Byzantinisch-früh-christliche Kunst		
			700				
	Franken Karl d. Gr.	Araber in Europa	800			Karolingische	Renaissance
	Otto d. Gr.		900				
		Lechfeld	1000				
		Erstarken des Papsttums	1100			Romanik	
	Friedrich I.	Kreuzzüge	1200				
	Friedrich II. Rudolf v. Habsburg	Interregnum	1300				
		Hanse	1400			Gotik	
NEUZEIT	Maximilian I. Karl V.	Fall Konstantinopels Entdeckung Amerikas Reformation	1500				
			1600			Renaissance	
	Ludwig XIV.	30jähriger Krieg Absolutismus Französische Revolution	1700			Barock	
	Napoleon		1800			Klassizismus	Empire
		Imperialismus	1900			Gründerjahre und Jugendstil	
		Weltkriege				Moderne Kunst	

FARBE
FORM
TECHNIK

GANZHEITS-BEISPIELE

Bisher wurden grundlegende Teilprobleme behandelt, nun geht es um die Ganzheit. Wie überall, so ist auch im Bereich der Gestaltung die Ganzheit mehr als nur die Summe aller Teile. Ganzheit bedeutet Übereinstimmung, Gleichklang der Teilaspekte.

Ein entwickeltes Farbgefühl, ein sicheres Formempfinden und eine perfekte Technik sind die drei Grundpfeiler für das Gelingen eines ganzheitlichen gestalterischen Vorhabens.

Die folgenden Ganzheitsbeispiele sollen zeigen, wie die verschiedenen Teilgebiete aufeinander abgestimmt und die einzelnen Arbeitsvollzüge abgewickelt werden, damit die gestalterische Aufgabe optimal verwirklicht werden kann. Hierzu dienen Arbeitspläne, in denen die im Hinblick auf die durchzuführende Arbeit getroffenen Überlegungen und Entscheidungen ihren schriftlichen Niederschlag finden.

Technische und kalkulatorische Gesichtspunkte, die ja mit zur Vollständigkeit der Planung gehören, können hier nur angedeutet werden, da in diesem Buch die rein gestalterischen Probleme im Vordergrund stehen.

7.1 Wohnraumgestaltung

Unter den bewohnten Räumen nimmt das Wohnzimmer eine Sonderstellung ein. In ihm konzentriert sich das tägliche Leben. Hier gestaltet der Mensch seine Umgebung nach ganz persönlichen Gesichtspunkten. Hier wählt er Einrichtung und Farbe entsprechend seiner Veranlagung und Einstellung.

Bei der Mannigfaltigkeit der menschlichen Auffassungen und Stimmungen gibt es vielfache Gestaltungsmöglichkeiten. Daher ist es zweckmäßig, von einigen grundsätzlichen Überlegungen auszugehen.

Mehr als alle anderen Räume soll das Wohnzimmer wohnlich sein. Helle und warme Farbtöne schaffen in der Regel solch eine wohnliche Atmosphäre. Oft jedoch weichen die Vorstellungen der Menschen über Wohnlichkeit und Behaglichkeit erheblich voneinander ab. Der eine liebt ein modisch-elegantes Wohnzimmer, der andere bevorzugt einen nüchtern-sachlichen Raum.

Auf diese Weise lassen sich mehrere Raumtypen mit charakteristischen Farbwirkungen unterscheiden. So erwartet man etwa vom modisch-eleganten Raum eine aparte und dynamische Wirkung, vom ursprünglich-naturhaften Raum eine erfrischende und lebendige, vom nüchtern-sachlichen Raum eine zurückhaltende und zweckmäßige und vom erlesen-komfortablen Raum eine vornehme und gediegene Wirkung.

Die angeführten Eigenschaften – wie erfrischend, zurückhaltend, vornehm – müssen durch entsprechende Farben harmonisch ausgedrückt werden.

Ein Wohnzimmer ohne besondere Akzente hat im allgemeinen das erforderliche Maß an Wohnlichkeit und Behaglichkeit, wenn als Beispiel folgende Farbpalette (Farbe in Anstrich, Holz und Textil) erscheint:

- sehr helles gelbliches Grün für die Decke,
- leicht getrübtes warmes Gelb im Pastellton für die Wände,
- gedämpftes Grün in mittlerer Farbtonlage für Textilien mit kräftiger Struktur. Bei einfarbigen Wänden sind leichte bis mittlere Musterungen der Vorhänge und Bezüge möglich,
- mattierte bis seidenglänzende Oberfläche des Nußbaumholzes.

Übungen:

1. Stelle Farb- und Werkstoffplan – Muster (3) – für einen eleganten und modischen Wohnraum auf. Bestimme die Farbtöne für Decke, Wände und Boden, wenn als Textil Baumwollstoff im Orangeton und Holz Zebrano vorgesehen ist. Das Holzbild von Zebrano zeigt hell- und dunkelbraun gestreiftes Kernholz, das sich vom hellen, grauen bis weißen Splintholz dekorativ abhebt.
2. Wie müssen Farb- und Werkstoffpläne – Muster (3) – für andere Wohnräume – Diele, Speisezimmer, Arbeitszimmer, Kinderzimmer – aussehen?
3. Stelle einen Arbeitsplan nach Muster für das Schlafzimmer – Maße sind dem Grundriß (1) zu entnehmen – auf. Die Hauptwand über den Betten soll dekorativ betont werden. Entwirf hierzu entsprechend der Ornamentlehre geeignete Flächenmuster. Die Entwurfsarbeit soll durch Arbeitsproben auf Platten in entsprechender Größe ergänzt werden.

7.1

(1)

Maßstab 1 : 150

(2)

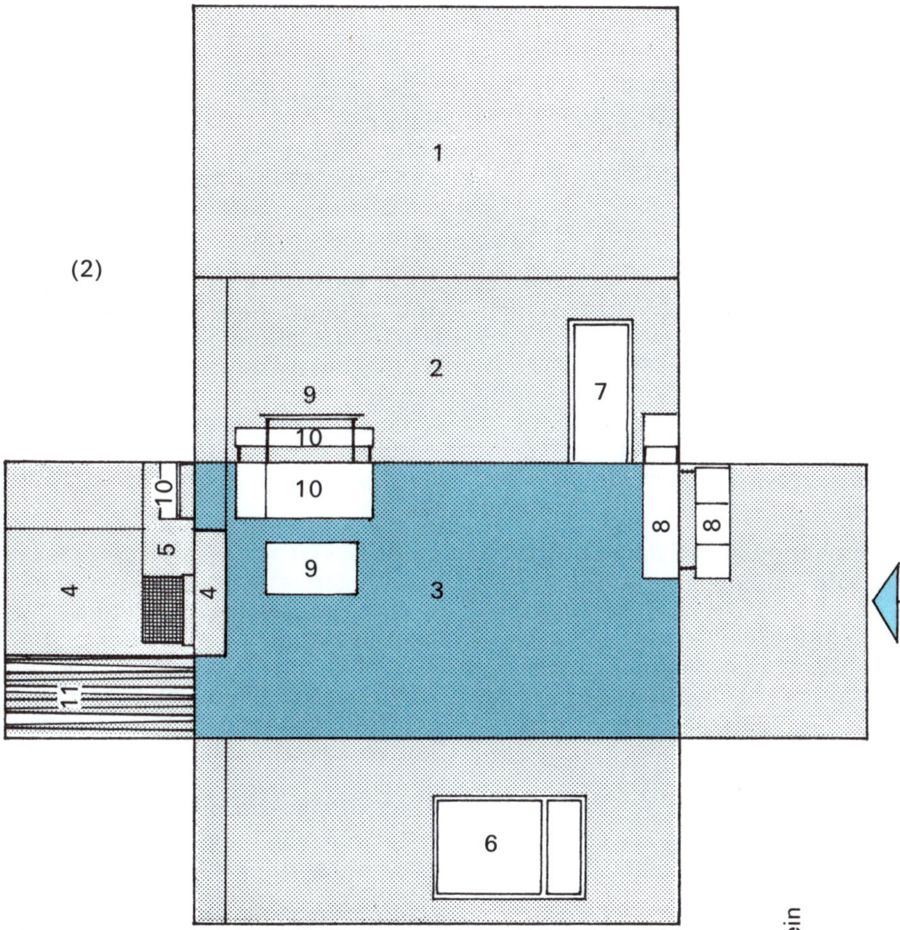
1
2
3
4
5
6
7
8
9
10
11
Maßstab 1 : 100

(3)

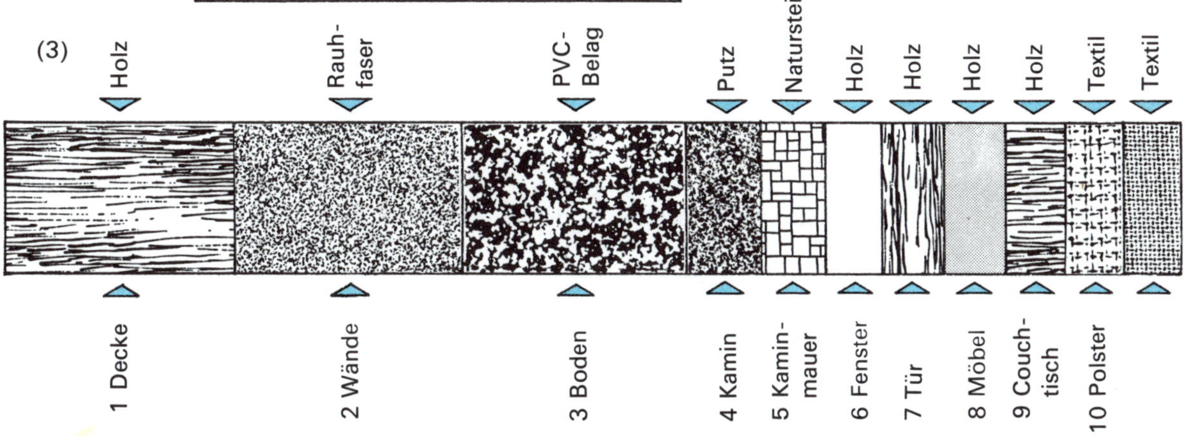
Holz
Rauhfaser
PVC-Belag
Putz
Naturstein
Holz
Holz
Holz
Holz
Textil
Textil
1 Decke
2 Wände
3 Boden
4 Kamin
5 Kaminmauer
6 Fenster
7 Tür
8 Möbel
9 Couchtisch
10 Polster

7.2 Wohnraumgestaltung für einen Sammler altamerikanischer Kunst

Arbeitsplan

1. Zweck und Aufgabe
Schaffen einer persönlichen und behaglichen Raumatmosphäre, Aufstellen von Kunstgegenständen.

2. Architektur
2.1 Lage des Hauses und des Wohnraumes – Grundriß (1)
2.2 Größe und architektonische Details – Abwicklung (2) und Ansichtsskizze (5)
2.3 Einrichtung – Abwicklung (2), Perspektive (4)

3. Farbe
3.1 Farbwirkung: individuell, ästhetisch
3.2 Farb- und Stoffplan (3):
3.21 Decke = Holz in Kirschbaum, mattiert
3.22 Wände = Rauhfasertapete, Dispersionsfarbe, alabasterweiße Tönung
3.23 Fußboden = PVC-Belag, stumpfes Blau mit leichten Aufhellungen
3.24 Kamin = leicht strukturierter Anstrich auf Putz mit Malerei
3.25 Kaminmauer = Naturstein
3.26 Fenster = Holz, deckend lackiert
3.27 Tür = Holz, naturlackiert
3.3 Möbel und Textil:
3.31 Möbel = Holz, deckend lackiert
3.32 Tisch = Holz, naturlackiert
3.33 Sessel und Liege = Textil, Grobstruktur
3.34 Vorhang = Feinstruktur ohne Muster, Goldton

4. Malerei
4.1 Form = Darstellung im gebundenen System nach den Vorbildern Pyramide, Figuren- und Steigbügelgefäß (6)
4.2 Farbe = Nach einer Schmuckplatte aus Tiahuanaco, etwa 800 bis 1000 n. Chr., stumpfe Rot-, Gelb-, Blau- und Grüntöne

5. Technische Durchführung
Auswahl geeigneter Werkstoffe für
5.1 Klebearbeit einschließlich Vorarbeit
5.2 Anstrich und Lackierung
5.3 Malerei nach Entwurf (6)

6. Preisberechnung
6.1 Aufstellen des Aufmaßes nach Bauzeichnung unter Berücksichtigung der VOB
6.2 Ermitteln der Werkstoffkosten
6.3 Ermitteln der Lohnkosten
6.4 Aufstellen des Kostenangebotes

7. Beratung
7.1 Erläuterungsbericht zur formalen und farbigen Gestaltung sowie technischen Durchführung der Arbeit
7.2 Schriftliche Bewerbung um die Arbeit mit dazugehörigen Unterlagen wie Kostenanschlag und Referenzen

8. Rechnung und Nachkalkulation

Erläuterungen

Zu 1. Zweck und Aufgabe
Der Auftraggeber, ein Sammler altamerikanischer Kunst, verlangt von der Malerarbeit in seinem Bungalow eine freundliche Wohnbehaglichkeit, wobei vorhandene Sammlungen bei der farbigen und ornamentalen Gestaltung berücksichtigt werden müssen. Hierzu wird der Wunsch geäußert, daß jede Altertümelei sowie übertriebene Modernität vermieden wird.

Zu 2. Architektur
Die Raumverhältnisse in dem für eine fünfköpfige Familie geplanten Bungalow sind laut Grundriß (1) gegeben. Ein Wintergarten verbindet Diele und Wohnraum miteinander. Eine Tür führt zu Terrasse und Garten.
Schwerpunkt im Raum ist der Kamin. Die Möbel sind nach Maß angefertigt, um die Sammlungen gut zur Geltung zu bringen und eine Standardisierung zu vermeiden.

Zu 3. Farbwirkung
Das farbige Raumbild mit der individuell-ästhetischen Gestaltung verlangt das Eingehen auf die Harmoniegesetze unter der besonderen Berücksichtigung der auszustellenden Sammlung und der verwendeten Werkstoffe wie Holz und Textil.
In jedem Fall ist eine Raumwirkung anzustreben, die dem speziellen Verwendungszweck optisch gemäß ist.

Zu 4. Malerei
Die kunstgeschichtliche Tradition Altamerikas symbolisiert das auf der Kaminfläche angebrachte Ornament in zeitgemäß gestalteter Form (6). Es zeigt den Menschen in Gefäßgestalt und die mit magischem Ornament versehene Bügelkanne, die dem Toten mit ins Grab gegeben wurde. Religiöse Antriebsmotive führten zur baukünstlerischen Tätigkeit des altamerikanischen Urbewohners. So schuf er als Leitform seiner Architektur die Stufenpyramide, deren Scheitel in seiner Vorstellung den Sitz der Götter trug.
Die Farbgebung in der altamerikanischen Malerei differiert von stumpfen Erdfarben bis hin zu dynamischer Vielfarbigkeit. Ein daraus abgeleiteter Rot-, Gelb-, Schwarzblau- und Grünklang ist Grundlage der farbigen Gestaltung des Wandbildes.

7.2

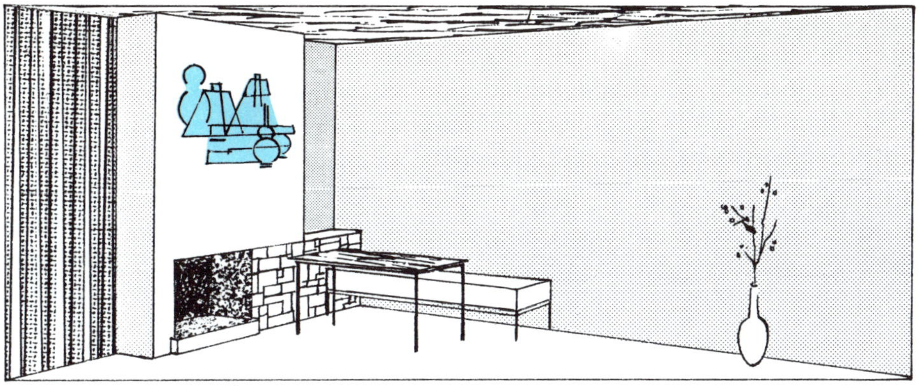

Maßstab 1 : 50

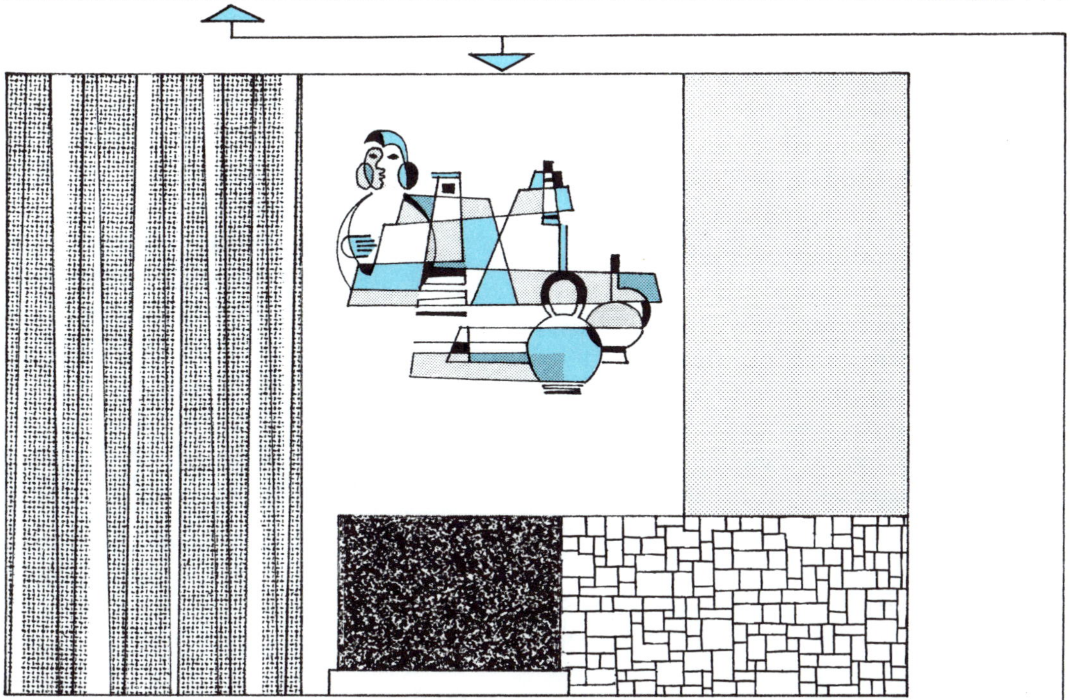

Maßstab 1 : 30

(5)

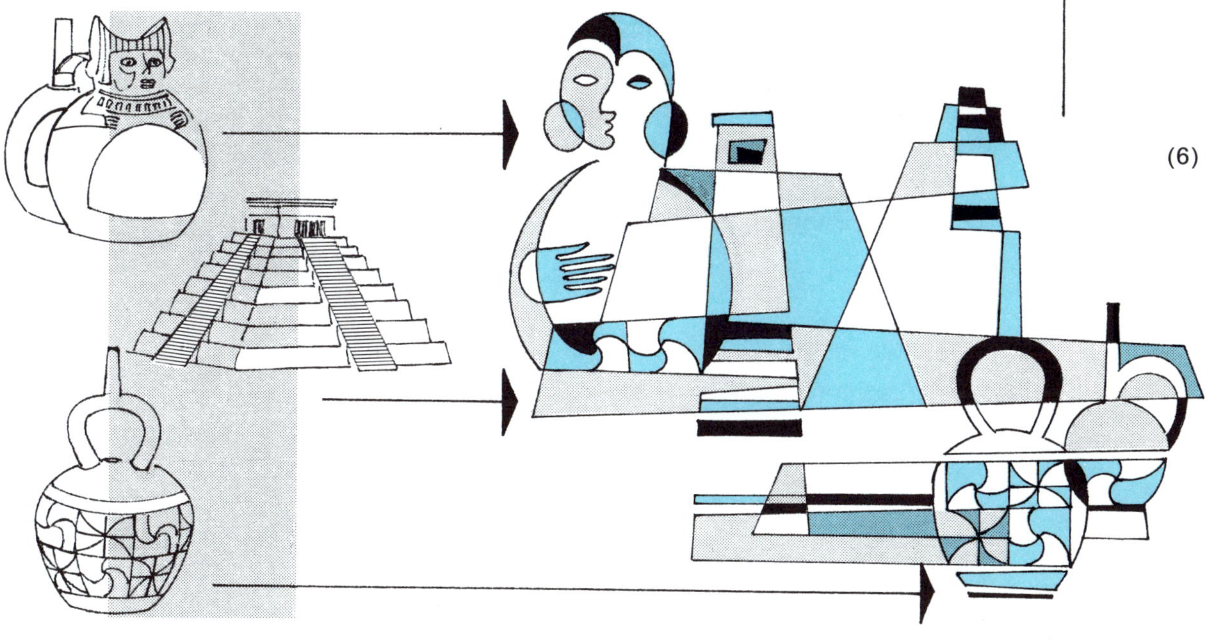

(6)

Maßstab 1 : 15

7.3 Schrift und Zeichen am Bauwerk

Farbe, Schrift und Zeichen sind – neben der Lichtreklame – wirksame Mittel der Außenwerbung am Bauwerk. Die Werbemalerei auf Fassaden- und Giebelflächen muß in Übereinstimmung mit der Architektur und unter Berücksichtigung des Stadt- oder Landschaftsbildes erfolgen.

Bei der Entwurfsarbeit für die Beschriftung eines Bauwerks ist zunächst die Frage nach Schriftform und Schriftgröße zu klären. Die Schriftart wird von Fall zu Fall zweckentsprechend bestimmt. Die Schriftgröße kann je nach Bedeutung des Textinhaltes variiert werden, doch muß sie immer mit den umgebenden Flächen in einem harmonischen Verhältnis stehen. Die auf Fernwirkung angelegte Werbegestaltung ververlangt eine Beschränkung der Schrift auf kürzeste Texte.

Ergänzende bildliche Darstellungen sollen möglichst nicht naturalistisch, sondern in einer graphischen Form gehalten sein. Ihr Ausmaß muß auf die Schriftgröße und auf die Gesamtgröße der Werbefläche abgestimmt werden.

Wird für Markenerzeugnisse geworben, so erfolgt die Wahl der Schrift und der Entwurf des Zeichens nicht nach freiem gestalterischen Ermessen. Vielmehr ist dann ein vorgegebenes Markenzeichen mit festliegenden Farben auf die Fassaden- oder Giebelfläche zu übertragen.

Für die Werbegestaltung am Bauwerk gelten folgende Grundsätze:

- Schrift und bildliche Darstellung sollen zum Textinhalt die erforderliche Beziehung haben. Wird für eine Tanzschule geworben, so ist eine schwingende, elegante Schriftform zu wählen; dagegen verlangt die Werbung für ein Eisenwarengeschäft eine konstruktive Schrift.
- Schrift und bildliche Darstellung sind in Höhe und Ausdehnung der umgebenden Fläche anzupassen.
- Bildlichen Darstellungen sowie Eigen- und Firmenzeichen muß durch gute graphische Darstellung ein hohes Maß an Einprägsamkeit gegeben werden.
- Schrift und Motiv sind werbewirksam anzuordnen. Umfangreicher Text ist so zu gruppieren, daß wichtige Aussagen nicht in den Hintergrund gedrängt werden.
- Farben müssen Schrift und Zeichen eindeutig und klar zur Geltung bringen, damit auch aus großen Entfernungen die Erkenn- und Lesbarkeit gewährleistet ist.

Übungen:

1. Entwirf Hotel-Eigenzeichen für „Drei Könige", „Roter Adler" und „Goldener Löwe". Zeichne jeweils die Grundformen Krone, Adler und Löwe. Überdecke die Zeichnungen mit Transparentpapier und ermittle durch wiederholtes Überzeichnen die einfachste Form.
2. Wähle eine zu den genannten Hotelnamen passende Schrift und übertrage sie in die maßstäblich vergrößerte Fassade (2).
3. Setze Schrift und Zeichen auf die im gleichen Maßstab vergrößerte Giebelwand (2) des Hotels. Beachte hierbei die richtigen Größenverhältnisse.

7.3

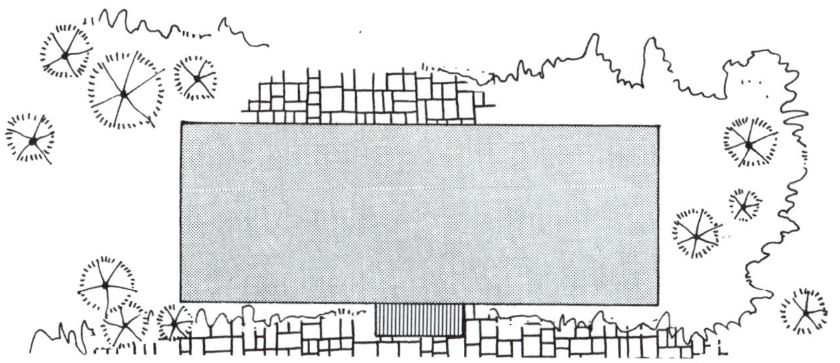

Maßstab 1 : 500

(1)

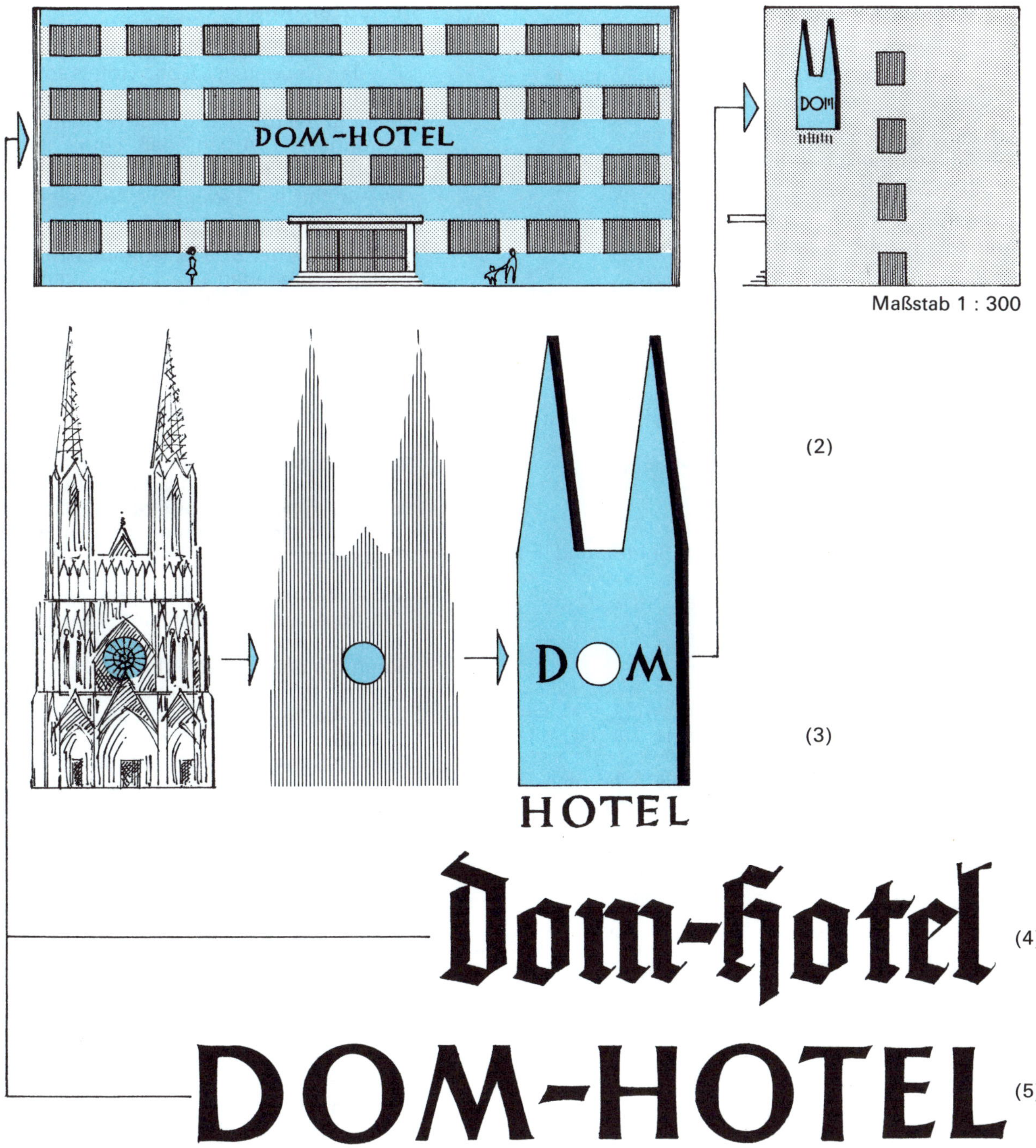

Werbung durch Haus- und Giebelreklame

Arbeitsplan

1. Zweck und Aufgabe
Hinweisung und Werbung für das DOM-Hotel

2. Architektur
2.1 Lage des Hotels – Grundriß (1)
2.2 Architektonische Details – Vorder- und Seitenansicht (2)

3. Farbe
Architektur- und Werkstoffbezogen

4. Entwurf von Schrift und Zeichen
4.1 Schrift – Gotik oder Antiqua
4.2 Zeichen – Entwicklung aus der gotischen Doppelturmfassade

5. Technische Durchführung
5.1 Auswahl und Anwenden geeigneter Werkstoffe
5.2 Wetterbeständiger Anstrich
5.3 Anfertigen der Pause nach Entwurf
5.4 Schriftmalerei

6. Preisberechnung
6.1 Kosten für den Entwurf von Schrift und Eigenzeichen
6.2 Ermitteln der Werkstoffkosten
6.3 Ermitteln der Lohnkosten
6.4 Aufstellen des Kostenangebotes

7. Beratung
7.1 Erläuterungsbericht zur Schriftwahl und Gestaltung des Eigenzeichens sowie zur technischen Durchführung
7.2 Schriftliche Bewerbung um die Arbeit mit dazugehörigen Unterlagen wie Kostenanschlag und Referenzen

8. Rechnung und Nachkalkulation

Erläuterungen

Zu 1. Zweck und Aufgabe
Für den Neubau des Dom-Hotels soll durch Schrift und Zeichen die erforderliche Hinweisung und Werbung erreicht werden. Der Auftraggeber verlangt bei der Vergabe der Arbeit, daß eine international lesbare Schrift und ein einprägsames, auf den Hotelnamen bezogenes Eigenzeichen angewendet wird.

Zu 2. Architektur
Der abseits der Straße liegende Hotelbau ist von Parkanlagen umgeben (1). Große, breite Fenster betonen wirkungsvoll die horizontale Gliederung der langgestreckten Fassade (2). Die Seitenansicht ist durch die Flurfenster mittelachsig gegliedert (2).

Zu 3. Farbe
Der mitteltonige Dispersionsfarbenanstrich akzentuiert die horizontale Gliederung der Fassade. Die dunkle, auf den Grundton abgestimmte Schriftfarbe ordnet sich harmonisch in das Gesamtbild ein. Das auf der hellgrundigen Giebelseite aufgemalte Eigenzeichen paßt sich farblich den an der Fassade vorkommenden Farben an.

Zu 4. Schrift und Zeichen
Da vom Auftraggeber eine vom internationalen Publikum lesbare Schrift für das Hotel verlangt wird, kann die dem gotischen Dom entsprechende gotische Schrift (4) nicht angewendet werden. Es empfiehlt sich daher eine halbfette, dynamisch wirkende Antiquaschrift (5) mit nicht zu großen Unterschieden in der Balkenbreite, da sonst die Lesbarkeit von der Straße aus zu gering ist. Ein Wechsel von Groß- und Kleinbuchstaben ist ungünstig, da dadurch die straffe horizontale Bandwirkung beeinträchtigt wird. Um die Symmetrie der Fassade zu erhalten, ist der Schriftzug im Mittelfeld angeordnet.

Für das Eigenzeichen wird durch Abstraktion aus der Grundform des doppeltürmigen gotischen Bauwerks die klarste, einfachste und einprägsamste Form entwickelt. Bei der Anlage der durch die Umrißlinie begrenzten Fläche unter Aussparung der Fensterrose entsteht die für den Dom typische Silhouette mit der kreisförmigen Öffnung. Sie läßt den Vergleich mit dem Buchstaben O zu. Durch Straffen und Vereinfachen der Umrißlinie und Hinzufügen des D und M zum O entsteht das Eigenzeichen für das DOM-Hotel (3).

7.4 Werbung durch Beschriftung von Fahrzeugen

Eine preisgünstige Werbung im Straßenverkehr ist durch Schrift und Zeichen auf Fahrzeugflächen möglich. Wirksam kann diese Art von ‚beweglicher Werbung' nur dann sein, wenn Zeichen und Text in kürzester Zeit erfaßt werden können. Daher muß neben dem einprägsamen Zeichen ein kurzer und klarer Text angewendet werden.

Naturalistische Bildmotive sind in eine graphisch flächige Form zu übersetzen, da sonst die Wirkung durch die Bewegung des Fahrzeuges und die Entfernung zum Beschauer gering ist. Bei der Schriftwahl muß neben der Anpassung an den Textinhalt auf gute Leserlichkeit geachtet werden. Umfangreicher Text wird durch Herausheben wichtiger Teile übersichtlich gegliedert. Von besonderer Bedeutung sind die konstruktiven Merkmale des Fahrzeugs. Sie sind, wie am Bauwerk die architektonische Form, bei der Werbegestaltung mit Farbe, Schrift und Zeichen zu berücksichtigen.

Farbpsychologische Erkenntnisse – Rot bei der Feuerwehr, Gelb bei Fahrzeugen der Straßenverwaltung – sowie modische Einflüsse bestimmen im allgemeinen das farbige Aussehen des Fahrzeuges.

Eine gute Beschriftung von Fahrzeugen verlangt, daß folgende gestalterische Grundsätze beachtet werden:

- Festlegen geeigneter Flächen nach den konstruktiven Merkmalen des Fahrzeuges.
- Formulieren kurzer und klarer Texte.
- Auswählen geeigneter, gut lesbarer Schriften.
- Verwenden eindeutiger und einprägsamer Bildmotive und Eigenzeichen.
- Abstimmen von Schrift und Zeichen aufeinander und auf das Fahrzeug.
- Herstellen einer Farbenharmonie zwischen den Farben vom Fahrzeug und von Schrift und Zeichen.

Übungen:

1. Wähle für die Entwurfsarbeit an einem geschlossenen Kleinwagentransporter Eigenzeichen bekannter Firmen aus. Überlege hierzu Text und Schriftart.
2. Entwirf ein Eigenzeichen mit harmonisch zusammengefügten Anfangsbuchstaben eines Namens. Wie könnte dieses Zeichen mit dem charakteristischen Symbol eines Berufes (Maler, Goldschmied, Bäcker) oder Geschäftes (Apotheke, Musikhandlung, Spielwaren) verbunden werden?

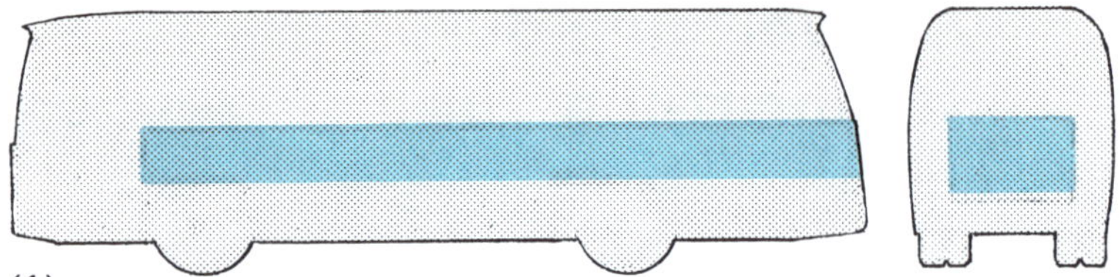

(1)

OTTO
OTTO

(2)

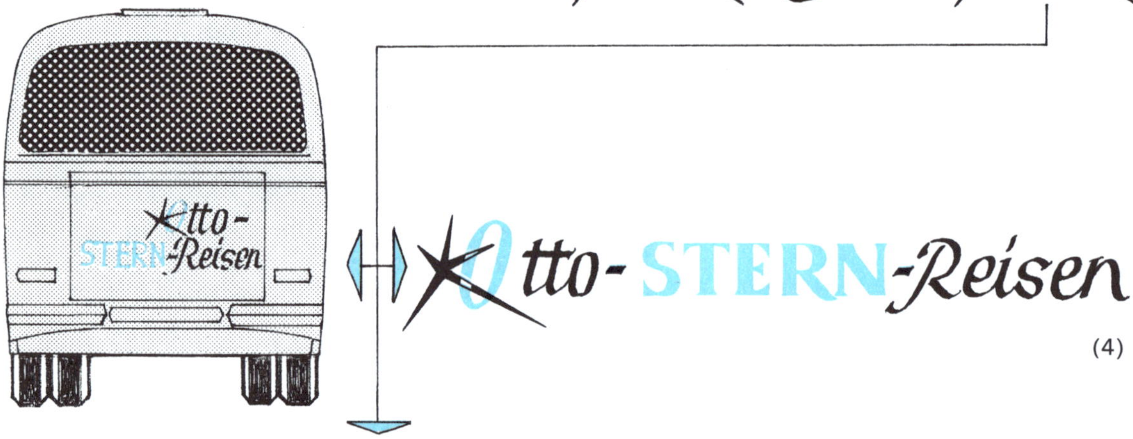
Otto-
STERN-Reisen
Otto-STERN-Reisen

(4)

Otto - STERN -Reisen

(3)

Schrift und Zeichen als Werbemittel auf einem Omnibus

Arbeitsplan

1. Zweck und Aufgabe
Kennzeichnung des Fahrzeuges und Werbung für das Transportunternehmen.

2. Konstruktion

3. Entwurf
3.1 Zeichen: Entwicklung der Form aus der Firmenbezeichnung
3.2 Schrift: Kursiv und Antiqua
3.3 Farbwirkung von Schrift, Zeichen und Hintergrund

4. Technische Durchführung
4.1 Neulackierung des Fahrzeuges bei noch gut erhaltener alter Lackschicht.
 4.11 Entfernen vorhandener Roststellen, Grundieren und Spachteln
 4.12 Mattschleifen der gesamten Lackfläche
 4.13 Abkleben und Abdecken der Chromteile, Fenster und Räder
 4.14 Lackauftrag
 4.15 Absetzen
 4.16 Entfernen aller Abdeckungen
 4.17 Reinigung und Korrektur
4.2 Aufbringen von Schrift und Zeichen
 4.21 Anfertigen der Pause nach Entwurf
 4.22 Anlegen der Schriftfläche mit Glyzerin (bei Verwendung von selbstklebender Schnittfolie entfällt die Glyzerin-Anlage)
 4.23 Blasenfreies Aufziehen der Folie
 4.24 Einmessen der Pause in die Fläche
 4.25 Aufpausen der Schrift und des Zeichens auf der Folie
 4.26 Ausschneiden von Schrift und Zeichen
 4.27 Abheben der ausgeschnittenen Folie
 4.28 Andrücken der Schnittkanten
 4.29 Reinigung der freigelegten Formen
 4.30 Ein- bis zweimaliger Lackauftrag mit Pinsel oder Spritzpistole
 4.31 Abheben der Restfolie vom trockenen Lackauftrag
 4.32 Reinigung der ganzen Fläche
 4.33 Korrektur

5. Preisberechnung
5.1 Kosten für Entwurf des Firmenzeichens
5.2 Ermitteln der Werkstoffkosten
5.3 Ermitteln der Lohnkosten
5.4 Aufstellen des Kostenangebotes

6. Beratung
6.1 Erläuterungsbericht zum Entwurf des Firmenzeichens, der Schriftwahl und zur technischen Durchführung
6.2 Schriftliche Bewerbung um die Arbeit mit dazugehörigen Unterlagen wie Kostenanschlag und Referenzen

7. Rechnung und Nachkalkulation

Erläuterungen

Zu 1. Zweck und Aufgabe
Der Omnibus des Reiseunternehmens soll durch Erneuerung der Lackierung und Beschriftung auf den Längsfronten sowie auf der Rückseite ein ansprechendes und werbewirksames Aussehen erhalten. Vom Auftraggeber wird die Aufnahme einer zum Firmennamen passenden Sternform gewünscht.

Zu 2. Konstruktion
Zweck und Komfort bestimmen Aussehen und Ausstattung des modernen Reisebusses. Vom äußeren Bild her besticht der dargestellte Omnibus durch die harmonische Teilung von oberer Fensterpartie und geschlossener unterer Fläche (3). Die hieraus entstandene horizontale Linienführung wird durch sparsam verwendete Chromleisten betont.

Zu 3. Entwurf
Für die Gestaltung mit Zeichen und Schrift bieten sich die Flächen auf den Seiten und dem Heck an (1). Über die gewünschte Einbeziehung der Sternform in den Schriftzug „Otto-Stern-Reisen" geben drei Skizzen (2) Aufschluß.

Ausgangspunkt für die Entwurfsarbeit sind die vielstrahlige, acht- und fünfeckige Sternform sowie die Futura Black-, Antiqua- und Kursivschrift. Im ersten Beispiel nimmt das kreisförmige O der Futura Black den vielstrahligen Stern auf. Der auf diese Weise umgestaltete Buchstabe erinnert fast an einen Autoreifen. Im zweiten Entwurf erscheint der achteckige Stern im Innenfeld des Antiquabuchstabens. Beim dritten Vorschlag wird die Verbindung von Schrift und Zeichen durch Überschneiden der unterschiedlich langen Strahlen des Sterns mit dem O der Kursivschrift erzielt. Das in Antiqua-Großschrift hervorgehobene Wort STERN gliedert und belebt den Schriftzug. Dadurch ergibt sich eine sinn- und wirkungsvolle Beziehung zwischen dem Motiv und dem Namen „Stern" (4). Der so gestaltete Schriftzug wird nun in einem guten Verhältnis auf die seitliche Fahrzeugfläche gesetzt. Auf der Heckseite, die die Teilung des langen Schriftzuges notwendig macht, erfolgt eine asymmetrische Aufteilung.

Für die Lackierung des Fahrzeuges ist ein leicht gebrochenes Mittelrot vorgesehen. Helle, graugrüne Absetztöne tragen zur gesteigerten Farbwirkung bei. Die Grüntöne von Schrift und Zeichen bilden einen harmonischen Kontrast zum roten Grundton.

7.5 Bleiverglasung mit geometrisch-ornamentaler und figürlich-dekorativer Darstellung

Die glasfreudige Architektur der Gegenwart schafft maximal lichtdurchflutete Räume. Damit wird Glas zum Mittler zwischen unseren Wohn- und Arbeitsräumen und dem Tageslicht. Diese durch den Werkstoff Glas gegebenen Möglichkeiten, das Tageslicht in den Innenraum einzubeziehen, sind für den Stadtmenschen besonders wertvoll, da er etwa $^5/_6$ seiner Lebenszeit in geschlossenen Räumen verbringt.

Da viel natürliches Licht das Wohlbefinden und die Arbeitslust steigert, sollte bereits bei der architektonischen Planung die richtige Fenstergröße mit der Art und Größe des Raumes abgestimmt werden.

Während das normale Fenster mit Tafelglas von unterschiedlicher Dicke gefüllt ist, kann für repräsentative Aufenthalts-, Tagungs- und Konferenzräume sowie sakrale Räume die Bleiverglasung angewendet werden. Durch diese Technik ist es möglich, Bildfenster mit den verschiedensten Motiven zu schaffen. In der Form kann eine Aussage über den Raum oder das Bauwerk, das das Bildfenster schmückt, enthalten sein; mit gezielter Farbigkeit wird die dazu passende Stimmung erzeugt.

Vor jedem Entwurf für ein Bildfenster mit Bleiverglasung muß über architektonische Gegebenheiten und Anforderungen Klarheit bestehen. Es ist zu überlegen, ob unter Umständen stilbezogene Formenelemente berücksichtigt werden müssen.

Bei der Entwurfsgestaltung sind folgende Einzelheiten in Betracht zu ziehen:

- Größe des Fensters und dessen statisch bedingte Teilungen.
- Größe der Scheiben und ihre geometrische Grundform bei regelmäßiger (3) und unregelmäßiger (4) Teilung.
- Stilisieren und Vereinfachen der Motive.
- Einfügen der Motive in das geometrische Netz.
- Abstimmen der Farbwirkung auf Thema und Raum.

Übungen:

1. Entwirf eine Bleiverglasung in strenger Rechteckaufteilung.
2. Wähle für den Entwurf ein Berufszeichen oder einfaches Wappen. Umgrenze und unterteile die Form für die Bleistege. Achte hierbei auf gute Proportionen. Die Linienführung ist auf die umgebenden geometrischen Teilungen abzustellen.

7.5

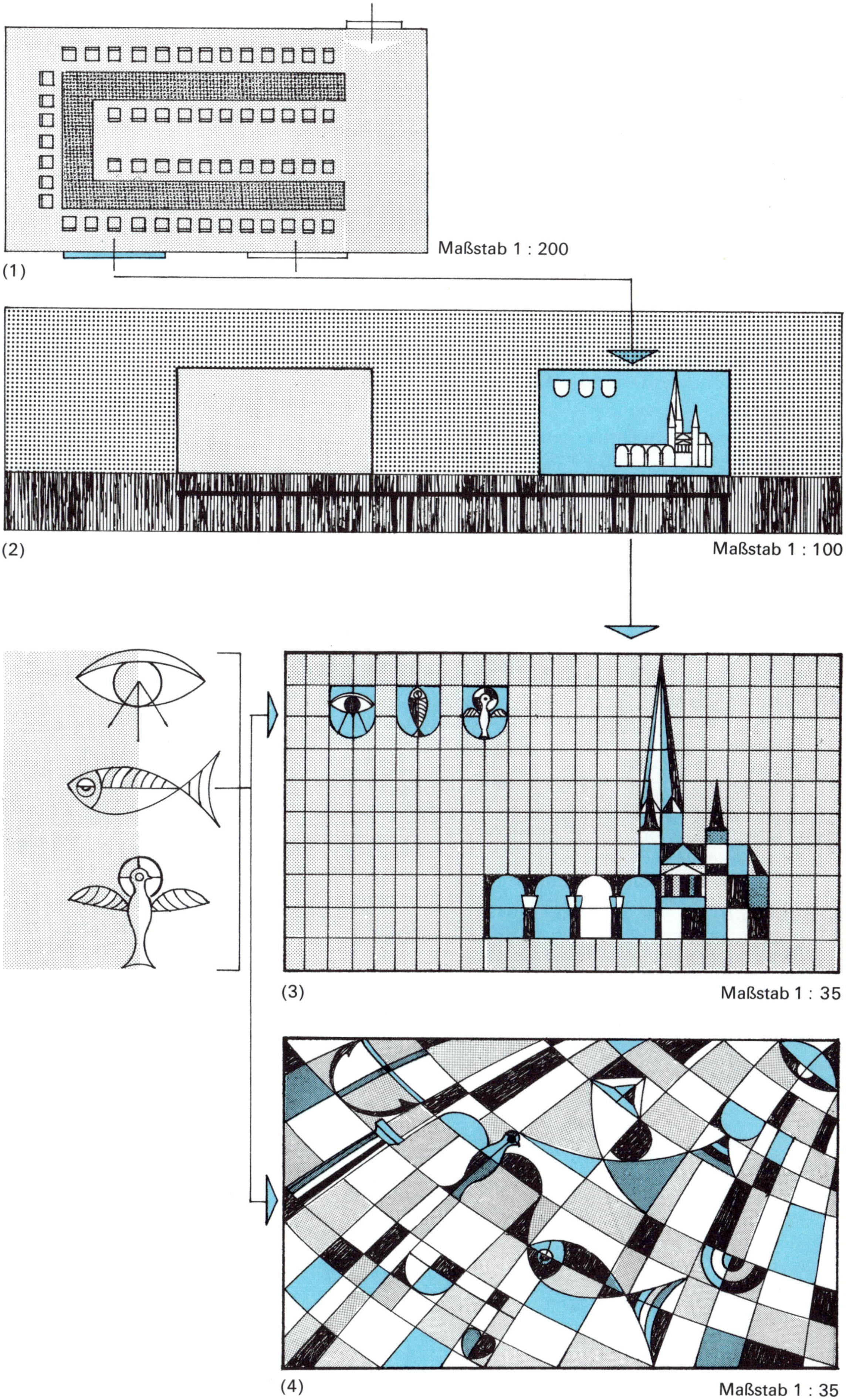

Bleiverglasung der Fenster im Konferenzraum einer christlichen Tagungsstätte

Arbeitsplan

1. Zweck und Aufgabe
Witterungsschutz, Mittler zwischen Tageslicht und Raum, Hinweisung auf den Ort durch christliche Motive, Schmuck.

2. Architektur
2.1 Lage und Ausstattung des Raumes – Grundriß (1)
2.2 Architektonische Details – Wandaufriß (2)

3. Entwurf
3.1 Gestaltung des Fensters aus der rechteckigen Flächenaufteilung mit christlichen Symbolen – Auge, Fisch, Taube – und der stilisierten Kirche (3)
3.2 Gestaltung des Fensters aus der unregelmäßigen Flächenform mit christlichen Symbolen (4)
3.3 Farbwirkung

4. Technische Durchführung
4.1 Anfertigen der Schablonen nach dem im Maßstab 1 : 1 vergrößerten Entwurf
4.2 Auswahl und Zuschnitt der Gläser
4.3 Ziehen der Bleistege
4.4 Herstellen des Bleifeldes
4.5 Verzinnen bzw. verlöten
4.6 Andrücken der Bleiflansche an die Scheiben
4.7 Abdichten
4.8 Reinigen der Gläser
4.9 Montage, Anbringen von Windeisen

5. Preisberechnung
5.1 Ermitteln der Werkstoffkosten
5.2 Ermitteln der Lohnkosten
5.3 Aufstellen des Kostenangebotes

6. Beratung
6.1 Erläuterungsbericht zur regelmäßigen und unregelmäßigen Aufteilung und Anordnung der bildlichen Darstellungen
6.2 Schriftliche Bewerbung um die Arbeit mit dazugehörigen Unterlagen wie Kostenanschlag und Referenzen

7. Rechnung und Nachkalkulation

Erläuterungen

Zu 1. Zweck und Aufgabe
Bei der Ausgestaltung des Konferenzraumes einer christlichen Tagungsstätte soll durch farbiges Glas eine in Form und Farbe dem Raum angepaßte Atmosphäre erzeugt werden. Die vom Auftraggeber gewünschte Grün-, Blau-, Violett-, Rotpalette soll die christlichen Symbole sinnvoll betonen.

Zu 2. Architektur
Der aus dem Rechteck gebildete Konferenzraum (1) wird in den Wandflächen durch einen Naturholzsockel gegliedert. Die an den Sockel unmittelbar anschließenden Fenster werden durch die Nischen rahmenartig eingeschlossen (2).

Zu 3. Entwurf
Um dem Auftraggeber eine Wahlmöglichkeit zu geben, wurden zwei Entwürfe angefertigt. Während der erste Entwurf (3) von einem regelmäßigen, statisch wirkenden rechteckigen Flächennetz ausgeht, liegt dem zweiten Entwurf (4) ein in der rechten oberen Ecke angesetztes, leicht geschwungenes Diagonalnetz zugrunde. Diese dynamische, an fallendes Licht erinnernde Linienführung wird durch gegensätzlich diagonal angeordnete geschwungene Teilungen gegliedert. In der gestalterischen Grundtendenz der beiden Entwürfe stehen sich also Statik und Dynamik gegenüber.

Das bildliche Hauptmotiv des ersten Entwurfs ist eine straff stilisierte Kirche mit anschließendem Kreuzgang. Sie ist asymmetrisch in das rechteckige Flächennetz eingeschlossen. Die Rundbogenarkaden des Kreuzganges enden in Höhe der in Schildform gekleideten christlichen Symbole Taube, Fisch und Auge. Dadurch wird das Auge des Betrachters von dem Hauptmotiv – es ist Blickfang – zu den Symbolen weitergeführt. Die Werkstoffe Glas und Blei verlangen bei diesen Formen eine strenge Vereinfachung. Davon abgesehen wäre etwa das für Gott vorgesehene Symbol ‚Auge Gottes' in naturalistischer Darstellung problematisch. Die strenge Form ist bei den Symbolen ‚Fisch' für Christus und ‚Taube' für den Heiligen Geist ebenfalls erforderlich.

Beim zweiten Entwurf (4) sind dem die rechte obere Ecke beherrschenden ‚Auge Gottes' folgende Symbole im diagonalgespannten Flächennetz nachgeordnet: Kelch für Glaube, Dreieck und Lot für Gerechtigkeit, ☧ für den Namen Christi, siebenarmiger Leuchter für Altes Testament, Taube für den Heiligen Geist, Anker für Hoffnung, Säule für die Kirche, dreiarmiger Leuchter für Neues Testament, Herz für Liebe und Fisch für Christus.

Für die Farbgestaltung sind kühle Blau-, Grün- und Violett-Töne vorgesehen. Den farbigen Gegenakzent setzt das tiefglühende Purpur.

7.6 Schaufenstergestaltung

Das Schaufenster als werblicher Mittler zwischen dem Warenangebot eines Geschäfts und dem Straßenpassanten hat die Aufgabe, durch geeignete Dekoration und Zurschaustellung der Ware das gewünschte Interesse zu wecken, die Vorwahl zu ermöglichen und den Kaufentschluß herbeizuführen. Diese Forderungen bedeuten für den Gestalter, daß er die anzupreisende Ware von der vorteilhaftesten Seite in das Blickfeld rücken muß, um sie begehrenswert erscheinen zu lassen.

Die Schaufenstergestaltung größerer Kaufhäuser soll grundsätzlich in Übereinstimmung mit der Gesamtarchitektur (1) erfolgen. Besonders ist die Lage des Schaufensters zu berücksichtigen, da das Fenster bei richtiger und gezielter Dekoration eine Leitungsfunktion zum Eingang hin haben kann.

In erster Linie sind es die in stetem Wechsel wiederkehrenden Jahreszeiten – Frühjahr, Sommer, Herbst und Winter –, die die Schaufensterplanung bestimmen. Rhythmisch sich wiederholende Gestaltungsaufgaben stellen die Saisoneröffnungen und die Schlußverkäufe. Dazwischen sind Spezialverkaufsfenster, Phantasiefenster und Fenster für festliche Stunden zu dekorieren. In die Planung wird ebenfalls der jeweils zu dekorierende Artikel – Herrenkonfektion, Damenkleidung, Stoffe, Wäsche, Strümpfe, Schuhe, Gardinen, Teppiche, Hausrat – einbezogen.

Die vom Thema ausgehende Idee und die auszustellende Ware werden im Entwurf dargestellt. Während das Schaubild oder die Perspektive (3) den optischen Gesamteindruck des Fensters vermittelt, bilden die maßstäblichen Rißdarstellungen (2) die erforderliche Arbeitsgrundlage. Sie geben Auskunft über Lage, Gruppierung, Größe und Standort der Objekte. Ein besonderer Entwurf mit allen Details ist für den Blickfang (4) empfehlenswert, um Einzelheiten einwandfrei nacharbeiten zu können.

Ein guter Entwurf und eine erfolgreiche Fensterdekoration erfordern folgende Überlegungen:

- Ist eine zum Thema passende zündende Idee vorhanden?
- Welche und wieviel Ware kann von der günstigsten Seite gezeigt werden?
- Welche Farbe hat die Ware, und welche Farbpalette bietet sich vom Thema her an? Beispiele: Frühjahr mit leichten duftigen Pastelltönen, Sommer mit buntleuchtenden Farben, Herbst mit warmen Gelb-, Rot- und Brauntönen und Winter mit kalten blau- bis blaugrünen Farben.
- Ist nach der Lage des Fensters zum Eingang und zum Verkehrsstrom die symmetrische oder asymmetrische Raumaufteilung zweckmäßig?
- Wie muß der Blickfang aussehen, um auf das Fenster aufmerksam zu machen?
- Was muß geschehen, um den Blick vom Blickfang zur Ware zu führen?
- Wie ist die Ware zu gruppieren, um Ordnung und Übersicht im Fenster zu haben?
- Welches Beiwerk paßt zur Ware?
- Welche Schrift eignet sich für das gestellte Thema?
- Welche Formen – geometrisch oder stilisiert – und Farben müssen die Preisschilder aufweisen?
- Welche Beleuchtung ist zu wählen, um die Ware ins richtige Licht zu setzen?

Erst, wenn über diese Fragen Klarheit gewonnen ist, erfüllt der Entwurf die Voraussetzungen für ein werbewirksames Fenster.

Übungen:

1. Entwirf zum Thema „Europamode im Frühling" ein Schaufenster aus der im Plan (1) aufgeführten Reihe. Alle Maße sind im Grund- und Aufriß enthalten.
2. Entwirf zum gewählten Fenster – Florenz, Rom, Paris, Düsseldorf oder London — einen Blickfang, z. B. als Plakat. Überlege geeignete Motive aus den genannten Städten, für Paris: Eiffelturm, Arc de Triomphe, Kathedrale Notre Dame oder die Kirche Sacré Cœur de Montmartre.
3. Wähle aus den aufgeführten Beispielen zur Gestaltung des Blickfangs für ein Frühlingsfenster das eine oder andere Thema aus und wandle die hierfür passende Ausgangsform ab. Siehe Beispiele (5) bis (9).
4. Stelle Themen für ein Herbstfenster auf.

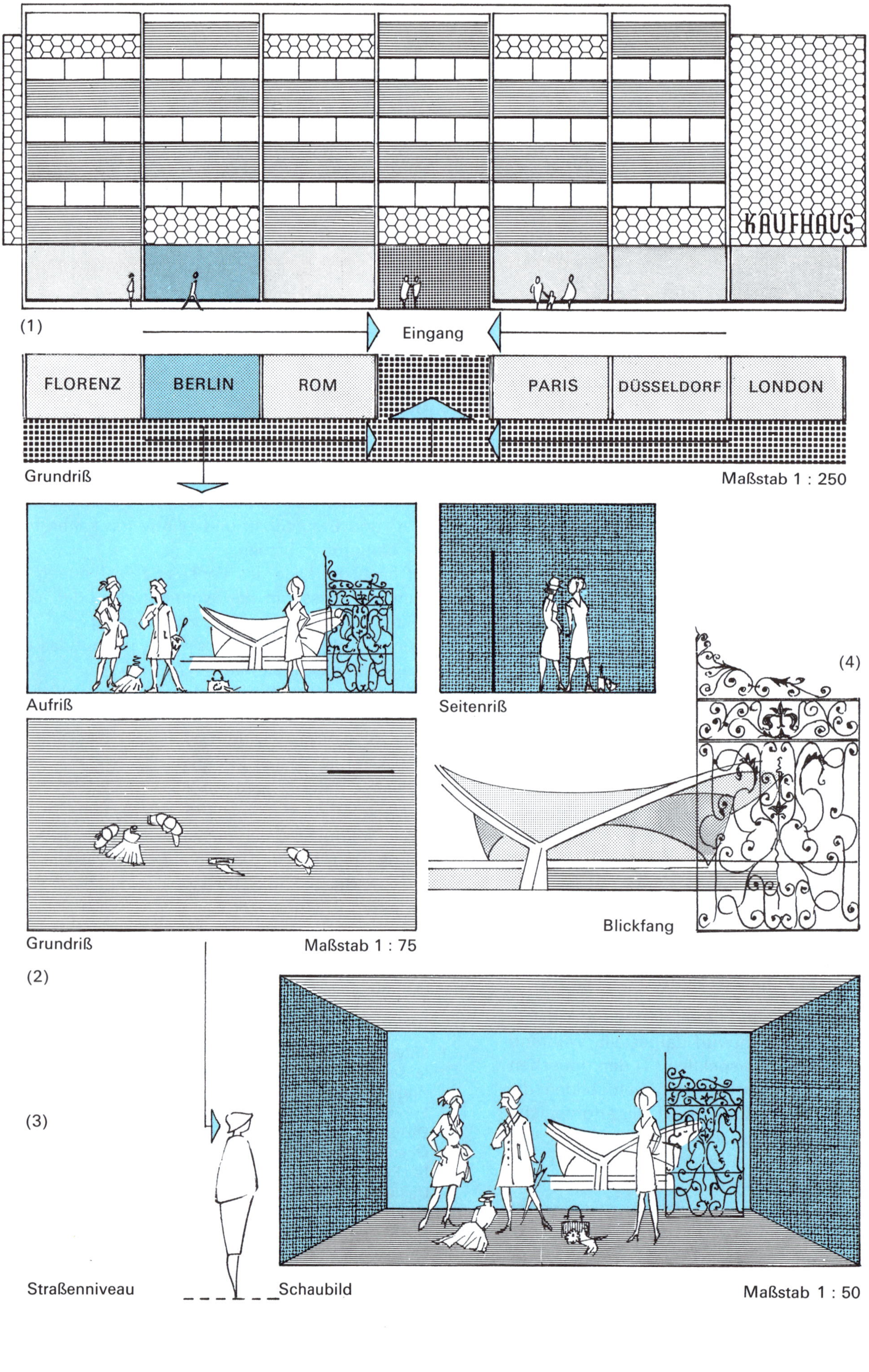
KAUFHAUS
(1)
Eingang
FLORENZ
BERLIN
ROM
PARIS
DÜSSELDORF
LONDON
Grundriß
Maßstab 1 : 250
Aufriß
Seitenriß
(4)
Grundriß
Maßstab 1 : 75
Blickfang
(2)
(3)
Straßenniveau
Schaubild
Maßstab 1 : 50

Schaufenstergestaltung zur Frühjahrsmode

Arbeitsplan

1. Zweck und Aufgabe

Neue Mode bekanntmachen, Kaufwunsch wecken, Kaufentschluß fördern

2. Gestaltung

Schaufensterdekoration vom Entwurf bis zur Preisauszeichnung

2.1 Idee: Mode aus Berlin bekanntmachen und zum Verkauf ausstellen

2.2 Entwurf

- 2.21 Maßstäbliche Darstellung von Grund-, Auf- und Seitenriß (2) nach Fensterplan (1) mit der zu dekorierenden Ware
- 2.22 Perspektive Darstellung (3) als Schaubild
- 2.23 Farbanlage zum Thema und zur Ware passend
- 2.24 Blickfang in Form und Farbe (4)
- 2.25 Symmetrische oder asymmetrische Dekoration der Ware (2) und (3)
- 2.26 Beiwerk
- 2.27 Preisschild
- 2.28 Lichtführung

3. Technische Durchführung

3.1 Klebe- und Spannarbeiten, bei Rauhfasertapete Anstrich mit Dispersionsfarbe
3.2 Bau und Aufstellung des Blickfanges
3.3 Aufmachen und Dekoration der Ware
3.4 Anbringen der Preisschilder
3.5 Einrichten vorhandener und zusätzlicher Lampen
3.6 Reinigung und Korrektur

4. Preisberechnung

4.1 Ermitteln der Werkstoffkosten
4.2 Ermitteln der Lohnkosten
4.3 Aufstellen des Kostenangebotes

5. Beratung

5.1 Erläuterungsbericht zur formalen und farbigen Gestaltung sowie technischen Durchführung der Arbeit
5.2 Schriftliche Bewerbung um die Arbeit mit dazugehörigen Unterlagen wie Kostenanschlag und Referenzen

6. Rechnung und Nachkalkulation

Erläuterungen

Zu 1. Zweck und Aufgabe

Der Fensterplan sieht vor, in der Frühjahrssaison für die neue Mode aus Westeuropa zu werben. Das Thema für alle Fenster: „Europamode im Frühjahr". Für die modeherstellenden und -führenden Städte – Berlin, Rom, Paris, Düsseldorf, London, München, Florenz, Hamburg (1) – bieten sich zur Entwurfsarbeit charakteristische städtebauliche und aus dem Lokalkolorit entliehene Motive an.

Zu 2. Gestaltung

2.1 Idee: Für die Gestaltung des Berlin-Fensters bieten sich folgende charakteristische Architekturen an: Charlottenburger Schloß, Gedächtniskirche, Brandenburger Tor, Siegessäule, Funkturm, Kongreßhalle und Philharmonie. Ausgeführt wird ein Barock-Tor und die Kongreßhalle.

2.2 Entwurf: Nach Auswahl der für die „Berliner Durchreise" gefertigten modischen Frühjahrs-Damenbekleidung ist durch die Regieanweisung – sie legt die große Linie für alle Fenster fest – die erforderliche Grundlage für die Entwurfsarbeit gegeben. Sie gliedert sich in die maßstäbliche Darstellung der Risse (2), das perspektivische Schaubild (3) und die detaillierte Zeichnung für den Blickfang (4).

Pastelltöne, die dem Frühling entsprechen, zusammen mit der Mode- und Warenfarbe geben dem Fenster die farbliche Harmonie.

Das als Blickfang vorgesehene leicht und spielerisch wirkende Barocktor öffnet die Sicht zur Kongreßhalle mit den schwungvollen architektonischen Linien. Blühende Zweige und Blumen verbinden das plastisch gestaltete, im Raum dekorativ angeordnete Tor mit der auf der Fensterrückwand gemalten Architektur, wodurch gleichzeitig der Frühlingsgedanke betont wird.

Von der Lage her ist für das Fenster die asymmetrische Anordnung von Blickfang und Ware vorgesehen. Der Blickfang soll bei den in Richtung Eingang strebenden Passanten die gewünschte Aufmerksamkeit erregen und ihn zum Betrachten der Ware veranlassen.

Das zwischen den Gruppen dekorativ ausgelegte Beiwerk hat vermittelnde Aufgaben. Es gibt Hinweise und Anregungen zur Ergänzung der angebotenen Damenbekleidung.

Schilder in eleganter Form und dezenter Farbe geben Aufschluß über den Preis der ausgestellten Ware.

Durch zusätzliche Lampen – etwa Punktstrahlern – wird im Fenster eine Beleuchtung erreicht, die einzelne Teile besonders hervorhebt und eine zum Frühjahrsfenster passende Stimmung erzeugt.

7.7 Blickfang

Eine vorrangige Aufgabe der Schaufenstergestaltung ist es, durch einen Blickfang die Aufmerksamkeit der Vorübergehenden auf das Fenster zu lenken. Dazu ist die ausgestellte Ware allein kaum in der Lage. Ein guter, wirksamer und passender Blickfang muß die Passanten ansprechen, um Interesse zu wecken. Das setzt voraus, daß der Blickfang und die durch seine Form und Farbe ausgedrückte Idee der Anziehungspunkt des ganzen Fensters ist. Hat der Blickfang diese erste Aufgabe erreicht, den Passanten zum Verweilen vor dem Fenster zu veranlassen, so muß der ‚gefangene Blick' zur Ware weitergelenkt und -geführt werden, da ja sie verkauft werden soll. Fehlt diese Blickführung und die enge Verbindung zwischen Blickfang und Warenauslage, so ist die Schaufensterwerbung weniger wirksam oder sogar verfehlt. Wie und durch welche Mittel der Blick zur Ware geführt wird, sollte bereits im Entwurf festgelegt sein. Im Hinblick auf die Lage des Fensters zum Außenraum – Straße, Platz – und zum Verkehrsfluß muß auf eine vorteilhafte Placierung besonders geachtet werden. Die Größe und Art des Blickfanges ist oft eine Kostenfrage. Es ist daher zu klären, ob ein flächiger – Plakat, Druck, Photo – oder ein plastischer Blickfang – ruhend, beweglich – angebracht ist. Dabei sollte nicht die Quantität, sondern Qualität und Werbewirksamkeit entscheiden. Die sich wiederholenden jahreszeitlich bedingten Themen verlangen vom Gestalter eine regsame Phantasie, damit durch immer neue Einfälle die Arbeit im Fenster erfolgreich bleibt.

Fast unerschöpflich ist die Themenstellung für ein Frühlingsfenster. Nebenstehende Aufstellung zeigt 39 Beispiele für die Motivwahl. Eine Schematisierung ist also durchaus vermeidbar. Wie wandelbar wiederum ein zum Thema gestelltes Grundmotiv sein kann, beweisen die Blickfangentwürfe (5) bis (9).

1 Aktuelle Frühjahrsmode
2 Aufgalopp der Frühjahrsmode
3 Beschwingte Welt des Frühlings

4 Europamode im Frühling

5 Blick in die Frühjahrs-Modesaison
6 Bunte Welt des Frühlings
7 Einzug der Frühjahrsmode
8 Frühlingsahnen
9 Frühlingsbouquet
10 Frühlingsbummel
11 Frühlingscocktail

12 Fahrt in den Frühling

13 Frühlingsfächer
14 Frühlingsfavoriten
15 Frühlingsgarten
16 Frühlingskostbarkeiten
17 Frühlingsmode
18 Frühlingsmosaik
19 Frühlings-Rendezvous

20 Frühlingsmelodie

21 Frühlingsreigen
22 Frühling überall
23 Frühlingszauber
24 Frühjahrsauslese
25 Frühjahrseinkehr
26 Frühjahrs-Modederby
27 Frühjahrsmodelle

28 Frühlingserwachen

29 Frühjahr-Modeprisma
30 Frühjahrsoptik
31 Frühjahrsparade
32 Frühjahrsstoffe
33 Kleider der Frühjahrsmode
34 Mode der Frühlingszeit
35 Modische Frühjahrs-Kleinigkeiten

36 Frühjahrsfalter

37 Modefrühling
38 Reisen in den Frühling
39 Vorboten des Frühlings

7.7

(5)

(6)

(7)

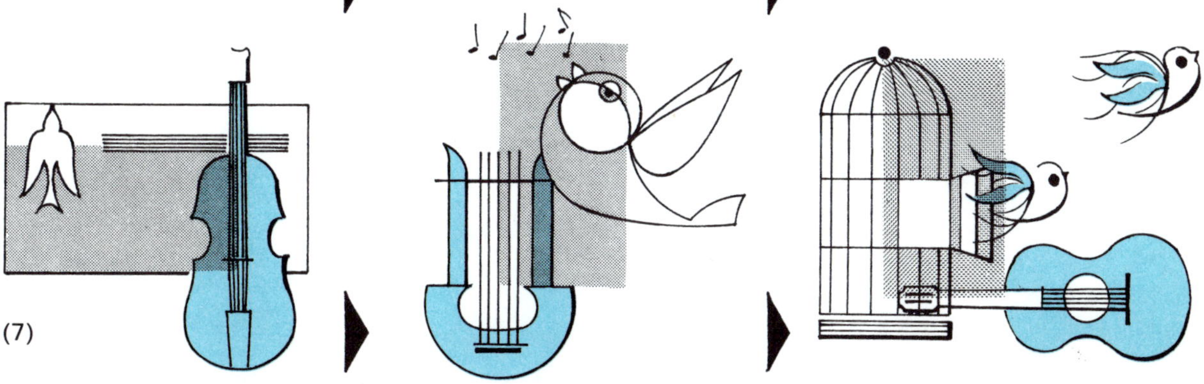

(8)

(9)

Literaturhinweise

Zu Kapitel 1: Farbe

Albers, Josef: Interaction of Color, Köln 1970, DuMont

Apel, Karl: Farbige und gemusterte Wände, Stuttgart 1961, DVA

Birren, Faber: Schöpferische Farbe, Winterthur 1971, Werk-Verlag

Burchartz, Max: Gestaltungslehre, München 1953, Prestel

Burchartz, Max: Gleichnis der Harmonie. Gesetz und Gestaltung der bildenden Künste, 2. Aufl., München 1966, Prestel

Feltgen, Eduard: Die Palette in der Malerei, Köln 1952, Seemann

Frieling, Heinrich: Farbe im Raum, München 2. Aufl. 1979, Callwey

Gatz, Konrad / Gerhard Achterberg: Architektur – farbig, München 1966, Callwey

Gatz, Konrad / Wilhelm O. Wallenfang: Farbige Bauten, München 1960, Callwey

Goethe, Johann Wolfgang von: Zur Farbenlehre, Didaktischer Teil, dtv Gesamtausgabe Bd. 40, 2. Auflage, München 1970

Goethes Farbenlehre, ausgewählt und erläutert von Rupprecht Matthaei, Ravensburg 1971, O. Maier

Hickethier, Alfred: Ein-mal-eins der Farbe, 6. Aufl., Ravensburg 1982, O. Maier

Itten, Johannes: Kunst der Farbe, 5. Aufl., Ravensburg 1975, O. Maier

Küppers, Harald: Das Grundgesetz der Farbenlehre, Köln 1978, DuMont

Küppers, Harald: Farbe – Ursprung, Systematik, Anwendung, München 3. Aufl. 1977, Callwey

Licht und Sehen, rororo, Das farbige Life Bildsachbuch 006, Reinbeck

Lutz, Artur: Geschmack ist erlernbar. Grundlagen für die Gestaltung von Raum und Fläche, 2. Aufl., München 1957, Vlg. f. Fachschrifttum

Marx, Ellen: Die Farbkontraste, Ravensburg 1973, O. Maier

Meier-Menzel, Hans-Jürgen: Decken, Wände, Türen, gegliedert, gemustert, bemalt, München 1963, Callwey

Meier-Menzel, Hans-Jürgen / Wilhelm O. Wallenfang: Möbel, farbig gegliedert und bemalt, München 1960, Callwey

Ostwald, Wilhelm: Die Farbenfibel, 12. Aufl., Leipzig 1926, Unesma

Pawlik, Johannes: Goethes Farbenlehre, Köln 1974, DuMont

Pawlik, Johannes: Theorie der Farbe, Köln 5. Aufl. 1979, DuMont

Renner, Paul: Ordnung und Harmonie der Farben, 2. Aufl., Ravensburg 1964, O. Maier

Zeugner, Gerhard: Farbenlehre für Maler, 2. Aufl., Berlin 1969, VEB Verlag für Bauwesen

Zu Kapitel 2: Technisch-konstruktives Zeichnen

Gruber, Arthur: Perspektive nach der Natur, 15. Aufl. Ravensburg 1963, O. Maier

Gruber, Arthur: Technisches Zeichnen, 6. Aufl., Ravensburg 1964, O. Maier

Hagenmaier, Otto: Der Goldene Schnitt, 5. Aufl., München 1984, Moos & Partner

Neufert, Ernst: Bauentwurfslehre, 32. Aufl., Darmstadt 1984, Vieweg

Schröter, Gerhard und Charlotte Schröter: Lesen, Verstehen, Vorstellen, Eine programmierte Einführung in das technische Zeichnen, 6. Aufl., Essen 1981, Girardet

Witte, Karl Hermann und Wolfgang Boehnke: Grundlage des technischen Zeichnens, 3. Aufl., Hannover 1976, Schrödel

Zoeller, Wilhelm: Technisches Freihandzeichnen, Köln 1964, Verlagsgesellschaft Rudolf Müller

Zu Kapitel 3: Ornamental-dekoratives Zeichnen

Bossert, Helmuth: Ornamente der Volkskunst. Gewebe, Teppiche, Stickereien, 5. Aufl., Tübingen 1962, Wasmuth

Bossert, Helmuth: Ornamente der Volkskunst, Neue Folge. Keramik, Holz, Metall, 4. Aufl., Tübingen 1962, Wasmuth

Burchartz, Max: Gestaltungslehre, München 1953, Prestel

Decku, Joseph: Deutsche Länder- und Städtewappen, 2. Aufl., Bonn 1960, K. Schroeder

Gollwitzer, Gerhard: Freude durch Zeichnen, 10. Aufl., Ravensburg 1977, O. Maier

Gollwitzer, Gerhard: Zeichenschule für begabte Leute, 20. Aufl., Ravensburg 1985, O. Maier

Hußmann, Heinrich: Deutsche Wappenkunst, Leipzig o. J., Insel

Marshall, Francise: Modezeichnen, Göttingen 1958, Musterschmidt

Metzger, Wolfgang: Gesetze des Sehens, Frankfurt 1975, W. Kramer

Meyer, Peter: Das Ornament in der Kunstgeschichte, Zürich 1944, Schweizer Spiegel

Nerdinger, Eugen: Zeichen, Schrift und Ornament, München 1960, Callwey

Wersin, Wolfgang von: Das elementare Ornament und seine Gesetzlichkeit, 3. Aufl., Ravensburg 1953, O. Maier

Zu Kapitel 4: Gestaltungstechniken

Schleifer, Luitpold: Techniken des Malers, Ulm 1965, Gröner

Schleifer, Luitpold / Siegfried Federl: Techniken des Malers 2, Ulm 1967, Gröner

Zu Kapitel 5: Schrift

Bentele, Ernst: Schrift, geschrieben, gezeichnet und angewandt, 3. Aufl., Ulm 1955, Gröner

Nerdinger, Eugen: Buchstabenbuch, München o. J., Callwey

Nerdinger, Eugen: Zeichen, Schrift und Ornament, München 1960, Callwey

Nerdinger, Eugen / Lisa Beck: Schriftschreiben, Schriftzeichnen, München 9. Aufl. 1984, Callwey

Sailer, Anton: Das Plakat. Geschichte, Stil und gezielter Einsatz eines unentbehrlichen Werbemittels, 3. Aufl., München 1971, Thiemig

Tschichold, Jan: Meisterbuch der Schrift, 2. Aufl., Ravensburg 1984 , O. Maier

Zu Kapitel 6: Stilkunde

Baumgart, Fritz: Kleine Kunstgeschichte, Köln 1976, Du Mont

Grote, Ludwig: Deutsche Stilfibel, Neuauflage, Bamberg 1963, Staackmann

Hamann, Richard: Geschichte der Kunst, Bd. 1: Von der Vorgeschichte bis zur Spätantike, München o. J., Bd. 2: Von der altchristlichen Zeit bis zur Gegenwart, München 1962, Droemer; auch als Knaur-Taschenbücher 24, 25, 26, 35, 36, 37

Hansen, Henny Harald: Die Kleidung der Völker in Farben. Ein Trachtenlexikon, Berlin 1977, Universitas

Hartmann, Johannes: Das Geschichtsbuch, Frankfurt 1976, Fischer-Taschenbuch FH 6314

Klepper, Erhard: Das Büchlein der Gewandung, Berlin 1963, Herbig

Klepper, Erhard: Das Büchlein der tausend Kostüme, Berlin 1961, Herbig

Lützeler-Heinrich: Bildwörterbuch der Kunst. Sämtliche Begriffe aus dem Bereich der Architektur, der darstellenden Künste, des Ornaments und des Kunsthandwerks, 3. Aufl., Bonn 1981, Dümmler

Meyer, Peter: Das Ornament in der Kunstgeschichte, Zürich 1944, Schweizer Spiegel

Mössel, Ernst: Vom Geheimnis der Form und der Urform des Seins, Stuttgart-Berlin 1938, DVA

Pevsner, Nikolaus: Europäische Architektur, Von den Anfängen bis zur Gegenwart, 2. Aufl., München 1967, Prestel

Pfefferkorn, Rudolf: Stilkunde des Abendlandes – Architektur, München 1961, Weiss, Humboldt-Taschenbuch 101

Pfefferkorn, Rudolf: Stilkunde des Abendlandes – Malerei, München 1966, Weiss, Humboldt-Taschenbuch 132/133

Pfefferkorn, Rudolf: Stilkunde des Abendlandes – Plastik, München 1962, Weiss, Humboldt-Taschenbuch 111

Reitzenstein, Alexander von: Deutsche Baukunst. Die Geschichte ihrer Stile, 4. Aufl., Stuttgart 1964, Reclam

Schaffran, Emerich: Taschenlexikon der Kunst, 4. Aufl., München 1964, Weiss, Humboldt-Taschenbuch 13

Zu Kapitel 7: Ganzheitsbeispiele:

Frieling, Heinrich: Farbe hilft verkaufen. Farbenlehre und Farbenpsychologie für Handel und Werbung, 3. Aufl., Göttingen 1981, Musterschmidt

Gatz, Konrad / Gerhard Achterberg: Architektur – farbig, München 1966, Callwey

Gatz, Konrad / Wilhelm O. Wallenfang: Farbige Bauten, München 1960, Callwey

Halmburger, Klaus: Maler werben, München 1965, Callwey

Meier-Menzel, Hans-Jürgen: Schrift und Zeichen am Bau, München 1961, Callwey

Usinger, Hans / Bodo Heeren: Moderne Schaufenstergestaltung, Essen 1956, Girardet

seit *1808*